Natur-Kunst

Sigrid Wollmeiner

NATUR-KUNST

Künstlersymposien in Deutschland

MICHAEL IMHOF VERLAG

Für Hartmut und Jana Priska

Titelabbildungen:
„Das Nest" (vgl. Abb. 22; Foto: Nils-Udo), alle übrigen Abbildungen vgl. Abb. 10, 35, 41, 46, 78, 98, 107.

Dissertation Bonn 2000

www. wollmeiner.de

Sigrid Wollmeiner:
Natur-Kunst – Künstlersymposien in Deutschland
Dissertation Bonn 2000
Michael Imhof Verlag, Petersberg 2002.

Gestaltung und Reproduktion: Michael Imhof Verlag
Druck: Fuldaer Verlagsagentur, Fulda

Printed in EU

ISBN 3-935590-30-X

INHALTSVERZEICHNIS

1978
Neuenkirchen
Bremen
1979
Bremen
Freiburg
1980
Neuenkirchen
1981
Worpswede
1982
Cuxhaven
Kevelaer-Winnekendonk
Neuenkirchen
1983
Essen
Freiburg
1984
Kevelaer-Winnekendonk
Neuenkirchen
Herrenberg
Cuxhaven
1985
Kevelaer-Winnekendonk
Heilbronn
Neuenkirchen
1986
Sylt (2 Symposien)
Neuenkirchen
Saig
Böblingen
1987
Saig
1988
Berlin
Remscheid
1989
Ammersbek
Lindlar
Herrenberg
1990
Metzingen
Gelsenkirchen
Krimpenbachalm, Österreich
1991
Dortmund
Cuxhaven
Cottbus
Witten
Willmersdorf
1992
Wittemoor
Schnackenburg
Ründeroth
Güstrow
Gräfenhainichen
Ammersbek
Gelsenkirchen
Waren (Müritz-Nationalpark)
Husum
Willmersdorf
1993
Duisburg
Pritzen
Neustrelitz (Müritz-Nationalpark)
Berlin
Willmersdorf
Büsum
1994
Berlin
Waren (Müritz-Nationalpark)
Willmersdorf
1995
Pritzen
Neustrelitz (Müritz-Nationalpark) und Suwalki (Wigierski-Nationalpark, Polen)
Husum
Willmersdorf
1996
Brunsbüttel
Bassum
Waren (Müritz-Nationalpark) und Suwalki (Wigierski-Nationalpark, Polen)
Halver
1997
Behringen
Troisdorf
Bassum
Neustrelitz (Müritz-Nationalpark)
Berlin
1998
Halver
Berlin
Darmstadt
Bedburg
Waren (Müritz-Nationalpark) und Suwalki (Wigierski-Nationalpark, Polen)
1999
Paderborn
Berlin
Andreasberg
Steinmühle (Müritz-Nationalpark)

Vorwort

Die Anregung zur Auseinandersetzung mit der Themenstellung Natur und Kunst verdanke ich Herrn Prof. Dr. Frank Günter Zehnder, der im Rahmen eines Seminars über Skulpturenparks und -straßen mein Interesse für die spannungsreichen Wechselbeziehungen von Kunst und Natur weckte. Er begleitete und unterstützte mein Dissertationsvorhaben mit Rat und Tat, wofür ich ihm an dieser Stelle danken möchte. Mein Dank gilt auch Herrn Prof. Dr. Heijo Klein für die zügige Erstellung des Zweitgutachtens.
Gespräche und Kontakte mit Symposionsorganisatoren und mit dem Gegenstand vertrauten Kunsthistorikern trugen zur Erweiterung meines Horizonts hinsichtlich der Thematik bei. Hier seien besonders erwähnt der inzwischen verstorbene Prof. Dr. Wolfgang Hartmann aus Karlsruhe, der mir Einblick in seine umfangreiche Sammlung von Symposionskatalogen gewährte, Dr. Uwe Rüth aus Marl, der selbst einige Symposien begleitete und mir wertvolle Hinweise gab sowie die ebenfalls inzwischen verstorbene Ruth Falazik, die die künstlerische Auseinandersetzung mit der Natur in Deutschland auf den Weg brachte und mit besonderem Engagement förderte.
In besonderem Maße schulde ich den zahlreichen Künstlern Dank, die mit mir diskutierten, mir Kritik entgegenbrachten, mich über stattfindende Symposien informierten, mir nicht zuletzt Kataloge und Abbildungsmaterial zur Verfügung stellten und mich mit ihrem großen Interesse an meiner Arbeit vorantrieben. Stellvertretend für viele möchte ich hier Claus van Bebber, Birgit Cauer, Doris Cordes-Vollert, Sven Domann, Rolf Glasmeier, Klaus Küster, Anke Mellin, Bärbel Moré, Benoit Tremsal sowie der Gruppe „Seltene Erden" danken.
Aus den vielen Kontakten mit Künstlern und Symposionsorganisatoren ergaben sich außerdem Teilnahmen an Symposien und Colloquien in Mecklenburg-Vorpommern, im Harz, im Rheinland und im Sauerland, die die Theorie um die Praxis erweiterten. Weiterhin folgten Einladungen nach Norwegen, Frankreich, Finnland und Polen, die den Blick auch auf europäische Dimensionen lenkten.
Ein Stipendium der Stiftung Doktorhut ermöglichte die Finanzierung von Reisen zu verschiedenen Symposien und ortsgebundenen Natur-Kunst-Werken.
Die Bereitschaft verschiedener Zeitschriften, über die aktuelle künstlerische Auseinandersetzung mit der Natur zu berichten, bestärkte mich in meinem Vorhaben und brachte mir finanzielle Unterstützung. Hier sei besonders Barbara Rotzoll-Golly gedankt.
Dank gilt auch meinen Mitstudenten, die keineswegs selbstverständlich ihre Unkenntnis hinsichtlich der Natur-Kunst äußerten, gleichzeitig aber großes Interesse daran bekundeten. Bekannten, Freunden und Verwandten danke ich herzlich für ihre Hilfe bei der Korrektur meiner Arbeit.

Einleitung

Seit Menschengedenken war die Natur eine wichtige Quelle der künstlerischen Inspiration. Maler und Bildhauer wetteiferten in ihren Darstellungen mit dem Bildungstrieb der Natur. Gleichzeitig spiegelt sich in der Kunst das wechselhafte Verhältnis des Menschen zur Natur. Während in der Frühzeit die Natur mit kultischen Malen und Zeichen verehrt wurde (die erst aus unserer heutigen Perspektive als Kunstdenkmäler betrachtet werden), wird sie infolge zunehmender Objektivierung und Verwissenschaftlichung zum Gegenstand der ästhetischen Anschauung. Darin artikuliert sich ein distanziertes Verhältnis zur Natur, das über einen langen Zeitraum in der Landschaftsmalerei seinen Ausdruck fand. Die ausschnitthafte, idealisierende Wiedergabe und Nachahmung der Natur stand im Vordergrund der künstlerischen Auseinandersetzung mit der Natur.

Erst in den späten 60er Jahren kommt es vor dem Hintergrund einer gesellschaftlichen Um- und Aufbruchsituation und eines sich damit wandelnden Naturverständnisses zu einer direkten Auseinandersetzung mit der Natur und ihrem Material. Angesichts zunehmender Umweltprobleme wächst die Einsicht in eine notwendige Veränderung der Mensch-Natur-Beziehung.

In Amerika und Europa begeben sich etwa gleichzeitig Künstler in die Landschaft, um dort zu arbeiten. Die großformatigen aufsehenerregenden Eingriffe amerikanischer Künstler in Wüstengegenden gelangen unter der Bezeichnung „Land Art" zu Weltruhm.

Die anders gearteten kleiner dimensionierten Auseinandersetzungen mit der Natur auf deutschem Boden werden meist als Ableger der monumentalen amerikanischen Vorbilder betrachtet.

Ziel dieser Arbeit ist es, die künstlerische Auseinandersetzung mit der Natur und ihrem Material in Deutschland zu untersuchen.

Dazu wird zunächst der bereits Ende der 60er Jahre in der Literatur aufscheinende Begriff *Natur-Kunst* als tragfähige Bezeichnung etabliert und definiert. In einem Vergleich mit der amerikanischen Land Art werden deutliche Unterschiede herausgearbeitet, die eine Abgrenzung der *Natur-Kunst* von dieser Erscheinung mit spezifisch amerikanisch-kulturhistorischen Ursprüngen erfordern.

In Deutschland wurde in den 70er Jahren das Projekt „Kunst-Landschaft" in der Lüneburger Heide zum Wegbereiter der *Natur-Kunst*. In der Galerie Falazik in Neuenkirchen trafen sich Künstler für einen bestimmten Zeitraum, um gemeinsam zu leben und in der Landschaft zu arbeiten. Hier entstand die neue Form eines landschaftsbezogenen Künstlersymposions. Sie entwickelte sich in den folgenden Jahren kontinuierlich weiter. Veranstaltungen bis in die heutige Zeit hinein zeigen die ungebrochene Aktualität der Thematik.

Die hier vorliegende Untersuchung zielt schwerpunktmäßig auf die erstmalige Zusammenstellung von landschaftsbezogenen oder *Natur-Kunst*-Symposien in einem Katalog. Die große Zahl der hier zusammengetragenen und dokumentierten Symposionsbeispiele bietet eine breite Basis für eine Untersuchung des Phänomens *Natur-Kunst*. Der umfangreiche Katalog erlaubt es, sowohl das Symposion als Veranstaltungsform mit besonderen Bedingungen ausführlicher zu betrachten, als auch die weitere Entwicklung der *Natur-Kunst* zu verfolgen. Der Blick auf eine Auswahl von Werkbeispielen ermöglicht eine zusammenfassende Betrachtung der künstlerischen Arbeiten nach verschiedenen Gesichtspunkten, die Gemeinsamkeiten offenbaren. Ein exkursiver Vergleich stellt das Symposion als Präsentationsform für *Natur-Kunst* anderen Kunst- und Ausstellungsformen gegenüber.

Eine Darstellung der wieder aktuell gewordenen philosophischen Diskussion des Naturbegriffes verdeutlicht die Schwierigkeiten unseres heutigen Naturverständnisses, das einerseits von Naturvergessenheit und Entfremdung geprägt ist und andererseits in Natursehnsucht ausufert. Ansätze einer neuen Ästhetik sehen in einer Schulung der Wahrnehmung und Entfaltung der Sinne über die Kunst eine Möglichkeit, uns unserer eigenen Natur und unserer Abhängigkeit von unserem Lebensraum wieder bewußt zu werden.

In einer abschließenden kritischen Betrachtung werden die Visionen und Ziele einer künstlerischen Auseinandersetzung mit der Natur hinterfragt und hinsichtlich ihrer Leistungsfähigkeit für eine Änderung des menschlichen Verhältnisses zur Natur überprüft.

1. Voraussetzungen und Eingrenzungen

1.1 Natur-Kunst

1.1.1 Begriffsbestimmung

Der im Titel der Arbeit verwendete Begriff bedarf zunächst einer Erklärung. Obwohl man ihn meist vergeblich in kunsthistorischen Nachschlagewerken und den Schlagwortkatalogen der Bibliotheken sucht, wird der Begriff *Natur-Kunst* in dieser Arbeit nicht zum ersten Mal verwendet. Klaus Hoffmann gebraucht den Terminus 1969 erstmals in seinem Aufsatz *Die Expansion der Künste* und bezieht sich dabei hauptsächlich auf die Verwendung natürlicher Materialien im Kontext der Kunst der 60er Jahre. „Konkretisierung und Verwörtlichung werden in der Natur 'Landschaft' fortgeführt, die herkömmliche Polarität zwischen Kunst und Natur wird aufgehoben, NATUR-KUNST wird durch Identitätserklärung auf die Ebene von 'Kunst' gestellt.“ [1]
Er entlehnt den Begriff im besonderen den künstlerischen Konzeptionen *Timm Ulrichs*, der bereits seit 1969 im Rahmen seines Totalkunst-Konzeptes immer wieder auch die Natur thematisiert. In einer Naturkunst-Demonstration mit dem Titel „Kunstlandschaften“ (Galerie h Hannover, Februar 1969) präsentierte *Ulrichs* z. B. eine Fichtenschonung, bestehend aus 20 Bäumen, in einem Galerieraum. Vogelgezwitscher von der Schallplatte und Fichtennadelduft aus der Dose untermalten die Szenerie, während im Garten der Galerie ein Baum gefällt wurde.[2]
Dreizehn Jahre später verwendet Heinz Thiel den Begriff *Natur-Kunst* in seinem gleichnamigen Aufsatz als „... zwar griffige, aber wenig aussagekräftige Bezeichnung für Objekte und skulpturale Werke, die sich in den letzten fünf Jahren außerhalb der Museen und auch außerhalb der Galerien entwickelt haben.“[3] Der Zusatz „Natur“ dient dabei als Hinweis auf das künstlerisch verarbeitete Material und den Standort, ihre Legitimation erhält die *Natur-Kunst* von der Land Art. „Aber obwohl 'Naturkunst' recht eigentlich keine nachziehbaren Grenzen hat, ist es doch auch wieder eine Bezeichnung, die assoziativ eine ganz bestimmte Richtung andeutet. 'Naturkunst' verweist auf 'land-art' und verweist damit auf Tradition und Historie, auf eine beachtete, ernst genommene und vieldiskutierte Kunstrichtung.“[4] Thiel definiert die Zusammenfassung zweier eigentlich entgegengesetzter Begriffskomponenten über die künstlerische Vorgehensweise: „... es ist ein natur-adäquates Arbeiten mit künstlerischen Mitteln und es ist eine Akzentuierung von Natur durch Kunst.“[5]

Damit ergeben sich bereits zwei Kriterien, die die Bezeichnung *Natur-Kunst* näher bestimmen. *Natur-Kunst*, häufig auch „Naturkunst“ geschrieben, ist Kunst in und vor allem mit der Natur. Sowohl Standort als auch Material sind im weitesten Sinne natürlich.
Demgegenüber kann die ebenfalls geläufige Bezeichnung „Kunst in der Natur“[6], folgt man dem Wortsinn, vieles beinhalten. Jedes Ölgemälde oder auch jede Skulptur auf der „grünen Wiese“ kann als „Kunst in der Natur“ bezeichnet werden, ohne daß sie einerseits aus natürlichem Material besteht oder andererseits einen Bezug zur Umgebung herstellt.
In frühen Skulpturenparkanlagen[7] oder Ausstellungen im Freiraum[8] wurden lediglich weiße Museumswände gegen einen natürlichen grünen Hintergrund eingetauscht. Die sogenannte „autonome“ Skulptur, die frei von jeder Funktion und jeglicher Beziehung zum Raum sein sollte, gelangte in den Außenraum und wurde dadurch zu einer „Kunst in der Natur“. Durch die Transplantation dieser Kunst in Grünanlagen und Parks entwickelte sich jedoch nach und nach eine Beziehung zwischen Kunstobjekt und Umgebung, die sich schon bald darauf unabhängig davon in einer verstärkten künstlerischen Auseinandersetzung mit Raum (im allgemeinen) äußerte. Möglicherweise können hier Ausgangspunkte für die Entwicklung der *Natur-Kunst* gesehen werden. Der Begriff „Kunst in der Natur“ trifft auch auf die heutigen sogenannten „drop-sculptures“[9] zu, die irgendwo, ob im Naturraum oder im städtischen Raum, gleichsam „wie vom Himmel gefallen“ stehen, aber nicht für diesen Standort geschaffen, sondern erst nachträglich dort aufgestellt wurden.

Ein drittes Kriterium für *Natur-Kunst* scheint also die Beziehung des Kunstobjektes zum Standort, zum umgebenden Raum und damit zum Kontext zu sein. Diese Beziehung ergibt sich zunächst bereits durch das Material, kann jedoch, wie im Verlauf der vorliegenden Untersuchung noch gezeigt wird, darüber hinausgehen.
Natürliches Material, natürlicher Standort und Standortbezug zusammengenommen kennzeichnen insofern künstlerische Arbeiten, die man der Bezeichnung *Natur-Kunst* zuordnen kann. Damit ist eine brauchbare „einordnende Bezeichnung“[10] – keine Stilrichtung -, eine „'Gruppenzugehörigkeit'“[11] gefunden, die im folgenden eingehend betrachtet und weiter konkretisiert wird.

1.1.2 Forschungsstand

Wenige Untersuchungen widmeten sich bisher dem Phänomen Natur-Kunst. Nur selten verwendet die auf die Problematik eingehende wissenschaftliche Literatur den Begriff Natur-Kunst im Titel, auch wenn er im Text verwendet wird. Die künstlerische Arbeit mit und in der Natur wird zumeist als „Umgang" oder „Auseinandersetzung mit natürlichen Materialien" umschrieben oder über den Legitimationsbegriff der Land Art charakterisiert.

Wolfhard Petrikat verwendet in seiner Dissertation *Land Art, Landschaftsverpackung, Landschaftsanalyse – neue künstlerische Aspekte der Landschafts- und Umweltaussage zwischen Grosskunstprojekten und Landschaftsmalerei* unter anderem auch den Begriff der Natur-Kunst, bezieht sich jedoch hauptsächlich auf Werke der amerikanischen Land Art und Werke der neueren deutschen Landschaftsmalerei.[12]
Sibylle Berger sieht in ihrer Dissertation *Zeichen in der Natur – Umgangsweisen zeitgenössischer Künstler mit gewachsenen Materialien und natürlichen Prozessen. Die Dimension „Landschaft"* die Werke deutscher Naturkünstler in der Tradition der deutschen Frühromantik.[13] Vor dem Hintergrund der „subversiven Tradition" entwickelt sie verschiedene Kategorien einer Zuordnung der einzelnen Arbeiten.
Udo Weilacher betrachtet in seiner Diplomarbeit *Von der Land-Art zur Landschaftsarchitektur* die Schnittstellen zwischen Landschaftskunst und Landschaftsarchitektur. Er sieht Land Art und Natur-Kunst als mögliche Vorbilder für eine neue Landschaftsarchitektur.[14] „Auch von der Landschaftsarchitektur, einst eine der einflußreichsten Disziplinen im Freiraum und lange Zeit als Gartenkunst geachtet, wird immer eindringlicher gefordert, daß sie zu einer zeitgemäßen Aussagekraft im aktuellen Kontext findet."[15]
Christine Bücher-Vogler stellt im Rahmen ihrer Dissertation zur Entwicklung der neueren Landschaftsmalerei *Von der Lichtlandschaft zur Stadtverwaldung. Natur und Landschaftsdarstellungen in der westdeutschen Kunst nach 1945* deren Begrenztheit fest und wendet sich zusätzlich der künstlerischen Auseinandersetzung mit Naturmaterialien zu.[16] Die mangelnde Sinnlichkeit der Malerei bietet ihr zu wenig positive Alternativen.[17]
Silke Kneer betrachtet in ihrer Doktorarbeit *Land Art – Dialog mit der Natur: Untersuchungen zu site-spezifischen Qualitäten amerikanischer Land Art* deutsche und englische „Landschaftsarbeiten" als europäische Nachfolger der amerikanischen Land Art unter dem Aspekt der Landschaftsbezogenheit.[18] Wie Udo Weilacher glaubt auch sie, daß diese künstlerischen Arbeiten im Umgang mit der Natur ein Vorbild für die zeitgenössische Landschaftsarchitektur sein könnten.
Anne Hoormann stellt in ihrer als Buch veröffentlichten Dissertation *Land art. Kunstprojekte zwischen Landschaft und öffentlichem Raum* Werke der amerikanischen Land Art und Werke deutscher Vertreter der Natur-Kunst gegenüber und untersucht sie unter dem Aspekt der Materialikonologie.[19] Wie vorher schon John Beardsley[20] für die amerikanische Land Art, stellt sie auch für die deutsche Natur-Kunst fest, daß diese in den städtischen, öffentlichen Raum zurückkehrt.[21]
Maria Lauber untersucht in ihrer Dissertation *In search for a place where snow never melts. Die Auseinandersetzung mit natürlichen Materialien in der zeitgenössischen Kunst am Beispiel von Andy Goldsworthy, Wolfgang Laib und Tony Cragg* die künstlerische Beschäftigung mit natürlichem Material exemplarisch an zwei britischen und einem deutschen Künstler. Sie bezeichnet diese europäische Land Art als Natur-Kunst in der Tradition der Arte Povera. Weiterhin prognostiziert sie ein zunehmendes Interesse an Kunst aus natürlichen Materialien.[22]
Weiterführende Informationen zum Thema Natur-Kunst liefern neben einigen Aufsätzen vor allem die zahlreichen Ausstellungs- und Symposienkataloge[23], die hier nur erwähnt und an anderer Stelle ausführlich aufgeführt bzw. behandelt werden sollen.
Während viele der oben genannten Autoren den Begriff der Natur-Kunst selbstverständlich und zumeist ohne weitere Erläuterung verwenden, versucht einzig Sibylle Berger, neben dem bereits eingangs genannten Heinz Thiel,[24] die künstlerische Auseinandersetzung mit natürlichen Materialien zu gruppieren und eingehender zu spezifizieren. Im Gegensatz zu Anne Hoormann hält sie eine Gruppierung allein nach Materialien für wenig sinnvoll, da sie den Aussagen und Inhalten der Arbeiten oft nicht gerecht wird.[25]
Solche und andere Aspekte der verschiedenen Untersuchungen sollen im Verlauf der vorliegenden Arbeit Gegenstand der Diskussion werden. Unter anderem soll dabei auch die Frage, ob Natur-Kunst als europäische Variante der Land Art bezeichnet werden kann, problematisiert werden. Udo Weilacher[26], Silke Kneer und Maria Lauber erweitern den Begriff der Natur-Kunst, unter besonderer Berücksichtigung vor allem englischer Künstler, auf Europa, während Sibylle Berger und Anne Hoormann diese als eine deutsche Form der künstlerischen Auseinandersetzung mit der Natur betrachten.[27]
Die Berührungspunkte der künstlerischen Beschäftigung mit der Natur mit der Gartenkunst oder Landschaftsarchitektur, wie Udo Weilacher und Silke Kneer sie darstellen, sollen in dieser Untersuchung ausgeklammert bleiben. Die Gartenkunst der Vergangenheit und dabei vor allem der englische Landschaftsgarten

des 18. und 19. Jahrhunderts gehören zu den Vorfahren der Land Art.[28] Die zeitgenössische Variante der Gartenkunst, die Landschaftsarchitektur des 20. Jahrhunderts, erfüllt jedoch heute kaum noch ästhetische, sondern in erster Linie ökologische und soziale Funktionen, wie die Schlagworte „Grünplanung" und „öffentliches Grün" verdeutlichen. Hier wird gefordert, über die Orientierung an Land Art und Natur-Kunst den Dialog mit der Natur wieder aufzunehmen und damit die einstige Vorbildfunktion umzukehren.[29]
Tatsächlich gibt es in jüngster Zeit einige Projekte, die sich gärtnerisch-künstlerisch mit der Landschaft beschäftigen.[30] Die Arbeit mit lebenden Pflanzen, die dem gärtnerischen Aspekt entspräche, bleibt jedoch im Rahmen der künstlerischen Arbeit mit natürlichen Materialien, wie sie hier vorgestellt werden soll, eher die Ausnahme. Um den Begriff der Natur-Kunst weiter einzugrenzen, sollen diese Randerscheinungen, die eher einer neuen „Gartenkunst" zuzuordnen sind und bereits im Rahmen anderer Arbeiten und Veröffentlichungen betrachtet werden,[31] hier nicht eingehender untersucht werden.

1.1.3 Vorgeschichte

Die Geschichte der künstlerischen Auseinandersetzung mit der Natur ist so alt wie die Geschichte der Menschheit selbst. Bereits in der Frühgeschichte griffen die Menschen gestaltend in die Natur ein. Sie errichteten Kultstätten aus riesigen Steinen (wie z. B. *Stonehenge* im Süden Englands, ca. 2000 v. Chr.), die vermutlich der astronomischen Berechnung dienten, oder formten künstliche Hügel als Begräbnis- oder Versammlungsstätten.[32]
An dieser Stelle soll jedoch nicht bis zu den „Urahnen" der heutigen Natur-Künstler zurückgegangen werden. Verschiedene Autoren haben die wechselvolle Geschichte der künstlerischen Auseinandersetzung mit der Natur bereits in Einzelaspekten untersucht.[33] Dabei stand über lange Zeit die Landschaftsmalerei und damit die Nachahmung (Mimesis) und Abbildung von Natur im Vordergrund.[34]
Der Wandel im Verhältnis des Menschen gegenüber der Natur, seine Entfernung von ihr durch Verstädterung und Industrialisierung beeinflußte die Kunst.[35] Die angestrebte Nachahmung der Natur in der Landschaftsmalerei geriet zur Idealisierung und diente zunehmend der Kompensation der wachsenden menschlichen Entfremdung von der Natur.[36]

Die Wiederaufnahme des Landschaftsthemas in der Malerei in der zweiten Hälfte des 20. Jahrhunderts zeigt den Bruch im Verständnis der Landschaftsdarstellung und bestätigt die Entfremdung. Die „Neue Landschaftsmalerei" lieferte in Deutschland eine Bestandsaufnahme der von der Technik besetzten Landschaft sowie eine erste Umweltkritik.[37] Die häufig resignativ interpretierte Variante eines neuen Realismus gelangte jedoch ebenfalls nicht über das Abbild hinaus.[38] Christine Bücher-Vogler beklagt in ihrer bereits zitierten Untersuchung die der Malerei fehlende Sinnlichkeit: „Umweltbedrohung ist in der Natur sinnlich erfahrbar und am eigenen Leibe zu spüren. Das meiste an dieser sinnlichen Erfahrung läßt sich jedoch nicht in die Malerei übertragen."[39] Sie bezieht deshalb im weitesten Sinne plastische Arbeiten – Auseinandersetzungen mit Naturmaterialien – in ihre Arbeit ein.
Heinz Thiel bemerkt zum Verhältnis von Landschaftsmalerei und Natur-Kunst: „Während die Landschaftsmalerei am einen Ende der Kunstszenerie die Natur als Leichenschauhaus beschreibt, keimt am anderen Ende der Kunstszene bereits die Wiedergeburt der Natur."[40] Diese Situation markiert den Wendepunkt von der Nachahmung der Natur zum unmittelbaren gestalterischen Eingriff in die Natur, der sich gegen Ende der 60er Jahre vollzieht. Durch den Zugang über das Detail und die konkrete Handlung wird die Distanz überwunden, die Annäherung zur Natur vollzieht sich auf direktem Wege.

In der Geschichte der Skulptur zeigten sich bereits Anfang des Jahrhunderts Tendenzen, die diesen Schritt vorbereiteten. Margit Rowell beschreibt in ihrem Werk über die *Skulptur im 20. Jahrhundert* zwei unterschiedliche Strömungen, eine Kultur-Ästhetik und eine Natur-Ästhetik. Auf der einen Seite waren Künstler fasziniert vom technischen Fortschritt und suchten ihre Inspiration in den neuen Entdeckungen der Wissenschaft , was sich z. B. im Kubismus und Futurismus niederschlug. Im Gegensatz dazu wandten sich andere Künstler der primitiven Kunst zu und beschäftigten sich bewußt mit traditionellen Techniken und Materialien, etwa im Primitivismus oder Expressionismus. Deren elementare Ausdrucksweise widersprach den Experimenten der Avantgarde und blieb zeitlos.[41]
Zu der von Rowell konstatierten Tradition einer Natur-Ästhetik können auch *Constantin Brancusis* stilisierte Plastiken in Metall und Marmor und *Henry Moores* z. T. auf archaische Kulturen bezogene Skulpturen[42] gezählt werden.[43] Beide Bildhauer gelten als Pioniere einer plastischen Auseinandersetzung mit dem Außenraum und der natürlichen Umgebung. *Constantin Brancusis* Skulpturenensemble in Tirgu Jiu (Rumänien) von 1937 war in Bezug auf den Umgang mit der Landschaft ein wichtiges Vorbild für die Land Art. [44] Auch *Henry Moores*[45] Skulpturenkonzeptionen für den Außen-

Abb. 1 Heinz Mack, Zeichen in der Landschaft, Sahara, Tunesien, 1961, aus: Mack 1969, S. 17.

raum[46] zielten auf eine Intensivierung des Wechselspiels von Aufstellungsort und Kunstwerk und damit auf die Herstellung eines Bezuges zwischen Skulptur und Umraum. Der Künstler selbst bemerkte: „Bildhauerei ist eine Kunst, die ins Freie gehört. Tageslicht, Sonnenlicht ist notwendig und meinem Empfinden nach ist die Natur die beste Umgebung und Ergänzung für sie."[47]

Ende der 50er Jahre bildete sich in Deutschland eine künstlerische Gruppierung, die sich besonders mit dem Phänomen des Lichts beschäftigte und Projekte für die Antarktis und die Sahara (Abb. 1) plante.[48] *Otto Piene, Heinz Mack* und *Günther Uecker*, die sich 1957/58 zur Gruppe „Zero" zusammenschlossen, betrachteten die ganze Welt als zu gestaltendes Material und sahen eines ihrer Ziele in der „Reharmonisierung des Verhältnisses von Mensch und Natur"[49].

1961, im gleichen Jahr, in dem einer der wichtigsten Vertreter der amerikanischen Land Art, *Walter de Maria*, ein Architekturprojekt für die Wüste entwarf („Walls in the Desert"), plante auch *Heinz Mack* eine 100 m lange Spiegelmauer in der Wüste.[50] Beide überraschend ähnlichen Projekte wurden nicht realisiert. *De Marias* 1968 verwirklichtes Land Art-Werk „Mile Long Drawing"[51] aus zwei parallelen Kreidelinien in der Mojave-Wüste (Kalifornien), kann jedoch als abgewandeltes Ergebnis seiner ursprünglichen Projekt-Idee betrachtet werden.[52]

Günther Uecker nahm 1969 gemeinsam mit *Hans Haacke*, der den Zero-Künstlern nahe stand, sowie niederländischen und englischen Kollegen,[53] neben *Dennis Oppenheim, Robert Smithson* und *Robert Morris* an einer der ersten großen amerikanischen Land Art-Ausstellungen an der Cornell-University in New York mit dem Titel „Earth Art" teil.[54] *Ueckers* Installation bestand aus mehreren Tonnen Sand, die er im Museumsraum zu einem Haufen aufschüttete, aus dem rotierende Stahlplatten herausragten.[55]
Obwohl es in Europa und Deutschland diese direkten Vorläufer einer künstlerischen Beschäftigung mit der Natur und ihren Elementen gibt, gilt die amerikanische Land Art in ihrer Herkunft aus Minimal- und Concept Art[56] nach wie vor allgemein als Vorläufer der Natur-Kunst.[57] Wie noch gezeigt werden wird, verlief die Entwicklung zu der in dieser Arbeit untersuchten Form der künstlerischen Auseinandersetzung mit der Natur jedoch keineswegs einspurig und linear. Vielmehr entstand die Natur-Kunst in Deutschland und Europa parallel zur amerikanischen Entwicklung aus einem komplexen Gefüge verschiedenster Ansätze und Traditionen. Die sich in den 60er und 70er Jahren in Europa zeigenden Strömungen wie „Arte Povera"[58], „Individuelle Mythologien"[59] auf der documenta 5 1972, „Feldforschung"[60] und „Spurensicherung"[61] flossen in die Entwicklung der Natur-Kunst ein.
Während bei der Arte Povera zunächst das künstlerisch verwendete Material in den Vordergrund trat und sogenannte „arme" Materialien, wie Sand, Kohle, Blei u. a., „salonfähig" gemacht wurden, vollzogen Künstler in den 70er Jahren eine Wendung nach Innen. Mit den Methoden der Anthropologie, Ethnologie und Archäologie begaben sie sich auf die Suche nach ihren Wurzeln.[62]
„An romantisches Finderglück à la Schliemann oder James Georg Frazer angelehnt, entwickelten die Künstler der *Spurensicherung* ihre Kulturtechniken, betrieben Feldforschung und Begehung von Terrains auf kleinstem Raum. Kaschiert hinter ärmlichen Spuren wie Putzbrocken, Kieseln, Federn, Spielzeugteilen, Unkraut, Scherben, die man als Indizienketten photographisch festhielt, war es ein anthropologischer Ansatz. Die ästhetischen Utopien der Moderne, auch ihre aufdringlichen Züge beiseite lassend, kam man auf den Menschen als Spezies und einzelnen zurück."[63], so Günter Metken, der der Bewegung ihren Namen verlieh. Den philosophischen Hintergrund bildeten die Theorien des Strukturalismus und dabei vor allem die Schriften des französischen Ethnologen Claude Levi-Strauss (*Traurige Tropen*, 1960 und *Das wilde Denken*, 1969)[64].
Durch den Blick auf die Vergangenheit erhoffte man sich einen Gewinn für die Gegenwart.[65]
Die Suche nach Alternativen spiegelte sich unter anderem auch im Engagement für die Umwelt und dem Bemühen um ein neues Verständnis der Natur.
Als ein wichtiges Vorbild in diesem Zusammenhang soll hier *Joseph Beuys* angeführt werden, in dessen Werk viele Aspekte der beschriebenen verschiedenen Richtungen zusammenlaufen und dessen zentrales Thema das Verhältnis des Menschen zur Natur war.[66] *Beuys* verwandte nicht nur „arme" Materialien, wie z. B. Fett und Filz, sondern suchte immer wieder auch mythologische Bezüge. Dies manifestierte sich unter anderem in schamanistischen Aktionen, wie z. B. dem Zusammenleben mit einem Kojoten in einer amerikanischen Galerie („I like America and America likes me", 1974), die seine idealistisch-antroposophische Utopie einer Versöhnung von Kultur und Natur demonstrierten. „Der Mensch muß wieder nach unten mit den Tieren, den Pflanzen, der Natur und nach oben mit den Engeln und Geistern in Beziehung treten."[67]
Den Höhepunkt seines Schaffens bildete die Aktion einer Pflanzung von 7000 Eichen in Verbindung mit der Aufstellung je einer Basaltstele („Stadtverwaldung statt Stadtverwaltung") im Stadtgebiet von Kassel im Rahmen der documenta 7 1982, die erst 1987 nach dem Tod von *Beuys* abgeschlossen wurde.[68] Dabei ging es dem Mitbegründer der Grünen Partei nicht allein um die Baum-Pflanzungen, sondern auch um den Vorstoß in politische Strukturen und Dimensionen: „Es ist also das Pflanzen von 7000 Eichen nur ein symbolischer Anfang. Und zu diesem symbolischen Anfang brauche ich auch diesen Markstein, also diese Basaltsäule. Es soll also auf die Umgestaltung des gesamten Lebens, der gesamten Gesellschaft, des gesamten ökologischen Raumes hingewiesen werden in einer solchen Aktion."[69] Durch seinen Bekanntheitsgrad und die enormen Ausmaße des Projektes erreichte die *Beuys'sche* Aktion eine breite Öffentlichkeit und gilt nach wie vor als Musterbeispiel künstlerischen Engagements für die Natur.[70]

Sybille Berger, die sich in ihrer Dissertation erstmals ausführlicher mit den Umgangsweisen zeitgenössischer Künstler mit gewachsenen Materialien und natürlichen Prozessen beschäftigte, ging so weit, die z. T. oben genannten Tendenzen Arte Povera, Land Art, Earthworks, Minimal Art, Neo-Dada, Prozeß- und Konzept-Kunst, Individuelle Mythologien, Feldforschung, Spurensicherung und Animal Art allesamt unter dem Begriff Natur-Kunst zu subsumieren.[71] Sie beschränkte sich dabei allerdings auf Kriterien, nach denen die Werke lediglich Natur-Materialien und -Prozesse thematisieren sollten.
Wie sich noch zeigen wird,[72] finden sich tatsächlich Aspekte und Ideen der oben genannten Richtungen in den in dieser Arbeit angeführten Beispielen einer künstlerischen Auseinandersetzung mit der Natur. Die Charakterisierung von Sibylle Berger erscheint jedoch zu all-

Abb. 2 *Michael Heizer, Double Negative, Mormon Mesa, Overton, Nevada, 1969-1970, aus: Tiberghien 1995, S. 88.*

gemein. Ein wichtiges Unterscheidungsmerkmal besteht darin, daß die in dieser Arbeit Natur-Kunst betitelte Erscheinungsform sich ausschließlich im Außenraum abspielt, während viele der gegen Ende der 60er/Anfang der 70er Jahre entstandenen Tendenzen sich weiterhin auf den Galerie- oder Museumsraum, also auf den Innenraum konzentrierten. Mit dem Schritt in den Außenraum und damit auf den potentiellen Betrachter zu, erschließt sich eine wichtige inhaltliche Komponente der Natur-Kunst im hier verstandenen Sinne.

1.1.4 Abgrenzung der Natur-Kunst von der Land Art

Heinz Thiel versuchte, die Natur-Kunst über die Land Art zu legitimieren. Andere Autoren folgten ihm darin und betrachteten Natur-Kunst in der Nachfolge der Land Art[73] oder bezeichneten sie als europäische Land Art.[74]
Auf eine ausführliche Schilderung der Entstehung und Entwicklung der gemeinhin als Land Art bezeichneten amerikanischen künstlerischen Auseinandersetzung mit der Natur wird verzichtet, da diese bereits durch zahlreiche Publikationen erschlossen ist.[75]
Um die in dieser Arbeit zu betrachtende Strömung der Natur-Kunst von der Land Art zu separieren, sollen an dieser Stelle anhand von Beispielen die Gemeinsamkeiten und Unterschiede von Land Art und Natur-Kunst herausgearbeitet werden. Diese Abgrenzung kann für die Natur-Kunst zunächst nur thesenhaft erfolgen, da sie zum gegenwärtigen Stand der Untersuchung nicht näher bestimmt ist. Für ein besseres Verständnis müssen charakteristische Kriterien der Natur-Kunst vorläufig vorweggenommen werden, die später anhand einer Diskussion zahlreicher Einzelbeispiele noch ausführlich herausgearbeitet werden (Kap. 2.5). Erst im Rahmen einer Betrachtung der der Land Art und Natur-Kunst entgegegengebrachten Kritik wird dann die Unterscheidung abschließend konkretisiert werden (Kap. 4.1).

Für die Land Art werden drei der berühmtesten Vertreter dieser Richtung und ihre wohl bekanntesten Werke herangezogen. *Michael Heizer, Robert Smithson* und *Walter de Maria* gehören gegen Ende der 60er Jahre in Amerika zu den Pionieren einer neuen Kunst in der Landschaft. An deren immer wieder abgebildeten Werken[76] „Double Negative" (*Heizer* 1969/70), „Spiral Jetty" (*Smithson* 1970) und „Lightning Field" (*de Maria* 1974-77) können stellvertretend einige typische Merkmale der amerikanischen Land Art herausgestellt werden.
Für „Double Negative" (Abb. 2), zwei am Rande eines Tafelgebirges in Nevada in einer Achse liegende Einkerbungen, sprengte und bewegte *Michael Heizer* 1969/70 240.000 Tonnen Felsgestein. *Robert Smithson* schüttete am Ufer des Großen Salzsees in Utah aus Geröll und Steinen eine Spiralform „Spiral Jetty" (Abb. 3) an. Einige Jahre später errichtete *Walter de Maria* auf einer Hochebene mit besonderer Wetterlage im Westen New Mexicos aus 400 Edelstahlstäben in rechteckiger Anordnung sein „Lightning Field" (Abb. 4).

Diesen Werken werden drei deutsche Beispiele gegenübergestellt, die Gemeinsamkeiten mit der amerikanischen Land Art zeigen, gleichzeitig aber auch beispielhaft die Andersartigkeit der Natur-Kunst demonstrieren. Als prominente Vertreter wurden *Timm Ulrichs, Nils-Udo* und *Doris Cordes-Vollert* ausgewählt, deren Werke auch im Laufe der Arbeit noch weiter erläutert werden.
Timm Ulrichs schuf 1977 in der Lüneburger Heide einen „Ego-zentrischen Steinkreis" (Abb. 5), indem er von einem Mittelpunkt aus Findlinge verschiedener

Abb. 3 Robert Smithson, Spiral Jetty, Great Salt Lake, Utah, 1970, aus: Tiberghien 1995, S. 262, Abb. 1.

Größe nach außen warf. Entsprechend ihrem Gewicht landeten die Steine näher am Zentrum oder flogen weit nach außen.[77] Aus dünnen Zweigen und Holzstecken errichtete *Nils-Udo* 1979 auf einem Schwarzwaldberg bei Freiburg eine Skulptur (Abb. 6), die die Sonne bei entsprechendem Stand wie eine Schale einrahmte und durch die im Halbrund angeordneten Holzstecken deren Strahlen nachempfand.[78] *Doris Cordes-Vollert* zeichnete 1989 auf dem Schüberg bei Hamburg eine Erosionsrille nach. In der Trockenzeit legte sie diese mit Gaze-Streifen aus (Abb. 7), welche Blätter, Steinchen und Reisig einfing. Bei Regen goß sie Milch in die Rinne (Abb. 8) und zeichnete so die Fließbewegung nach.[79]

1.1.4.1 Gemeinsamkeiten

Eine vergleichbare gesellschaftliche Grundstimmung bereitete den Boden sowohl für die Entstehung der Land Art als auch der Natur-Kunst. Enormer wissenschaftlicher und technischer Fortschritt (z. B. Mondlandung), gesellschaftspolitische Ereignisse (Vietnam-Krieg, Hippie-Bewegung, Studenten-Unruhen) und zunehmende Umweltzerstörung (Ökologiebewegung) kennzeichneten die politische und kulturelle Aufbruchsituation gegen Ende der 60er Jahre.[80] Hoormann beschreibt die Situation in der Kunstszene folgendermaßen: „In den frühen sechziger Jahren hatten künstlerische Protestbewegungen den Ausstieg aus dem etablierten Kunstbetrieb eingeleitet und dabei den tradierten Werkbegriff aufgelöst. Happening und Fluxus überführten mit ihren Performances und Aktionen das statische Kunstwerk in eine zeitlich begrenzte Handlung."[81] Damit war der Boden bereitet für eine Gruppe von Künstlern, die ihre Ateliers und den städtischen Ballungsraum verliessen und damit auch dem Kunstmarkt den Rücken kehrten.

Die Abwendung von Zivilisation und Fortschritt, der Gang in die Natur und die Hinwendung zur Erde mit ihrem kulturellen Gedächtnis und ihrer uralten Geschichte erscheinen symptomatisch für eine auf der Suche nach Alternativen befindliche Generation. So zeigen sich denn auch Parallelen zwischen Land Art und Natur-Kunst hinsichtlich der Verwendung einer einfachen Formensprache sowie der Rezeption archaischer Monumente und Kultstätten. Die Künstler waren fasziniert von prähistorischen Monumenten und astronomischen Anlagen wie z. B. den Erdzeichen von Nazca in Peru (zwischen 300 v. Chr und 800 n. Chr.)[82] und dem Steinkreis Stonehenge im Süden Englands (ca. 2000 v. Chr.)[83]. Einfache geometrische Strukturen wie Punkt, Linie, Kreis sowie alte Symbolformen und Architekturen wie Spirale, Labyrinth und Pyramide kommen zur Anwendung. „Diese Formensprache stützt sich vor allem auf Symbole, die ihrem Charakter und ihrem Ursprung nach aus der frühesten Menschheitsgeschichte bereits bekannt und nicht individuell, sondern kollektiv sind. C. G. Jung bezeichnet solche Formen als *Archetypen*."[84] Das Labyrinth z. B. steht für die menschliche Suche nach der Wahrheit.[85] Die Spirale als Symbol des Lebens und des Todes faßt die Natur in ihrer Struktur zusammen, sie versinnbildlicht die Entstehung und Entfaltung von Leben.[86]
Smithsons Interpretation der Spirale in „Spiral Jetty" (Abb. 3) beinhaltet allerdings negative Konnotationen. Mit ihrer Drehrichtung entgegen dem Uhrzeigersinn demonstriert sie, in unmittelbarer Nähe von verrottenden Industrieanlagen gelegen, den vom Künstler mehrfach thematisierten Prozeß der Entropie.[87]
Michael Heizers Riegel „Double Negative" (Abb. 2) bildet eine Linie, die den Umraum als Existenzraum mit einbezieht. Wie die in die Erde gescharrten Linien der Erdzeichen von Nazca, ist seine riesige Furche nur aus der Luft vollständig zu betrachten.

Timm Ulrichs (Abb. 5) greift das Motiv des Kreises auf, der als Symbol für die Ganzheit des Lebens steht und einen geschlossenen meditativen Raum kennzeichnet.[88] Gleichzeitig bezieht er sich mit seinem Steinkreis auf megalithische Kultstätten, bezieht den Kult jedoch „Ego-zentrisch" auf seine eigene Person.
Nils-Udos Sonnenskulptur (Abb. 6) spielt auf frühgeschichtliche Anlagen mit astronomischer Ausrichtung an, in diesem Fall zur Bestimmung des Sonnenstandes (Tag- und Nachtgleiche) und somit des Jahreszeitenwechsels.

Durch den Schritt in den Außenraum erlangten auch die Kategorien Raum und Zeit in der Kunst eine neue Bedeutung. Die Werke der Land Art und Natur-Kunst sind durch ihre Beziehung zur umgebenden Landschaft nicht nur raumbezogen und damit standortspezifisch, „site-specific", sondern unterliegen aufgrund des meist natürlichen Materials und der äußeren Bedingungen (Witterungseinflüsse) dem Prozeß der Veränderung. So hat z. B. der Anstieg des Wasserspiegels *Robert Smithsons* ursprünglich begehbare Spirale „Spiral Jetty" unter die Oberfläche versenkt.[89] Auch *Michael Heizers* „Double Negative", das am Rande eines Erosionsgebietes liegt (Abb. 2), ist inzwischen teilweise wieder von der Natur zurückerobert worden. Herabgestürzte Felsbrocken und Geröll haben begonnen, die klaren Konturen zu verschleifen.[90]
Eine wichtige Rolle in diesem Zusammenhang spielt der wahrnehmende Betrachter.[91] Die Erscheinung der Metallstäbe von *de Marias* „Lightning Field" z. B. verändert sich mit dem wechselndem Tageslicht und den verschiedenen Jahreszeiten (Abb. 4).
Sowohl Land Art als auch Natur-Kunst erfordern einen Rezipienten, der sie nicht nur distanziert betrachtet, sondern durch Abschreiten und Erwandern körperlich erfährt.[92] Über den Körper als Organ der Raumerfahrung soll das Kunstwerk aktiv wahrgenommen werden. Rosalind Krauss bemerkt in diesem Zusammenhang „... our bodies and our experience of our bodies continue to be the subject of this sculpture – even when a work is made of several hundred tons of earth."[93] Die Plastik wird zur Handlungsform[94] und „... will benutzt, durchschritten, erstiegen, ertastet werden. Sie will nicht nur wie frühere Kunstwerke in einer ästhetischen oder geistigen Auseinandersetzung erlebt, sondern – wörtlich – gelebt werden."[95]
Walter de Marias „Lightning Field" (Abb. 4) bei Quemado in New Mexico sollen die Besucher eine bestimmte Zeit lang ausgesetzt werden. Sie werden in Gruppen von höchstens fünf Personen mit einem Bus zu einer Blockhütte in der Nähe der Arbeit gebracht und nach 20 Stunden dort wieder abgeholt.[96] *Michael Heizer* wünscht sich, daß der Besucher mindestens 24 Stunden im „Double Negative" (Abb. 2) verweilt, um seine Strukturen in allen wechselnden Lichtverhältnissen wahrnehmen zu können.[97] Auch für *Robert Smithson* (Abb. 3) war das physische Erlebnis ein wichtiger Aspekt. Beim Abgehen der Spirale sollten sich Schwindelgefühle und das deutliche Empfinden einer Sogwirkung in den See hinein einstellen.[98]
Während der sich auflösende Steinkreis von *Timm Ulrichs* den Betrachter noch heute einlädt, im Zentrum zu verweilen und über die Funktion dieser Steinansammlung zu sinnieren, konnte die Sonnenskulptur von *Nils-Udo* (Abb. 6) nur zu einem bestimmten Zeitpunkt nämlich zur Tag- und Nachtgleiche in ihrer eigentlichen Funktion erlebt werden. „Von 2 Beobachtungspunkten, westlich und östlich des Turms eingerichtet, erwartet der Betrachter den Sonnenaufgang und den Sonnenuntergang. Am Morgen steigt die Sonne aus der Schale des Turmes auf, um am Abend wieder in ihr zu versinken."[99]
In der konsequenten Ausrichtung auf den Betrachter bzw. Benutzer zeigt sich ein gemeinsames Ziel von Land Art und Natur-Kunst. Sie wollen den Menschen, der angesichts der Informationsüberflutung durch die Massenmedien für seine Umwelt kaum noch empfänglich ist, wieder für die Natur sensibilisieren. „Diese Plastik

Abb. 4 Walter de Maria, The Lightning Field, New Mexico, 1977, aus: Tiberghien 1995, S. 223, Abb. 4.

Abb. 5 Timm Ulrichs, Ego-zentrischer Steinkreis: Steine in Wurfweite, Neuenkirchen 1977, Feldstein-Feld ca. 50 m, Foto: Nils-Udo.

vertritt eine Gegenposition zur Medienwelt bloßer Sekundärinformationen, eine Alternative aktiver Wahrnehmung zur Inflation passiven Bilderkonsums."[100]
Die Flucht aus Museen und Galerien, die Negation des Kunstmarktes und seiner Mechanismen aufgrund der Unverkäuflichkeit der Werke entspringen einer kritischen Grundhaltung gegenüber dem Establishment. Insofern können Natur-Kunst und Land Art als zeitgemäße Versuche betrachtet werden, „Kunst und Leben" im Sinne eines erweiterten Kunstbegriffes zusammenzubringen.

1.1.4.2 Unterschiede

Während allerdings in Amerika die Pioniere der Land Art in die Wüste und damit in die weitgehend unberührte Natur zogen, um ihre großangelegten Projekte zu verwirklichen, fehlt es dafür in unseren dichtbesiedelten Breiten an Platz. Hier ging man in die menschlich geschaffene Form der Wüste, beispielsweise in die Lüneburger Heide,[101] oder suchte andere eher abgelegene Landstriche auf. Der fehlende Raum wirkte sich auch auf die Größenverhältnisse der Arbeiten aus. Die Amerikaner schufen Werke von riesigen Ausmaßen in weiten Wüstengegenden,[102] die z. T. eher architektonischen Maßen entsprachen, fast so als sollte man sie auch aus dem Weltall erkennen können[103]. Die Arbeiten in Deutschland blieben bescheidener, auf das menschliche Maß ausgerichtet und damit näher am traditionellen Skulpturbegriff. *Timm Ulrichs* legte seinem „Ego-zentrischen Steinkreis" (Abb. 5) seine persönlichen Dimensionen zugrunde. Der Innenkreis und der Durchgang entsprachen seiner Körpergröße, die Flugweite der Steine seiner Kraft.[104]
Doch nicht nur Platzmangel, sondern auch eine andere Umgangsweise mit der Natur, jenseits der Technikfaszination einiger Land Art-Künstler, die Bagger und schweres Gerät zur Ausführung ihrer Arbeiten einsetzten, unterscheiden die Natur-Kunst von der Land Art. Sie ist zumeist gekennzeichnet durch einen respektvol-

Abb. 6 Nils-Udo, Sonnenskulptur für die Tagundnachtgleiche, Eiche, Esche, Weidenruten, Fichten, Schwarzwaldgipfel 1979, Foto des Künstlers.

leren Umgang[105] mit den vorhandenen Materialien/Ressourcen, die man in vielen Fällen als Materialgerechtigkeit im klassischen Bildhauersinn bezeichnen könnte. Wie *Michael Heizer* in „Double Negative"[106] (Abb. 2) thematisierte auch *Doris Cordes-Vollert* mit ihrer Aktion (Abb. 7, 8) den natürlichen Prozeß der Erosion, jedoch ohne tiefgreifend in die Natur einzugreifen. Durch behutsame Nachvollziehung und Unterstreichung machte sie einen Prozeß sichtbar, den man für gewöhnlich nicht als solchen wahrnimmt.

Die fast überall menschlich überformte Landschaft forciert außerdem eine kritische Reflexion der historischen Mensch-Natur-Beziehung. Kellein bemerkt über die europäische künstlerische Auseinandersetzung mit der Natur, das diese sich „stets dem historisch komplexen Prozeß der Zivilisation von Landschaft"[107] gewidmet habe.

Ein weiterer Unterschied zwischen Land Art und Natur-Kunst artikuliert sich, wie sich noch zeigen wird, in einer deutlich ökologischen Ausrichtung der künstlerischen Auseinandersetzung mit der Natur in Deutschland. In Amerika thematisierte dagegen einzig *Robert Smithson* die Folgen der Ausbeutung der Natur kritisch, indem er in und mit industriell vernutzten Räumen und nicht in nahezu unberührten Landschaften arbeitete.[108] Auch „Spiral Jetty" (Abb. 3) wurde in der Nähe einer verrottenden, ehemals der Ölgewinnung dienenden Industrieanlage errichtet.[109]

Weilacher rückt die Auseinandersetzung mit Umweltproblemen in den Vordergrund: „Für eine ökologisch orientierte Kunst, die sich mit Naturmaterialien beschäftigt und in den frühen siebziger Jahren entstand, wurde der Begriff *Natur-Kunst* geprägt"[110].

Die anders gearteten Standorte der Natur-Kunst-Werke wirken sich auch unmittelbar auf ihre Beziehung zu einem potentiellen Betrachter aus. Die Werke der amerikanischen Land Art sind aufgrund ihrer Lage in abgelegenen, nicht menschenfreundlichen Wüsten für den Betrachter nur schwer erreichbar. Demgegenüber kann der Rezipient im dichtbesiedelten Europa der Natur-Kunst auch zufällig begegnen. Zusätzlich erleichtert die Veranstaltungsform des

Abb. 7 Doris Cordes-Vollert, Erosion – Gazestreifen in Erosionsrillen, Ammersbek 1989, Foto der Künstlerin.

Abb. 8 Doris Cordes-Vollert, Erosion – Milch in Erosionsrillen, Ammersbek 1989, Foto der Künstlerin.

Symposions den Kontakt mit dem Künstler und dem Kunstwerk.[111]
Das Problem der Vermittlung der weit entfernten Arbeiten löste die Land Art über ihre fotografische Dokumentation, was ihre Ausrichtung auf die körperliche Primärerfahrung zum Teil ad absurdum führte. *Walter de Maria* wehrte sich noch 1969 gegen jegliche fotografische Dokumentation, bevor er später die Bilder seines „Lightning Field" (Abb. 4) regelrecht vermarktete.[112] Auch *Robert Morris*, der ebenfalls an einigen frühen Land Art-Ausstellungen teilnahm und größere Projekte im Freiraum verwirklichte,[113] versteht die Fotografie, „die Raum und Zeit verleugnet"[114], als Gegenpol seiner Plastik. *Michael Heizer* hingegen rechtfertigt die fotografische Vermittlung über den konzeptionellen Charakter der Land Art: „Ich glaube, daß bestimmte Fotografien eine genaue Art, Werke anzuschauen, ermöglichen. Man kann eine Fotografie in einen weißen Raum ohne Ton, ohne Geräusche stellen. Man kann warten, bis man sich so eingestimmt fühlt, bevor man sie anschaut, und möglicherweise bei einer solchen Ansicht, gleich welcher Art, tiefere Empfindungen haben."[115]
Kellein bemerkt zum Problem der Vermarktung über die Fotografie: „Auch Land Art-Künstler müssen essen, hätte Ad Reinhardt gesagt."[116]
Die Fotografie ist und bleibt jedoch sowohl für die Land Art als auch für die Natur-Kunst, neben der Videoaufzeichnung, ein wichtiges Mittel zur Bewahrung und Dokumentation der häufig vergänglichen Arbeiten. Gerade die Natur-Kunst, wie z. B. die Aktionen von *Doris Cordes-Vollert* (Abb. 7, 8), ist infolge ihres geringeren Eingriffs in die Natur häufig vergänglicher als die amerikanische Land Art, deren Werke sich, wie die Arbeit von *Michael Heizer* (Abb. 2), in gigantomanen Ausmaßen tief in die Erde eingegraben haben.

1.1.4.3 Resümee

Auch wenn Land Art und Natur-Kunst viele Gemeinsamkeiten aufweisen – wie den Gang in die Natur, die Arbeit mit natürlichem Material, Standortbezogenheit, den Rückgriff auf eine archaische Formensprache, Vergänglichkeit und Unverkäuflichkeit der Werke – , weisen die herausgearbeiteten markanten Unterschiede die Natur-Kunst als eine eigenständige Erscheinung aus. Weilacher bemerkt zur Land Art: „... viel zu selten findet eine ernsthafte Auseinandersetzung mit diesem Begriff statt. Vielmehr wird 'Land Art' mittlerweise bedenkenlos auf nahezu jede Art von Gestaltung im öffentlichen Freiraum angewendet, die in Verdacht steht, künstlerischen Ansprüchen zu genügen, völlig ungeachtet der vermittelten Inhalte."[117] Lauber registriert über die Natur-Kunst: „Weiter bestehen größere Unterschiede zwischen der US-amerikanischen Land Art und der europäischen Land Art, als meist in der Literatur gesagt wird, vor allem oft größere zwischen europäischen Land Art-Künstlern,[118] wenn man bei dieser Terminologie bleiben will, und anderen europäischen Naturkünstlern. Zudem gibt es gerade in Deutschland und in England ein breites Feld dieser jungen Naturkünstler, die noch recht unbekannt sind...."[119] Andreas Vowinckel konkretisiert den Unterschied wie folgt: „... hier wird ein Reflexionsprozeß in Gang gesetzt (...), der eine philosophische Dimension annimmt. Er geht über die Konzeptionen hinaus, die, etwa im Werk von meist amerikanischen Künstlern der sogenannten Land Art, wie Robert Smithson, Michael Heizer, Richard Long und Dennis Oppenheim, bis zu George Trakas und Nancy Holt, mit Hilfe oder unter Einbeziehung der Natur und ihrer Materialien, in Analogien zu ihr, Mechanismen der Wahrnehmung und des Denkens phänomenologisch veranschaulichen und bewußt machen wollen."[120] Silke Kneer formuliert das Verhältnis der europäischen Werke zur amerikanischen Land Art in einer Gegenüberstellung von Sensibilität versus Aggressivität im Sinne einer extrovertierten Eroberung.[121]

Gegen die landläufige Meinung, daß die Natur-Kunst in der Nachfolge der Land Art entstanden ist, spricht außerdem eine eigene deutsche bzw. europäische Tradition. Wie bereits geschildert, nahmen bereits 1969 *Günther Uecker* und *Hans Haacke* an einer der ersten großen amerikanischen Land Art-Ausstellungen teil.[122] Dies setzte voraus, daß man sich auch jenseits des Atlantik bereits mit der Landschaft und ihrem Material künstlerisch auseinandergesetzt hatte.

Während die amerikanische Land Art ohne echte Nachfolge blieb,[123] entwickelte sich die künstlerische Auseinandersetzung mit der Natur in der Natur in Deutschland vor allem im Zusammenhang mit der Veranstaltungsform des Symposions weiter. „Seit Mitte der siebziger Jahre fanden die neu entwickelten Formen als Naturkunst besonders in der Bundesrepublik in 'Künstlerparks' oder 'Künstlersymposien' ihren institutionellen Rahmen."[124]

Die Natur wurde, nicht zuletzt aufgrund wachsender ökologischer Probleme, zum aktuellen Thema bis zum heutigen Tage.

Infolge ihrer im Verhältnis zur amerikanischen Land Art kurzen Lebensdauer, ihrer geringeren Größe und des respektvolleren Umgangs mit der Natur erlangte die Natur-Kunst jedoch insgesamt einen weniger spektakulären Charakter,[125] was wiederum zu einer geringeren Medienattraktivität und letztlich zu einer geringeren Beachtung führte. Einzig in ihren teilweise verwandten Ausprägungen als „Individuelle Mythologien" und „Spurensicherung" erlangte sie auf der documenta 5 1972 und 6 1977 einen gewissen Bekanntheitsgrad. Im übrigen zeugen Randerscheinungen auf der documenta X 1997 sowie auf der „Skulptur.Projekte" in Münster 1997 von der ungebrochenen Aktualität der Natur-Kunst.[126]

1.2 Symposion

1.2.1 Begriffsbestimmung

Zeitlich früher als Land Art und Natur-Kunst entstand das Künstlersymposion als Veranstaltungsform, die die Produktion und Ausstellung von Kunstwerken, meist im Außenraum, vereint.

Ursprünglich bezeichnet das Wort „symposion" das klassisch griechische Gastmahl und Trinkgelage mit philosophischen Diskussionen, wie Platon es z. B. in seiner Schrift *Symposion* beschreibt.[127]

In der heutigen Zeit ist die dem Lateinischen folgende Form *Symposium* gebräuchlicher. Wissenschaftliche Fachtagungen und Kolloquien werden häufig als Symposien bezeichnet.

Das Bildhauer- oder Künstlersymposion hingegen ist entschieden auf die praktische Arbeit ausgerichtet. Mehrere Künstler finden sich meist für einige Wochen an einem Ort zusammen, um dort zu leben und zu arbeiten. An abendlichen oder abschließenden Festen wird nach klassischem Vorbild gefeiert und diskutiert. Zur Unterscheidung von wissenschaftlichen Fachtagungen wird hier die dem Griechischen folgende Form *Symposion* verwendet, die im übrigen meist auch in der künstlerischen Praxis gewählt wird. Mit der Erweiterung des Kunst- und vor allem des Skulpturbegriffes erscheint allerdings die Bezeichnung Bildhauersymposion, wie Hartmann und Pokorny sie 1988 noch verwenden,[128] nicht mehr zutreffend, da es sich immer seltener um reine Stein- oder Holzbildhauersymposien handelt, sondern auch mit anderen Materialien und Methoden gearbeitet wird. Die Bezeichnung „Künstlersymposion" erscheint für die sehr verschiedenen Veranstaltungen in diesem Bereich eher geeignet und wird deshalb im folgenden hauptsächlich verwandt.

1.2.2 Geschichte und Entwicklung des Künstlersymposions

Wolfgang Hartmann und Werner Pokorny haben 1988 die Entwicklung und Entstehung dieser Sonderform gemeinschaftlichen künstlerischen Schaffens in ihrem Buch *Das Bildhauersymposion* erstmals ausführlich beschrieben.[129]

Der österreichische Bildhauer *Karl Prantl* begründete 1959 das erste „Symposion Europäischer Bildhauer"[130] im Steinbruch St. Margarethen in der Nähe von Wien. Er wollte die zuvor selbst erfahrenen neuen Bedingungen der Arbeit im Steinbruch unter freiem Himmel gemeinsam mit anderen Künstlern ausprobieren.

Schon nach kurzer Zeit fand der Gedanke, Bildhauer für einige Wochen zu gemeinsamem Arbeiten und Leben zusammenzubringen, meist über einzelne Künstlerpersönlichkeiten, weitere Verbreitung. 1961 gab es weitere Symposien in Österreich und erstmals in Deutschland und dem ehemaligen Jugoslawien, 1962 in Israel. Seit 1963 wurde die Idee dann nach und nach in Japan, der damaligen CSSR, Polen, Rumänien, Ungarn, in Westeuropa und in Amerika aufgegriffen.[131]

Wolfgang Hartmann führt das wachsende Interesse an den „Werkgemeinschaften auf Zeit" zurück auf die unsichere Situation der Bildhauer nach dem Zweiten Weltkrieg, denen es an Aufträgen fehlte.[132] Jürgen Morschel beschreibt in seiner Betrachtung anläßlich der zwanzigjährigen Geschichte des Bildhauersymposions den Unterschied zwischen Künstlergruppen wie z. B. Zero u. a. und dem Symposion folgendermaßen: „Mit dem Symposion wurden neue Voraussetzungen geschaffen unter denen sich Kunst entfalten kann, während jene anderen Gruppierungen unter den bestehenden Voraussetzungen eine neue Kunst verwirklichten."[133]

Die Idee, Skulptur in den Außenraum zu bringen, war andernorts bereits in Ausstellungen verwirklicht worden (1948 London Battersea Park, 1949 Sonsbeek bei Arnheim[134], 1953 Hamburg[135]). Hierbei wurde eine neue Seh- und Umgangsweise mit Skulptur entwickelt, die gleichzeitig eine Voraussetzung für die Entstehung des Symposions bildete.[136]

Für *Prantl* waren völkerverbindende Internationalität und Materialgerechtigkeit wichtige Ansatzpunkte für die Umsetzung seiner Idee.[137] Trotz fortgeschrittener technischer Möglichkeiten bearbeitete er den Stein, nach damaligen Kunstvorstellungen ein bereits unzeitgemäßes Material,[138] in klassischer Technik mit Hammer und Meißel. Auf diese Art wollte er einen respektvollen Umgang mit dem Material demonstrieren. Ebenso anachronistisch gegenüber den zeitgenössischen Kunsttendenzen erschien der Rückzug in die Natur.[139]

„Der Stein bedeutet für Prantl ein Symbol der Erde und kann nach seiner Bearbeitung Teil der Natur bleiben oder doch Zeichen menschlicher Verbundenheit mit der Natur werden."[140] *Prantl* selbst merkt an: „Es ist anders als in den Museen: Die Begegnung mit so einem Stein in der Landschaft zeitigt anderes Erleben: Man erlebt auch den Baum, das Gras, das Moos und die Wolken."[141]

1961 fand in Kirchheim bei Würzburg unter maßgeblicher Beteiligung *Karl Prantls* das erste deutsche Bildhauersymposion statt, das, nachdem man vom Bau der Berliner Mauer erfahren hatte, spontan nach Berlin verlagert wurde und so eine politische Dimension bekam.[142]

Während sich in Österreich das Symposion als kontinuierliche Form der Kunstäußerung etablierte (z. B. in St. Margarethen, seit 1967 auch in Lindabrunn und Krastal), kam es in Deutschland zunächst nur in zwei Fällen zu einer jährlichen Wiederholung von Symposien (Neuenkirchen und St. Wendel).[143]

Parallel zu der gegenseitigen Hilfe und dem Erfahrungsaustausch der Künstler untereinander ergab sich eine neue Form der Öffentlichkeit. Durch die Teilhabe am Entstehungsprozeß von Kunst wurde auch das Publikum auf eine neue Art und Weise an künstlerischen Aufgaben und Prozessen beteiligt.[144] Nicht nur die Künstler untereinander diskutierten Probleme ihrer künstlerischen Arbeit, sondern auch die Zuschauer und Beobachter konnten direkt Fragen an den Künstler stellen bzw. Kritik äußern, was sicher nicht ohne Einfluß auf das künstlerische Ergebnis blieb.

Schon bald wandte man sich neben dem Stein auch anderen Materialien zu. Bereits 1961 ging man in Kapfenberg (A) in einen Industriebetrieb, um mit Stahl zu arbeiten.[145]

In Zusammenhang mit dem Arbeitsort, also einem Steinbruch, einer Fabrik oder der freien Natur entschied man sich für das jeweilige Material. Stein, Stahl, Beton, Keramik, Holz oder auch vorgefundene Materialien fanden künstlerische Verwendung. Das Material selbst wurde Thema einiger Symposien. So wurden z. B. in Freiburg 1977, 1979 und 1983 „Holzsymposien" veranstaltet.[146]

Mit der Erweiterung des Kunstbegriffs in den 70er Jahren wurden auch die Formen des Künstlersymposions weiterentwickelt. An manchen Orten wurden musikalische und literarische Veranstaltungen miteinbezogen, so z. B. 1972 in Lindabrunn (A) und Krastal (A), um den Symposien eine neue Richtung zu geben.[147] In St. Margarethen verwirklichten 1970 erstmals mehrere Bildhauer ein gemeinsames Projekt (Abb. 9). Vier japanische Künstler schlugen eine große Felsenrinne mit Bodenfurche in den Steinbruch und griffen damit zum ersten Mal auch direkt in die Landschaft ein.[148]

Schließlich wurde zunehmend die Landschaft selbst konzeptionell und gestaltend einbezogen.[149] Eine Vorreiterrolle in Deutschland übernahm hier die Galerie Falazik, die Mitte der 70er Jahre in der Lüneburger Heide Themen für eine Auseinandersetzung mit der Landschaft formulierte.[150]

Waren es kurz nach dem zweiten Weltkrieg fehlende Aufträge, die die Künstler aus dem Atelier ins Freie trieben, kamen im Laufe der Zeit noch andere Gründe hinzu. Die Künstler wandten sich gegen eine Kunstproduktion fürs Museum oder als Konsumware für den Kunsthandel. „... bei manchem Künstler wächst das Unbehagen über die totale Verfügbarkeit seines Werkes, das in den Händen der Ausstellungsdirigenten mehr und mehr zum Werkzeug, Instrument und Requisit ihrer Selbstinszenierungen dient oder in den Markthallen der Kunsthändler zur käuflichen Ware degradiert wird."[151]

Die Künstler sahen ihre Aufgabe immer häufiger auch in der Mitgestaltung der Umwelt. In Lindabrunn entstanden seit 1976 Projekte für Spielplätze und Krankenhausgärten; diese Gemeinschaftsarbeiten überschritten den Rahmen des Symposions und griffen gestaltend in den öffentlichen Raum ein.[152] Die Entwicklung von Projekten wie „Kunst im öffentlichen Raum" (Bremen 1973/74) wurde durch die Veranstaltungsform des Symposion vorangetrieben.[153]

Das Symposion kehrte damit in den städtischen Raum ein, z. B. in die Fußgängerzonen von Saarbrücken 1978 und Troisdorf 1984.[154] Es wurden Symposien zu einer Vielzahl von besonderen Anlässen veranstaltet, zu Weltausstellungen, Olympiaden, Bundesgartenschauen und städtischen Kulturfestivals.[155]

Sicherlich liegen hier Vorbilder für die späteren Skulpturenstraßen (Berlin 1987[156]) sowie auch für die Entstehung von Skulpturenparks (Duisburg[157]) bzw. Skulpturenausstellungen im städtischen Freiraum (Münster 1977, 1987 u. 1997[158]).

Mit der inflationären Verbreitung und der Erweiterung des Symposions jedoch werden auch die Grenzen zu anderen kollektiven Kunstaktionen, wie z. B. Work-Shops in Steinbrüchen oder Vergleichbarem verwischt und das Symposion als Experimentierfeld moderner Kunst zum Teil verflacht.[159] Gerade Symposien im städtischen Raum geraten in den Verdacht, Ge- oder Verbrauchskunst zu sein oder der „Stadtmöblierung" zu dienen.[160]

Betrachtet man die nun bereits 40-jährige Geschichte des Künstlersymposions, läßt sich feststellen, daß es sich trotz der Nicht-Beachtung in der Kunst-Kritik[161] als Form kollektiven künstlerischen Schaffens allgemein durchgesetzt und durch seine schnelle Verbreitung einen internationalen Kulturaustausch ermöglicht hat. Es etabliert sich als Alternative zur musealen Skulpturenausstellung und bietet Künstlern jenseits von Auftragsarbeiten Freiraum für Experimente, die im Gegensatz zur Arbeit im Atelier hier durchaus auch großformatiger gestaltet werden können.

In der Geschichte des Symposions zeigen sich schon früh Parallelen zu einigen konstituierenden Kriterien der Natur-Kunst. Mit der Wahl des Steinbruchs als Arbeitsstätte erfolgt der Gang in den weitgehend natürlichen Außenraum; dies und die Arbeit mit zunächst natürlichem Material, dem Stein, aber auch das von *Prantl* formulierte Miterleben der Umgebung führen unweigerlich zu einer Auseinandersetzung mit dem Ort, wie beispielsweise 1970 in St. Margarethen durch japanische Künstler (Abb. 9). Allmählich entwickelt sich der Typus des landschaftsbezogenen Symposions,

Abb. 9 Gemeinschaftsarbeit fünf japanischer Bildhauer, St. Margarethen 1970, aus: Morschel 1979, S. 11.

der der Natur-Kunst optimale Bedingungen für ihre Entfaltung zu bieten scheint.
Hans-Joachim Manske schreibt mit einem Blick auf die Probleme des Symposions im städtischen Raum: „Die künstlerischen Ergebnisse sind deshalb auch in der Landschaft – bezogen auf die Auseinandersetzung mit den räumlichen Gegebenheiten und dem Material des Ortes und der formalen Qualität – sehr viel eindrücklicher ausgefallen. (...) Die von Ruth Falazik in der Lüneburger Heide initiierten Landschaftsprojekte ergeben trotz unterschiedlicher individueller Ansätze und verwendeter Materialien eine unvergleichliche geschlossene Konzeption, die man als ein 'Gesamtkunstwerk' bezeichnen könnte".[162]

2. Natur-Kunst-Symposien in Deutschland

2.1 Entstehung – Das Projekt „Kunst-Landschaft" von Ruth Falazik in Neuenkirchen

Die Geschichte der Galerie Falazik ist vor allem eine Geschichte der Förderung und Vermittlung von Kunst durch ein starkes persönliches Engagement, das große Anerkennung fand.[163] Ohne das von der Galerie entworfene Projekt „Kunst-Landschaft" hätte sich die künstlerische Beschäftigung mit der Natur und ihrem Material möglicherweise nicht in der noch zu erläuternden Form weiterentwickelt.

1966 zog die Galerie Falazik von Bochum in das etwa 2.000 Einwohner zählende Dorf Neuenkirchen in der Lüneburger Heide. Die Kunst wechselte von städtischen Galerieräumen in die Stallungen eines alten Bauernhofes – des Springhornhofes.[164] Sollte die Galerie in der Heide zunächst nur Zweigstelle der Bochumer Galerie sein, so wurde sie bald ganz in die Heide verlagert.

Während die Dorfbevölkerung sich zunächst von der Galeriekunst (Informel, Pariser Schule) wenig begeistert zeigte, fand ein 1967 veranstaltetes internationales Steinbildhauersymposion, auf dem Findlinge aus der Heide verarbeitet wurden, großen Anklang.[165] Zuschauer stellten neugierig Fragen und gerieten mit den Künstlern ins Gespräch. Die Arbeits-Ergebnisse erhielten ihre Aufstellungsorte an verschiedenen Stellen im Dorf, wo sie bis heute verblieben sind.

Den Galeristen wurde deutlich, daß sie ein anderes Programm bieten mußten, wollten sie auch die Dorfbewohner für die Kunst gewinnen. Die ländliche Situation erforderte ein anders geartetes Kunst-Engagement als im städtischen Ballungsraum, wo das Publikum den Umgang mit autonomer avantgardistischer Kunst gewohnt war. Folglich suchten sie nach einer Verbindung zwischen der Kunst und dem Leben der Menschen auf dem Land.

Abb. 10 Heinz Mack, 2 Spiegel, Neuenkirchen 1972, Foto: Kunstverein Springhornhof.

Daraufhin forderte die Galerie 1972 etwa 100 Künstler auf, sich im Rahmen der „Aktion Heidebild" mit dem Klischee der romantischen Heidelandschaft auseinanderzusetzen.[166] Neben vielen Atelierarbeiten schufen einige wenige Teilnehmer der ersten großen Sommer-Ausstellung auf dem Springhornhof Arbeiten in der Landschaft. *Günther Uecker* pflanzte 100 Kakteen in die Heide, *Heinz Mack* installierte einen großen Spiegel auf dem Hofgelände (Abb. 10) und *Hawoli* (Hans-Wolfgang Lingemann, der Bruder der Galeristin[167]) installierte einen Jägerzaun spiralförmig so, als würde er sich in den Boden schrauben (Abb. 11).

Nach dem Tod ihres Mannes führte Ruth Falazik die Galerie allein weiter und konzipierte 1973 eine Ausstellung, die sich dem Thema „Raum" widmete.[168]

Nach der Thematisierung des Abstractums „Raum" wagte die Galeristin 1974 unter dem Titel „Kunst-Dorf" schließlich den Schritt in den realen Außenraum. In der Umgebung des Dorfes wurde ein Panorama der zeitgenössischen Plastik im Freiraum präsentiert.[169] Neben Atelierarbeiten, für die der geeignete Ort im Dorf gesucht werden mußte, wurden auch hier Arbeiten erstellt, die direkt auf die Situation bzw. die Landschaft Bezug nahmen.[170] *Rolf Jörres* z. B., der schon am Symposion 1967 teilgenommen hatte, arrangierte Heidefindlinge in einer bestimmten Anordnung (Abb. 12). *Hawoli* bezeichnete von ihm gebogene Bäume als „Sturmschäden" (Abb. 13).

Die ungewöhnliche Konfrontation mit moderner Kunst in ihrem gewohnten Lebensraum führte zunächst zu Protesten in der Bevölkerung, die sich vor allem gegen ein rostiges Eisen-Sieb von *Hans-Jürgen Breuste* richteten. Nach drei Monaten hatte man sich jedoch an einige Plastiken so gewöhnt, daß man sie behalten wollte. Nach einer umfangreichen Sammelaktion wurde das „Windspiel" von *Hein Sinken* erworben, das vor der Sparkasse seinen Aufstellungsort fand.[171]

Der große Erfolg ließ die jährliche, dreimonatige großen Sommer-Ausstellung zu einer steten Einrichtung werden, die Gemeinde beteiligte sich an der Finanzierung eines Kataloges. Katalog und Ausstellung wurden als Werbeträger für den Fremdenverkehr erkannt und genutzt.[172]

Abb. 11 Hawoli, Geschraubter Jägerzaun, Neuenkirchen 1972, Foto des Künstlers.

Abb. 12 Rolf Jörres, Heidefindlinge, Neuenkirchen 1974, Foto: Kunstverein Springhornhof.

Ein Jahr später, 1975, ging es nicht mehr nur darum, für im Atelier gefertigte Objekte einen Standort im Ort zu finden. Das Dorf und seine Bewohner wurden Ausgangspunkt künstlerischer Untersuchungen, die dem aus der Soziologie entlehnten Begriff der Feldforschung[173] zugeordnet werden können. Ein Symposion, das die Galerie zusammen mit dem Deutsch-Französischen Jugendwerk unter Teilnahme deutscher und französischer Künstler zum Thema „Foto-Film-Video" veranstaltete, machte Neuenkirchen und seine Einwohner zum Dialogpartner.[174] Mit den neuen künstlerischen Medien wurden die Sozialstruktur der Landbevölkerung, ihre Bräuche und Gepflogenheiten, ihr Bild über Kunst und Künstler untersucht.[175]

1976 schließlich zielte Ruth Falazik mit dem Thema „Plätze der Macht – Orte der Kraft" auf eine Auseinandersetzung mit der Landschaft.[176] Während es sich bei den vorangegangenen Sommer-Veranstaltungen bis 1975 um Ausstellungen gehandelt hatte, wurde nun, wohl angeregt durch das deutsch-französische Symposion im Vorjahr sowie das erste Symposion auf dem Springhornhof 1967, wieder ein Symposion veranstaltet.[177] Die Künstler lebten und arbeiteten drei Monate auf dem Hof und konnten sich intensiv mit der Umgebung beschäftigen.

Die Galeristin wählte das Thema aufgrund ihrer persönlichen Erfahrung mit der Landschaft und nach der Lektüre des Buches *Die Lehren des Don Juan*[178] des Anthropologen Carlos Castaneda. Dieser berichtet von einem Yaqui-Indianer aus Mexico, der ihn zu einem Stein führt, auf den er sich legen soll. Nach einer Weile fühlt Castaneda sich erholt. Der Indianer erklärt ihm darauf, daß der Stein einen „Platz der Macht" markiere. Dem „Platz der Macht" entspricht bei Castaneda ein „Ort der Kraft", an dem man sich glücklich fühlt. Diesen persönlichen Ort gefunden zu haben gibt nach Meinung des Anthropologen Selbstvertrauen und Macht.

Dagmar Falazik, die Tochter der Galeristin, beschreibt im Katalog drei mögliche Arten von Plätzen der Macht: Zum einen Orte in der Umgebung, die eine suggestive Wirkung haben, zum anderen vom Menschen konstruierte Orte (wie z. B. Tempel u. Heiligtümer) und drittens den persönlichen Platz als Manifestation des Individuationsprozesses.[179]

Die Reaktionen der 23 teilnehmenden Künstler auf das gestellte Thema fielen sehr unterschiedlich aus. Nur einige wenige fanden ihren „Platz der Macht" wie Ruth Falazik draußen in der Landschaft der Lüneburger Heide.[180]

Jürgen Brodwolf beispielsweise hob am Rande eines Feldes Gruben aus, in denen er mumienartige Objekte bestattete (Abb. 14). Damit schuf er, der Einteilung von Dagmar Falazik folgend, einerseits einen vom Menschen konstruierten und andererseits einen persönlichen Platz. Seine künstlerische Handlung erinnerte an Begräbnisrituale und Friedhöfe, die seit jeher heilige Plätze zur Verehrung der Toten sind. Der Künstler gab an, daß diese Plätze seit früher Kindheit eine magische Anziehungskraft auf ihn ausübten.[181]

Rolf Jörres positionierte verschieden große Findlinge in verschiedenen Gruppen und Konstellationen.[182]

Hannsjörg Voth steckte mit Holzstämmen, die am oberen Ende mit schwarzem Tuch umwickelt waren, einen kreisförmigen Platz ab (Abb. 15).[183] Dieser Platz erinnerte wie auch die Steinsetzungen *Jörres* an Kultplätze vergangener Kulturen, deren Bedeutung wir häufig nicht kennen, die ihre Anziehungskraft jedoch bis heute nicht verloren haben.

Abb. 13 Hawoli, Sturmschäden I, Neuenkirchen 1974, Foto des Künstlers.

Andere Künstler gaben den Ort in der Landschaft, der sie besonders beeindruckte, durch Fotografien, denen sie ihre Reaktionen und Gedanken hinzufügten, in einer Ausstellung in den Räumen der Galerie wieder. Für *Barbara und Michael Leisgen* wurde ein Stein im Stichter See zum „Ort, an dem sich Sonne, Erde, Wolken und Wasser trafen"(Abb. 16).[184] *Irene T. Peschick* und *Klaus Ritterbusch* zeigten sich von einem Busch bzw. einem Baum besonders beeindruckt, hielten diesen fotografisch fest und ergänzten das Foto mit zeichnerischen oder schriftlichen Details.[185] Der Klassifizierung von Dagmar Falazik folgend könnte man sagen, daß diese Künstler Orte mit besonderer suggestiver Wirkung fanden, die sie inspirierten.

Auch wenn für Ruth Falazik selbst das Projekt „Kunst-Landschaft" bereits 1974 mit der Ausstellung „Kunst-Dorf" begann,[186] so arbeiteten erst 1977 alle am Symposion teilnehmenden Künstler – bedingt durch die Themenstellung dieses Jahres „Material aus der Landschaft – Kunst in die Landschaft" – konsequent in der Landschaft und erstellten ortsbezogene Kunstwerke

Abb. 14 Jürgen Brodwolf, Neuenkirchen 1976, Foto: Kunstverein Springhornhof.

Abb. 15 Hannsjörg Voth, Platz der Macht, Neuenkirchen 1976, Foto: Kunstverein Springhornhof.

aus natürlichen Materialien. Die Entwicklung der Galerie deutet allerdings seit den Anfängen in diese Richtung. Zum einen versuchte Ruth Falazik, das in Neuenkirchen das Leben bestimmende Moment – die Landschaft – in ihre Arbeit zu integrieren. Damit bezog sie gleichzeitig die größtenteils von der Landwirtschaft lebende Bevölkerung mit ein. Indem diese Flächen für die Aufstellung der Kunstwerke zur Verfügung stellte, setzte sie sich auch mit den Künstlern und den Kunstwerken auseinander und half z. T. sogar bei der Realisierung der Objekte. Andererseits beobachtete die Galeristin das Bedürfnis der Künstler nach Raum zum Experimentieren und lud Künstler ein, die sich zunehmend mit der Natur und ihrem Material auseinandersetzten.

Mit *Günther Uecker* beteiligte sich 1972 ein Künstler an der „Aktion Heidebild", der 1969 bereits an der New Yorker Land Art-Ausstellung „Earth Art" mitgewirkt hatte.[187] Auch *Heinz Mack*, wie *Uecker* sowohl ein Mitglied der Gruppe Zero als auch Teilnehmer an der „Aktion Heidebild", hatte bereits 1961 Projekte für die Sahara entworfen (Abb. 1).[188]

1975 nahmen an dem Symposion „Foto, Film, Video" unter anderem die französischen Spurensicherer *Anne und Patrick Poirier* teil,[189] außerdem beschäftigten sich mehrere Beiträge „spurensichernd" mit der Landschaft und der Natur. *Gerhard Trommer* verfolgte die Umwelteintragungen von Produkten der Kiefer[190], während *Timm Ulrichs* die „Natur im Würge-Griff" dokumentierte[191]. Er fotografierte baumchirurgische Maßnahmen, durch große Metallschrauben zusammengehaltene oder bandagierte Bäume, sowie eingewachsene Drahtschlingen von Zaunanlagen und Ähnliches.

Michael Buthe, der 1976 am Symposion mitwirkte, hatte bereits 1972 auf der documenta 5 unter dem Stichwort „Individuelle Mythologien" ausgestellt.[192] Insgesamt wollte die Themenstellung „Plätze der Macht – Orte der Kraft", die in der aktuellen Kunst aufscheinende Beschäftigung mit Mythologie und Anthropologie aufgreifen.[193]

Ruth Falazik schöpfte also nicht nur aus den Erfahrungen der vorangegangenen Jahre neue Ideen, sondern beobachtete gleichzeitig aktuelle Tendenzen der Kunstszene und bot diesen ein entsprechendes Forum. Außerdem gelang es ihr durch den Schritt aus dem Galerieraum in den Außenraum auf das Publikum zuzugehen und es in die Projekte einzubeziehen. Damit überwand sie die Hemmschwelle[194] vieler Menschen vor dem Besuch eines Museums oder einer Galerie und bot ihrem Publikum gleichzeitig aktuelle Kunst. Die Galeristin charakterisierte diese Wechselwirkung mit dem Schlagwort der „gesellschaftlichen Relevanz" die-

Abb. 16 Barbara & Michael Leisgen, Der Ort, an dem sich Sonne, Erde, Wolken und Wasser trafen, Neuenkirchen 1976, Foto: Kunstverein Springhornhof.

ser Kunst und führte die Akzeptanz der Werke in der Bevölkerung zurück auf die Verwendung von am Ort vorhandenem, meist natürlichem und nicht fremdem Material.[195] Weiterhin förderte die Möglichkeit, die Kunst täglich zu unterschiedlichen Tageszeiten und Jahreszeiten zu erfahren und den Prozeß ihrer Veränderung zu begleiten, die Identifikation mit den Objekten, die dem Kreislauf der Natur unterlagen. Erst wenn die Installationen instabil wurden, weil z. B. das Holz verrottet war, wurden sie entfernt.
Ruth Falazik brachte mit ihrem Projekt „Kunst-Landschaft" eine Entwicklung in Gang, die erst zur Konstitution dessen führte, was wir heute unter Natur-Kunst verstehen. An ihren Erfolg wurde andernorts angeknüpft. Künstler, die bereits in Neuenkirchen gearbeitet hatten, veranstalteten selbst Symposien oder wurden zu anderen Symposien mit ähnlichen Themenstellungen eingeladen. Die künstlerische Auseinandersetzung mit der Natur und ihrem Material begann sich in ganz Deutschland auszubreiten.

2.2 Kriterien für die Erstellung eines Symposienkataloges

Singuläre künstlerische Aktionen in der Natur sind schwierig zu erfassen, vor allem wenn sie in kleinerem Rahmen erfolgen. Demgegenüber bietet sich die Dokumentationslage der landschaftsbezogenen Symposien, die in den meisten Fällen mit der Publikation eines Kataloges abschließen, an, Natur-Kunst und Symposion gemeinsam zu untersuchen. Nicht ohne Grund wird in den meisten Veröffentlichungen zum Thema Natur-Kunst immer wieder auf die von Ruth Falazik in der Lüneburger Heide veranstalteten Symposien hingewiesen.[196]
Die im Anschluß an den Text im Katalog dargelegte Zahl von Symposien belegt die Bedeutung der von Hartmann und Rüth in ihren Abhandlungen im Band *Das Bildhauersymposion*[197] bereits angedeuteten besonderen Form des landschaftsbezogenen bzw. Natur-Kunst-Symposions, das sich neben dem klassischen Steinbildhauersymposion und dem Symposion im Stadtraum allmählich als eigene Kategorie herausbildete. Beginnend mit den geschilderten Entwicklungen in der Lüneburger Heide fanden seit Mitte der 70er Jahre zunehmend Symposien statt, auf denen, meist in ländlichen Gegenden, manchmal auch im Stadtraum, mit natürlichem Material in der Natur, also landschaftsbezogen gearbeitet wurde. Die große Zahl der seit Ende der 50er Jahre überhaupt abgehaltenen Künstlersymposien[198] erfordert jedoch eine Auswahl der Symposien, auf denen in und mit der Natur gearbeitet wurde, nach bestimmten, nachfolgend näher erläuterten Kriterien.

Thema oder Titel
Zum Teil konnten Symposien bereits aufgrund ihres eindeutigen Titels oder ihrer klaren Themenstellung, wie z. B. „Material aus der Landschaft – Kunst in die Landschaft" (Neuenkirchen 1978) oder „Kunst-Landschaft" (Worpswede 1981) herangezogen werden.
Häufig bezogen sich Titel jedoch nur auf die Angabe des Veranstaltungsortes wie z. B. „Am Osterdeich" (Bremen 1978), „Symposion Nordseeküste" (Cuxhaven 1982) oder „Kunstsymposion Saiger Höhe" (Saig 1986 u. 1987).

Teilnehmer
In solchen Fällen konnte die Auswahl meist mit Blick auf die teilnehmenden Künstler oder Organisatoren erfolgen. Wie sich noch zeigen wird, wurde der Gedanke, mit natürlichem Material in der Natur zu arbeiten, zumeist von einzelnen Künstlerpersönlichkeiten weitergetragen. Nachdem sie an einigen Symposien teilgenommen hatten, traten sie in der Folge häufig an einem anderem Ort als Organisatoren in Erscheinung. *Hawoli* zum Beispiel, der im Vorfeld bereits an einigen Symposien der Galerie Falazik teilgenommen hatte, organisierte 1978 das Symposion „Am Osterdeich" in Bremen. Andere Künstler, wie z. B. *Nils-Udo* und *Timm Ulrichs* nahmen immer wieder an landschaftsbezogenen Symposien teil.

Material
Als weiteres Kriterium für die Auswahl der Symposien sollte ursprünglich auch das jeweils hauptsächlich verwendete Material herangezogen werden. Dies erwies sich letztendlich jedoch als wenig sinnvoll. Ausgewiesene Stein- und Holz-Symposien verwendeten zwar natürliches Material, hatten jedoch nicht unbedingt ortsbezogene Ergebnisse zur Folge.
Natur-Kunst-Symposien beschränkten sich zudem häufig nicht bloß auf ein Material, sondern verwendeten alle am Ort zur Verfügung stehenden Materialien, also auch Erde, Sand, Gras, Zweige, Wasser und unter Umständen auch nicht-natürliches Material. Für eine eindeutige Abgrenzung mußten also in der Folge meist weitere Kriterien herangezogen werden.

Natur-Kunst
Nach einer ersten Sondierung wurde die Aufnahme der Veranstaltungen anhand der eingangs aufgestellten Kriterien für Natur-Kunst überprüft. Dabei ergaben sich Schwierigkeiten einer klaren Grenzziehung, die in einigen Fällen zusätzlich eine Betrachtung der Einzelarbeiten erforderlich machte. Wenn das Ergebnis eines Symposions z. B. eine Mischung aus klassischer Skulptur und Natur-Kunst war, wie dies unter anderem auf einige Stein- und Holzsymposien zutraf,[199]

wurde dieses aufgenommen, wenn ein großer Teil der Objekte orts- oder landschaftsbezogen war. Um die Unterschiede zwischen Natur-Kunst und „Kunst in der Natur" deutlicher hervortreten zu lassen, wurden auch einige vom Titel her einleuchtende, im Ergebnis allerdings abweichende grenzwertige Beispiele aufgenommen.[200]

Dokumentation
Oftmals erwiesen sich auch die Dokumentations- und Katalogtexte und die darin formulierten Zielvorstellungen als hilfreich.[201] Immer wieder wurde auf Natur-Kunst-Symposien das Verhältnis von Natur und Kunst sowie die Beziehung des Menschen zur Natur auch schriftlich thematisiert.

Veranstaltungsform Symposion
In den Fällen, in denen Veranstaltungen nicht ausdrücklich als Symposion ausgewiesen wurden,[202] konnten aus den vorliegenden Beispielen Mindestkriterien für die Bezeichnung als Symposion abgeleitet werden. Sie dienen der Abgrenzung zu Work-Shops und ähnlichem und sollen eine Verwechslung mit diesen ausschließen. Für einen gewissen Austausch, der konstituierendes Element eines Symposions im klassisch griechischen Sinn ist, wurde vorausgesetzt, daß mindestens zwei Personen an dem Symposion teilgenommen haben.[203] Außerdem mußte das Symposion, um diesen Austausch zu gewährleisten, länger als einen Tag gedauert haben und eine gemeinsame Veranstaltung wie ein Festmahl oder Abschlußfest beinhalten.
Nicht in vollem Umfang im Katalog berücksichtigt wurden Symposien als Begleitprogramm besonderer Veranstaltungen, z. B. anläßlich von Olympiaden oder Messen, auch wenn sie thematisch zu passen schienen. Dazu gehörten unter anderem auch Symposien zu Bundes- und Landesgartenschauen oder Internationalen Gartenausstellungen.[204] Zumeist handelte es sich z. B. bei den die alle zwei Jahre stattfindende Bundesgartenschau begleitenden Kunstprojekten weder um Natur-Kunst, noch wurden die künstlerischen Objekte gesondert in einem separaten Katalog dokumentiert.[205] Stellvertretend wurde aber das Dortmunder BUGA-Symposion von 1991 aufgenommen, das durch eine Dokumentation erschlossen wurde und von den Künstlern und Ergebnissen her den Zielsetzungen entspricht. Außerdem wurde ein Symposion in der Landesgartenschau 1985 in Heilbronn zum Thema „Kunst und Landschaft" ausgewählt, als Beispiel eines Symposions mit einschlägigem Titel, das im Ergebnis allerdings eine Mischform aus klassischem Steinbildhauersymposion und „Kunst in der Natur"-Ausstellung bzw. Gestaltung eines Skulpturengartens blieb.

Insgesamt ergaben sich nach ausführlichen Recherchen 83 durch Dokumentationen oder Kataloge unterschiedlich gut erschlossene Natur-Kunst-Symposien in Deutschland, die nach einem einheitlichen Schema erfasst wurden. Die Auflistung ist die erste Zusammenstellung aller landschaftsbezogenen Symposien in Deutschland. Sie kann allerdings angesichts der in einigen Fällen sehr schwierigen Informationsbeschaffung und der differenzierten Dokumentationslage keinen Anspruch auf Vollständigkeit erheben. Sie stellt zudem angesichts der geschilderten Abgrenzungsprobleme in Einzelfällen eine subjektive Auswahl dar.
Um die Entwicklung der Natur-Kunst-Symposien nachvollziehbar zu machen, wurden die Symposionsbeispiele in chronologischer Reihenfolge erfasst. Für die Aufnahme der Symposien wurde ein einheitliches Kategorienschema erarbeitet, welches vor allem Ort, Zeit, Thema und Teilnehmer und – sofern bekannt – auch Organisatoren und Finanziers erfasst und eine Basis für Vergleiche der Symposien schaffen soll. Teil dieses Schemas ist auch ein Pressespiegel, der die Resonanz auf das Symposion dokumentiert.[206] Den Abschluß bildet jeweils eine kurze wertende Charakterisierung des Symposions, die die Stellung des einzelnen Symposions im Gesamtkompendium deutlich machen soll. Dabei handelt es sich um eine auf das Hintergrundwissen der Verfasserin gestützte, notwendig subjektive Kritik, die dem Leser/Benutzer des Kataloges eine Auswahl einzelner Beispiele vereinfachen soll. Einer Erleichterung des Überblicks dienen auch die teilweise unterstrichenen Teilnehmernamen. Alle unterstrichenen Künstler nahmen mehr als einmal an einem Natur-Kunst-Symposion teil, werden also im weiteren Zusammenhang eventuell an anderem Ort noch einmal genannt und arbeiteten mit gewisser Konsequenz mit der Natur und ihrem Material.

2.3 Beobachtungen zu Tendenzen und Entwicklungen des Natur-Kunst-Symposions

Die im Katalogteil zusammengeführte große Zahl unterschiedlich gut dokumentierter Symposien ergibt ein vielschichtiges Bild der Entwicklung des Natur-Kunst-Symposions. Aufgrund der sehr unterschiedlichen Bedingungen und Voraussetzungen (z. B. Thema, Zeit, Landschaft) lassen sich die einzelnen Symposien kaum direkt miteinander vergleichen. Gleichwohl sind einige Zusammenhänge und Entwicklungen erkennbar, die nachfolgend herausgearbeitet und im Anschluß (s. Kap. 2.4) durch eine ausführlichere Beschreibung einiger Symposienbeispiele noch deutlicher konkretisiert werden sollen.

Einige Anhaltspunkte zur Beurteilung der Symposien liefern hierbei die für den Symposienkatalog entwickelten Erfassungskategorien *Ort (Raum), Zeit, Thema, Organisation, Finanzierung, Dokumentation* und *Teilnehmer*, die im folgenden näher untersucht werden. Zu diesem Zweck werden sie geringfügig modifiziert und um weitere sich aus dem umfangreichen Informationsmaterial ergebende Aspekte wie z. B. den des verwendeten *Materials* und der *Internationalität* der Teilnehmer ergänzt.

2.3.1 Zeit und Raum

Eine Gemeinsamkeit vieler Symposien zeigt sich im Veranstaltungszeitpunkt, der, bedingt durch die Arbeit im Freiraum, meist im Sommer liegt. Jedoch gibt es auch hier Ausnahmen, wie das Symposion Nordseeküste zum Thema „Wetter" (Cuxhaven 1984), das aufgrund der besonderen Wetterbedingungen an der Küste im Herbst stattfand und das Symposion „Jahreszeiten" (Kevelaer 1985), das bedingt durch seine Thematik konsequenterweise über ein ganzes Jahr stattfand.
Sowohl die Dauer eines Symposions als auch die Landschaft, d. h. die Faktoren Zeit und Raum können sehr verschiedene Arbeitsergebnisse zur Folge haben. Je mehr Zeit den Künstlern zur Verfügung steht, um so intensiver können sie sich mit der Landschaft auseinandersetzen. Bei den ersten landschaftsbezogenen Symposien in Neuenkirchen (1977, 1978) weilten einige Künstler z. T. mehrere Monate vor Ort und konnten diesen ausführlich erkunden, bevor sie ein Konzept für einen bestimmten sie ansprechenden Standort entwickelten.
Längere Arbeitszeiten ermöglichen im Grundsatz allerdings auch aufwendigere und großformatigere künstlerische Arbeiten (Waren/Neustrelitz ab 1992, Pritzen 1993 u. 1995), wie z. B. die Landschaftsgestaltungen von *Nils-Udo* und *Hermann Prigann*, die allerdings während der Biennale in Pritzen 1993 nicht im vorgesehenen Zeitraum fertiggestellt werden konnten.[207] Findet ein Symposion an wenigen Tagen statt, so beschränken sich die Künstler hingegen meist auf dezente Akzentuierungen und einfache Installationen (Lindlar 1989, Kevelaer-Winnekendonk 1982, Duisburg 1993, Halver 1996 u. 1998).
Der Raum, d. h. die besondere landschaftliche Situation am Standort der einzelnen Arbeit, wird zum konstituierenden, bestimmenden Element des Kunstwerkes. Gibt es keine besondere thematische Vorgabe („Wege", Neuenkirchen 1980, „Jahreszeiten", Kevelaer 1985), steht meist die Auseinandersetzung mit dem Ort im Vordergrund. Extrem die Landschaft beeinflussende Bedingungen, wie der Gezeitenwechsel und der starke Wind an der Nordseeküste, bieten immer wieder einen besonderen Anreiz zur künstlerischen Auseinandersetzung (Cuxhaven 1982, 1984, Sylt 1986, Husum 1992, Büsum 1993, Husum 1994). Auffällig viele Veranstaltungen konzentrieren sich auf den Norden Deutschlands mit seinen besonderen landschaftlichen Gegebenheiten (Meer, Heide, Moor).
Im Landesinneren hingegen zeichnet sich ein Richtungswechsel ab. Aus der Abgeschiedenheit und der scheinbar „heilen" Natur dringt das Natur-Kunst-Symposion in den städtischen Raum und in die zerstörte Natur vor (Essen 1983, Cottbus/Pritzen 1991, 1993, 1995; Troisdorf 1997). Auch die Beschaffenheit und Größe des Landschaftsraumes spielen in diesem Zusammenhang eine wichtige Rolle. Ausgebaggerte weite Tagebaugebiete etwa (Biennale Cottbus/Pritzen) fordern Projekte in Größendimensionen, die denen der amerikanischen Land Art ähneln, geradezu heraus. An anderen Orten „verstecken" sich kleinere Installationen gleichsam im Wald, nehmen bezug auf Lichtungen und Baumgruppierungen (Remscheid 1988, Halver 1996).
Nur im günstigsten Fall[208] kann der Standort einer Arbeit frei gewählt werden, da es oft Auflagen (wie z. B. Eigentumsverhältnisse) zu beachten gibt. Diese Einschränkung durch Standortvorgaben wird zum Teil durch vorausgehende Ortsbesichtigungen (Waren/ Neustrelitz ab 1992, Troisdorf 1997) abgemildert, beeinflußt jedoch das Ergebnis.
Mit der Frage nach dem Standort der einzelnen Arbeiten ergibt sich ein weiteres Problem, an dem das Zusammenspiel der Faktoren Raum und Zeit besonders deutlich hervortritt. Nicht überall können die auf den Symposien erstellten Kunstwerke, sofern sie überhaupt darauf angelegt sind, dauerhaft Aufstellung finden wie z. B. in Neuenkirchen.[209] Während eine vorzeitige Abräumung oder Beseitigung der Arbeiten oft der intendierten Erfahrbarkeit der Arbeiten in Zeit und Raum entgegensteht, bleibt eine dauerhafte Aufstellung durch die Zeitlichkeit der im Außenraum erstellten Arbeiten begrenzt. Bedingt durch die natürlichen Materialien und die Aufstellung in der Natur sind die künstlerischen Objekte und Interventionen vergänglich. Sie verändern sich unter dem Einfluß der Witterung und im Laufe der Jahreszeiten. Manche Werke beziehen diesen Prozeß der allmählichen Veränderung bewußt ein, wie z. B. *Albert Hubers* Baumpflanzungen für eine Kathedrale (Troisdorf 1997).[210] Während manche Symposionsergebnisse also von vornherein für einen längeren Zeitraum konzipiert wurden, spielten andere Arbeiten bewußt mit dem Aspekt der Vergänglichkeit, wie z. B. die Blütenarrangements von *Nils-Udo* und die Sandbauten von *Piet Trantel* (Sylt 1986), die nur für kurze Zeit Bestand hatten.[211]

Ähnlich problematisch wie eine Standortvorgabe erscheint in diesem Zusammenhang eine von manchen Veranstaltern geforderte gewisse Dauerhaftigkeit oder Haltbarkeit der künstlerischen Installationen und Objekte, die dem Aspekt der Vergänglichkeit entgegensteht. Sie kann statuarisch-skulpturale Kunstwerke zur Folge haben (Waren/Neustrelitz, Cottbus/Pritzen) und auf die Einrichtung eines Skulpturenparks oder „Open-Air-Museums"[212] hinauslaufen.

2.3.2 Materialien

Auch die Wahl des künstlerischen Materials steht in direktem Zusammenhang mit dem beschriebenen Standortproblem. Neben der Frage nach dem Eigentümer oder Nutzer des Aufstellungsortes sowie der Pflege des Objektes spielt das verwendete Material eine große Rolle hinsichtlich der Lebensdauer, aber auch hinsichtlich einer Verträglichkeit mit dem Aufstellungsort. Nur auf wenigen Symposien finden ausschließlich Naturmaterialien Verwendung (Waren/Neustrelitz ab 1992, Halver 1996 u. 1998, Neuenkirchen m. Ausnahmen). Dies erklärt sich im Wesentlichen aus den Vorgaben der Veranstalter, ist daneben aber auch auf die Arbeitsweise der Künstler und das Verlangen nach einer gewissen Haltbarkeit oder im umgekehrten Fall Vergänglichkeit der Objekte zurückzuführen. Am Müritz-Nationalpark (Waren/Neustrelitz ab 1992) bedingen Konzept und Nähe zum Nationalpark die Verwendung natürlicher Werkstoffe. Wie im Nationalpark ein abgestorbener Baum an Ort und Stelle verrottet, so sollen auch die Kunstwerke vergehen und neue entstehen.[213]
Manche Künstler wie z. B. *Rolf Glasmeier* verwenden vorgefundenes Material für ihre Installationen. Dieses kann natürlich sein (Remscheid 1988)[214], es kann sich dabei aber auch um Zivilisationsmüll (Cuxhaven 1984)[215] oder um Reste menschlicher Nutzung (Essen 1983)[216] handeln. Andere Künstler verwenden künstliches bzw. industriell gefertigtes Material wie z. B. *Heinz Wieck*, dessen Verspannungen aus Kunststoffseilen (Cuxhaven 1982, Kevelaer-Winnekendonk 1982) nur auf eine temporäre Installation angelegt sind.[217]

Mangelnde Erfahrung mit der Wahl des Materials für eine Arbeit in der Natur kann im nachhinein zu Problemen führen, wenn, wie etwa in Remscheid 1988, auf Anordnung der Forstbehörde einige Arbeiten wieder entfernt werden müssen, weil sich Tiere daran verletzen könnten.[218]

2.3.3 Personelle Kontinuitäten

Die zusammenhängende Betrachtung der aufgeführten Symposien ergibt bezüglich der teilnehmenden Künstler zwei Hauptentwicklungsstränge. Der unbestrittene und in vielen Publikationen immer wieder hervorgehobene Ausgangspunkt der einen Linie liegt in Neuenkirchen in der Lüneburger Heide. Künstler, die an den Symposien der Galerie Falazik und später des Kunstvereins Springhornhof[219] teilgenommen haben, arbeiten im folgenden auf Symposien in Bremen (1978) und in Freiburg (1979).
Ungefähr gleichzeitig (Coesfeld 1977) formiert sich im Rhein-/Ruhrgebiet eine Gruppe von Künstlern, deren Interesse der gemeinsamen Auseinandersetzung mit der Natur und ihrem Material gilt. *Claus van Bebber* aus Kalkar, *Rolf Glasmeier* und *Jiri Hilmar* aus Gelsenkirchen, *Klaus Küster* aus Remscheid, *Ike Vogt* aus Haan und *Heinz Wieck* aus Haltern nehmen an Symposien in Worpswede (1981), in Cuxhaven (1982 und 1984), in Kevelaer-Winnekendonk (1982, 1984 u. 1985), in Essen (1983) und in Remscheid (1988) teil oder treten selbst als Organisatoren auf. In einigen Fällen, vor allem im norddeutschen Raum, kommt es dabei schon bald zu Überschneidungen der beiden Entwicklungslinien in personeller Hinsicht. *Jan Meyer-Rogge* aus Hamburg nimmt außer in Bremen und Freiburg auch in Worpswede teil, *Peter Könitz* aus Mühlheim arbeitet in Worpswede und Cuxhaven. *Timm Ulrichs* aus Hannover und *Nils-Udo* aus Riedering im Chiemgau sind auf den meisten größeren Natur-Kunst-Symposien vertreten und zählen damit zu ihren konsequentesten Vertretern (s. Symposienkatalog).[220]
Gegen Ende der 80er Jahre sind es vor allem Künstler aus dem Hamburger Raum wie *Doris Cordes-Vollert*, *Harald A. Finke*, *Anke Mellin* und *Carl Vetter*, die wiederholt entweder Symposien initiieren oder an Symposien teilnehmen (Ammersbek 1989 u. 1992).

2.3.4 Örtliche Kontinuitäten

Seit Mitte der 80er Jahre werden auch im Süden Deutschlands Natur-Kunst-Symposien mit anderen Künstlerkonstellationen als den bisher genannten abgehalten (Baden-Württemberg: Saig 1986 u. 1987, Herrenberg 1984 u. 1989, Böblingen 1986). Auffällig ist, daß es immer wieder zu örtlichen Kontinuitäten, d. h. zur Fortsetzung von Symposien am gleichen Ort über mehrere Jahre hinweg kommt. Neben dem bereits von Hartmann[221] erwähnten Beispiel in Neuenkirchen kommt es in Freiburg, Bremen, Kevelaer-Winnekendonk, Cuxhaven, Husum, Berlin und Herrenberg zu einer mindestens einmaligen Fortsetzung. In Ostdeutschland gelangen einige Veranstaltung sogar zu einer jährlichen (bzw. zweijährlichen) Fortsetzung (Willmersdorf 1991-1995, Cottbus 1991, 1993 u. 1995 und Waren/Neustrelitz 1992-1999). Die Wiederholung oder Fortführung der Symposien gründet dabei zum größten Teil auf dem großen Erfolg der Veranstaltungen.

2.3.5 Organisationsformen

Hinsichtlich der Organisationsformen ist etwa gegen Ende der 80er Jahre ein signifikanter Wechsel zu beobachten. Bis zu diesem Zeitpunkt wurde ein großer Teil der Symposien vorwiegend von Künstlern selbst initiiert und organisiert. Die Zusammenstellung der Teilnehmer erfolgte hauptsächlich durch Einladung. Zu Beginn der 90er Jahre zeigt sich dagegen vermehrt die Gründung von Vereinen, die die Organisation der Symposien übernehmen (Cottbus/Pritzen, Waren/Neustrelitz, Willmersdorf, Behringen 1997)[222]. Die Auswahl der Künstler erfolgt seitdem vermehrt durch öffentliche Ausschreibung und Jurierung.

2.3.6 Finanzierung und Öffentlichkeit

Die Trägerschaft der Symposien durch Vereine dient vor allem einer Erleichterung der Finanzierung. Nachdem anfangs die Künstler weitgehend ohne Honorar in der Landschaft gearbeitet hatten, ihnen allerdings Aufenthalt und Material gestellt wurden, überführte bereits Ruth Falazik ihre Galerie 1982 in einen Kunstverein, um Förderung durch das Land Niedersachsen zu erhalten.
Eine ausreichende Finanzierung bildet eine wichtige Voraussetzung, die die professionelle künstlerische Auseinandersetzung in und mit der Natur auf Symposien überhaupt erst ermöglicht. Diese wird in der Regel durch die Unterstützung des jeweiligen Bundeslandes, sowie die Bereitstellung von Mitteln der veranstaltenden Städte und Gemeinden, also zu einem großen Teil durch die „öffentliche Hand", gewährleistet. Weitere Mittel und Sachleistungen werden meist von Sponsoren zur Verfügung gestellt, neben Arbeitsgerät und Materialien gehört dazu auch die Bereitstellung von Flächen zur Aufstellung der Werke.

Die Nutzung öffentlicher Mittel und öffentlich zugänglicher Flächen macht aus den Symposionsergebnissen „Kunst im öffentlichen Raum". Während der Begriff „Kunst im öffentlichen Raum" bisher hauptsächlich auf Kunst im innerstädtischen Bereich Anwendung fand,[223] geben Natur-Kunst-Symposien, vor allem längerfristige Projekte wie in Neuenkirchen und am Müritz-Nationalpark (Waren/Neustrelitz), dem Begriff eine neue Dimension.

In Schleswig-Holstein wurde beispielsweise die „Kunst am Bau"-Regelung durch „Kunst im öffentlichen Raum" ersetzt.[224] In diesem Zusammenhang fand unter anderem ein Workshop von Künstlern im Forschungs- und Technologiezentrum Westküste Büsum statt (Büsum 1993).
Die Förderung einer von ihrer Grundidee her ortsgebundenen, d. h. nicht transportablen und unverkäuflichen Kunst ermöglicht den Künstlern eine Arbeit frei von Vorgaben potentieller Auftraggeber, ohne eine Orientierung am Kunstmarkt. Sie schafft weiterhin Rahmenbedingungen für den Erfahrungsaustausch mit anderen Künstlern und die direkte Auseinandersetzung mit dem Betrachter bzw. Kunstinteressenten. Schließlich ermöglicht sie die Arbeit in anderen Dimensionen (außerhalb des Ateliers) mit anderen Mitteln (Material, Werkzeug/Hilfsmittel).
Insofern wirken die den Symposions-Organisatoren oder Künstlern zur Verfügung stehenden Finanzen sich unmittelbar auf die künstlerischen Objekte aus. Ein ausreichendes Finanzvolumen kann in Einzelfällen zur Realisierung größerer, aufwendigerer Arbeiten führen, die unter Umständen den Einsatz von großem technischen Gerät (Bagger, Kran) und Hilfskräften erforderlich machen (z. B. Cottbus 1993, Troisdorf 1997). Fehlende Mittel hingegen fördern die Improvisation mit am Ort vorhandenen Materialien und Hilfsmitteln. Ein Beispiel hierfür sind die aus künstlerischer Privatinitiative ohne Sponsoren organisierten Arbeitstreffen, die einzig dem Beisammensein und der Verwirklichung der künstlerischen Arbeit dienen (Lindlar 1989, Duisburg 1993). Diese Veranstaltungen entziehen sich jedoch häufig der Öffentlichkeit, da weniger die Vermittlung und die Auseinandersetzung mit dem Publikum, sondern die künstlerische Arbeit im Vordergrund steht.

2.3.7 Dokumentation

Auch der Umfang und die Qualität einer Dokumentation sind von den zur Verfügung stehenden finanziellen Mitteln abhängig. So ist das Niveau der vorhandenen Kataloge und Dokumentationen sehr unterschiedlich und reicht von selbstgefertigten Mappen mit eingeklebten Fotos (z. B. Halver 1996) über Paperback-Kataloge mit guten Schwarz-Weiß-Abbildungen (z. B. Cuxhaven 1982, 1984, Troisdorf 1997) hin zu gebundenen Büchern mit Hochglanz-Farb-Abbildungen (z. B. Cottbus/Pritzen 1991, 1993, 1995). Genau so unterschiedlich in Umfang und Aussage ist das Textmaterial, das von Vorworten (z. B. Freiburg 1979) über in die Problematik einführende Texte (z. B. Remscheid 1988, Brunsbüttel 1996 u. a.) bis hin zu Erläuterungen der einzelnen Arbeiten reicht (z. B. Waren/Neustrelitz ab 1995). Viele Kataloge

bergen wichtiges Textmaterial für eine Auseinandersetzung mit dieser Kunstrichtung.[225] Insgesamt macht die Dokumentation der vielen auf Symposien entstandenen Arbeiten in Katalogen eine Untersuchung der Entwicklung der Natur-Kunst-Symposien überhaupt erst möglich. Die zeitlich begrenzte Aufstellung der künstlerischen Objekte oder die durch das Material bedingte begrenzte Lebensdauer vieler Werke machen eine Dokumentation unverzichtbar und erhöhen ihren Stellenwert gegenüber herkömmlichen Ausstellungskatalogen.
Auch die Fotografie erlangt in diesem Zusammenhang eine besondere Bedeutung. Sie hat nicht mehr nur Abbildfunktion, sondern ist oft einziges Zeugnis vergangener, flüchtiger Aktionen. Insofern tritt sie an die Stelle der nicht mehr vorhandenen Kunstwerke.

2.3.8 Internationalität und Kooperation

Bereits an den Symposien in Neuenkirchen nahmen französische (1975, 1978 u. 1980) und amerikanische Künstler teil (1977 u. 1978). In den Jahren darauf verzeichnen die Symposien jedoch nur vereinzelt Gäste anderer Nationalitäten, die zudem meist in Deutschland leben (Ausnahmen: Bremen 1979, Freiburg 1979, Cuxhaven 1984, Sylt 1986). Erst zu Beginn der 90er Jahre zeigt sich im Zuge internationaler Ausschreibungen eine zunehmende Beteiligung internationaler Künstler an Natur-Kunst-Symposien in Deutschland[226] (Cottbus/Pritzen 1991, 1993, 1995, Güstrow 1992, Waren/ Neustrelitz am Müritz-Nationalpark ab 1992, Behringen 1997). Dabei handelt es sich, bedingt durch die Zunahme der Veranstaltungen im ostdeutschen Raum und deren bereits bestehende Kontakte zu ausländischen Künstlerverbänden, häufig um Künstler aus dem osteuropäischen Raum.

In der jüngsten Zeit bilden sich zunehmend Kooperationen für europäische Projekte,[227] die deutlich machen, daß Natur-Kunst keine spezifisch deutsche Erscheinung ist, es sich vielmehr um ein europäisches Phänomen handelt.
Bereits die frühen französischen Arbeiten auf den Neuenkirchener Symposien sowie thematisch ähnliche Veranstaltungen in den Nachbarländern („Haarlemerhout" Haarlem (NL) 1984; „Art e Paysage" Bar le Duc (F) 1985)[228] belegen diesen Sachverhalt.[229]
Um einen besseren Informationsaustausch zu gewährleisten und die Organisation von Symposien zu erleichtern, gründete sich 1998 unter dem Namen „Artists in Nature – International Network" ein internationales Netzwerk. Dieses hat sich auf einer ersten, konstituierenden Konferenz im November 1998 folgende Ziele gesetzt:

„1. To facilitate the exchange of information about international artists in ephemeral nature art projects, not sculpture parks.
2. To promote the discussion of new ideas and philosophies about the relationship between artists, communities, art and nature.
3. To develop a database of artists who have participated in art and nature projects.
4. To develop an archive of catalogues and slides of artist in nature projects.
5. To develop a diverse and supportive audience for artist in nature projects."[230]
Der Organisation geht es also im wesentlichen um den Austausch und die Sammlung von Informationen über Künstler, die in und mit der Natur arbeiten und von Informationen über Natur-Kunst-Veranstaltungen.
Außerdem soll sie ein Podium bilden für die Diskussion neuer Ideen und philosophischer Ansätze. Auf dem ersten Treffen der Gründungsmitglieder[231] wurden bereits Bedingungen und Voraussetzungen für Natur-Kunst-Symposien diskutiert und eine Checkliste für die Organisation solcher Projekte erstellt.[232]

Es handelt sich hier allerdings nicht um den ersten Versuch, der Natur-Kunst eine mehr oder weniger institutionelle Basis oder ein Diskussionsforum zu geben. Neben der in Paris ansässigen „Association Art in Nature", die im Zusammenhang mit der Biennale in der Niederlausitz und anderen Projekten[233] als Veranstalter und ideologischer Begleiter auftritt und hauptsächlich aus Kunsthistorikern, Kritikern, Museumsleuten und Akademieprofessoren[234] besteht, wurde 1993 in Norwegen ein internationales Zentrum für Kunst in der Natur „KIN – Internasjonalt senter for kunst i natur" gegründet. Dieses im Zusammenhang mit den olympischen Winterspielen in Lillehammer aus Künstlerinitiative[235] ins Leben gerufene Zentrum hatte sich neben der Organisation von Symposien ebenfalls die Erstellung einer Bibliothek und eines Dokumentationszentrums zum Ziel gesetzt, in dem neben Katalogen, Fotos, Videos und anderen Dokumentationsmedien (z. B. CD-ROM) jegliche Publikation über Natur-Kunst-Projekte gesammelt werden sollte. Nach einer dreijährigen finanzierten Projektphase (1995-1997), während der Künstler-Symposien und Konferenzen abgehalten wurden,[236] stellte das Zentrum aus finanziellen und organisatorischen Gründen seine Aktivitäten wieder ein.

Die Teilnahme von japanischen und koreanischen Künstlern an Symposien in Deutschland (z. B. Ammersbek u. Husum 1992) erweitern die beschriebene europäische Tendenz um eine asiatische Komponente. Die dort entstandenen Arbeiten zeugen von einem

ähnlich respektvollen Umgang mit der Natur, wie dieser bereits für die europäische Form der künstlerischen Auseinandersetzung mit der Natur festgestellt wurde[237] und haben mit der amerikanischen Entwicklung wenig gemein.
Insgesamt deutet sich eine zunehmende Internationalisierung von Natur-Kunst-Projekten an. Die beschriebenen Kooperationen und ein wachsendes Bemühen um Projekt-Mittel der Europäischen Union weisen in diese Richtung. Nicht zu übersehen ist allerdings auch, daß die gegen Ende der 90er Jahre festzustellende Flut von Anträgen an europäische Förderprogramme (wie z. B. das Kaleidoskop-Programm) auf knapper werdende Finanzen und Mittelstreichungen im kulturellen Bereich zurückzuführen ist.

2.3.9 Themen und Tendenzen

Auch auf Natur-Kunst-Symposien läßt sich die von Hartmann beschriebene Weiterentwicklung in verschiedene Richtungen beobachten.[238]
Seit Ende der 70er/Anfang der 80er Jahre lassen sich verschiedene Formen von Gemeinschaftsarbeiten auf Symposien registrieren, die aber auf Natur-Kunst-Symposien eher Ausnahmen bilden. In Bremen arbeiteten 1979 8 Künstler an einer zusammen konzipierten Gemeinschaftsarbeit.[239] 1980 erstellten in Neuenkirchen 5 Künstler einen gemeinsamen „Weg".[240] Die Arbeiten der Künstler blieben im letzteren Fall jedoch souverän, da jeder Künstler ein Teilstück des Weges individuell nach seinen Vorstellungen gestaltete.
Seit 1981 finden im Rahmen von Natur-Kunst-Symposien erstmals auch Konzerte, Lesungen und andere Aktionen statt (Worpswede). Die Idee einer Verknüpfung von Bildender Kunst, Musik und Literatur wird 1982 in Kevelaer und 1983 in Essen fortgeführt. In den folgenden Jahren werden die Veranstaltungen vor allem durch Performances (Cuxhaven 1984), aber auch durch Video-Kunst (Cottbus 1991, Ammersbek 1992), Klang-Installationen (Ammersbek 1989, Berlin 1994) und multimediale Projekte und Aktionen, wie z. B. Musikinszenierungen in der Landschaft und im Tagebau (Kevelaer 1985, Cottbus/Pritzen 1991, 1993, 1995) bereichert.
Während bei den ersten Natur-Kunst-Symposien (Neuenkirchen) inhaltlich das künstlerische Experiment und die Suche nach neuen Ausdrucksmitteln und Positionen im Vordergrund standen, ergriffen die Künstler schon bald Partei und thematisierten den ausbeuterischen Umgang des Menschen mit der Natur. Bereits in den frühen 80er Jahren (Essen 1983) finden sich Symposien, die dazu übergehen, sich statt mit der scheinbar unberührten Natur mit der durch den Menschen zerstörten Natur in Form von Industriebrachen auseinanderzusetzen. Beide Richtungen, Symposien in der Landschaft und Symposien in Industriebrachen werden in den Folgejahren fortgesetzt und erweitert (Industriebrachen: Gelsenkirchen 1990, Gräfenhainichen 1992, Cottbus/Pritzen 1991, 1993, 1995). Symposien in besonders ausgeprägten Landschaften erhalten durch Themenstellungen neue Dimensionen. Häufig anzutreffen in diesem Zusammenhang ist ein Rekurs auf die Lehre von den vier Elementen (Erde, Wasser, Feuer, Luft).[241] Vor allem die Beschäftigung mit dem Wind (=Luft) erfährt besonderen Zuspruch. 1989 findet das Symposion „Luft- und Windobjekte" in Böblingen, 1991-1995 die Symposien „Objekte im Wind" in Willmersdorf und 1992 das Symposion „Windfang" in Husum statt. Dabei erweist es sich offenbar als schwierig, das Element „Luft" mit natürlichem Material darzustellen. Es entstehen Fahnen und Drachenobjekte aus textilem Material sowie Windspiele und Mobiles aus Metall neben fragilen Gebilden aus Holz (s. Willmersdorf 1991-1995).
Aber auch der Naturschutz („Natur+Kunst, Schutz+Zeichen" 1992-1999 Waren/Neustrelitz am Müritz-Nationalpark) und das menschliche Verhältnis zur Natur werden thematisiert („Zusammenwirken von Mensch, Natur und Kunst", Behringen 1997; „Mensch-Natur-Zivilisation-Kultur" Cottbus/Pritzen 1991/1993/1995, „StadtMensch-NaturLandschaft", Troisdorf 1997).
In neuester Zeit wird die Natur-Kunst zunehmend funktionalisiert, indem sie etwa im Rahmen von Rekultivierungsmaßnahmen eingesetzt wird. In Cottbus und Pritzen wurden erste Versuche in dieser Richtung unternommen. 1998 startete unter dem Titel „Grenzen erfahren – Grenzen überwinden" ein großangelegtes Projekt der Rekultivierung zweier ehemaliger Tagebaugebiete in Grevenbroich und Cottbus, für das der Künstler *Benoit Tremsal* erste Entwürfe lieferte.[242]
Daneben gewinnt der Freizeitwert der sommerlichen Kunstveranstaltungen an Bedeutung, die unter anderem die touristische Attraktivität einer Region erhöhen sollen.[243]

Zahlenmäßig ergibt sich hinsichtlich der hier zusammengetragenen Symposien im Jahr 1992 ein quantitativer Höhepunkt. Nachdem in den Jahren davor meist zwei oder drei Natur-Kunst-Symposien veranstaltet wurden, fanden in diesem Jahr über ganz Deutschland verteilt zehn Symposien mit entsprechenden Themenstellungen statt. Auch wenn in den folgenden Jahren diese Zahl nicht mehr erreicht wurde, so bleibt doch der Trend mit drei bis fünf Symposien im Jahr beständig und ebbt nicht ab. Die „Natur"-Thematik bleibt in der beschriebenen Bandbreite aktuell.[244]

2.4 Beschreibung ausgewählter Symposien und einzelner darauf entstandener Arbeiten

Zur Verdeutlichung der Vielfalt von Natur-Kunst-Symposien werden in diesem Kapitel einige Symposien und einzelne darauf entstandene Arbeiten beschreibend vorgestellt.
Da eine ausführliche Beschreibung jedes einzelnen aufgenommenen Symposions und jeder darauf entstandenen Arbeit im Rahmen dieser Arbeit wenig sinnvoll erscheint, wurden aus dem umfangreichen Kompendium solche Beispiele herausgegriffen, die für die Weiterentwicklung des Natur-Kunst-Symposions und der Natur-Kunst als solcher von herausragender Bedeutung sind. Dazu gehören Symposien, die neue Aspekte beleuchteten oder neue Ideen umsetzten. Außerdem wurden neben einmaligen Veranstaltungen Symposien, die sich kontinuierlich wiederholt haben und solche, bei denen die Kunstwerke dauerhaft am Standort verbleiben konnten, für eine tiefergehende Betrachtung ausgewählt. Um außerdem einen hinsichtlich der Veranstaltungsorte sowie der zeitlichen Abfolge weitestgehend repräsentativen Überblick zu gewähren, werden Veranstaltungen unterschiedlichen Charakters aus allen Dekaden und aus verschiedenen Gegenden Deutschlands dargestellt.

Verfolgt man die Entwicklung entsprechender Symposien über mehrere Jahre, so kristallisieren sich bestimmte Künstler heraus, die immer oder häufig mit und in der Natur arbeiten. Bei der Beschreibung einzelner Arbeiten wurden deshalb vor allem solche Künstler ausgewählt, die häufiger an Natur-Kunst-Symposien teilnahmen, die sich also immer wieder konsequent mit der Natur auseinandersetzten, oder deren Werke besonders innovativ und qualitativ hochwertig erscheinen. Mit der vorgenommenen Auswahl soll allerdings keine wertende Aussage über die nicht genannten Künstler bzw. Kunstwerke getroffen werden.[245]
Um eine einheitliche Darstellung der einzelnen Symposionsveranstaltungen sowie der dort entstandenen Arbeiten zu gewährleisten, werden die einzelnen Kunstwerke hier zunächst nur deskriptiv behandelt. Diese exemplarische Beschreibung einiger Objekte und Installationen ergibt ein recht umfangreiches Spektrum von Arbeiten, das an späterer Stelle (Kap. 2.5) einer Bewertung und Zuordnung unterzogen wird.
Es sollen also zunächst die äußeren Bedingungen, unter denen Kunst entsteht, d. h. die Veranstaltungsform des Symposion, geschildert werden, bevor die Einzelergebnisse, d. h. die Natur-Kunst, eingehender untersucht wird.

Abb. 17 Hawoli, Beobachtete Veränderungen, Neuenkirchen 1977, Foto des Künstlers.

Da die Geschichte des Natur-Kunst-Symposions in der Lüneburger Heide beginnt, knüpft die Beschreibung einzelner Symposionsbeispiele unmittelbar an die in Kap. 2.1 geschilderte Entwicklung des Projektes „Kunst-Landschaft" von Ruth Falazik an.

2.4.1 „Material aus der Landschaft – Kunst in die Landschaft", Neuenkirchen 1977[246]

1977 formulierte Ruth Falazik die bereits 1976 unter dem Titel „Plätze der Macht – Orte der Kraft" gewünschte Auseinandersetzung mit der Landschaft konkreter. 15 Künstlerinnen und Künstler, darunter drei in Deutschland lebende AmerikanerInnen, lebten und arbeiteten drei bis acht Wochen auf dem Springhornhof in Neuenkirchen. Das künstlerische Material war beschränkt auf das, was die Heidelandschaft bietet: Pflanzen, Erde, Sand, Steine, Holz, Heidschnuckenwolle und ausgedientes bäuerliches Gerät.
Neuartig war die Arbeit in der Natur am vom Künstler ausgewählten Ort mit größtenteils dort vorgefundenem Material. Die künstlerischen Konzeptionen entstanden hauptsächlich während der Erkundung der Landschaft und somit in der Auseinandersetzung mit der Natur, nicht auf dem Zeichenbrett im Atelier. Formale, materiale und inhaltliche Bezüge wurden zur Landschaft relativiert.[247] Manchmal ergaben sich Veränderungen der Konzepte auch durch Gespräche mit den Eigentümern der Aufstellungsorte, meist Landwirten.[248] Im Gegensatz zu bisherigen Ausstellungen verblieben die Kunstwerke nach ihrer Fertigstellung in der Landschaft und unterlagen somit dem natürlichen Prozeß der Veränderung.[249] Gleichzeitig waren sie jederzeit öffentlich zugänglich.[250]
Die Arbeiten erstreckten sich bis in die neun eingemeindeten Außendörfer und lagen damit räumlich re-

lativ weit auseinander. In den Galerieräumen wurden Konzepte, Entwürfe, Modelle, Fotos und ergänzende Arbeiten der Künstler ausgestellt.[251] Mit einem Fest zum Abschluß des Symposions und zur Eröffnung der Ausstellung, das in das örtliche Schützenfest einmündete, wurden die Objekte der z. T. auch aus Hamburg, Bremen und Hannover angereisten Öffentlichkeit übergeben.[252] Mit Lageplänen konnten die Besucher sich auf die Suche nach der Kunst begeben.

Hawoli nahm in seiner Arbeit „Beobachtete Veränderungen“ (Abb. 17) Bezug auf die zwischen Delmsen und Gilmerdingen überall am Waldrand von Waldarbeitern aufgeschichteten Holzstapel.[253] Der von ihm aufgeschichtete Holzstapel führte einem Weg folgend fast rechtwinklig um eine Biegung herum. Die einzelnen Baumstämme wurden hierfür vom Künstler präpariert, d. h. zersägt und neu zusammengefügt, so daß sie alle im gleichen Winkel gebogen erschienen.

In kleinteiliger Arbeit konstruierte *Jan Meyer-Rogge* aus 120 Birkenästen, die er mit Preßgarn zu 20 Tetraedern verband, auf freiem Feld eine 9,50 m hohe Pyramide (Abb. 18).[254] Von der Spitze ließ er einen Stamm nach unten herabpendeln.

Gary Rieveschl wählte für seine groß dimensionierte Arbeit (Abb. 19) eine Waldlichtung. Dort schüttete er einen leicht spiralförmigen Wall aus Erde auf und bepflanzte diesen oben mit jungen Birken.[255] Der „Split Ring Birch Mound“ konnte durch eine Öffnung (Split=Spalt) betreten werden.

Wurzelstöcke und Bruchholz türmten sich auf einem gerodeten Gelände zu zwei Haufen, die durch zwei mit roter Holzschutzfarbe gestrichene Balkenkreuze markiert wurden (Abb. 20).[256] Ein Datum „13. November 1972“, das an einen verheerenden Sturm erinnert, bildete den Titel dieser Arbeit von *Rainer Tappeser*.

Timm Ulrichs erarbeitete in Neuenkirchen seinen bereits vorgestellten „Ego-zentrischen Steinkreis“ (Abb. 5).[257] In der Mitte der Arbeit blieb ein Kreis, entsprechend der Körpergröße des Künstlers (ca. 1,80 m) ausgespart, zu dem ein ebenso breiter Zugang führte. Der Bereich um den Innenkreis wurde in konzentrischen Kreisen gepflügt und geeggt (Durchmesser ca. 50 m). Von der Mitte aus warf der Künstler kleine und große Steine mit aller Kraft nach außen. Die kleineren Steine flogen aufgrund ihres geringeren Gewichts weiter nach außen, während die größeren Steine näher am Zentrum landeten. Dadurch bildete sich eine Kreisform aus Steinen mit einem Korridor, die sich ganz auf die persönlichen Dimensionen (Kraft u. Größe) des Künstlers bezog.[258]

Die Reaktionen auf die neue „Kunst in der Landschaft“ waren sowohl in der Bevölkerung vor Ort als auch in der Kritik durchweg positiv. In der umfangreichen Presse wurde das Projekt mit der gleichzeitig stattfindenden Veranstaltung der Skulptur-Projekte in Münster[259] und

Abb. 18 Jan Meyer-Rogge, Pyramide, Neuenkirchen 1977, Foto des Künstlers.

Abb. 19 Gary Rieveschl, Split Ring Birch Mound, Neuenkirchen 1977, Foto: Kunstverein Springhornhof.

Abb. 20 Rainer Tappeser, Zum 13. November 1972, Neuenkirchen 1977, Foto: Kunstverein Springhornhof.

Abb. 21 Michael Enneper, Steinlawine, Neuenkirchen 1978, Foto: Kunstverein Springhornhof.

der documenta 6 in Kassel verglichen[260] und diesen vorgezogen. Der Rundfunk bezeichnete das Symposion als „Aussenstelle der Kasseler documenta“[261] oder sogar als „Heide-documenta“[262].

2.4.2 „Zwei Steine sind nie gleich“, Neuenkirchen 1978

1978 wurde das Projekt „Kunst-Landschaft“ unter dem Titel „Zwei Steine sind nie gleich“[263] unter den gleichen Bedingungen wie 1977 fortgesetzt. Der eher allgemein klingende Titel sollte zu einer Auseinandersetzung mit anonymen Gestaltungsstrukturen anregen. Wenn zwei das Gleiche tun, z. B. wenn ein Landwirt und ein Künstler Findlinge anhäufen, so ist das Ergebnis nicht das Gleiche.[264] Die funktionale oder ästhetische Zielsetzung definiert den Unterschied. Damit wurde ein Bezug zwischen der bäuerlichen Arbeit mit der Landschaft und der künstlerischen Auseinandersetzung mit der Natur hergestellt, der den Menschen vor Ort das Verständnis der Arbeiten erleichterte. Gleichzeitig bot die Themenstellung jedoch mehr experimentelle Freiheit als in den Vorjahren.
11 Künstlerinnen und Künstler aus Deutschland, Amerika und Frankreich begaben sich in die Umgebung Neuenkirchens, um dort mit natürlichem Material zu arbeiten.
Michael Enneper stapelte aus Findlingen eine „Steinlawine“ (Abb. 21) und ließ sie den Abhang einer aufgelassenenen Kiesgrube herabrollen.[265]
Ein überdimensionales „Nest“ (Abb. 22), in dem Menschen Platz finden können, formte *Nils-Udo* aus Reisig und Zweigen.[266]
Die Übergabe der Objekte gestaltete sich ähnlich wie im Vorjahr mit einem Abschlußfest und der Möglichkeit, die Kunstwerke wandernd zu entdecken. Die Installationen und Objekte verblieben in der Landschaft. Einige Arbeiten, darunter das Werk von Enneper, sind auch heute größtenteils noch erhalten.

Obwohl sich Gemeinde, Kreis und Land nun zunehmend an der Finanzierung der Symposien beteiligten, konnte Ruth Falazik aus finanziellen Gründen von 1979-1986 nur noch alle zwei Jahre ein Symposion abhalten. Um das Projekt „Kunst-Landschaft“ fortzuführen, verwirklichte in dem Jahr zwischen zwei Symposien jeweils ein einzelner Künstler eine Arbeit in der Landschaft.

Abb. 22 Nils-Udo, Das Nest, Erde, Steine, Birken, Gras, Lüneburger Heide 1978, Foto: Kunstverein Springhornhof

Abb. 23 Dominique Arel, Wege, Neuenkirchen 1980, Foto: Kunstverein Springhornhof.

2.4.3 „Wege“, Neuenkirchen 1980[267]

Durch stetige Weiterentwicklung der Konzeption ihres Projektes „Kunst-Landschaft“ versuchte Ruth Falazik in den folgenden Jahren jedem Symposion eine neue Dimension zu geben. Sie nahm neue Anregungen auf und griff auf die Erfahrungen der Vorjahre zurück.

Das 1980 gewählte Thema „Wege“ nahm besonderen Bezug auf die mit der sinnlichen Wahrnehmung des

Abb. 24 Dominique Arel, Wege, Neuenkirchen 1980, Foto: Kunstverein Springhornhof.

Abb. 25 Dominique Arel, Wege, Neuenkirchen 1980, Foto: Kunstverein Springhornhof.

Betrachters experimentierende Kunst in der Landschaft, die in ihrem Umraum erlebt und erfahren werden will.[268] Hinzu kam der Aspekt einer gemeinschaftlichen Arbeit mehrerer Künstler an einem Gesamtprojekt. Anders als auf anderen Symposien[269] wurde hier allerdings der individuelle Gestaltungsspielraum der einzelnen Künstlerpersönlichkeiten durch die Aufteilung des Weges in Teilstrecken bewahrt. Fünf Künstler, darunter zwei Franzosen und ein Kanadier, gestalteten gemeinsam einen Weg durch ein Waldstück, der auch heute noch begangen werden kann.

Der Franzose *Dominique Arel* bot vier Anfangspunkte für den Weg, von denen jedoch nur einer tatsächlich auf den richtigen Weg führte.[270] Eine Variante verlief von Kanthölzern gerahmt keilförmig in den Boden (Abb. 23), eine über eine Rampe aus Holzlatten in lufti-

Abb. 26 Dominique Arel, Wege, Neuenkirchen 1980, Foto der Verfasserin

Abb. 27 Peter Könitz, Wege, Neuenkirchen 1980, Foto: Kunstverein Springhornhof.

Abb. 29 Karl Ciesluk, Wege, Neuenkirchen 1980, Foto: Kunstverein Springhornhof.

ge Höhe (Abb. 24). Ein weiterer Wegbeginn geleitete über Holzlatten auf dem Boden in den Wald (Abb. 25), um dort unvermittelt vor einem Baum zu enden. Erst zwischen zwei aufgeschichteten Holzstapeln hindurch (Abb. 26) gelangte man zum wirklichen Anfangspunkt des Weges und somit zum Teilstück von *Peter Könitz.* Sein Weg führte über gekrümmte Eichenbohlen, welche von Eisenträgern unterbrochen wurden (Abb. 27). Diese wiederum verliefen parallel zu der Straße, auf der sein Teilstück des Weges endete (Abb. 28).[271] Auf

Abb. 28 Peter Könitz – Karl Ciesluk, Wege, Neuenkirchen 1980, Foto der Verfasserin.

Abb. 30 Daniel Boudre, Wege, Neuenkirchen 1980, Foto: Kunstverein Springhornhof.

Abb. 31 Daniel Boudre, Wege, Neuenkirchen 1980, Foto: Kunstverein Springhornhof.

Abb. 32 Daniel Boudre, Wege, Neuenkirchen 1980, Foto der Verfasserin.

Abb. 33 Daniel Boudre und Jochen Duckwitz, Wege, Neuenkirchen 1980, Foto: Kunstverein Springhornhof.

Abb. 34 Jochen Duckwitz, Wege, Neuenkirchen 1980, Foto des Künstlers.

der gegenüberliegenden Seite der Straße hatte ein großer Findling seine Spur hinterlassen und die Erde aufgeschoben (Abb. 29), ein Beitrag des kanadischen Künstlers *Karl Ciesluk*.[272] *Daniel Boudre* gestaltete unterschiedliche Wegsituationen. Seine Teilstrecke begann zwischen zwei ordentlich aufgetürmten Holzstapeln (Abb. 30) und führte durch ein Tor (Abb. 31) auf einen Holzstapel zwischen zwei Bäumen zu (Abb. 32), der zunächst den Weg zu verbarrikadieren schien. Um das Hindernis herum setzt sich der Weg fort zu einem wellig hinab- und hinaufführenden, mit Holzknüppeln belegten Teilstück (Abb. 33) das an einem wiederum von zwei Holzstapeln begrenzten Aussichtspunkt endete.[273] Von dort bot sich die Aussicht auf drei hoch aufgerichtete Stangen mit besenartigen Reisigbündeln am oberen Ende (Abb. 34), die *Jochen Duckwitz* in der nun offenen Landschaft verteilt hatte.[274]

Von 1987 bis heute erstellten und erstellen nur noch einzelne Künstler Projekte in der Landschaft. Immer wieder wurde Ruth Falazik auf ähnlichen Veranstaltungen zitiert oder um Vorträge über ihre Symposien gebeten.[275] 1998 verstarb die engagierte Kunstvermittlerin im Alter von 71 Jahren.
Das Neuenkirchener Projekt erlangte wohl durch seine Kontinuität und den unermüdlichen Einsatz seiner Begründerin einen hohen Bekanntheitsgrad und wurde oft als Beispiel einer künstlerischen Beschäftigung mit der Natur in Deutschland herangezogen,[276] während die vielen Symposien in der Folgezeit in der Kunstwelt kaum wahrgenommen wurden.

Auch andernorts fand die Idee, Kunst in und mit der Natur zu erarbeiten, z. T. weitergetragen von einzelnen Künstlerpersönlichkeiten, Verbreitung. Neben den klassischen Materialsymposien (Steinsymposien, Holzsymposien) bildete sich eine besondere Form des Natur-Kunst-Symposions heraus, auf dem mit verschiedenen natürlichen Materialien unter besonderer Berücksichtigung der jeweiligen landschaftlichen Gegebenheiten, d. h. mit starkem Ortsbezug, gearbeitet wird.

Abb. 35 Wulf Kirschner, Parabel, Cuxhaven 1982, Foto des Künstlers.

2.4.4 „Symposion Nordseeküste – Künstler vor dem Deich" Cuxhaven 1982[277]

Wulf Kirschner, selbst in Cuxhaven ansässiger Künstler, lud 1982 11 Künstlerinnen und Künstler, u. a. auch *Nils-Udo* und *Timm Ulrichs*, zu einer erstmaligen Auseinandersetzung mit der deutschen Küsten- und Wattlandschaft ein. Vier Wochen lang stand den Künstlern ein weites Areal von Arensch über Berensch bis zur Insel Neuwerk, die zu Hamburg gehört, zur Auseinandersetzung und Aufstellung der Werke zur Verfügung. Es wurde kein besonderes Thema vorgegeben, die Künstler sollten sich mit dem Vorhandenen, d. h. mit der Landschaft, dem Klima, dem Tourismus sowie mit ökologischen Fragen beschäftigen und darauf reagieren.[278]
Lili Fischers Beitrag bestand aus einer Aktion. Die Animationskünstlerin inszenierte in Anlehnung an alte Mai- und Frühjahrsbräuche ein „Dreckschweinfest"[279]. Zunächst forderte sie die Teilnehmer auf, sich im Wald hinter dem Deich einen Ast oder Stecken zu suchen. Auf der Dünenkuppe als nächster Station, bat sie jeden, sich eine Pflanze zu suchen und diese mit persönlichen Wünschen verbunden an den Stecken zu binden. Ein Schweigemarsch übers Watt zum Meer diente der Verinnerlichung. Die Pflanzen und Wünsche wurden dann dem Meer übergeben. Zum Abschluß erfolg-

Abb. 36 Wulf Kirschner, Die kosmische Vernunft, Cuxhaven 1982, aus: Kat. Symposion Nordseeküste 1982, o. S.

te ein Reinigungsritual. Das Waschen in einer Zinkwanne diente der äußerlichen, das Trinken von Korn, der mit Pflanzen versetzt war, der innerlichen Reinigung.
Wulf Kirschner selbst arbeitete mit den Gezeiten.[280] Er grub an sieben aufeinanderfolgenden Tagen im Watt der Flut entgegen. Holzpfähle markierten die Berührungspunkte mit dem Wasser und formierten eine „Parabel" (Abb. 35). In einer weiteren Arbeit vergrub er drei Rollen mit Stacheldraht für mehrere Jahre (ein, zwei und drei Jahre) im Watt und setzte sie somit der Natur aus (Abb. 36).
Heinz Wieck schuf mit Seilen an zwei verschiedenen Orten „Raumdemonstrationen" (Abb. 37).[281] Im Deichvorland verband er den Waldrand mit der Wiese, indem er geometrische Figuren (Dreiecke) mit Seilen in die Landschaft „zeichnete".
Die Künstler stellten sich während der Fertigung ihrer Arbeiten der Diskussion mit dem gezielt oder zufällig

Abb. 37 Heinz Wieck, Raumdemonstration: Anlandung am Deichvorland, Cuxhaven 1982, aus: Kat. Symposion Nordseeküste 1982, o. S.

vorbeiwandernden Publikum. Die Resonanz war je nach Arbeit und Aufstellungsort unterschiedlich. So machte z. B. der Gast-Künstler *Hans Albrecht*, der vor der FKK-Düne in Duhnen arbeitete, durchweg positive Erfahrungen, während die auf Neuwerk arbeitenden Künstler (*Fischer, Berheide*) von den Einheimischen sehr kritisch beobachtet wurden.[282]
Zwei Wochen nach Beendigung des Symposions wurden die Arbeiten, sofern sie nicht schon von selbst vergangen waren, abgebaut. Einzig die Arbeit „Reuse" (Abb. 38), eine Installation aus Holzpfählen, die ursprünglich in dreieckiger spitz zulaufender Form aufs Meer wiesen, von *Peter Könitz* erhielt nachträglich einen Platz im Cuxhavener Kurpark.[283]
Das Echo auf das Symposion „ohne Vorbild"[284] war international, die Londoner Tate Gallery, das New Yorker Metropolitan Museum of Modern Art und das Jean-Brown-Archive, Massachusetts sowie die Library of Congress in Washington bestellten einen Katalog.[285] Die amerikanische Zeitschrift *Sculptors International*[286] berichtete und es kamen sogar Anfragen aus Nigeria bezüglich einer Fortsetzung.[287]
1984 kam es daraufhin zu einem „2. Symposion Nordseeküste – Künstler vor dem Deich, Thema: Wetter"[288], das aufgrund seiner Themenstellung zu einer für Natur-Kunst-Symposien eher ungewöhnlichen Zeit im Oktober/November abgehalten wurde. Gegenüber 1982 handelte es sich bei den künstlerischen Arbeiten zu einem großen Teil um kleinere Eingriffe und Veränderungen, Aktionen und Performances (*El K. Anatusi, Gary C. Dwyer, Eun Nim Ro*). In der Rezeption löste das Symposion anders als das erste Symposion an der Nordseeküste heftige Kontroversen aus.[289] Trotz eines umfangreichen Vermittlungsprogramms[290] wurden viele Arbeiten zerstört,[291] unter anderem *El K. Anatusis*

Abb. 38 Peter Könitz, Reuse, Cuxhaven 1982, aus: Kat. Peter Könitz 1984, S. 53.

Abb. 39 El. K. Anatusi, Wetteropfer, Cuxhaven 1984, aus: Kat. Zweites Symposion Nordseeküste 1984, o. S.

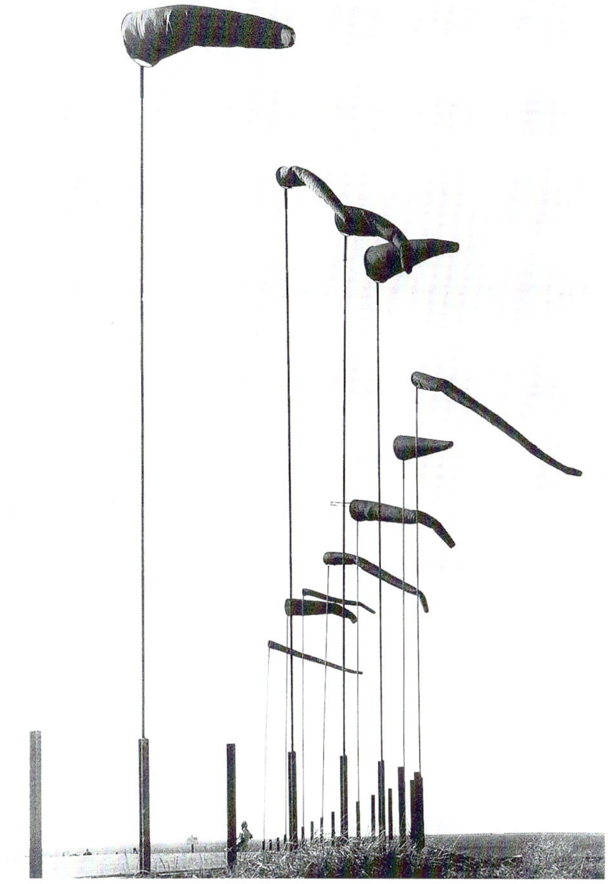

Abb. 40 a Wulf Kirschner, 13 schwarze Windmützen, Cuxhaven 1984, aus: Kat. Zweites Symposion Nordseeküste 1984, o. S.

Abb. 40 b Wulf Kirschner, 13 schwarze Windmützen, Cuxhaven 1984, teilweise umgeknickt, Foto des Künstlers.

Arbeit „Wetteropfer" (Abb. 39),[292] ein zu seiner gleichnamigen Performance gehörender Sandhügel mit einem Kugeltopf auf der Spitze und *Wulf Kirschners* „dreizehn schwarze Windmützen" (Abb. 40 a, 40 b)[293].

Vorzugsweise in Gegenden, die durch ihre landschaftlichen Besonderheiten geprägt sind, fanden weitere Symposien statt.

2.4.5 „Kunst in der Landschaft", Kevelaer-Winnekendonk 1982[294]

Ebenfalls 1982 wurde von *Gisela Schrader-Taschenberger* und anderen ortsansässigen Künstlern in Kevelaer-Winnekendonk am Niederrhein ein Symposion organisiert. 18 Künstlerinnen und Künstler arbeiteten fünf Tage in der Niederung des Flüßchens Fleuth.

Abb. 41 Mario Reis, Naturaquarelle, Kevelaer-Winnekendonk 1982, Foto des Künstlers.

Abb. 42 Rolf Glasmeier, Waldweg, Kevelaer-Winnekendonk 1982, Foto des Künstlers.

Abb. 43 *Ike Vogt, längs des Weges Birkentuch, Kevelaer-Winnekendonk 1982, Foto: Harald Hilscher.*

Abb. 44 *Claus van Bebber, Schwarm, Kevelaer-Winnekendonk 1982, aus: Kat. Kulturbeutel 1982, o. S.*

Abb. 45 *Veronica Radulovic, Verdunstendes Farbspektrum, Kevelaer-Winnekendonk 1985, Foto der Künstlerin.*

Mario Reis zog 28 mit Nessel bezogene Keilrahmen, die er schachbrettartig in dreieckiger Form aneinander befestigt hatte, durch den Fluß (Abb. 41). Das Wasser und seine Inhaltsstoffe hinterliessen unterschiedliche Farben und Spuren auf den „Naturaquarellen".[295]

Rolf Glasmeier, der bereits an mehreren Symposien in der Landschaft teilgenommen hatte (Coesfeld 1977, Worpswede 1981, Cuxhaven 1982), spannte eine Abdeckgaze (Abb. 42), wie sie im Gartenbau verwandt wird, etwa 20 m lang auf Rundhölzer. Auf der Gaze sammelten sich Bruchholz und kleinere Zweige.[296]

Ike Vogt, die wie Rolf Glasmeier bereits am „Symposion Nordseeküste" teilgenommen hatte, markierte den Stumpf einer Birke mit einem schwarz-weiß-gestreiften Tuch (Abb. 43).[297]

Claus van Bebber, einer der Mitorganisatoren, befestigte einen „Schwarm" (Abb. 44) bemalter Dachlatten in unterschiedlicher Höhe an einigen Bäumen. Die Latten passten sich in ihren blass-violetten Farbtönen den auf dem Waldboden blühenden Lupinien an.[298]

Die Installationen und Objekte wurden auf einem Spaziergang der Öffentlichkeit vorgestellt. Während einige der Arbeiten nach Beendigung des Symposions in der Landschaft verblieben und vergingen, wurden andere abgebaut und z. T. auch von den Künstlern wieder mitgenommen (z. B. *Mario Reis*).[299]

Im Rahmen des Gesamtprogramms „Ein Kunst-Sommer in Winnekendonk" anläßlich der 700-Jahr-Feier der Gemeinde fanden neben dem von der Gruppe „Kulturbeutel" veranstalteten Symposion weitere Ausstellungen, Dichterlesungen, Konzerte, Theater- und Filmaufführungen statt.[300]

2.4.6 „Jahreszeiten", Kevelaer-Winnekendonk 1985[301]

Die positiven Erfahrungen von 1982 ließen die Aktivisten in der Binnenheide am Niederrhein 1985 ein weiteres Künstlersymposion veranstalten. Nach den Erfahrungen mit einem „Vollmond"-Aktionsprogramm im Jahr 1984,[302] lief das Symposion „Jahreszeiten" über ein ganzes Jahr. Neun bildende Künstlerinnen und Künstler, darunter auch einige, die bereits 1982 in der Binnenheide dabeigewesen waren (z. B. *Glasmeier, Werner, Zins, van Bebber*), arbeiteten an den vier Phasen des Jahreszeitenwechsels je drei Tage lang an gleichbleibendem Ort. Hinzu kamen außerdem während der Arbeitsphasen eine musikalische Auseinandersetzung mit der Thematik durch das Heinrich-Mucken-Saalorchester[303] und verschiedene Einzelinterpreten, sowie eine dichterische Interpretation des Themas durch Karlhans Frank[304].

Veronica Radulovic versinnbildlichte das Thema Jahreszeiten hauptsächlich am Element des Wassers und seinen verschiedenen Aggregatzuständen.[305] Im Frühjahr formierte sie aus senkrecht aufgerichteten und gelb, gelbgrün und rot gefärbten Eissäulen ein „Schmelzendes Stilleben" parallel zu einigen Weidezaunpfählen am Rande eines Wirtschaftsweges. Im Sommer gestaltete sie auf einer ca. 30 m langen, durchsichtigen Folie ein „Verdunstendes Farbspektrum" (Abb. 45). In der Fahrrinne des Weges wurde auf der Folie Wasser eingefangen und violett, blau, grün, gelb, orange, rot gefärbt. Vereinzelt ließ sie Grasbüschel die Folie durch Schlitze durchbrechen. Auf der Unterseite der Folie sammelte sich das Kondenswasser des Bodens in kleinen Tropfen. Im Herbst arrangierte *Veronika Radulovic* etwa 3 m hohe Drachen und schmale goldene Stangen am Rande eines Maisfeldes. Die Farbgebung gold, braun, grün gelb, schwarz erfolgte in Anpassung an die Farben des Maisfeldes. Im Winter richtete sie erneut gefärbte Eissäulen von maximal 1,20 m Höhe entlang des Zaunes auf, diesmal jedoch überwiegend weiß und blau gefärbt (Abb. 46). In einigen Säulen fanden sich aber auch die Farben der vergangenen Jahreszeiten wieder.

Claus van Bebber nahm wie auch *Rolf Glasmeier* und *Günther Zins* die Kreisform zum Ausgangspunkt für seine Arbeit.[306] Er gestaltete zu jeder Jahreszeit ein Kreissegment, das er einer der vier Himmelsrichtungen zuordnete. Im Frühling hob er den Kreislinienabschnitt im Osten als schmalen Graben aus (Abb. 47), die Erde schichtete er auf der Innenseite des Kreises zu einem kleinen Wall auf. An Masten, die der Markierung der Segmente dienten, hißte er hellblaue Fähnchen. Im Sommer steckte *van Bebber* den südlichen Kreisabschnitt mit langen Stäben ab (Abb. 48), die im

Abb. 46 Veronica Radulovic, Gefrorenes Stilleben, Kevelaer Winnekendonk 1985, Foto der Künstlerin.

schrägen Winkel nach außen oben strebten. Die Masten wurden rot geflaggt. Im Herbst arrangierte der Künstler Strohballen (Abb. 49) entlang des westlichen Kreisseg-

Abb. 47 Claus van Bebber, Frühling, Kevelaer-Winnekendonk 1985, Foto: Ulrich Kreß.

Abb. 48 Claus van Bebber, Sommer, Kevelaer-Winnekendonk 1985, Foto: Ulrich Kreß.

Abb. 49 Claus van Bebber, Herbst, Kevelaer-Winnekendonk 1985, Foto: Ulrich Kreß.

Abb. 50 Claus van Bebber, Winter, Kevelaer-Winnekendonk 1985, Foto: Ulrich Kreß.

mentes. Die Fahnen wurden durch goldgelbe Fahnen ersetzt. Im Winter schließlich wurde der nördliche Kreisabschnitt mit niedrigen Zelten aus weißem Stoff abgedeckt (Abb. 50), die nachts von innen erleuchtet wurden und aus denen ein Rauschen ertönte. Die Masten wurden mit schwarzen und weißen Flaggen versehen.

Trotz anfänglicher kommunalpolitischer Ablehnung[307] wurden die zum Abschluß einer jeden Phase angebotenen Kunstspaziergänge, sicher auch wegen der musikalisch-komödiantischen Begleitung durch das Heinrich-Mucken-Saalorchester (Abb. 51) gut besucht. Obwohl das Wetter nicht immer dem Jahreszeitenwechsel entsprach, der Bestand der Arbeiten nicht unbedingt mit der landwirtschaftlichen Nutzung der Flächen zu vereinbaren war und die Realisation der Arbeiten während der relativ kurzen Zeitphasen kaum zu bewerkstelligen war, wurde das Symposion ein großer Erfolg. Neben einem Katalog mit beiliegender Aufnahme verschiedener Jahreszeiten-Kompositionen des die Arbeiten begleitenden Orchesters erinnerte etwa ein Beitrag im *Zeitfunken* noch 10 Jahre später an die Veranstaltung.[308]

Abb. 51 Heinrich-Mucken-Saal-Orchester, Winter, Kevelaer-Winnekendonk 1985, Foto: Ulrich Kreß.

2.4.7 „Das Revier: Motiv und Motivation", Essen, 1983[309]

Zeitlich früher als das letztgenannte Symposionsbeispiel fand im Ruhrgebiet, d. h. im städtischen Ballungsraum, ein ungewöhnliches Künstlersymposion auf einem stillgelegten Zechengelände statt. Zum ersten Mal wurde explizit die vom Menschen genutzte und zerstörte Natur thematisiert. 22 Bildende Künstler und Architekten setzten sich vier Wochen lang mit dem brachliegenden Industriegelände auseinander, welches bereits von der Natur zurückerobert wurde. Dabei dienten vorgefundene Orte und Situationen, aber auch auf dem Zechengelände vorhandenes Fundmaterial der Inspiration. Vorträge von Musikern und Literaten ergänzten das Programm vor allem an den Wochenenden. *Helmut Bettenhausen* und *Rolf Glasmeier*, beide im Ruhrgebiet ansässig, gehörten zu den Organisatoren. Neben *Wulf Kirschner* und *Claus van Bebber* nahmen unter anderem auch *Peter Könitz, Timm Ulrichs, Ike Vogt* und *Heinz Wieck* an dem Symposion teil. Eine begleitende Ausstellung/Foto-Dokumentation zeigte bisher realisierte Außenkunst-Projekte der Teilnehmer.

Abb. 52 Darivoj Cada, Assoziation Zeche Carl, Essen 1983, aus: Kat. Das Revier: Motiv und Motivation 1983, S. 43.

Abb. 53 Rolf Glasmeier, Lutte, Essen 1983, Foto des Künstlers.

Den aus dem ehemaligen Jugoslawien stammenden Künstler *Darivoj Cada* inspirierte der steinerne Restsockel eines ehemaligen Förderturmes zu seiner „Assoziation – Zeche Carl" (Abb. 52).[310] Er führte ein Stahlblech wie ein Förderband an der schrägen Seite herauf. Am oberen Abschluß des Sockels knickte dieses Band um und trug eine golden gefärbte Stuhlkonstruktion.
Auf dem stillgelegten Bahndamm in der Nähe malte *Cada* als weitere Arbeit auf einem Streckenabschnitt von etwa 600 m einige Schottersteine golden an.[311]
Rolf Glasmeier arrangierte verschiedene Installationen aus vorgefundenen Objekten und Situationen.[312] Er ließ eine Lutte, einen Schlauch, der für die Frischluftzufuhr unter Tage benutzt wurde, aus einer Tür heraus kriechen (Abb. 53). Aus der Lutte quollen Gras und Wurzeln hervor. An anderer Stelle errichtete er, tituliert als „Zwischenspiel" (Abb. 54), aus Kanalisationsrohren und anderen Fundmaterialien Figuren, die, in einer Reihe stehend, einen Trümmerhaufen mit einem Birkenhain verbanden.

Der in Gelsenkirchen lebende Tscheche *Jiri Hilmar* wählte eine ehemalige Eisenbahnbrücke (Abb. 55 a), deren Schienen bereits demontiert waren, zum Ort seiner Auseinandersetzung mit dem Gelände. An die Stelle der Schienen setzte er als „Rekonstruktion" (Abb. 55 b) Holzkästen, die mit verschiedenen Getreidearten bepflanzt worden waren.

Abb. 54 Rolf Glasmeier, Zwischenspiel, Essen 1983, Foto des Künstlers.

Abb. 55 a Jiri Hilmar, Rekonstruktion, Essen 1983, aus: Kat. Das Revier: Motiv und Motivation 1983, S. 59.

Abb. 55 b Jiri Hilmar, Rekonstruktion, Essen 1983, aus: Kat. Das Revier: Motiv und Motivation 1983, S. 59.

Timm Ulrichs schuf ein unterirdisches Labyrinth aus einer Holzkonstruktion (Abb. 56 a).[313] Der Verlauf der Gänge wich, einem Denkspiel nachempfunden, unterirdisch von der symmetrischen Anordnung der Eingangssituationen ab, die aus 9 im Carré angeordneten quadratischen Schächten mit Leitern (Abb. 56 b) bestanden.
Ähnlich wie zuvor bereits an anderen Orten[314] gestaltete *Martina Werner* auch in Essen eine Votivstätte (Abb. 57), die hier der heiligen Barbara, der Schutzpatronin der Bergleute, gewidmet war.[315] Ein Förderband leitete zu einem hölzernen Tor hin, das mit einer Stoffbahn verhängt war. Rechts und links des Weges befanden sich quadratische Behältnisse oder Käfige auf Stützen, die von der Künstlerin konstruierten „Opferhäuser". Daran anschließend bildeten je fünf grabähnliche, rechteckige, mit Schotter ausgelegte Steinfelder den Abschluß zur Holzkonstruktion mit der Stoffahne.
Da auf dem Gelände Umbaumaßnahmen für eine Umnutzung geplant waren, verschwanden die Arbeiten schon bald nach dem Ende des Symposions.
Die Reaktionen auf diese einzigartige Veranstaltung auf der ehemaligen Zeche Carl waren überwiegend positiv. Als Reaktion auf die künstlerische Auseinan-

Abb. 56 a Timm Ulrichs, Oberwelt und Unterwelt. Ein Gangsystem auf der Grundlage des 9-Punkt-Zeichentests, Essen 1983, Gesamtmaß der Holz-Konstruktion: 208 x 1045 x 1045 cm, Foto: Michael Schaad.

Abb. 56 b Timm Ulrichs, Oberwelt und Unterwelt. Ein Gangsystem auf der Grundlage des 9-Punkt-Zeichentests, Essen 1983, Foto: Michael Schaad.

Abb. 57 Martina Werner, Votiv- und Opferstätte unserer Schutzpatronin der heiligen Barbara, Essen 1983, Foto der Künstlerin.

dersetzung mit dem Gelände entstanden sogar einige anonyme Arbeiten, die auch im Katalog dokumentiert sind.[316] Die Kritik sprach von einer „neuen Avantgarde"[317] und verglich das Symposion mit ähnlichen seltenen Ereignissen in Brüssel oder New York[318]. Uwe Rüth schildert in seinem einführenden Katalogtext die Entstehung der „Kunst-Natur-Symposien"[319] und die neue Dimension des Essener Symposions. „Die Künstler suchten nicht die (noch halbwegs) heile Natur, sondern die großteils zerstörte Umwelt des Menschen und ihre problematischen Situationen auf, stellten sich dieser unmittelbaren Konfrontation und gaben ihre individuellen Antworten."[320]

Nach einer langen Pause fanden trotz des guten Ergebnisses erst Anfang der 90er Jahre ähnliche Projekte auf Industriebrachen statt, die in der Nachfolge der Essener Pionierleistung gesehen werden können.[321]

Unabhängig von diesen Entwicklungen wurden in der Folge an verschiedenen Orten landschaftsbezogene Symposien abgehalten, die zu den bisher geschilderten Beispielen in keiner direkten Beziehung standen. 1984 thematisierten Württemberger Künstler in Herrenberg bei Böblingen unter dem Titel „Wald-Male" das Waldsterben.[322] Ebenfalls im Süden Deutschlands, im Schwarzwald stellte eine Privatperson jungen Künstlern ihr Waldgrundstück als Raum für ihre künstlerischen Gestaltungen zur Verfügung (Kunstsymposien

Abb. 58 Piet Trantel, da sein und weg suchen, unterwegs und d.ort suchen, Sylt 1986, Foto des Künstlers.

Abb. 59 a Boudewijn Payens, Sylt 1986, aus: Kat. Land Art 1986, o. S.

Abb. 60 Gesine Weise, Verneigung und Ausstreuung der Erde, Sylt 1986, aus: Kat. Wasser 1986, S. 18.

Saiger Höhe 1986 und 1987). Gleichzeitig wurden im äußersten Norden auf Sylt 1986 gleich zwei Symposien parallel veranstaltet.

2.4.8 „Land Art", Sylt 1986[323]

Gesine Weise, eine Künstlerin aus Hannover, organisierte einen zweiwöchigen Arbeitsaufenthalt auf der deutschen Nordseeinsel Sylt, an dem neben *Nils-Udo* und *Timm Ulrichs* fünf weitere Künstler aus den Niederlanden und Deutschland teilnahmen. Ein großer Teil der Symposions-Arbeiten entstand am Strand in direkter Nähe zum Wasser und wurde somit, wie schon die Arbeiten der Symposien „Nordseeküste", der Gewalt der Gezeiten und somit der natürlichen Zerstörung preisgegeben.

Entsprechend vergänglich waren einige der künstlerischen Arbeiten. *Piet Trantel* arbeitete bewußt mit diesem Aspekt, als er eine oben abgeflachte Pyramide aus Sand formte (Abb. 58).[324]

Der Niederländer *Boudewijn Payens* sammelte angeschwemmtes Holz, formierte damit Strukturen im Sand (Abb. 59 a) und baute einen Turm, den er am Ende entzündete (Abb. 59 b).[325]

Gesine Weises Installation „Verneigung und Ausstreuung der Erde" (Abb. 60) bestand aus einer Metallscheibe, die von Reetbunden umgeben wurde. Von der zum Wasser hin offenen kreisförmigen Anlage führten 12 Birkenstämme mit Blechspitzen in einer Linie von 380 m ins Meer hinein.[326]

Das Symposion wurde aufgenommen in die Dokumentation *Wasser* der IGBK (Internationalen Gesellschaft Bildender Künste, Sektion Bundesrepublik), die für das Jahr 1986 eine Ausschreibung zum Thema „Wasser" gestartet hatte und zusammen mit dem Deutsch-Französischen Jugendwerk ebenfalls ein Symposion auf Sylt zum Thema „Farbige Plastik – Wind und Wasser" abhielt.[327] Die Dokumentation gibt einen vielfältigen Überblick über die künstlerische Beschäftigung mit dem Element „Wasser" in Deutschland und demonstriert eindrücklich die Aktualität künstlerischer Auseinandersetzung mit der Natur.

Diese erfolgte, wie bereits das Essener Beispiel zeigte, nicht nur im ländlichen bzw. durch die Landschaft stark geprägten Raum, sondern immer wieder auch im städtischen Randgebiet.

Abb. 59 b Boudewijn Payens, Sylt 1986, aus: Kat. Land Art 1986, o. S.

2.4.9 „Kunst-Landschaft, Landschaft-Kunst" Remscheid, 1988[328]

Im dichtbesiedelten Nordrhein-Westfalen fand 1988 ein Symposion in der mittelgroßen bergischen Industriestadt Remscheid statt. Ein Waldgebiet an der Wupper unterhalb der Müngstener Brücke, das mit seinen Wanderwegen der Naherholung dient, wurde künstlerisch bearbeitet. Der Künstler *Klaus Küster* aus Remscheid, der vorher bereits an anderen Symposien teilgenommen hatte (Worpswede 1981, Kevelaer 1982), lud 23 Künstlerinnen und Künstler für zwei Wochen zu dem Symposion in den Wupperbergen ein. Der thematische Schwerpunkt lag auf der Problematik der heutigen Naturgefährdung.[329] Zu den bereits von anderen Symposien bekannten Künstlern gehörten: *Claus van Bebber, Rolf Glasmeier, Jiri Hilmar, Timm Ulrichs, Ike Vogt, Martina Werner* und *Günther Zins*. Erstmals nahmen auch zahlreiche Künstlerinnen (9) an einem Natur-Kunst-Symposion teil.

Bodo Berheide schuf an exponierter Stelle auf einer Insel in der Wupper aus Zweigen und Reisig „Drei Herzkammern für den Wassergeist" (Abb. 61).[330] Aus gefundenem Astmaterial flocht er drei reusenartige Gebilde, die er dicht aneinander gruppierte. Außerdem vollzog der Künstler jeden Tag die gleiche symbolische Handlung: Er goß eine Flasche Trinkwasser in die Wupper und entnahm gleichzeitig eine Wasserprobe.

Der Organisator *Klaus Küster* erstellte mehrere kleinere Arbeiten mit Spiegeln.[331] Beim „Nachbeben" (Abb. 62) wiederholte er mit Spiegelglas die natürliche Form einer Felsspalte, als wäre diese an einer Achse gespiegelt worden.

Angelika Wengler ließ einen „Wasserfall" (Abb. 63) aus blau-gefärbtem Nesselstoff in verschieden langen und breiten Bahnen den Hang heruntergleiten.[332]

Abb. 62 Klaus Küster, Nachbeben, Remscheid 1988, aus: Kat. Kunst-Landschaft, Landschaft-Kunst 1988, S. 33.

Der bereits von den Symposien in Kevelaer (1982 u. 1985) bekannte *Günther Zins* installierte zwei Räume im Wald (Abb. 64, 65).[333] Mit weißer Leinwand, die

Abb. 61 Bodo Berheide, Drei Herzkammern für den Wassergeist, Remscheid 1988, aus: Kat. Kunst-Landschaft, Landschaft-Kunst 1988, S. 17.

Abb. 63 Angelika Wengler, Wasserfall, Remscheid 1988, aus: Kat. Kunst-Landschaft, Landschaft-Kunst 1988, S. 55.

über den Waldboden und dann die Bäume hinaufgeführt wurde, markierte er einen dreieckigen und einen viereckigen Waldraum, deren Eckpunkte durch natürliche Baumkonstellationen vorgegeben waren.
Die Abschlußveranstaltung wurde gemeinsam mit Sommerkurs-Teilnehmern der Remscheider Akademie gestaltet. Es wurden geführte Rundgänge mit Erläuterungen zu den Kunstwerken durch den Marler Museumsdirektor Dr. Uwe Rüth angeboten. Danach endete das Symposion mit einem Fest mit Musik. Zahlreiche Besucher nahmen bei sonnigem Wetter das Angebot zum Waldspaziergang an.[334] Die künstlerischen Eingriffe, Objekte und Installationen sollten bis zu ihrem Verfall in der Landschaft verbleiben.
Obwohl die Gesamtheit der Werke entlang des Wanderweges ein geschlossenes Bild, mit den Worten von Dr. Rüth gar einen „Zauberwald" und „ein landschaftliches Gesamtkunstwerk" ergaben,[335] kam es im Nachhinein zu Protesten in der Bevölkerung[336] und Zerstörungen einiger Werke[337]. Andere Objekte mussten auf Anraten des Forstamtes abgebaut werden, da eine Verletzungsgefahr für Wildtiere bestand.

Für die bereits angesprochene Gruppierung von Künstlern vom Niederrhein und aus dem Ruhrgebiet (s. o.) war Remscheid das letzte große Natur-Kunst-Symposion. In der Folge wendeten sie sich auf kleineren Symposien im Ruhrgebiet eher der Auseinandersetzung mit Industriebrachen (Gelsenkirchen 1990, Witten 1991) zu oder trafen sich bis auf eine Ausnahme (Berlin 1994) in kleineren Gruppen zu Wochenendsymposien von eher privatem Charakter (Lindlar 1989, Duisburg 1993).

Abb. 64 Günther Zins, Waldraum I, Remscheid 1988, Foto des Künstlers.

Abb. 65 Günther Zins, Waldraum II, Remscheid 1988, Foto des Künstlers.

Abb. 66 a Harald Finke, Ameisenhaus, Ammersbek 1989, Foto des Künstlers.

Abb. 66 b Harald Finke, Totemstab der Königin, Basisplatte (Ameisenschrift), Ameisenhaus, Ammersbek 1989, Foto des Künstlers.

Abb. 67 Carl Vetter, Ammersbek 1989, Foto des Künstlers.

2.4.10 „Nunatak – 'Die Natur sprechen lassen'", Ammersbek 1989[338]

In Norddeutschland wurde gegen Ende der 80er Jahre eine Gruppe von Künstlern aus dem Hamburger Raum aktiv.

Doris Cordes-Vollert initiierte 1989 an ihrem Wohnort das „Projekt Schüberg". Der Inuit-Begriff „Nunatak" (=umflossener Berg) beschreibt die Entstehung des Naturdenkmals, als einem von Gletschern umflossenen Berg, einer eiszeitlichen Endstauchmoräne. Die künstlerische Auseinandersetzung mit dem Schüberg sollte erreichen, daß das einmalige Gelände unter Naturschutz gestellt wird. Das Projekt wurde in Form eines künstlerisch-philosophischen Arbeitssommers[339] durchgeführt, der sich aus einer Woche im Mai mit intensivem Seminarcharakter, bei dem die Künstler einiges über die Entstehung und Geschichte des Schübergs erfuhren, und einer Abschlußwoche im September, auf der die praktischen Arbeiten erstellt wurden, zusammensetzte.[340] Neun Künstlerinnen und Künstler, darunter ein Musiker, nahmen an diesem Projekt teil.

Im Rahmen dieses Unternehmens beschäftigte sich *Doris Cordes-Vollert* mit einer Erosionsrille (s. Kap. 1.1.4), die der Regen auf dem Weg den Berg hinab ausgewaschen hatte (Abb. 7, 8).[341] In einer ersten Arbeitsphase goß sie Milch in diese Furche und zeichnete damit den Weg des Wassers nach. In einem zweiten Arbeitsgang bedeckte sie die Rinne mit einem schmalen Gazestreifen. Auf diesem Streifen sammelten sich Reste von Blättern, Tannennadeln und kleine Holzstückchen. Diese Gaze rollte sie später gemeinsam mit dem sich darauf befindlichen Material wieder ein.[342]

Harald A. Finke siedelte im Frühjahr 1989 auf dem Schüberg einen Ameisenstaat an. Die Ameisen verließen den vom Künstler gewählten Ort und bauten in einiger Entfernung ein neues Nest. Der Künstler empfand den Bau des „Ameisenhauses" mit Stahlstäben nach (Abb. 66 a). Er übergab den Ameisen ein kleines Papiermodell des Ameisenhauses und drei Buchobjekte, die er mit Texten für die Ameisen beschriftet hatte. Die Ameisen integrierten diese Dinge in ihren Bau. Schließlich fertigte *Finke* eine runde Stahlplatte mit seltsam anmutenden Zeichen (einer von ihm entworfenen Ameisenschrift) und den „Totemstab der Königin", einen in der Erde steckenden,

halbrund gebogenen, mit Honigtau bestrichenen und Bast umwickelten Eisenstab,[343] die er in der Nähe der Ameisenstraße positionierte (Abb. 66 b).
Carl Vetter kennzeichnete durch die Setzung von kleinen Findlingen in Kombination mit vorhandenen Bäumen (Abb. 67, 68) verschiedene Raumsituationen im Wald auf dem Schüberg.[344]
Bereits 1986 beschäftigten sich *Harald Finke* und *Carl Vetter* in Neuenkirchen unter dem Titel „Dialog" mit einem kleinen Waldstück.[345] Dort wie hier stand das dialogische Arbeiten, die vorsichtige Annäherung an die Natur im Vordergrund. Es ging den Künstlern nicht darum, die Natur nachzuahmen, ihr etwas hinzuzufügen, sondern, wie der Untertitel des Projektes von 1989 andeutete, sie „sprechen zu lassen".
Ulrich Bischoff formulierte im Katalog die Besonderheit des Projektes folgendermaßen: „Wenn die Beteiligten des Schüberg-Projektes bewußt darauf verzichten, die bewaldete Anhöhe des Schübergs, allgemein die Natur als formbaren Stoff, als verfügbares Material ihrer eigenen Formvorstellungen zu begreifen und es auch vermieden haben, den Schüberg als Hintergrund, als Bühne ihrer in den Kunstwerken versteckten Selbstdarstellungen in Dienst zu nehmen, und trotzdem ihren Anspruch, Kunst zu machen, aufrechterhalten, dann deutet sich ein veränderter Kunstbegriff an."[346]

Abb. 68 Carl Vetter, Ammersbek 1989, Foto des Künstlers.

2.4.11 „Hier und Da", Ammersbek 1992[347]

Drei Jahre später organisierte eine andere Künstlerin aus dem Hamburger Raum, *Anke Mellin* ein deutsch-asiatisches Natur-Kunst-Symposion auf dem Schüberg. Für drei Wochen arbeiteten neun japanische, siebzehn deutsche bzw. in Deutschland lebende und zwölf südkoreanische Künstlerinnen und Künstler auf dem Schüberg. Ein breites Spektrum von Arbeiten schloß auch Performance- und Video-Arbeiten in begrenztem Umfang ein.

Abb. 69 Toshimasa Furukawa, Blue Border Belt, Ammersbek 1992, aus: Kat. Hier und Da 1992, o. S.

Der Japaner *Toshimasa Furukawa* spannte einen Raum des Waldes mit einem blauen Band (Abb. 69), dem von ihm so genannten „Blue Border Belt", ab.[348]
Hundefänger (Karl Rudi Domidian) steckte 43 gespaltene, mit Feuersteinen und Federn geschmückte Stöcke in den Boden (Abb. 70). Dieser „Pottlach-Platz" nahm Bezug auf ein indianisches Geschenkverteilungsfest, bei dem die Indianer traditionell zum Ruhm der Nachwelt alles hergaben, was sie besaßen.[349]
Der Koreaner *Kang, Chun-Chung* fertigte Installationen aus Zweigen und Bruchholz. Ein überdimensionales Spinnennetz aus dickeren und dünneren Zweigen symbolisierte die Frage „Who kills the nature?" (Abb. 71). Eine weitere Arbeit mit dem Titel „Tiergarten" (Abb. 72) bestand aus Holzstücken, die der Künstler entlang eines Pfades aufreihte. Einzelne größere Astgabeln ließ er aufrecht stehend in den Weg hineinragen.[350]
Die Initiatorin des Projektes, *Anke Mellin*, griff direkt in die Erde ein, indem sie auf einem Rapsacker am Schüberg „3 Gräber" anlegte (Abb. 73). Die Fläche des ersten Grabes wurde durch grünen Kunstrasen markiert. Das zweite bestand aus einer Erdaushebung mit einer himmelblauen Hartfaserplatte auf dem Grund. Den dritten Platz häufte die Künstlerin als Positivform eines Katafalks aus der behutsam ausgehobenen Erde des zweiten Grabes auf.[351]
Der Koreaner *Shin, Nam-Chul* wählte für „Klang der Natur" (Abb. 74) eine Waldstelle mit hohem grünen Gras, in das er unterschiedlich hohe Bambusstäbe steckte.[352]
Takayuki Sugawara, ein weiterer japanischer Künstler,

Abb. 70 Hundefänger (Karl Rudi Domidian), Pottlach-Platz, Ammersbek 1992, Foto des Künstlers.

Abb. 71 Kang, Chun Chung, Who kills the nature?, Ammersbek 1992, aus: Kat. Hier und Da 1992, o. S.

Abb. 72 Kang, Chun Chung, Tiergarten, Ammersbek 1992, aus: Kat. Hier und Da 1992, o. S.

Abb. 73 Anke Mellin, 3 Gräber, Ammersbek 1992, aus: Kat. Hier und Da 1992, o. S.

Abb. 74 Shin, Nam-Chul, Klang der Natur, Ammersbek 1992, aus: Kat. Hier und Da 1992, o. S.

Abb. 75 Takayuki Sugawara, Ammersbek 1992, aus: Kat. Hier und Da 1992, o. S.

sammelte Laub in Seidenkokons (Abb. 75) und formte daraus kleine rundliche Haufen, die er dann erneut auf dem Waldboden auslegte.[353]
„Perspektive" nannte *Inken N. Woldsen* ihre Arbeit aus Nesseltüchern (Abb. 76), die sie zu einem Weg ausbreitete, der sich im Wald zu verlieren schien.[354]
Das Symposion demonstrierte im Ergebnis ein asiatisches Naturverhältnis, das dem sich vorsichtig annähernden dialogischen Verhältnis der Künstler aus dem Hamburger Raum (s. Ammersbek 1989) ähnelte. Im Katalog wird diese gemeinsame Vorgehensweise der Künstler mit dem Begriff der „Achtung vor der Natur" charakterisiert.[355] Einige Fotos im Katalog zeigen zudem die künstlerischen Ergebnisse eines 1991 abgehaltenen Symposions in Kong Ju (Südkorea), an dem viele der in Ammersbek arbeitenden Künstler bereits teilgenommen hatten. Insofern ist dieses Symposion als Folgeveranstaltung des koreanischen Treffens zu verstehen.
Die Resonanz auf die Veranstaltung am Schüberg (z. B. Presse) wurde ähnlich wie drei Jahre zuvor nicht gesondert dokumentiert.
Nach der Veranstaltung in Ammersbek reisten einige der japanischen Künstler nach Husum, um dort ein weiteres Symposion mit dem Titel „NAturKULtur"[356] ganz allein, d. h. ohne Beteiligung deutscher Künstler, zu bestreiten.

Mit dem Fall der Mauer und der Wiedervereinigung Deutschlands zeigte sich zu Beginn der 90er Jahre auch im Osten Deutschlands zunehmendes Interesse an der künstlerischen Arbeit in und mit der Natur. Weniger durch künstlerische Eigeninitiative als durch öffentliche Ausschreibung entstanden und entstehen hier Natur-Kunst-Werke im Rahmen von größeren Projekten.

2.4.12 „1. Symposium der Biennale Europäischer Länder für Land Art, Objektkunst und Multimedia", Cottbus 1991[357]

In Cottbus wurde 1991 vom Förderverein Kulturlandschaft Niederlausitz e. V. eine Europäische Biennale für Land Art begründet. Der Veranstaltungsort in einem der größten Braunkohlentagebaugebiete Europas und die Thematik „Mensch – Zivilisation – Natur" forderten eine künstlerische Auseinandersetzung mit der menschlichen Nutzung der Natur[358] ähnlich wie in Essen 1983 heraus.
Rund 25 Teilnehmer beschäftigten sich drei Wochen lang mit der gestellten Thematik. Unter ihnen befanden sich außer bildenden Künstlern auch Landschaftsplaner, Architekturstudenten, Audio-Künstler und Performer, Fotografen, Video-Künstler und Komponisten. Die Kunstformen Fotografie und Video wurden zum Zwecke der Erstellung einer Dokumentation von Anfang an mit einbezogen.
Die Künstlerinnen und Künstler standen einer durch den Tagebau verwüsteten riesigen „Landschaft" gegenüber, die großformatige Kunst-Projekte erforderte, in den Dimensionen durchaus der amerikanischen Land Art vergleichbar. Im Gegensatz zu den kosten- und zeitintensiven amerikanischen Projekten beschränkten die Künstler sich hier jedoch z. T. auf einfacher zu verwirklichende Objekte und Installationen.
Der italienische Künstler *Claudio D'Ambrosio* verlegte zum Beispiel ein blaues Band von 2,50 m Breite und 250 m Länge (Abb. 77) beginnend von der Sole des Tagebaues über verschiedene Ebenen bis an den oberen Randbereich des Tagebaues.[359]
Aufwendiger gestaltete sich dagegen die Arbeit des französischen Künstlers *Samuel La Roze* (Abb. 78). Dieser legte für seine Arbeit „Black Holiday" ein quadratisches 484 qm großes Becken an, das mit Kohlenstaub gefüllt wurde. Aus den umgebenden Halden ließ er Kohlenstaub in vier Rinnen scheinbar wie Wasser herab in das Becken „fließen".
Zur zweitägigen öffentlichen Abschlußveranstaltung der Biennale wurden Aktionen, Performances und im Rahmen des Symposions komponierte Musikstücke aufgeführt. Auf einer bereits zur Rekultivierung vorbereiteten Fläche wurde unter der Leitung von *Ben Wargin* eine Baumpflanzaktion (Abb. 79) durchgeführt.[360]
Stefan Schiske und *Marlen Liebau* inszenierten mit Baggern und Musikern in der Kulisse des Tagebaus ihre „Lausitzer Sinfonie"- ein „Konzert für Abraumbagger, hängenden Flügel und obligate Violine" (Abb. 80).[361]
Hermann Prigann entzündete 50 am Rande des Tagebaues aufgeschichtete Holzstapel (Abb. 81) zu einer „Feuerlinie".[362]

Abb. 76 Inken N. Woldsen, Perspektive, Ammersbek 1992, Foto: Uwe Greiss.

Abb. 77 Claudio D'Ambrosio, Blaues Band, Cottbus 1991, aus: Kat. Kunstszene Tagebau 1992, S. 47.

Abb. 78 Samuel La Roze, Black Holiday, Cottbus 1991, Foto: Thomas Kläber f. Förderverein Kulturlandschaft Niederlausitz e. V.

Die ungewöhnliche Veranstaltung erzielte großen Erfolg und wurde mit dem Preis „Kulturbühne Europa" ausgezeichnet. Laut Angaben der Veranstalter verfolgten 8.000 Menschen das Geschehen in und um Cottbus.[363] Die Kunstwerke wurden jedoch zum größten Teil nach einiger Zeit wieder abgeräumt, da sie im noch aktiven Tagebau realisiert worden waren.

2.4.13 „Europa-Biennale Niederlausitz – Kunst und Landschaftsgestaltung, Art in Nature – Intermediale Aktionen", Pritzen 1993[364]

1993 fand das Projekt der Europa-Biennale seine Fortsetzung. Das Thema „Mensch – Natur – Zivilisation" wurde um den Aspekt „Kultur" erweitert. Die Arbeiten sollten laut Ausschreibungstext landschaftsgestalterischen Charakter haben.[365] Als Austragungsort des Symposions wählten die Veranstalter den stillgelegten Tagebau Greifenhain, exakter einen Restpfeiler mit dem bereits halb umgesiedelten Dorf Pritzen, dessen Abbaggerung durch die Wende gestoppt wurde. In dieser Umgebung war ein Verbleiben der Kunstwerke in der Landschaft gewährleistet. Die riesigen Ödflächen des stillgelegten Tagebaugebietes sollten im Laufe der Zeit in ein Open-Air-Museum für Kunst umgewandelt werden. Die Kunst sollte zur Rekultivierung der verwüsteten Landschaft beitragen und für eine kulturelle Wiederbelebung der Region sorgen.[366] Neben Heinrich Schierz, dem ehemaligen Direktor des Museums in Cottbus, der 1991 als Geschäftsführer des Fördervereins Kulturlandschaft Niederlausitz e. V. für die Organisation verantwortlich war, beteiligte sich nun ein Kuratorium aus Akademieprofessoren und anderen hochrangigen Persönlichkeiten der Kunstwelt an der Verwirklichung der Biennale. Diese Kuratoren gehörten

Abb. 79 Ben Wargin, ERDE – WERDE – ERDE, Baumpflanzaktion, Cottbus 1991, Foto: Thomas Kläber f. Förderverein Kulturlandschaft Niederlausitz e. V.

Abb. 80 Marlen Liebau/Stefan Schiske, Lausitzer Sinfonie, Cottbus 1991, Foto: Thomas Kläber f. Förderverein Kulturlandschaft Niederlausitz e. V.

Abb. 81 Hermann Prigann, Feuerlinie, Cottbus 1991, aus: Kat. Kunstszene Tagebau 1992, S. 82.

Abb. 82 Giuliano Mauri, Kathedrale des Lebens, Pritzen 1993, Foto: Thomas Kläber f. Förderverein Kulturlandschaft Niederlausitz e. V.

zu einem großen Teil der „Association Art in Nature" an.[367] Veranstalter verschiedener Nationen, darunter Frankreich, Polen und Österreich, trugen das Projekt. Neben *Solveig Bolduan, Marlen Liebau, Stefan Schiske, Frank Petzold, Zenon Polus* und *Hermann Prigann,* die bereits zum zweiten Mal an der Biennale mitwirkten, nahmen 14 weitere Künstlerinnen und Künstler aus sechs Ländern, darunter mit Japan auch ein außereuropäisches Land, am Symposion teil.

Es entstanden erneut groß-dimensionierte Projekte, die allerdings z. T. so umfangreich angelegt waren, daß sie während des Biennale-Zeitraums von drei Wochen nicht fertiggestellt wurden. Die begonnene dreischiffige gotische „Kathedrale des Lebens"[368] (Abb. 82) aus Baumstämmen des italienischen Künstlers *Guiliano Mauri* wurde nicht vollendet.[369] *Nils-Udos* Projekt einer „Landschaft mit See – Sumpf"[370], eine kraterförmige, von einem Wall umgebene, mit Wasser gefüllte Erdaushebung wurde erst 1995 weitergeführt (Abb. 83 a, 83 b). Das Tor, das den Zugang zum Innenraum verschließen sollte, kam abhanden.[371] Auch *Hermann Priganns* „Gelbe Rampe"[372], eine gelb bepflanzte Erdanhäufung mit einem Steinkreis aus Betonblöcken auf dem Plateau (Abb. 84 a, 84 b), konnte erst 1995 teilweise vollendet werden.[373]

Die Franzosen *Marc Babarit* und *Gilles Bruni* konstruierten aus Ästen und Zweigen eine Treppe (Abb. 85) mit 44 Stufen, die vom Dorf Pritzen in den Tagebau hinabführte. Am oberen Ende der Treppe wies ein Kohlehaufen auf ihren Beginn, am unteren Ende der Treppe befand sich ein mit jungen Bäumchen bepflanztes Dreieck.[374]

Zur Abschlußveranstaltung inszenierten 1993 und auch 1995 *Marlen Liebau* und *Stefan Schiske* die Aufführung eines Musikspektakels mit Großgeräten im Tagebau (Abb. 86).

Abb. 83 a Nils-Udo, Landschaft mit See (Sumpf), unvollendet, vor der Bepflanzung, noch ohne Torflügel, Pritzen bei Cottbus 1995, Foto des Künstlers.

Abb. 83 b Nils-Udo, Landschaft mit See (Sumpf), unvollendet, vor der Bepflanzung, noch ohne Torflügel, Pritzen bei Cottbus 1995, Foto des Künstlers.

Die Biennale wurde von der UNESCO in die „Weltdekade für kulturelle Entwicklung“ aufgenommen.
Nach einer weiteren Veranstaltung 1995[375], die auch die vorläufig letzte in Pritzen sein sollte, führten allerdings finanzielle Probleme zu einem Ende der Niederlausitz-Biennale.[376] Der Förderverein Kulturlandschaft Niederlausitz e.V. orientierte sich jedoch anderweitig. Als Partner des „Vereins zur Förderung kultureller Weiterbildung und Pflege des Europa-Gedankens e. V.“ aus Grevenbroich wurde 1998 das EU-Projekt „Grenzen erfahren – Grenzen überwinden“[377] begonnen, bei dem Kunst als Bestandteil der Rekultivierungsmaßnahmen von ehemaligen Braunkohletagebaugebieten eine Rolle spielt.

Abb. 84 a Hermann Prigann, Gelbe Rampe, Pritzen 1993/1995, Zustand 1995, Foto der Verfasserin.

Abb. 84 b Hermann Prigann, Gelbe Rampe, Pritzen 1993/1995, Zustand 1995, Foto der Verfasserin.

Abb. 85 Marc Babarit/Gilles Bruni, Die Treppe: 44 Stufen, um von der Kohle ins Dorf zu steigen, 44 Stufen, um eine Baumgruppe in den Tagebau hinabzubringen, Pritzen 1993, Foto: Thomas Kläber f. Förderverein Kulturlandschaft Niederlausitz e. V.

Abb. 86 Marlen Liebau/Stefan Schiske, Direktsturzkombination – Intermezzo brachiale mit pastoralen Szenen, Pritzen 1995, Foto: Thomas Kläber f. Förderverein Kulturlandschaft Niederlausitz e. V.

Abb. 87 Brigitta C. Quast, Eisen-blank-Klang, Berlin 1994, Foto der Künstlerin.

2.4.14 „Land-Klang", Berlin 1994[378]

1994 kam es noch einmal in anderem Rahmen zu einer Zusammenkunft bekannter Künstler, die bereits im Ruhrgebiet und am Niederrhein zusammengearbeitet hatten. Die Berliner Künstlerin *Brigitta C. Quast*, die unter anderem an den Symposien in Kevelaer 1982 und Remscheid 1988 teilgenommen hatte, schlug diese für die Fortführung des Projektes „Kunstlandschaft" des Kunsthauses Flora in Berlin-Mahlsdorf vor. Zehn Künstlerinnen und Künstler, u. a. *Claus van Bebber, Rolf Glasmeier* und *Klaus Küster* folgten der Einladung nach Ost-Berlin. Dem Titel entsprechend bezogen alle Objekte und Installationen Klänge und Geräusche in ihr Konzept ein. Die Berücksichtigung von Hörbarem im Zusammenhang mit einer Arbeit in der Natur gab dem Symposion eine neue Richtung.

Abb. 88 Ike Vogt, Lebensklang, Berlin 1994, Foto: Harald Hilscher.

Abb. 89 Gemeinschaftsarbeit (van Bebber, Burokas, Glasmeier, Pietrusky), Klangtempel, Berlin 1994, Foto der Verfasserin.

Abb. 90 Beate Klockmann, Gestaltete Grasnarbe, Willmersdorf 1994, aus: Kat. Objekte im Wind 1994, o. S.

Brigitta C. Quast konstruierte eine Art Windharfe (Abb. 87) mit dem Titel „Eisen-blank-Klang".[379] Sie befestigte hierfür Nägel an Hanfschnüren, die wiederum am Ast eines Baumes angebunden wurden. Kleine Granitblöcke bildeten den Nägeln vom Boden einen Widerpart. Dünne Zweige, die quer durch die Schnüre gewebt worden waren, dienten der Stabilisierung des „Instruments".

Ike Vogt häufte für ihre Arbeit „Lebensklang" (Abb. 88) drei ineinander übergehende Erdhaufen an, in einiger Entfernung plazierte sie einen mit einer roten Schnur umwickelten Stein.[380] Von einer Endloskassette tönte ein leises Schnarchen aus den Haufen.

Claus van Bebber, Albinus Burokas, Rolf Glasmeier und *Siegfried Pietrusky* erbauten in gemeinschaftlicher Arbeit aus altem Mobiliar der „Flora" einen „Klangtempel" (Abb. 89) mit riesigen Becken aus Blech.[381] Zum Abschluß des Symposions bespielten sie diesen mit einer Klang-Performance.

Die Resonanz auf das Symposion im Garten des Hauses in der Florastraße war relativ gering.[382] Allerdings wurde die Öffentlichkeit während der Entstehung der Arbeiten nicht direkt einbezogen, da diese im Garten des Hauses Flora, also an einem Ort mit eher privatem Charakter entstanden.

Das Projekt „Kunstlandschaft" wurde jedoch im Kunsthaus Flora mit unterschiedlichen Themenstellungen und Ausprägungen bis heute (1997, 1998 u. 1999) fortgeführt. Die Natur-Kunst versuchte hier, sich im städtischen Raum zu etablieren, ohne jedoch ihr Reservat, in diesem Fall den Garten, zu verlassen.

2.4.15 „Objekte im Wind", Willmersdorf 1994[383]

In dem knapp 300 Einwohner zählenden Örtchen Willmersdorf in Thüringen fanden seit 1991 jährlich Symposien zum Thema „Wind" statt. Das ortsansässige Künstlerpaar *Elvira und Ekkehard Franz* rief die einwöchigen Künstlertreffen ins Leben, bei denen es zunächst nur darum ging, die einmalige landschaftliche Situation und den weiten Blick vom 800 m hohen „Langen Berg" mit anderen Künstlern zu teilen.[384] Um eine möglichst heterogene Herangehensweise an das Thema zu erreichen, wurden Künstler verschiedener Schaffensbereiche wie Metallgestalter, Holzbildhauer, Schmuckgestalter, Maler, Textilkünstler, Designer sowie Studenten verschiedener künstlerischer Fachbereiche (Architektur, Grafik u. Buchkunst usw.) eingeladen.[385] Von Anfang an lag den Künstlern eine Integration der Kunst ins dörfliche Leben am Herzen. So wurden Vorträge, Konzerte und Drachenbauseminare organisiert sowie am Ende der Symposien ein Windfest gefeiert.

Abb. 91 Klaus-Dieter Klotz, Wind-Haus, Willmersdorf 1994, aus: Kat. Objekte im Wind 1994, o. S.

Abb. 92 Anna Jacquemard/Miro Zahra, Labyrinth, Neustrelitz 1995, Foto: Wolfdietrich Gerhardt.

Nach den positiven Reaktionen vor Ort gründeten die Initiatoren den Kulturförderverein Langer Berg e. V., der in den folgenden Jahren als Veranstalter auftrat. Künstler konnten sich über eine öffentliche Ausschreibung auf das Projekt bewerben, die 1993 auch die Künstlerverbände Finnlands und Litauens einbezog.
Während in den ersten Jahren die Beschäftigung mit dem Thema „Wind" zumeist hochaufgerichtete bewegliche Objekte aus verschiedenen Materialien, Fahnen und Drachen- bzw. Flugobjekte ergab, begannen 1994 einige der sechs deutschen Künstlerinnen und Künstler mit durch die Landschaft vorgegebenen natürlichen Materialien zu experimentieren.
Beate Klockmann sammelte auf einer Wiese Gras und türmte es zu Heuhaufen auf (Abb. 90), aus deren oberen Ende lange, unbelaubte Äste wie Bäumchen herausragten.[386]
Klaus Dieter Klotz steckte lange dünne Zweige in ein Rund und begann sie im unteren Bereich wiederum mit langen grünen Hölzern in Korbflechtertechnik zu verbinden (Abb. 91). Von seiner Konzeption eines geschlossenen „Wind-Hauses" wich er im Fortgang der Arbeit allerdings ab und ließ die langen Holzstecken frei nach oben ragen. Rot gefärbte Spitzen markierten die Enden der Stangen und hoben sich durch ihre grelle Farbigkeit vom grünen Hintergrund ab.[387]
Unstimmigkeiten und finanzielle Gründe brachten das Projekt nach einer weiteren Veranstaltung 1995[388] mit interessanten, z. T. auch größer angelegten Installationen zum Erliegen.[389]

2.4.16 „Der Kunstring am Müritz- und Wigry-Nationalpark – Natur und Kunst, Schutz und Zeichen", Neustrelitz 1995[390]

Ebenfalls zu einer festen, jährlichen Einrichtung wurde das sogenannte „Internationale Künstlerpleinair am Müritz-Nationalpark" in Mecklenburg-Vorpommern. Dieses 1992 von dem Bildhauer *Sven Domann* begründete Symposion hat sich zum Ziel gesetzt, entlang der ca. 200 km langen Grenze des 1990 begründeten Nationalparks einen Ring aus Kunstwerken zu errichten. Unter dem Motto „Natur und Kunst, Schutz und Zeichen" sollten diese die Akzeptanz des noch relativ jungen Nationalparkes erhöhen und die kulturellen Aktivitäten der Region bereichern. [391] Der Förderverein Müritz-Nationalpark e. V. übernahm die Funktion des Veranstalters, die Teilnehmer wurden durch öffentliche Ausschreibung ermittelt. Eine wichtige Voraussetzung für die Aufstellung der Arbeiten im Randbereich des Nationalparks bildete die ausschließliche Verwendung von natürlichen Materialien, die den Künstlern in Form von Baumstämmen und Steinen zur Verfügung gestellt wurden.
Das Projekt durchlief mit der Zeit zahlreiche konzeptionelle Weiterentwicklungen, die sich nach und nach aus den Erfahrungen ergaben. So wurde das Pleinair[392] jährlich im Wechsel in Waren und in Neustrelitz, den beiden größten Städten am Nationalpark, abgehalten. Die Künstler erstellten ihre Werke nicht am Standort, sondern arbeiteten auf einem in der Stadt gelegenen öffentlich zugänglichen Platz, wie zum Beispiel dem Schloßberg in Neustrelitz. Um die bereits weit verteilten Einzelwerke leichter erreichbar zu machen, gestaltete man seit 1994 erwanderbare Einheiten, sogenannte

Abb. 93 a Benoit Tremsal, Ruhezone zwischen Utopie und Katastrophe, Neustrelitz 1995, Foto der Verfasserin.

Abb. 93 b Benoit Tremsal, Ruhezone zwischen Utopie und Katastrophe, Neustrelitz 1995, Foto der Verfasserin.

Abb. 94 Ivan Tlusty, Der eingezäunte Berg, Neustrelitz 1995, Foto: Wolfdietrich Gerhardt.

„Kunstpfade", z. B um den Feisneck-See bei Waren. Ein deutsch-polnisches Pleinair im Jahre 1994 lieferte die Idee zu einer deutsch-polnischen Kooperation, die bereits 1995 mit der Gründung eines Partnerprojektes im Wigierski-Nationalpark am Wigry-See in Polen umgesetzt wurde.[393]

Neun Künstlerinnen und Künstler aus Tschechien, Dänemark, Polen, Frankreich und Deutschland verwirklichten 1995 ihre Arbeiten am Nationalpark, die z. T. an einem Rundweg um den Zierker See in Neustrelitz ihre Aufstellung fanden.

Anna Jacquemard und *Miro Zahra* legten in gemeinsamer Arbeit auf freiem Feld ein „Labyrinth" (Abb. 92) aus Findlingen. Die Größe der Findlinge resultierte aus dem Gewicht, das die Künstlerinnen selbst tragen konnten.[394]

Benoit Tremsal hob neun quadratische Schächte aus, die er mit Rahmen aus Buchenholz versah (Abb. 93 a, 93 b). Auf dem Arbeitsplatz der Künstler sammelte er Späne und Holzreste von den Arbeiten der anderen Künstler, Abfall aus natürlichen Materialien, den er mit Hilfe einiger Anwohner in die Schächte füllte und diese mit Glasplatten verschloß (Abb. 93 a). In der „Ruhezone zwischen Utopie und Katastrophe", so der Titel der Arbeit, kann der Betrachter durch das Glas beobachten, wie sich das Füll-Material im Laufe der Jahre langsam verändert und zersetzt.[395]

Der tschechische Künstler *Ivan Tlusty* umgab für seine Arbeit „Der eingezäunte Berg" (Abb. 94) ein Hügelgrab mitten im Wald, das im Mittelalter auch Teil einer Burganlage war, mit einem quadratischen Zaun von etwa 16 m Länge und 16 m Breite.[396]

Vier der neun Künstler reisten unmittelbar im Anschluß an das Pleinair im Müritz-Nationalpark zu einer Fortführung des Pleinairs in den Osten Polens nach Suwalki, um dort am Nationalpark zu arbeiten.

Andere Künstler schickten „Ableger" ihrer Werke auf die Reise. *Benoit Tremsal* z. B. gab zwei mit Glasplatten verschlossene hölzerne Behälter mit Sand und Erde aus dem Müritz-Nationalpark als „Implantate" (Abb. 95) mit auf den Weg, die am Ufer des Wigry-Sees eingegraben wurden.[397]

Ivan Tlusty errichtete an einer Badestelle unweit der polnischen Nationalparkverwaltung zwischen hohen Kiefern einen gotischen Bogen (Abb. 96) aus zwei ca. 7 m hohen natürlich gebogenen Kiefern.[398]

Während in den Jahren zuvor häufig eher traditionelle Holzskulpturen entstanden waren, nahmen die Objekte und Installationen 1995 stärker Bezug auf ihren Standort und griffen z. T. auch direkt in die Landschaft ein, wie z. B. bei Tremsals Bodeninstallation. Die freundliche Aufnahme und Unterstützung in Polen führte trotz der Kürze der Zeit (eine Woche) zu interessanten, großformatigen Arbeiten.

Abb. 95 Benoit Tremsal, Implantate, Suwalki (PL) 1995, Foto der Verfasserin.

Abb. 96 Ivan Tlusty, Lukolodz-Lodzioluk, Suwalki (PL) 1995, Foto: Wolfdietrich Gerhardt.

Zur offiziellen Eröffnung des Symposions, zur Halbzeit und zum Abschluß wurden die Konzepte und Objekte der Öffentlichkeit während eines Festes erläutert und präsentiert. Die vorbildliche Öffentlichkeitsarbeit spiegelte sich auch in einer langen Reihe von Zeitungsartikeln (s. Symposienkatalog). Die Presse begleitete das Pleinair in Neustrelitz und stellte jeden Künstler und seine Arbeit, z. T. sogar auf der Titelseite, ausführlich vor. Bereits auf dem Arbeitsplatz hatten die Künstler interessierten Passanten immer wieder „Rede und Antwort" gestanden. Die Bevölkerung reagierte jedoch insgesamt eher zurückhaltend. Die überregionale Resonanz hatte eine Fülle von Bewerbungen für das nächste Pleinair zur Folge.[399]

2.4.17 „Der Kunstring Müritz-Nationalpark Wigierski Park Narodowy – Natur und Kunst, Schutz und Zeichen", Waren 1996[400]

Nach dem Erfolg des Vorjahres wurde das Kunstring-Projekt 1996 in beiden Nationalparks fortgeführt. 10 Künstlerinnen und Künstler aus Deutschland, Lettland, Litauen und Polen fertigten zunächst in drei Wochen ihre Werke in Waren und begaben sich danach für drei Wochen nach Suwalki am Wigierski-Nationalpark. Einige Künstler entwickelten Projekte für beide Nationalparks und ließen sie grenzübergreifend Bezug aufeinander nehmen.

KM Twinns Arbeit „Achse" (Abb. 97) verband die beiden Nationalparks konzeptionell.[401] Der Künstler schichtete hier wie dort in einer bestimmten Ausrichtung links und rechts eines Weges Findlinge, deren Frontseiten parallel zur Straße beschnitten waren, zu einem dreieckigen Haufen auf. Würde man den Weg durch die Steinanhäufungen in einer Achse um rund

Abb. 97 KM. Twinn, Achse, Suwalki (PL) 1996, Foto: Wolfdietrich Gerhardt.

Abb. 98 Birgit Cauer, Leibräume, Weide und Esche, 1,70 - 4,50 m Höhe, Waren 1996, Foto der Künstlerin.

671 km verlängern, so würde man zu der zweiten im Aufbau identischen Arbeit im jeweils anderen Nationalpark gelangen.
Birgit Cauer installierte an beiden Orten jeweils drei „Leibräume" (Abb. 98).[402] Sie fertigte in Korbflechtertechnik aus Weiden- und Haselnußzweigen verschieden große, aufrecht stehende, antropomorphe Gebilde. Je nach Material und Wickeltechnik (z. T. beließ sie das Laub an den Zweigen) bildeten diese durchlässige oder dichte Gefüge.
Im selben Jahr verwirklichten auch zum ersten Mal Laien ein eigenes Kunstwerk. Mitarbeiter der Landhöfe Kargow, einer Anliegergemeinde des Müritz-Nationalparks, schufen aus einem Eichenstamm mit gekürzten Ästen, der aufgerichtet wurde wie ein Baum, das Werk „Wie groß ist der Mensch und wie klein ist die Natur". Auf einen Ast plazierten sie einen großen geschnitzten stilisierten Adler, unter den Baum stellten sie eine gleichfalls abstrahierte kleine menschliche Gestalt.[403]
Außerdem wurde sowohl im deutschen als auch im polnischen Nationalpark Kindern und Jugendlichen unter Anleitung die Möglichkeit gegeben, mit Naturmaterialien zu basteln und zu experimentieren.[404]
Diese Erfahrungen gaben dem Symposion in den folgenden Jahren eine neue Richtung. Die künstlerische Arbeit mit Laien und Kindern wurde ins Konzept des Pleinairs aufgenommen.[405]
Weiterhin wurde 1997 eine Kooperation mit einem französischen Projekt begründet.[406]

Gegen Ende des Jahrtausends werden auch im Westen Deutschlands wieder vermehrt Natur-Kunst-Symposien veranstaltet.

2.4.18 „Zwischen Himmel und Erde", Halver 1996[407]

In Halver im Sauerland veranstaltete die Gruppierung „Seltene Erden" ein Treffen Gleichgesinnter. Die Gruppe von Künstlerinnen aus dem Oberbergischen und dem Kölner Raum fand sich bereits Anfang der 90er Jahre nach verschiedenen gemeinsamen Projekten und Symposien (z. B. Ründeroth 1992) zusammen. Auf regelmäßigen Treffen planten und planen sie Natur-Kunst-Symposien und gemeinsame Aktionen und Gestaltungen in und mit der Natur.[408] Ihrem Konzept entsprechend wollen sie ausschließlich mit natürlichen Materialien „dialogisch"[409] in der Natur arbeiten. Für ihre Unternehmungen luden sie andere Künstlerinnen und Künstler ein, die mit vergleichbarer Zielsetzung arbeiten.
In Halver gestalteten sie anläßlich der Einweihung eines Naturschutzzentrums in der alten Dorfschule in Heesfeld das nähere Umfeld. 18 Künstlerinnen und Künstler

Abb. 99 *Ulrike Oeter, Luftschloß der Moosfrau, Halver 1996, Foto der Künstlerin.*

nahmen an dem zwei Tage währenden Symposion teil. *Ulrike Oeter* formte aus dünnen, grünen Weidenstangen, die sie um eine moosbewachsene Fläche steckte und am oberen Ende mit wenigen Querverstrebungen leicht verflocht, das „Luftschloß der Moosfrau" (Abb. 99).[410]
Ute Poeppel sammelte Fichtenholz und Reisig und schichtete daraus Wände für die rund geformte „Behausung des Zapfenfressers" (Abb. 100) auf. Um die Hütte herum reihte sie Fichtenzapfen auf, im Innern der Hütte steckte sie abgefressene Zapfen in den Boden. Im Katalog erzählt sie die Geschichte des „Zapfenfressers".[411]
Margret Quiring spannte über die Böschung eines kleineren Schotter-Steinbruchs ihren „Seil-Akt" (Abb. 101)[412] Ausgehend von einem mittleren Stein am Boden der Grube wob sich das Seil wie ein Spinnennetz zu den Rändern der Grube. An den Kreuzungspunkten der Schnüre befanden sich einzelne umwickelte Steine.
An beiden Veranstaltungstagen des Symposions wurden von den Künstlerinnen und Künstlern Führungen zu den Einzelwerken abgehalten und dem Publikum die Arbeiten erklärt. Außerdem wurde eine Performance veranstaltet.
Die Arbeiten aus natürlichen Materialien verblieben auch nach ihrer Fertigstellung in der Natur und wurden dem natürlichen Prozeß des Verfalls, des Kommens und Gehens unterworfen.
Das Projekt fand so großen Anklang, daß es 1998 fortgeführt wurde.

Die Symposien der 90er Jahre wiesen in ganz unterschiedliche Richtungen. Sie dienten der Rekultivierung (Pritzen 1993, 1995) oder dem Naturschutz (Waren/Neustrelitz 1992 und Folgejahre) und wollten für die Natur sensibilisieren. Immer wieder wurde aber auch der Versuch unternommen, Natur-Kunst in den städtischen Rahmen zu transponieren.

2.4.19 „StadtMensch-NaturLandschaft" Troisdorf 1997[413]

1997 veranstaltete die Stadt Troisdorf ihr 5. Künstlersymposion. Nach zwei Fassadenmalertreffen (1986, 1992)[414] und zwei Bildhauersymposien in der Innenstadt (1984, 1988)[415] erhielt das 97er Symposion ein an-

Abb. 100 *Ute Poeppel, Behausung des Zapfenfressers, Halver 1996, Foto der Künstlerin.*

Abb. 101 *Margret Quiring, Seil-Akt, Pappe mit Kordelbindung, Halver 1996, Foto der Künstlerin.*

Abb. 102 a Daniel Zimmermann, Strukturfeld, Troisdorf 1997, Foto des Künstlers.

Abb. 102 b Daniel Zimmermann, Strukturfeld, Troisdorf 1997, Foto des Künstlers.

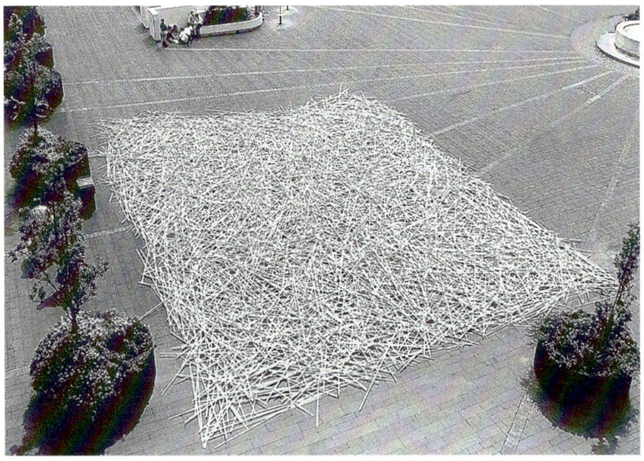

Abb. 103 Daniel Zimmermann, Strukturfeld in der Stadt, Troisdorf 1997, Foto des Künstlers.

deres Konzept. Es beschäftigte sich mit den Randbereichen, mit den Übergängen von Stadt und Natur. Sieben über Ausschreibung und Jurierung ermittelte Künstler aus Frankreich, Deutschland und der Schweiz arbeiteten für drei Wochen in Stadt und Landschaft.

Der Schweizer Künstler *Daniel Zimmermann* schuf eine zweiteilige Arbeit auf freiem Feld im Landschaftsraum und auf einem zentralen Platz in der Stadt (Abb. 102 a, 102 b, 103). Aus jeweils 3000 Holzleisten arrangierte er auf den zwei gleich großen Flächen von 17 x 12 m zwei nahezu identische „Strukturfelder"[416]. An beiden Orten wurden außerdem je zwei 3-D-Betrachter mit Panorama-Bildern beider Felder montiert, ähnlich den üblichen Münzfernrohren. Während die Leisten im Stadtraum schnell verschwanden, d. h. nach einiger Zeit abgeräumt werden mußten, wurde das zweite Feld auf der Wiese belassen und langsam von Gras überwuchert.

Albert Huber aus dem Elsaß formte und pflanzte auf freiem Feld eine „Kathedrale" aus Pyramideneichen (Abb. 104).[417] Die Kathedralen von Reims und Chartres dienten dem Künstler als Vorbilder für den Grundriß und die Proportionen. An die Stelle eines Altars setzte er einen großen Schieferbrocken aus dem Westerwald, der bereits geringe Bearbeitungsspuren aufwies. Rechts und links davon positionierte er zwei behauene Granitblöcke als „Sitzsteine". Das Werk wird sich erst in 10 Jahren, wenn die Bäume eine gewisse Höhe erlangt haben, dem Raumgefüge einer gotischen Kathedrale annähern.

Die Arbeit eines Pioniers der Natur-Kunst sollte zunächst am Randgebiet des Kölner Flughafens, der zu den Sponsoren der Veranstaltung zählte, und damit im Naturschutzgebiet Wahner Heide entstehen. Die Naturschützer erteilten jedoch keine Genehmigung. So mußte *Nils-Udo* für seine großformatige Arbeit „Skulptur-Architektur-Natur" (Abb. 105) auf ein Gelände im Park am Haus Broich ausweichen.[418] Der Künstler deutete mit roten Holzbalken auf rechteckigem Grundriß eine Hausfassade mit Eingang an. Der hintere Teil des Hauses beginnt sich aufzulösen, während eine Erdanschüttung vom Hintergrund her ins Haus dringt und dessen abgegrenzte Grundfläche überschwemmt. Über ein zweites Tor, das nur noch von zwei Balken ohne Giebel umgeben wird, führt ein Pfad auf den bewachsenen Hügel, auf dem sich ein weiteres Tor befindet, welches den Blick auf die dahinterliegenden Bäume freigibt.

Die Präsentation der Arbeiten in der Öffentlichkeit wurde eingebunden in das sommerliche Kulturprogramm der Stadt. Zur Eröffnung des Symposions in der Troisdorfer Fußgängerzone gab es ein Windballet und Blasmusik, in einem Interview stellten die Künstler ihre Konzepte vor.[419] Etwa zur Halbzeit gab es eine fachkundig geführte Fahrradtour[420] zu den an ganz un-

terschiedlichen Orten entstehenden Werken. Die an ihren Standorten arbeitenden Künstler standen dem interessierten Publikum für Fragen zur Verfügung. Zur Abschlußveranstaltung gab es neben einer weiteren Fahrradtour auch eine Bustour zu den Objekten und Installationen, am Abend endete das Symposion mit einem Fest und einer Freilufttheatervorstellung.[421]
Das bereits symposienerfahrene Troisdorfer Publikum reagierte sehr unterschiedlich. Manche Passanten wunderten sich darüber, daß plötzlich im Spicher Park ohne Genehmigung Häuser gebaut wurden[422], andere halfen tatkräftig bei der Installation der Werke[423]. Vor allem die auf einem Lärmschutzhügel plazierte Arbeit „Wandelgrat" (Abb. 106) des Bonner Künstlers *Georg Wittwer* aus betongefüllten Pappelstämmen erhitzte die Gemüter und hatte einige Leserbriefe zur Folge.[424] Bis auf das „Strukturfeld" auf dem Wilhelm-Hamacher-Platz blieben alle Objekte an Ort und Stelle und können bis auf weiteres besichtigt und erlebt werden.

Abb. 104 Albert Huber, Kathedrale, Troisdorf 1997, Foto: Joachim Röhrig.

Abb. 105 Nils-Udo, Haus, Troisdorf 1997, Foto des Künstlers.

Abb. 106 Georg Wittwer, Wandelgrat (im Aufbau), Troisdorf 1997, Foto der Verfasserin.

2.5 Einordnung der künstlerischen Arbeiten

2.5.1 Ansätze in der Forschung

In der Literatur liegen einige Versuche einer Gliederung und Einordnung der Natur-Kunst vor, die auf unterschiedlichen Ansätzen beruhen. Nachfolgend werden diese zunächst im Überblick dargestellt.

Klaus Hoffmann strukturiert die verschiedenen Werke nach der jeweiligen Verfahrensweise der Künstler in sieben Punkte[425]:

1. Total-Landschaft, Ortsbesichtigung, Expeditionen – Landschaft als objet trouvé, Bsp. *Timm Ulrichs, Richard Long*;
2. Landschafts-Eintragungen, z. B. *de Marias* Kreidestriche;
3. Landschafts-Eingriffe, Gräben und geometrische Muster, z. B. die negativen Skulpturen von *Michael Heizer*;
4. Demonstrative Landschafts-Zusätze wie Spiegel usw., z. B. *Heinz Mack*;
5. Landschafts-Ausschnitte, Natur-Teile in Räumen, z. B. *de Marias* Erdraum (München 1968), geformte und ungeformte Materialanhäufungen, wie z. B. *Ueckers* Sandhaufen, Material-Proben in Kästen (*Robert Smithson*) sowie Landschaft im Ausschnitt in Form von Fotografien oder Filmen;
6. Künstliche Landschaften – z. B. Kunstrasen;
7. Verwendung anderer Natur-Elemente (Luft, Wasser, Feuer).[426]

Die Beispiele, die er anführt, entstammen zu einem großen Teil der amerikanischen Land Art.

Im Katalog der Ausstellung „Natur-Skulptur" des Württembergischen Kunstvereins in Stuttgart werden Werke der amerikanischen Land Art und hauptsächlich in Neuenkirchen entstandene Werke der Natur-Kunst nach ihren unterschiedlichen Intentionen gruppiert.[427]
In vier Kategorien werden

1. „Naturbezogene Arbeiten als Ausdruck dialektischer Konzepte (Natur/Philosophie) auch im Sinne assoziativer Reaktionen auf frühe Kulturen",
2. „landschaftsbezogene Arbeiten zur Vermittlung von Naturvorgängen, Bewußtmachung von naturgegebenen Bedingungen und Kräften (Primärerfahrungen), die das Leben bestimmen, auf das Leben einwirken: Raum, Zeit, Licht, Gravität, Bewegung, Statik-Dynamik, Zustandsveränderungen",
3. „landschaftsbezogene Arbeiten als Dokumente von Zeitspuren, Ich-Spuren, Selbsterfahrungen, Selbstfindungen, Identitätsmerkmale der eigenen Existenz" sowie
4. „landschaftsbezogene Arbeiten – Materialeingriffe in die Landschaft als soziale Strategie mit gesellschaftskritischer Absicht"

gezeigt.

Heinz Thiel gibt in seinem Aufsatz *Natur-Kunst* einen Überblick nach Form- und Materialkriterien. Die verschiedenen Gruppen, unter denen er die einzelnen Arbeiten zusammenfasst, deuten die Komplexität der Thematik an. Er findet Stichworte wie:

- Steine,
- Kegel und Pyramide,
- Spiralen und Labyrinthe,
- Zäune,
- Bündelung,
- Erosion,
- Hochwasser,
- Natur als Grundform des Poetischen, Natur als Skizzenblock, Natur-Objekt,
- Kultur-Natur / Architektur-Natur.[428]

Mit der Verwendung von Begriffen, die Naturprozesse beschreiben (Erosion, Hochwasser) und Charakterisierungen („Natur als ...") geht er jedoch bereits einen Schritt über formale und materielle Kriterien hinaus hin zu inhaltlichen Komponenten. Thiel begründet dies mit der Teilhabe des jeweiligen Landschaftsraumes am Werk, der über eine fotografische Dokumentation nicht einbezogen werden kann.[429]

Sibylle Berger stellt in ihrer Arbeit an einer Reihe von Beispielen im Wesentlichen vier Verhaltensweisen der Künstler gegenüber der Natur vor[430], die das Subjekt-Objekt Verhältnis spiegeln.
Zum einen nehme der Künstler ihrer Ansicht nach der Natur gegenüber z. T. eine Assistenzfunktion ein, indem er ihren Bildungstrieb unterstütze, übersetze und strukturiere, z. B. bei der Darstellung von Naturprozessen.[431]
Weiterhin, so Berger, diene die Natur dem Künstler als Fundus. Er benutze natürliche Materialien wie z. B. Findlinge als Ready-Mades.[432]
Außerdem zeige sich bei manchen Künstlern in den Versuchen einer Kontaktaufnahme mit Pflanzen und Tieren ein mimetisches Verhalten, z. B. im Werk *Harald Finkes*.[433]
Eine weitere Möglichkeit des Umgangs mit der Natur sei die der konstruktiven Verwendung natürlicher Materialien.[434]

Anne Hoormann bezieht sich auf eine Materialikonologie.[435] Dabei beschränkt sie sich auf die Materialien Erde und Stein und untersucht ausgewählte einzelne Werke der amerikanischen Land Art und deutschen Naturkunst unter besonderer Berücksichtigung ihres Ortsbezuges[436] nach ihrem materiellen Sinngehalt. Im

Ergebnis stellt sie fest, daß sich tiefe geschichtliche und kulturelle Verwurzelungen mit dem jeweiligen Kontinent zeigen. So operierten amerikanische Land Art-Werke durch ihre Ansiedlung in Wüstengegenden und riesigen Dimensionen mit der bereits 1757 von Edmund Burke formulierten Kategorie des „Erhabenen". Englische Projekte, so Hoormann in ihrer Einführung, seien in der Tradition des Landschaftsgartens entstanden.[437]

2.5.2 Entwurf einer Zuordnung

Mit Rückgriff auf Komponenten der vorgestellten Gliederungen soll in der vorliegenden Arbeit eine erweiterte Systematisierung erarbeitet werden, um ein möglichst umfassendes Bild der künstlerischen Auseinandersetzung mit der Natur zu erhalten. Hierfür erweist sich weder eine Einteilung allein nach dem Material (Hoormann), vor allem im Hinblick auf Arbeiten, die sich nicht auf ein einziges Material beschränken, sondern verschiedene natürliche Materialien kombinieren, noch eine rein formale Betrachtung (Thiel), die sich fast ausschließlich auf die Rezeption einer archaischen Formensprache beschränken müßte, als ausreichend. Wichtige Anhaltspunkte einer Beurteilung ergeben sich durch eine eingehendere Betrachtung der Verfahrensweisen der Künstler im Umgang mit der Natur (Hoffmann/Berger). Unterstellt man der künstlerischen Handlung außerdem eine Zielgerichtetheit, so gelangt man zu einer vermuteten künstlerischen Intention (Ausst. Natur-Skulptur), die zu betrachten Rückschlüsse auf einen übergeordneten Zusammenhang der bisher allein über das Material und den Standort definierten Natur-Kunst zulässt.

Sibylle Berger verwahrt sich gegen eine Betrachtung allein nach dem Material: „Eine solche material-ikonographische Betrachtungsweise wiederholte nur das vorgewußte Wissen über die den identifizierten Stoffen inhärenten Qualitäten, sie ginge vom traditionellen, einseitig zugeschriebenen Bedeuten, der begrifflichen Repräsentation aus, und viele Aspekte der rein optischen Vermittlung der neueren Kunst blieben unerfaßt."[438] Auch Wulf Herzogenrath schreibt anläßlich einer Ausstellung über die vier Elemente auf der Mediale in Hamburg 1993: „Kunstwerke werden oft aufgrund ihrer materiellen Beschaffenheit und stilistischen Form analysiert, zusammengefaßt und ausgestellt – viel zu selten aufgrund der inhaltlichen, künstlerischen Vision."[439]

Welche Vision sich möglicherweise hinter der künstlerischen Auseinandersetzung mit der Natur verbirgt, wird im Anschluß an die Gruppierung der verschiedenen Arbeiten untersucht.

Grundlage einer eingehenderen Untersuchung sind die zuvor beschriebenen einzelnen Werkbeispiele der ausgewählten Symposien (Kap. 2.4). An diesen Beispielen lassen sich über einen Zeitraum von etwa 20 Jahren Gemeinsamkeiten in der Herangehensweise und Verwandschaften in der Formensprache beobachten, die eine Zusammenfassung der künstlerischen Arbeiten zu den folgenden Werkgruppen erlauben:

2.5.2.1 Sammeln, Suchen und Finden – Natürliche objets-trouvés und ready-mades

Sammeln und Finden sind für einen großen Teil der vorgestellten Beispiele charakteristische Verfahrensweisen einer Arbeit in und mit der Natur. Materialien und Eindrücke werden gesammelt und in einen neuen Zusammenhang gebracht. In vielen Arbeiten wird das Fundmaterial unbearbeitet verwendet, wie z. B die Findlinge (Abb. 12) in *Rolf Jörres* Gruppierungen (Neuenkirchen 1976). Oft wird das Material geordnet und neu strukturiert, wie die Äste und Zweige (Abb. 71, 72) in den Arbeiten des koreanischen Künstlers *Kang, Chun-Chung* (Ammersbek 1992). Manchmal wird es auch z. T. konstruktiv zu neuen Gebilden zusammengefügt wie z. B. Schwemmholz im Turm (Abb. 59 a, 59 b) des niederländischen Künstlers *Boudewijn Payens* (Sylt 1986) oder Zweige und Reisig für die „Herzkammern" (Abb. 61) von *Bodo Berheide* (Remscheid 1988). In einigen Fällen wird dabei auch mit am Ort gefundenem, nicht natürlichem Material gearbeitet. So verwendet *Glasmeier* (Essen 1983) einen Belüftungsschlauch (Abb. 53) für seine Installation auf dem Zechengelände. Bei vielen Natur-Kunst-Objekten handelt es sich insofern um objets-trouvés oder ready-mades[440] im klassischen Sinn, die durch eine neue Anordnung oder einen anderen Zusammenhang zum Kunstwerk werden und eine neue Bedeutung erlangen.

Die Suche beschränkt sich häufig nicht nur auf das Material, sondern bezieht auch den Standort, sofern dieser nicht vorgegeben ist, ein. Dabei können sich der Spurensicherung ähnliche Verfahrensweisen ergeben, wenn z. B. der tschechische Künstler *Ivan Tlusty* ein im Wald entdecktes Hügelgrab (Abb. 94) zum Ausgangspunkt seiner Arbeit macht (Neustrelitz 1995). So kann auch die Landschaft, die besondere natürliche Situation als Standort des Kunstwerkes, ein objet trouvé sein.[441]

Die Verwendung von rohem, unverarbeitetem Naturmaterial rückt die Natur-Kunst in die Nähe der Arte Povera, mit dem Unterschied, daß bei dieser die unedlen Materialien in den Museums- oder Galerieraum transportiert und somit absichtlich ein Kontrast geschaffen wurde. Während hier der besondere Effekt

darin bestand, das objet trouvé in einen fremden Zusammenhang zu stellen, verfährt die Natur-Kunst genau entgegengesetzt.
Durch die Benutzung von am Ort vorhandenem Material, d. h. natürlichem Material in der Natur, entsteht eine besondere Verbindung des jeweiligen Werkes mit dem Ort, die einen formalen oder inhaltlichen Standortbezug noch übertrifft. Natur und Kunst gehen im günstigsten Fall eine Symbiose ein.

2.5.2.2 Entgegensetzung und Unterordnung – natürliche Konstruktion

Entgegensetzung und Unterordnung erweisen sich als formale Kriterien, die zwei gegensätzliche Verhaltensweisen der Künstler der Natur gegenüber charakterisieren. Auf der einen Seite stehen die Arbeiten, die sich als deutliche Zeichen vom natürlichen Umfeld abheben; auf der anderen Seite finden sich solche Arbeiten, die sich der Natur unterordnen bzw. anpassen oder zu ihr in eine Beziehung treten.
Im ersten Fall handelt es sich zumeist um eher skulpturale, durchgestaltete, nicht zwingend standortbezogene Arbeiten, die hier unter dem Begriff Natur-Skulptur[442] geführt werden sollen. Es handelt sich dabei nicht um eine gänzlich eigenständige Erscheinung, solche Objekte gehören „... eher durch ihre Material- und Formgestaltung in den Bereich von Naturkunst als durch ihren Standort."[443]
Naturadäquate, meist standortbezogene Arbeiten, die sich am ehesten mit dem Begriff der Installation charakterisieren lassen, bilden eine zweite Gruppe.
In den künstlerischen Entgegensetzungen wird das natürliche Material häufig bearbeitet, die Umgebung dient mehr als Hintergrund denn als Bezugspunkt und ist austauschbar. Die sich unterordnenden Arbeiten hingegen fügen sich in den Naturzusammenhang ein, so daß sie z. T. nicht als Kunstwerke wahrgenommen werden.
Einige Beispiele verdeutlichen den Unterschied. Die von *Jan Meyer Rogge* konstruierte „Pyramide" (Abb. 18) aus Birkenzweigen hätte ohne weiteres auch an einem anderen Ort errichtet werden können (Neuenkirchen 1977). Der Künstler fügte der Natur eine Arbeit hinzu, die sich als deutliches Zeichen auf freiem Feld von ihr abhebt. *Peter Könitz'* „Reuse" (Abb. 38) blieb als einziges Werk des Cuxhavener Symposions (1982) übrig und wurde sogar an einen anderen Ort (Park) transportiert.[444]
Die „Steinlawine" (Abb. 21) von *Michael Enneper* hingegen bezieht den konkreten Ort, eine ehemalige Kiesgrube, formal ein und stellt über das Material einen Bezug zur Landschaft her (Neuenkirchen 1978). Findlinge finden sich hier überall und werden häufig von den Landwirten am Rande der Felder in kleinen Haufen gesammelt, gleichzeitig zeugen sie von der eiszeitlichen Entstehung der Landschaft. Die Form der Lawine erinnert in diesem Zusammenhang an die von Gletschern hinterlassenen Geröll-Spuren.
Ein anderes Beispiel für eine der besonderen natürlichen Situation angepasste Arbeit sind die Steinsetzungen (Abb. 67, 68) von *Carl Vetter* (Ammersbek 1989), auf die im weiteren Verlauf der Arbeit[445] noch eingegangen wird.
Die Zweiteilung der Arbeiten ist bis in die neueste Zeit deutlich erkennbar und führt in der Konsequenz zu unterschiedlichen Ergebnissen. Die der Natur hinzugefügten Natur-Skulpturen erwecken in der Häufung den Eindruck eines Open-Air-Museums oder Skulpturenparks, während die meist sensibleren, standortbezogenen Arbeiten, die oft nicht auf den ersten Blick als Kunstwerke zur erkennen sind, eher zur Erzeugung eines Erlebnisraumes führen. Da auf vielen Symposien jedoch beide Formen der künstlerischen Arbeit in und mit der Natur vorkommen (z. B. im Müritz-Nationalpark), entstehen häufig durchaus interessante Mischformen.

2.5.2.3 Markierung, Akzentuierung, Irritation – Eintragungen und Zusätze[446]

Viele künstlerische Arbeiten in und mit der Natur setzen Zeichen, die den vorbeikommenden Betrachter aufmerksam machen oder zum Nachdenken anregen sollen. *Hawolis* um die Kurve biegender Holzstapel (Abb. 17) in Neuenkirchen (1977) irritiert den vorbeikommenden Passanten, der die häufig im Wald anzutreffenden „normalen" Holzstapel kaum noch bewußt wahrnimmt. Verwundert durch die „Beobachtete Veränderung" (so der Titel der Arbeit) wird er seinen Weg nun wachsamer fortsetzen.
In eine ähnliche Richtung weist die Arbeit (Abb. 90) von *Beate Klockmann* (Willmersdorf 1994). Auch sie verfremdet Spuren menschlicher Be- oder Verarbeitung der Natur, indem sie aus Heuhaufen bizarre Astformationen heraussstehen läßt.
Dominique Arel (Neuenkirchen 1980) arbeitet ebenfalls mit Holzstapeln (Abb. 26). Auch er führt den Rezipienten in die Irre, indem er ihm Wege anbietet (Abb. 23, 24, 25), die nicht weiterführen. *Peter Könitz* (Neuenkirchen 1980) markiert seinen Teil des Weges mit Eisenschienen (Abb. 27, 28), die am Lauf der Straße orientiert sind. Seine Arbeit enthält auch eine symbolisch-kritische Komponente. Die Eisenschienen deuten die menschlichen Wege an, die überall die Natur durchqueren, so wie das Eisen als menschlich geschaffenes Material das natürliche Material der Eichenstämme durchtrennt.

Daniel Boudres Teil des Weges (Neuenkirchen 1980) ist auf die körperliche Wahrnehmung ausgerichtet (Abb. 30-33). Er irritiert den Begeher, indem er ihm Hindernisse in den Weg stellt. *Jochen Duckwitz* hingegen setzt mit seinen hochaufgerichteten Feldzeichen (Neuenkirchen 1980) Blickpunkte in die Landschaft (Abb. 33, 34), an denen sich das Auge orientieren kann. Bereits durch die Betrachtung der Zeichen vom Aussichtspunkt aus können die Dimensionen der Landschaft erfasst werden; es ist nicht notwendig, jedes einzelne Zeichen abzuschreiten.

Viele Künstler setzen sich in diesem Zusammenhang explizit mit der Kategorie „Raum" auseinander. Während diese bereits zuvor in Galerieräumen und Museen thematisiert wurde,[447] erfährt sie durch den Schritt in den Außenraum eine Erweiterung. *Heinz Wiecks* „Raumdemonstrationen" (Abb. 37) aus Seilverspannungen (Cuxhaven 1982) setzen geometrische Zeichen in die Landschaft und unterteilen den Naturraum in dreieckige Formen. Sehr ähnlich erscheinen *Günther Zins'* „Waldräume" (Remscheid 1988). Auch er benutzt den Kontrast der weißen Farbe und der Linie (Abb. 64, 65), um seine durch Baumgruppen gebildeten geometrischen Raumkonstellationen in Form eines Dreiecks und eines Rechtecks sichtbar zu machen. *Carl Vetter* hingegen beschränkt sich auf das punktweise Auslegen von Findlingen (Abb. 67, 68), um natürliche Raumsituationen hervorzuheben (Ammersbek 1989). Die Nachempfindung dieser Positionierungen erscheint schwieriger, die Markierungen sind versteckter. Nur der sehr aufmerksame Betrachter wird sich über die Ansammlung von Findlingen im Wald wundern und möglicherweise die Beziehungen der Findlinge zueinander aufdecken.

Mit dem „Blue Border Belt" (Abb. 69) umspannt der Japaner *Toshimasa Furukawa* (Ammersbek 1992) einen Teil des Waldes mit einem blauen Band und grenzt ihn damit von dem übrigen Waldraum ab. Durch die fremde blaue Farbe wird der künstlerische Eingriff unmittelbar sichtbar.

Ebenfalls ein blaues Band (Abb. 77), allerdings größer dimensioniert, benutzt der *Italiener Claudio D'Ambrosio*, um die Ausmaße einer Tagebaugrube zu markieren (Cottbus 1991). Die Umgebung und die von unten nach oben strebende Anordnung des Bandes lassen zusätzlich Assoziationen an Wasser oder blauen Himmel entstehen.

Zwei verschiedene Raumsituationen (Abb. 102 a, 102 b, 103) markiert der Schweizer Künstler *Daniel Zimmermann* mit seinen „Strukturfeldern" (Troisdorf 1997). Bedingt durch die andersartige Umgebung wirkt das „Strukturfeld" auf freiem Feld nicht nur größer, sondern unterliegt auch einem allmählichen natürlichen Verwandlungsprozeß. Während das Feld im Stadtraum aus Sicherheitsgründen schon nach relativ kurzer Zeit abgeräumt werden mußte, blieb die Struktur in der Natur bestehen. Das Holz der Leisten dunkelte nach und das Gras begann die Leisten zu überwuchern.

Andere künstlerische Arbeiten akzentuieren, oft auch durch den Zusatz von Farbe, eine als außergewöhnlich empfundene vorgefundene natürliche Situation. Als Beispiele sind hier insbesondere *Claus van Bebbers* in einen lichten Wald gehängter „Schwarm" (Abb. 44) violetter Dachlatten (Kevelaer-Winnekendonk 1982), die farblich den am Boden wachsenden Lupinien entsprechen, oder *Angelika Wenglers* „Wasserfall" (Abb. 63) aus blauem Nesselstoff (Remscheid 1988) zu nennen.

Ebenfalls in diese Gruppe fällt die Arbeit (Abb. 74) des koreanischen Künstlers *Shin, Nam-Chul,* der eine mit grünem Gras bewachsene Stelle im Wald mit Bambusstäben in unterschiedlicher Höhe absteckt (Ammersbek 1992).

Die in den Himmel ragenden Stangen des „Wind-Hauses" (Abb. 91) von *Klaus Dieter Klotz* (Willmersdorf 1994) heben sich mit ihren roten Spitzen vom Grün des Waldhintergrundes ab.

Einem Spinnennetz verwandt (Abb. 101) und ähnlich fragil erscheint der „Seil-akt" (Halver 1996) von *Margret Quiring.*

Zwischen Akzentuierung und Irritation bewegt sich der japanische Künstler *Takayuki Sugawara* (Ammersbek 1992) mit seinen laubgefüllten Seidenkokons (Abb. 75). Von weitem wirken die rundlichen grauen Haufen wie Steine. Betrachtet man sie jedoch näher, so kann man durch das durchsichtige Seidengespinst das trockene braune Laub der Füllung identifizieren, das den Waldboden der unmittelbaren Umgebung bedeckt.

Die Leichtigkeit dieser den Ort unterstreichenden und hervorhebenden Installationen verleiht ihnen poetischen Charakter. Sie erzählen die Geschichte des Ortes neu und eröffnen eine neue Perspektive.

Trotz ihrer größeren Dimensionen setzt auch die Arbeit „Black Holiday" (Abb. 78) von *Samuel La Roze* (Cottbus 1991) Akzente. Der Kontrast zwischen dem gelben Sand und der schwarzen Kohle, die sich verflüssigt zu haben scheint, verfremdet die Landschaft auf eigentümliche Weise.

In manchen Werken übernimmt die Hervorhebung und Markierung einer besonderen landschaftlichen Situation Verweisfunktionen.

Ike Vogts „Birkentuch" (Abb. 43) nimmt mit kritischen Untertönen stellvertretend den Platz des Baumes ein, von dem nur noch ein Stumpf zeugt (Kevelaer-Winnekendonk 1982).

Die Arbeit „Eingezäunter Berg" (Abb. 94) des tschechischen Künstlers *Ivan Tlusty* (Neustrelitz 1995) kann als „Spurensicherung" betrachtet werden. Durch die Um-

zäunung des Hügelgrabes macht er auf einen historisch bedeutsamen Ort aufmerksam, der bereits in Vergessenheit geraten war.
Die konzeptionelle Variante einer Markierung (Abb. 97) schuf *KM Twinn* mit seiner „Achse" (Waren/Suwalki 1996). Durch seine nahezu identischen, gleich ausgerichteten Gestaltungen in Deutschland und Polen, die durch eine imaginäre Achse miteinander verbunden sind, schafft er eine gedankliche Verbindung zwischen den beiden Orten.
Insgesamt zeigen sich zwei unterschiedliche Herangehensweisen in der Art der künstlerischen Zeichensetzungen. Ein Teil der Arbeiten definiert sich über eine bewußte künstlerische Gestaltung bzw. einen künstlerischen Eingriff, der einer deutlichen Hervorhebung dient (*Duckwitz, Wieck, Tlusty* u. a.). Andere Arbeiten unterstreichen dezent eine Situation und heben deren poetischen Charakter hervor, ohne unmittelbar als künstlerische Gestaltungen in den Vordergrund zu treten (*Vetter, Sugawara, Shin* u. a.).

2.5.2.4 Naturprozeß und Naturkraft – der Künstler als Assistent der Natur

Viele Arbeiten verdeutlichen Naturprozesse und Naturkräfte. Sie beziehen den dritten die Natur-Kunst bestimmenden Faktor – die Zeit – und damit das dem natürlichen Material immanente Eigenleben ein. Indem Naturkräfte nachvollzogen werden, werden Veränderung und Vergänglichkeit sichtbar gemacht.
Rainer Tappeser stellt durch seine Konfrontation vom Sturm abgebrochener Äste (Neuenkirchen 1977) mit zwei Balkenkreuzen das natürliche Chaos der menschlich gefügten Ordnung gegenüber (Abb. 20). Tappeser kreiert ein Paradoxon: die menschliche Ordnung dominiert scheinbar das Natur-Chaos. Gleichzeitig erinnert sein Werk wie ein Mahnmal an die übermächtigen Naturkräfte hier an eine Sturmkatastrophe, aus der der Mensch als Unterlegener hervorgeht.
Die Arbeit *Karl Ciesluks* (Abb. 29) vollzieht wie bereits *Michael Ennepers* „Steinlawine" 1978 (Abb. 21) die Entstehung der Landschaft nach (Neuenkirchen 1980). Gletscher haben die Findlinge in die Lüneburger Heide getragen und die Gegend geformt. Ein großer Findling, der eine Spur aufgeschoben hat, deutet diesen Vorgang an.
Die Gezeiten als das die Landschaft der Nordseeküste bestimmende Element (Abb. 35) thematisiert *Wulf Kirschner* in seiner Arbeit „Parabel" (Cuxhaven 1982). Gleichzeitig stellt er der Naturkraft die Menschenkraft entgegen, indem er der Flut entgegengräbt. Die gekurvte Linie der hölzernen Pfähle, die den Treffpunkt mit der Flut markiert, enspricht in etwa den mathematischen Werten der Gezeitenverschiebung. Die Flut schließt die vom Künstler gefertigten Gräben allmählich wieder, die Naturkraft relativiert die menschlichen Bemühungen.
Veronica Radulovic versucht über die verschiedenen Aggregatzustände des Wassers (Abb. 45, 46) die Jahreszeiten zu visualisieren (Kevelaer-Winnekendonk 1985).
Klaus Küster wiederholt in seiner Arbeit „Nachbeben" (Abb. 62) die Form einer Felsspalte, indem er diese mit Spiegeln nachbildet (Remscheid 1988). Es handelt sich um eine Spiegelung im doppelten Sinne, da die Spalte an einer Achse gespiegelt erscheint. Das naturfremde Material spielt außerdem mit der Wahrnehmung, da die Spiegelspalte den auf der gegenüberliegenden Seite fließenden Fluß abbildet.
Doris Cordes-Vollert vergegenwärtigt 1989 (Ammersbek) mit Milch (Abb. 8) den natürlichen Prozeß der Erosion.
Während die meisten Künstler Naturprozesse und -kräfte durch ein Nachvollziehen oder eine Nachahmung zur Darstellung bringen, beziehen manche diese bewußt in den Werkverlauf ein. *Mario Reis* läßt auf seinen „Naturaquarellen" (Abb. 41) die Natur sich selbst abbilden (Kevelaer-Winnekendonk 1982). Im Wasser schwimmende Partikel lagern sich auf den Leinwänden ab und färben diese unregelmäßig grünlich oder bräunlich.
Benoit Tremsal nimmt in seiner Arbeit „Ruhezone zwischen Utopie und Katastrophe" (Abb. 93 a, 93 b) Bezug auf den natürlichen Kreislauf von Werden und Vergehen, dem auch der Mensch unterliegt (Neustrelitz 1995). In seinen mit Glasplatten verschlossenen Schächten läßt sich der Prozess des Verfalls des Abfalls seiner Künstlerkollegen beobachten. Ein kleiner Friedhof in der Nähe bietet eine sinnfällige Assoziation.
Weniger die Vergänglichkeit als vielmehr das Werden thematisiert *Albert Huber* (Abb. 104), der auf das Wachstum der von ihm gepflanzten Eichen vertraut. Seine „Kathedrale" (Troisdorf 1997) war zunächst nur als Grundriß erkennbar und wird nach der Pflanzung junger Bäume erst in vielen Jahren maßstabsgerechte Mauern aus Laubwerk haben.
In diesen Beispielen zeigt sich der Künstler mehr oder weniger als Assistent[448] der Natur und überläßt ihren Kräften das „zufällige" Ergebnis.

2.5.2.5 Individuelle Mythologien und archaische Reminiszenzen

Viele Arbeiten können unter dem auch von Harald Szeemann weitgefassten Begriff der „Individuellen Mythologien"[449] zusammengefasst werden. Die Bezeichnung erscheint passend, weil mit einer Kunst aus natürlichen Materialien häufig ein Rückbezug auf die Vergangenheit und ein Hang zum Mythos verbunden wird. Wie bereits aufgeführt, greifen Künstler zu diesem Zweck auf primitive oder archaische Formen und Symbole wie z. B. Pyramide, Spirale und Labyrinth oder auf Rituale und Bräuche zurück, deren Symbolgehalte dem allgemeinen Erfahrungshorizont entsprechen.

Das Motiv des meist rund gestalteten Kultplatzes zieht sich wie ein roter Faden durch den gesamten in dieser Arbeit betrachteten Zeitraum. *Hannsjörg Voth* formiert bereits 1976 (Neuenkirchen) aus Holzstämmen einen „Platz der Macht" (Abb. 15).

Auch *Timm Ulrichs* „Ego-zentrischer Steinkreis" (Abb. 5) enthält (Neuenkirchen 1977), obwohl er ganz auf seine Person ausgerichtet ist (Personenkult), Anspielungen auf prähistorische Steinsetzungen.

Gesine Weises zwischen Strand und Meer geformte Installation (Sylt 1986) erhält bereits durch ihren Titel „Verneigung und Ausstreuung der Erde" (Abb. 60) die Bedeutung eines Kultplatzes mit unbestimmter Funktion. Die aufgestellten Reetbunde lassen in ihrer Ähnlichkeit mit Ährenbündeln an Fruchtbarkeitsriten denken.

Hundefänger bezieht sich mit seinem „Pottlach Platz" (Abb. 70) auf den Brauch der Chinook, eines Indianerstammes der amerikanischen Nordwestküste, die zu den verschiedensten Anlässen Feste veranstalten, auf denen sie Geschenke verteilen (Ammersbek 1992).[450]

Selbst *Hermann Priganns* riesenhafte „Gelbe Rampe" (Abb. 84 a, 84 b) mit ihrem auf die Sonnwendtage ausgerichteten Steinring (Pritzen 1993/95) verweist auf archaische Steinsetzungen und Observatorien (z. B. Stonehenge).

Auch Labyrinthe und Pyramiden werden zu verschiedenen Zeiten und an verschiedenen Orten unabhängig voneinander errichtet. *Timm Ulrichs* (Abb. 56 a, 56 b) konstruiert ein „Labyrinth" (Essen 1983), das seine konkrete Gestaltung einem modernen Denkrätsel verdankt[451]. Gleichzeitig greift es eine uralte, überlieferte Symbolform auf und spielt an diesem speziellen Ort auf die unterirdischen, labyrinthartigen Gänge und Schächte zur Förderung der Kohle an.

Auch das 1995 in Neustrelitz von *Anna Jacquemard* und *Miro Zahra* in gemeinschaftlicher Arbeit aus Findlingen formierte „Labyrinth" (Abb. 92) versinnbildlicht als altes Symbol die menschliche Suche nach der Wahrheit. Die Form des Labyrinths, das hier als Ort der Konzentration dienen soll, geht auf Vorbilder zurück, wie man sie in Skandinavien findet.

Piet Trantel greift für seine Sandpyramide (Abb. 58) ebenfalls eine überlieferte alte architektonische Form wieder auf (Sylt 1986). Das verwendete Material Sand verweist auf die Vergänglichkeit des menschlichen Werks.

Andere Arbeiten besinnen sich auf Rituale und christliche Bräuche. *Lili Fischer* bezieht sich in ihrer Aktion an der Nordseeküste (Cuxhaven 1982) auf alte Mai- und Frühjahrsbräuche und veranstaltet ein „Dreckschweinfest".[452]

Martina Werner errichtet auf einem ehemaligen Zechengelände (Essen 1983) eine Votivstätte für die Schutzpatronin der Bergleute (Abb. 57), die heilige Barbara. Die Beschwörung der christlichen Heiligen erinnert an die Ängste der Menschen, ins dunkle Innere der Erde einzudringen.

Jürgen Brodwolf (Neuenkirchen 1976) und *Anke Mellin* (Ammersbek 1992) rezipieren in ihren Arbeiten (Abb. 14, 73) das Begräbnisritual der Erdbestattung.

Animistische Aspekte zeigen sich in künstlerischen Arbeiten, die die Natur als beseelt empfinden.

Bodo Berheide (Abb. 61) beispielsweise fertigt „Herzkammern für den Wassergeist" (Remscheid 1988). Im Rückgriff auf alte Traditionen betrachtet er das Element Wasser als beseelt und huldigt dem ihm innewohnenden Geist, indem er ihm eine Möglichkeit zum Rückzug bietet. Außerdem begeht er während des Symposions mit der täglichen Entnahme einer Wasserprobe aus dem Fluß und dem Hineingießen einer Flasche Trinkwasser eine symbolische, quasi-rituelle Handlung.

Animistisch erscheint ebenfalls *Harald Finkes* (73 a, 73 b, 74) Versuch einer Kommunikation mit Ameisen (Ammersbek 1989). Vor allem das Schild mit der von ihm erfundenen Ameisensprache erinnert gleichermaßen an aztekische Formmuster wie auch an Sakralornamente vergangener Zeiten. Auch der vom Künstler installierte „Totemstab der Königin" kann als ein Instrument einer alten Stammeskultur interpretiert werden, ähnlich der gebogenen Stäbe, die ägyptische Gottheiten tragen.

Ulrike Oeter und *Ute Poeppel* schließlich beschwören in ihren Arbeiten (Abb. 99, 100) mythische Waldwesen (Halver 1996). Mit dem Titel „Luftschloß der Moosfrau" verleiht *Ulrike Oeter* ihrer zarten Installation aus grünen Zweigen (Abb. 99) eine über die Akzentuierung des Platzes hinausweisende Bedeutung. Formal erinnert die Arbeit an das „Wind-Haus" (Abb. 91) von *Klaus-Dieter Klotz* (Willmersdorf 1994, s. o.). Ein dazugehöriges Gedicht verstärkt die im Titel assoziierten Impressionen.

Ute Poeppel erfindet für ihre Ansammlung von Fichtenreisig und Tannenzapfen (Abb. 100) ein imaginäres Wesen. Sie erzählt die märchenhafte Geschichte des „Zapfenfressers", dessen „Behausung" sie entdeckt zu haben vorgibt.

In vielen dieser Arbeiten artikuliert sich eine Sehnsucht nach einem Leben in Harmonie und Einheit mit der

Natur, die Künstler suchen nach Alternativen für den Umgang des Menschen mit der Natur. Einige versuchen die durch den Zivilisationsprozeß und die damit verbundene Entfremdung von der Natur abgebrochene Kommunikation mit dieser durch dialogisches Vorgehen (*Finke*) wieder aufzunehmen. Andere streben eine Wieder-Annäherung über magisch-kultische Verfahrensweisen an (*Fischer, Berheide* u. a.). Durch diese Rückkehr zu ihren vermeintlichen Wurzeln, verbunden mit Bezügen zur Ethnologie oder Archäologie, versuchen die Künstler ihren individuellen Standort im Zeitgeschehen neu zu bestimmen. Die sehr persönlichen Interpretationen vergangener Traditionen und Formen bleiben durch den gemeinsamen geschichtlichen und kulturellen Hintergrund trotzdem allgemeingültig.[453] Die Vergangenheit wird zum „Energieträger kultureller Erinnerung im Bewusstseinsprozeß der Gegenwart für die Zukunft"[454] und erhält somit eine utopische Dimension.

2.5.2.6 Mensch – Natur

Ein neuer, bisher nicht beachteter, inhaltlich ausgerichteter Ordnungsschwerpunkt ergibt sich aus der Thematisierung des menschlichen Verhältnisses zur Natur. Fast alle Natur-Kunst-Werke haben aus naheliegenden Gründen die komplexe Beziehung zwischen Mensch und Natur zum Inhalt. Eine Vielzahl von Arbeiten reflektiert jedoch unmittelbar das durch Nutzung, Bearbeitung und schließlich auch durch Ausbeutung bestimmte Verhältnis des Menschen zur Natur und bringen dieses in einer kritischen Auseinandersetzung zur Darstellung.

Claus van Bebber thematisiert in seinem Jahreszeiten-Zyklus (Abb. 47-50) die landwirtschaftliche Feldbestellung (Kevelaer-Winnekendonk 1985). Im Frühjahr wird die Erde umgegraben, im Sommer streben die Pflanzen, symbolisiert durch lange dünne Holzstecken, der Sonne entgegen, im Herbst wird die Ernte eingebracht (Strohballen). Nur im Winter entfällt die Bearbeitung. Zu dieser Jahreszeit läßt der Künstler der Erde mit kleinen Zelten besonderen Schutz zukommen. Eine Klanginstallation und nächtliche Beleuchtung der Zelte von innen verfremden das Szenario und verleihen ihm etwas Geheimnisvolles.

Darivoj Cadas goldener Stuhl (Abb. 52) auf einem ehemaligen Förderturmfragment (Essen 1983) ist als Thron nicht nur Sinnbild einer Beherrschung der Erde. Er versinnbildlicht daneben, daß „das Gold des Ruhrgebiets (...) zum Vergolden des Stuhls weniger Großverdiener beitrug"[455]. Golden angemalte Steine[456] verweisen auf die ehemalige Bedeutung der Kohle als „schwarzes" Gold.

Jiri Hilmar hingegen unterstreicht mit seiner Arbeit „Rekonstruktion" (Abb. 55 a, 55 b) die Rückeroberung des ehemaligen Industriegeländes durch die Natur (Essen 1983). Seine Arbeit erscheint wie eine heilende Handlung gegenüber dem, was die Menschen der Natur hinzugefügt haben. Er pflanzt Weizen dorthin, wo früher Schienen über eine Eisenbahnbrücke verliefen.

Auch die „Treppe" (Abb. 85) der französischen Künstler *Marc Babarit* und *Gilles Bruni* am Tagebaurestpfeiler Pritzen (Pritzen 1993) stellt symbolisch die Verbindung zwischen Mensch und (zerstörter) Natur wieder her. Die am unteren Ende der Treppe in den verlassenen Tagebau gepflanzten Bäume wirken wie eine Art Wiedergutmachung; am oberen Ende verweist ein Kohlehaufen auf das Schicksal der Landschaft.

Die im selben Jahr begonnene große, landschaftsgestalterische Arbeit von *Nils-Udo* „Landschaft mit See – Sumpf" (Abb. 83 a, 83 b) zeigt die heutigen Möglichkeiten eines menschlichen Umgangs mit der Natur (Pritzen 1993/1995). Der Künstler legt ein Biotop an und entzieht diese künstlich reproduzierte Natur dem menschlichen Zugriff, indem er den Zugang zum Sumpf mit einem Tor verschließt. In ihrer Position zwischen Naturrekonstruktion und Naturschutz – zwischen Manipulation und Wiedergutmachung – erscheint die Arbeit paradox.

Birgit Cauer thematisiert mit ihren antropomorphen „Leibräumen" (Abb. 98) den menschlichen Körper als den der Natur zugehörigen Teil des Menschen (Waren 1996). Der Betrachter soll sich in ihre Skulpturen hineinbegeben. Über unterschiedlich durchlässige Materialien setzt die Künstlerin das Verhältnis zwischen Innen und Außen in eine Beziehung. Auch der Mensch bekommt den Zustand der außerhalb des Körpers gelegenen Natur, d. h. die zunehmende Umweltverschmutzung, schließlich „am eigenen Leibe zu spüren".

2.5.2.7 Resümee

Neben den zwei allgemeineren Ordnungsmerkmalen *Sammeln, Suchen und Finden* und *Entgegensetzung und Unterordnung,* die auf fast alle Arbeiten angewendet werden können, erschließen vier speziellere Merkmale die verschiedenen Varianten einer künstlerischen Auseinandersetzung mit der Natur. Einige Arbeiten lassen sich, da sie mehrere Aspekte vereinen, mehreren Kategorien zuordnen. So handelt es sich beispielsweise bei den Arbeiten (Abb. 17, 90) von *Hawoli* (Neuenkirchen 1977) und *Beate Klockmann* (Willmersdorf 1994) um *Irritationen,* aber auch um Rezeptionen menschlicher Bearbeitungsmethoden der Natur, womit sie ebenfalls der Gruppe *Mensch-Natur* zugeordnet werden könnten.

Auch *Albert Hubers* langsam heranwachsende „Kathedrale“ (Abb. 104) berührt mehrere Kategorien (Troisdorf 1997). Als „Naturheiligtum“ könnte sie ebenfalls dem Bereich *Individuelle Mythologien und archaische Reminiszenzen* zugeordnet werden, oder aber als großformatiges Zeichen, d. h. als *Markierung*, interpretiert werden. Die Dimension „Zeit“, hier als begrenzte Menschenzeit versus (unendliche) Naturzeit, tritt jedoch deutlich in den Vordergrund, was für eine Zuordnung zum Punkt *Naturprozeß* spricht.
Andere Arbeiten lassen sich nur schwer den hier gewählten Begriffen unterordnen. Häufig spiegeln sie die Eigenarten und besonderen Herangehensweisen der einzelnen Künstlerpersönlichkeiten wieder und müssten im Zusammenhang des individuellen Werkkontextes betrachtet werden. *Gary Rieveschls* „Split Ring Birch Mound“ (Abb. 19) beispielsweise rückt durch den direkten gestalterischen Eingriff in den Naturzusammenhang in die Nähe der Land Art-Werke seiner amerikanischen Künstlerkollegen (Neuenkirchen 1977). Der Künstler betont zwar eine vorgefundene besondere natürliche Situation im Sinne einer *Akzentuierung* und verleiht ihr durch die Kreisform kultische Dimensionen, bzw. erinnert an frühzeitliche Wallanlagen (*archaische Reminiszenzen*). Im Werkzusammenhang dieses Künstlers rückt jedoch die Arbeit mit lebenden Pflanzen in den Vordergrund, die im Rahmen der Natur-Kunst sonst eher die Ausnahme bleibt.[457]
Auch *Nils-Udos* „Nest“ (Abb. 22) kann nur schwer eindeutig zugeordnet werden (Neuenkirchen 1978). Es handelt sich hier zweifelsohne um eine Unterstreichung und *Akzentuierung* der besonderen räumlichen Situation im Wald. Die Arbeit enthält jedoch auch Anspielungen, die eine Zuordnung zum Bereich der *Individuellen Mythologien und archaischen Reminiszenzen* zuließen. Viele Werke *Nils-Udos* sind geprägt von einem starken Harmonisierungsbedürfnis und Ordnungswillen kombiniert mit einer geradezu poetischen Auratisierung vorgefundener Naturdetails (Abb. 107).[458] Das fotografische Festhalten der oft schnell vergänglichen Installationen und damit die Fixierung bestimmter Stimmungs- und Lichtverhältnisse durch den Künstler spielt gerade in seinem Werk eine große Rolle.

Die hier vorgenommene Zuordnung der einzelnen Arbeiten ist also keineswegs zwingend, sondern stellt lediglich einen Versuch der Erschließung dieser, nach Sybille Berger sich häufig der begrifflichen Identifikation und ikonographischen Repräsentation entziehenden Kunst dar.[459]
Trotz der Vielschichtigkeit der künstlerischen Auseinandersetzung mit der Natur zeigt sich in den Voraussetzungen für ihre Entstehung eine grundlegende Gemeinsamkeit. Den Künstlern ging und geht es um die Problematisierung des menschlichen Verhältnisses zur Natur. Ein geschärftes Umweltbewußtsein führte gegen Ende der 60er Jahre zur Hinterfragung unseres Naturbegriffes und leitete den Versuch ein, die historisch bedingte Entfremdung zu überwinden. Die zunehmende Entfernung des Menschen von der Natur im Zuge von Zivilisation und Industrialisierung wurde zum Thema der Kunst.

Abb. 107 Nils-Udo, Blütenblätter der Heckenrose Rosa rugosa „Thunberg“, Kiefernnadeln, Sylt 1986, Foto des Künstlers.

Die geschilderten Herangehensweisen zeigen unterschiedliche Möglichkeiten einer Wieder-Annäherung an die Natur. *Markierung, Akzentuierung und Irritation* thematisieren die Entfremdung des Menschen von der Natur und versuchen ihn durch Wahrnehmungsschulung und Sensibilisierung wieder aufnahmefähig zu machen für die Vielfalt, Besonderheit und Schönheit der Natur.
Die Schilderung von *Naturprozeß und Naturkraft* führen den Kreislauf von Werden und Vergehen und damit die Vergänglichkeit alles Irdischen vor Augen. Der Mensch soll als Teil dieses Kreislaufs, seine Lebensdauer im Verhältnis zum Naturzusammenhang als gering dargestellt werden.
Die subjektiven Standortbestimmungen der *Individuellen Mythologien und archaischen Reminiszenzen* weisen durch ihren Bezug zur Vergangenheit auf die Abhängigkeit und Naturbestimmheit des Menschen hin. Sie führen dem Betrachter gleichzeitig vor Augen, wie weit er sich heute von der Natur entfernt hat.
Die konkrete Thematisierung des *Mensch-Natur*-Verhältnisses entwickelt sich erst allmählich. Im Zusammenhang mit der Auseinandersetzung mit vernutzten

Abb. 108 Insel Hombroich, Labyrinth von Erwin Heerich mit Sammlung, Foto der Verfasserin.

Landschaften in Form von Industriebrachen (Stein- und Braunkohlenabbau) seit Anfang der 80er Jahre wird die Ausbeutung der Natur durch den Menschen von den Künstlern kritisch beleuchtet.

All diese Visualisierungen ermöglichen eine neuartige *ästhetische* Naturerfahrung. Sie wollen zum Nachdenken über einen anderen Umgang mit unseren Lebensgrundlagen anregen. Angestrebtes Ziel der künstlerischen Bemühungen ist eine Veränderung der Mensch-Natur-Beziehung. Durch diese Vision erhält die künstlerische Beschäftigung mit der Natur in der Natur einen Sinn, der über ein bloßes „l'art pour l'art" hinausgeht.
Betrachtet man die beschriebenen Beispiele chronologisch, so zeigt sich eine Entwicklung vom künstlerischen Experiment und der Suche nach neuen künstlerischen Ausdrucksmitteln und Positionen über eine kritische Stellungnahme bis hin zu einer funktionellen gesellschaftlichen Relevanz und öffentlichen Aufgabe.
Um diese Aufgabe erfüllen zu können, ist ein Schritt auf den Betrachter zu notwendig. Hier übernimmt die Veranstaltungsform des Symposions eine wichtige Funktion.
Aus dem Versuch einer Einordnung ergeben sich gleichzeitig weitere Schlagworte für eine Ein- und Abgrenzung des Phänomens Natur-Kunst. Zu den drei eingangs genannten bestimmenden Faktoren Material, Standort und Standortbezug kommt die zeitliche Begrenztheit als Folge der Vergänglichkeit der Werke hinzu, die sich bereits aus dem benutzten Material ergibt, aber durchaus auch intendiert sein kann. Hinzu treten weiter eine beabsichtigte Schulung der Wahrnehmung und Sensibilisierung sowie in manchen Fällen der Bezug zur Frühgeschichte.

2.6 Exkurs 1: „Kunst in der Natur"

Wie bereits zu Beginn der Arbeit geschildert, bildeten frühe Skulpturenausstellungen im Freien wie z. B. im Londoner Battersea-Park 1948 und in Hamburg 1953[460] neben anderen bereits genannten Faktoren einen wichtigen Anreiz, sich mit der natürlichen Umgebung künstlerisch auseinanderzusetzen. Um den bereits in Kap. 1.1.1 angedeuteten Unterschied zwischen „Kunst in der Natur" und Natur-Kunst und die besonderen Bedingungen der Veranstaltungsform des Symposions weiter zu verdeutlichen, soll hier exemplarisch auf zwei gegen Ende der 80er Jahre entstandene Projekte eingegangen werden, die sich im Grenzbereich von Natur und Kunst bewegen und häufig im Zusammenhang mit einer künstlerischen Auseinandersetzung mit der Natur genannt werden.

2.6.1. Insel Hombroich „Kunst parallel zur Natur"

Ein vor wenigen Jahren noch als Geheimtip gehandeltes und inzwischen arriviertes Unternehmen ist die zwischen Grevenbroich und Neuss gelegene „Museumsinsel Hombroich". Hierbei handelt es sich um ei-

Abb. 109 Insel Hombroich, Steinkreis von Anatol, Foto der Verfasserin.

Abb. 110 Insel Hombroich, Kreis aus Stahl-Stühlen von Anatol, Foto der Verfasserin.

nen von einem privaten Sammler umgestalteten ehemaligen Landschaftspark auf einer Insel im Schwemmgebiet der Erft.[461] Auf dem geschlossenen, renaturierten Gelände, für das Eintritt erhoben wird, befinden sich mehrere von dem Künstler *Erwin Heerich* gestaltete Pavillons und Architekturen.[462] Darin werden Meisterwerke von der klassischen Moderne bis zur heutigen Gegenwartskunst neben afrikanischen Kultzeichen sowie Skulpturen aus der chinesischen Han-Zeit und der kambodschanischen Khmer-Kultur präsentiert (Abb. 108). Der Beuys-Schüler *Anatol Herzfeld* lebt und arbeitet auf der Museumsinsel. Einige Arbeiten *Herzfelds* sind im Außenraum aufgestellt (Abb. 109, 110). In den Grünanlagen sind neben den begehbaren Skulptur-Architekturen von *Erwin Heerich* weitere, kleiner dimensionierte Skulpturen des Künstlers ausgestellt (Abb. 111), wo sie sich mit buddhistischen Steinskulpturen abwechseln.

Der Leitspruch der Insel „Kunst parallel zur Natur" charakterisiert das hier anzutreffende Verhältnis von

Abb. 111 Insel Hombroich, Skulptur von Erwin Heerich, Foto der Verfasserin.

Natur und Kunst. Die kubisch angelegten minimalistischen Architekturen und Skulpturen von *Erwin Heerich* (Abb. 111), letztere zumeist aus weißem Marmor, heben sich mit ihren klaren Formen von der organischen, grün wuchernden Umgebung ab. Sie setzen Kontrapunkte in die Landschaft und lenken gleichzeitig den Blick auf die Schönheit der Natur.

Die Skulpturen von *Anatol* hingegen wirken archaisch und bodenständig, wie etwa die aus gravierten Findlingen und rostigem Stahl formierten kreisrunden Kultplätze (Abb. 109, 110) oder ein völlig mit Stahlblech ummantelter großer Baumstamm am Rande des Weges zum Haus des Künstlers.

Die in einigen Gebäuden präsentierten und zum Teil vom Künstler *Gotthard Graubner* arrangierten Bilder und Skulpturen von *Corinth, Schwitters, Arp, Picabia, Hains, Brancusi* und *Tadeusz* und anderen sind nicht betitelt und werden in eigenwilliger Weise Werken der Volkskunst und Ethnologie gegenübergestellt (Abb. 108).

Die Anziehungskraft der Anlage scheint in ihrem ungewöhnlichen Konzept und dem sich wechselseitig hervorhebenden Nebeneinander von Natur und Kunst zu liegen, das mitunter gleichfalls die Wahrnehmung schärft. Die anonyme Präsentation der unbetitelten Kunstwerke unternimmt den Versuch, den Unterschied zwischen Zeugnissen verschiedenster Kulturen zu relativieren. Die starke Präsenz dreier auf dem Gelände arbeitender Künstler (*Anatol, Heerich* und *Graubner*) rückt diese allerdings in den Vordergrund und wirkt einer Nivellierung entgegen.

2.6.2 „Skulptur im TAL", Hasselbach-Werkhausen

Ein anderes dem Thema „Kunst in der Natur" zuzuordnendes Projekt ist das seit 1989 existierende „TAL" bei Hasselbach im Westerwald.[463] Der dort in einem alten Schulhaus lebende Künstler *Erwin Wortelkamp* motivierte Künstlerkollegen dazu, Arbeiten auf dem abwechslungsreichen, ca. 60.000 qm umfassenden, teilweise landwirtschaftlich genutzten Gelände zu erstellen. Ein gemähter Weg gibt die Richtung für einen Weg durch Wald und Feld vor. Besucher können den Plan mit den Namen der Künstler einem Kasten am Beginn des Weges entnehmen, in dem auch ein Obulus für die Begehung zu hinterlegen ist. Die Schlüssel für zwei kleinere Gebäude und weiteres Info-Material (Katalog etc.) erhält man im Hause Wortelkamp. Viele bekannte Künstler der deutschen Szene, u. a. *Lutz Fritsch, James Reineking, Ansgar Nierhoff, Ludger Gerdes, Kazuo Katase, Bogomir Ecker, Gloria Friedmann, Claus Bury, Nikolaus Gerhart* und andere sind dem Ruf *Erwin Wortelkamps* gefolgt und haben ihre Plastiken im TAL aufgestellt. Abseits ausgetretener Kunstpfade erwartet den Besucher eine Schau moderner Skulptur, die an dieser Stelle überrascht.

Die Arbeiten entsprechen dem allgemein bekannten Werk der Künstler. So findet man die typischen skulpturalen Holzarchitekturen *Claus Burys* (Abb. 112) neben den roten und blauen Metallstäben von *Lutz Fritsch* (Abb. 113). Die Skulpturen und Installationen setzen Zeichen, die manchen Besucher irritieren werden. Zum Teil nehmen sie auch Elemente der Landschaft auf und treten in eine Wechselbeziehung mit dem Ort, wie die stählernen Pfähle von *Ansgar Nierhoff* (Abb. 114), die von ihrer Formensprache her an die dort überall vorhandenen Zaunpfähle erinnern.

Die Mehrzahl der Künstler hat jedoch weder mit dem vor Ort vorhandenen Material gearbeitet noch direkt gestaltend in die Landschaft eingegriffen. Die meisten Werke sind der Landschaft „künstlich" hinzugefügt, einige setzen sich allerdings mit der örtlichen Situation auseinander, indem sie z. B. Sichtachsen herstellen. Eine der wenigen Ausnahmen, für die das Material der Landschaft verwendet wurde, ist die organische Plastik der Landschaftsarchitektin *Carola Schnug-Börgerding*. Die von ihr vorgenommene rechteckige Weidenpflanzung entspricht jedoch ihrer Tätigkeit als Landschaftsarchitektin.
Weit ab von musealen Institutionen ist hier ein Open-Air-Museum zeitgenössischer „Kunst in der Natur" entstanden, das ohne einschränkenden Zäune und die meist planvolle Enge herkömmlicher Skulpturengärten auskommt.

Abb. 112 Skulptur von Claus Bury, Hasselbach-Werkhausen, Foto der Verfasserin.

2.6.3 Vergleich mit Natur-Kunst-Symposien

Die Unterschiede zu den meist auf Symposien entstanden Kunstwerken aus natürlichen Materialien in der Natur sind deutlich. In Hombroich und Hasselbach wird weder mit natürlichem Material gearbeitet noch werden natürliche Prozesse thematisiert. Kunst und Natur existieren autonom oder parallel nebeneinander. Auch der auf Symposien oft im Vordergrund stehende kritische Blick auf die Gefährdung unserer natürlichen Umwelt spielt in diesen Projekten keine Rolle. Im Vergleich der beiden Beispiele mit dem Neuenkirchener „Kunst-Landschaft"-Projekt zeigt sich, daß die Arbeiten in Hombroich und Hasselbach auch wenn sie eine Beziehung zur Umgebung herstellen ihre Eigenständigkeit bewahren und nicht in der Natur aufgehen oder sich mit ihr verbinden. Die Objekte der Insel und des TALs sind deutlich als Kunst bzw. als Produkt menschlichen Schaffens und somit als „Kunst in der Natur" zu identifizieren, während manche künstlerische Steinsetzung in Neuenkirchen, wie z. B. die Findlingsanordnungen von *Rolf Jörres* (Abb. 12) oder die *Steinlawine* von Michael Enneper (Abb. 21) auch mit natürlichen Vorgängen oder einer zufällig vorgefundenen Situation verwechselt werden kann.
Die Arbeiten in Neuenkirchen sind weit in der Heide verstreut und können, wie die meisten auf Symposien entstandenen Werke, auch unbeabsichtigt erfahren

Abb. 113 Lutz Fritsch, Einstieg, Hasselbach-Werkhausen 1989, Foto des Künstlers

werden. Demgegenüber wird das Gelände in Hombroich durch einen musealen Rahmen begrenzt oder in Hasselbach durch einen vorgegebenen und markierten Weg erschlossen. Zwar beziehen sich auch Natur-Kunst-Symposien auf fest umrissene Situationen,[464] doch stehen die dort geschaffenen Werke grundsätzlich jedem, d. h. auch dem ursprünglich nicht wegen der Kunst hergekommenen Besucher offen. Die beiden

Abb. 114 Ansgar Nierhoff, Beziehungen gegen Bedingungen, Hasselbach-Werkhausen 1987, Foto: Peter Formella.

hier vorgestellten Projekte, die ebenfalls in eher abgelegenen Gegenden liegen, müssen dagegen gezielt aufgesucht werden, zumal sie nicht in touristisch so gut erschlossenen Gebieten (Wanderweg etc.) wie z. B. der Lüneburger Heide oder dem Müritz-Nationalpark angesiedelt sind.

2.7 Exkurs 2: Ausstellungen zum Thema „Natur und Kunst"

Die Aktualität der Thematik „Natur und Kunst" führt gegen Anfang der 80er Jahre zu einer Präsentation der neuen künstlerischen Beschäftigung mit der Natur im musealen Rahmen. Einige, insgesamt gesehen jedoch vergleichsweise wenige Ausstellungen zum Thema „Kunst und Natur",[465] versuchen mit verschiedenen Zielsetzungen einen Überblick über die Entwicklungen seit Anfang der 70er Jahre zu geben. Die Auswahl der hier beschriebenen Ausstellungen beschränkt sich auf die frühen und die späten 80er Jahre. In den 90er Jahren wird das Verhältnis von Kunst und Natur im musealen Rahmen nur noch selten thematisiert.[466]

2.7.1 „Natur-Skulptur", Stuttgart 1981

Der Württembergische Kunstverein[467] stellt in vier Abteilungen (s. Kap. 2.5) sowohl die amerikanische als auch die europäische künstlerische Arbeit in und mit der Natur vor. Neben den bekannten amerikanischen Land Art-Künstlern *Michael Heizer, Robert Smithson* und *Nancy Holt* werden englische Künstler wie *Richard Long* und *Hamish Fulton* und auch der Niederländer *Jan Dibbets* vorgestellt. Bei den kanadischen, französischen und deutschen Künstlern (*Ciesluk, Clareboudt, Arel, Eckerle, Hawoli, Meyer-Rogge, Enneper, Nils-Udo, Vetter* u. a.) greifen die Veranstalter im wesentlichen auf die Entdeckungen der Neuenkirchener Symposien zurück.

Die Ausstellung beschränkt sich auf die fotografische Dokumentation der ausgewählten, im Außenraum verwirklichten Arbeiten. Außerdem beschreibt Ruth Falazik im Katalog ihr Neuenkirchener „Kunst-Landschaft"-Projekt.

In seiner Vorbemerkung im Ausstellungskatalog erläutert Andreas Vowinckel den Begriff „Natur-Skulptur" und weist bereits auf die Weiterentwicklung gegenüber der amerikanischen Land Art der 60er Jahre hin. „Die Anregung, eine solche Ausstellung durchzuführen, ging von der Tatsache aus, daß zur Zeit einige Künstler in Deutschland sich auf eine sehr intensive Weise mit landschaftsbezogener Kunst befassen. Ihre Ergebnisse, die sich wesentlich von vergleichbaren Entwicklungen in den Vereinigten Staaten seit den sechziger Jahren unterscheiden, führen durch die thematische Einbindung und die Auseinandersetzung mit der Struktur und dem besonderen Charakter einer Landschaft in der europäischen Kunst zu einem erweiterten Begriff von Skulptur."[468]

Die Präsentation bildet durch die Vorstellung von zehn deutschen Künstlern eine erste wichtige Bestandsaufnahme einer neuen landschaftsbezogenen Kunst in Deutschland und formuliert bereits deren Tendenzen und Perspektiven.

2.7.2 „Natur-Landschaft-Kunst" Bremen 1982

Die nur ein Jahr später veranstaltete Ausstellung in der Bremer Kunsthalle[469] spannt den Bogen weiter als die Stuttgarter Ausstellung, indem sie Bilder, Zeichnungen, Photographien, Bodenskulpturen und Objekte präsentiert. Es sollen verschiedene Positionen der künstlerischen Auseinandersetzung mit dem Thema Natur/Landschaft in der europäischen Kunst der 70er Jahre gezeigt werden.

Neben Zeichnungen von *Beuys* und *Karl Bohrmann* und Gemälden von *Gerhard Richter*, *Douglas Swan* u. a., finden sich hier auch Fotoarbeiten der niederländischen Künstler *Ger Dekker* und *Jan Dibbets*.

Eberhard Eckerle, Richard Long, Nikolaus Lang, Wolfgang Mally und *Herrmann de Vries* transferieren mit ihren Exponaten ihre Arbeit in der Natur, die zu einem großen Teil aus Suchen und Sammeln besteht, ins Museum. Dies geschieht zum Teil als „Spurensicherung", wenn *Nikolaus Lang* Abdrücke von Fraßspuren in Fichtenrinden nimmt oder *Herrmann de Vries* gepreßte Blätter auf Bildtafeln nebeneinander aufreiht. *Wolfgang Mally* präsentiert der Natur und den Elementen ausgesetzte und durch diese veränderte und zerfressene Papiere.

Eberhard Eckerle verweist mit seiner Schwemmholzinstallation ebenfalls auf natürliche Prozesse, indem er mit der Anordnung der Hölzer den Eindruck erweckt, als wären diese in einer Fließbewegung gerade angeschwemmt worden.

Bei den Arbeiten *Richard Longs* wird die Verweisfunktion besonders deutlich. Wie der aus Steinen formierte Kreis, erinnern sie an die während seiner Wanderungen gesammelten Erfahrungen.[470]

Im Gegensatz zur Stuttgarter Ausstellung, bei der der Schwerpunkt auf der Dokumentation der Arbeiten im Außenraum lag, zeigt sich in den hier ausgestellten Arbeiten eine deutliche Tendenz zum Bild, das sich für eine museale Ausstellung besonders anbietet. Auch in den Katalogtexten, die sich hauptsächlich mit der Geschichte der Landschaftsmalerei auseinandersetzen, wird deutlich, daß es sich in diesem Zusammenhang nicht um eine Präsentation von im Außenraum befindlichen Werken mit oft prozessualem Charakter handelt, sondern um eigenständige Kunstwerke, die im günstigsten Fall auf die Natur verweisen. „Die hier diskutierten Künstler stellen Natur und Naturgeschichte im Kunstwerk still, führen sie im Zeitschnitt vor Augen, präsentieren sie im musealen Zusammenhang und thematisieren damit nochmals, auf einer Metaebene, unser entfremdetes Verhältnis zur Natur."[471]

2.7.3 „Verhalten in der Natur", Hamburg 1983

Eine von Künstlern mitinitiierte Ausstellung im Kunsthaus in Hamburg[472] dokumentiert einen neuen dialogischen Ansatz im Umgang mit der Natur. Dem Titel entsprechend geht es den Künstlern nicht darum, der Natur etwas entgegenzusetzen oder eine zweite Natur zu schaffen. Vielmehr soll ihr künstlerisches Sein und Verhalten in der Natur thematisiert werden.

Neben den in erster Linie ausgestellten fotografischen Zeugnissen werden auch Objekte gezeigt, die unter Einbeziehung von Naturprozessen entstanden sind.

Während *Finkes* Kontaktaufnahme mit Ameisen, *Thomas Görris* und *Wulf Kirschners* Installationen in der Natur sowie *Carl Vetters* Steinsetzungen und *Szemenyey-Nagys* Seilverspannungen im brasilianischen Urwald fotografisch dokumentiert werden, präsentiert *Lili Fischer* die Drehbücher ihrer Aktionen und Beobachtungen in der Natur. *Jaschi Klein* und *Jean Topazzini* arbeiten ausschließlich mit dem fotografischen Medium und zeigen hier ihre unterschiedlichen Inszenierungen.

Heinz-Erich Gödecke, Marianne Greve, Dietrich Helms und *Sabine Schiebler* setzen ihre Malereien und Zeichnungen unmittelbar der Natur (Schnee, Regen, Wasser, Watt) aus und lassen die Naturkräfte am Gestaltungsprozeß mitwirken. Die bildhaften Ergebnisse werden ausgestellt.

Ein separater Raum enthält eine Foto-Dokumentation über Ruth Falaziks Projekt „Kunst-Landschaft 1974-82" in Neuenkirchen.[473] Die Galeristin hält außerdem einen Vortrag über ihre Arbeit. Weiterhin wird im Katalog über eine Pflanzaktion von Elisabeth und Günter Lierschof in einer Hamburger Siedlung sowie über den Bau eines riesigen Pappmaché-Neptuns für die Aktion „Rettet die Elbe" von Studenten der Hochschule für Bildende Künste in Hamburg berichtet.[474]

In Hamburg wird ähnlich wie in Bremen ein sehr breites Spektrum der künstlerischen Auseinandersetzung mit der Natur gezeigt. Hier handelt es sich allerdings weniger um die Abbildung von Natur, als vielmehr um eine Intervention in natürliche Prozesse oder, ähnlich wie bei einigen wenigen Bremer Ausstellungsobjekten (z. B. *Wolfgang Mally*), um eine Mitwirkung natürlicher Kräfte am Gestaltungsprozeß des Kunstwerks. Gemeinsame Grundlage der an der Ausstellung teilnehmenden Künstler ist die Erkenntnis der Notwendigkeit eines anderen Verhaltens in der Natur.[475]

Neben einigen kleineren Ausstellungen ähnlicher Art[476] greifen erst gegen Ende der 80er Jahre zwei größere Ausstellungen, die in sehr unterschiedliche Richtungen weisen, die immer noch aktuelle Natur-Thematik wieder auf.

2.7.4 „Zurück zur Natur, aber wie?", Karlsruhe 1988

Bei der Ausstellung der Städtischen Galerie Karlsruhe[477] handelt es sich frei nach Rousseau und einem Bildtitel des Künstlerpaares *Anna und Bernhard Johannes Blume* um eine breit angelegte Darstellung sehr verschiedenartiger Positionen zum Thema „Natur". In einem zusammenfassenden Überblick werden bereits bekannte Künstler der Land Art (*Heizer, Long* u. a.), der Arte Povera (*Anselmo, Kounellis, Merz, Penone* u. a.), der Spurensicherung (*Lang, Poirier* u. a.), sowie der Natur-Kunst (*Eckerle, Reis, Ulrichs, Voth* u. a.) und der Neuen Landschaftsmalerei (*Brüning* u. a.) gezeigt. Der Bogen spannt sich bis zu Werken der Electronic und Computer Art.

Neben den bekannten Künstlern, die den genannten Richtungen zugeordnet werden können, finden sich in der Ausstellung außer den Pop-Artisten *Lichtenstein* und *Hamilton* auch Namen der aktuellen deutschen Kunstszene (z. B. *Baselitz, Immendorf, Lüpertz, Richter*), die zunächst nicht unbedingt eine künstlerische Auseinandersetzung mit der Natur erwarten lassen.

Diese Zusammenstellung stößt auf Kritik: „..., nicht durchweg vermag die Auswahl zu überzeugen. In manchem Fall, so scheint mir, wurde mehr auf bekannte Namen als auf zwingende Beiträge zum Thema geachtet."[478], bemerkt Reinhold Wurster in der Ulmer Südwestpresse. Doch nicht nur die Künstlerauswahl erscheint problematisch, sondern auch die thematische und räumliche Aufteilung „...in zwei große Blöcke: in einen der „Zivilisationskritik" (worin sie [die Ausstellungsmacherin, Anm. d. V.] etwa Hockney und die Pop Art erkennt) und einen der „Zivilisationsflucht", in dem sie – wiederum nicht ganz überzeugend – die Vertreter der Land Art oder auch Künstler wie Richard Long und Hamish Fulton lokalisiert, die doch weniger Flüchtlinge als vielmehr Protagonisten einer geschärften Wahrnehmung sind. (...) Und bei dem Versuch, das zerbröckelnde Gebilde der Ausstellung zusammenzubinden, kommt es zu merkwürdigen Mißverständnissen, wie bei den Seestücken von Gerhard Richter, die – als Ansichten einer ungezähmten Natur gleichsam wörtlich genommen – in der räumlichen Nähe der Land Art placiert sind."[479]

Ein Zitat zum Thema „Natur und Kunst" von Tilman Osterwold anläßlich einer anderen großen Ausstellung zum Thema „Von der Natur in der Kunst" in Wien 1990 kann zutreffend auch auf die Karlsruher Ausstellung angewendet werden: „Die Kunstgeschichte eröffnet eine Fülle von Einzelwerken die irgendwie mit dieser Verbindung zu tun haben."[480]

Auch bei der Konzeption der Karlsruher Ausstellung wurde offenbar keine nähere Ein- oder Abgrenzung der künstlerischen Verbindung von Natur und Kunst unternommen. Die Namen der teilnehmenden Künstler zeugen von einer repräsentativen Schau zeitgenössischer Kunst, während das Thema „Natur" bis auf die genannten Strömungen eine eher untergeordnete Rolle spielt.

2.7.5 „Ressource Kunst", Berlin 1989

Die Ausstellung im Berliner Künstlerhaus Bethanien hingegen, die außerdem in Saarbrücken und Oslo gezeigt wurde, greift den Bloch'schen Begriff der „Naturallianz" auf. Gemäß dem Konzept des Ausstellungsinitiators Georg Jappe sollen die ausgestellten Werke „... Natur weder als Kulisse (Skulptur in Wasser, Watt und Wüste) noch als weiterhin imperialistisch deformiertes Material (Holz statt Baum, Findlinge bemeißeln etc.)" benutzen. Jappe fordert weiterhin eine „bewußte und behutsame Hinwendung zu

- anorganischer Natur und Naturkräften (was mit Energie, Material, Recycling zu tun hat)
- Lebewesen (was mit Beobachtung, Einfühlung, Vergänglichkeit auch der Kunst zu tun hat)
- Leiblichkeit (des Selbst und des anderen – Körpererfahrung, Mitkünstler, Mitmenschen – weshalb auf Teamwork und Publikumsreaktionen besonders geachtet werden sollte.)

'Naturallianz' bedeutet keineswegs die Beschränkung auf Naturmaterialien; sondern die anschauliche Auseinandersetzung mit Ressourcen, also auch die Einbeziehung geeigneter Technologien."[481]

Formuliertes Ausstellungsziel ist eine „Bestandsaufnahme von künstlerischen Haltungen am Ende eines Jahrhunderts, Jahrtausendes sogar, das zum erstenmal den Menschen von den blinden Naturgewalten befreit hat und nun, zum Schluß, die bewußte aber bedenkenlose Gewalt des Menschen als die schlimmste Naturkatastrophe offenbart."[482]

Die umfangreiche Ausstellung zeigt neben einer fotografischen Dokumentation der historischen Entwicklung (Zero, Land Art und Arte Povera) und der Vorstellung einiger bereits bekannter Künstler (*Beuys, Long, Penone, Ulrichs* u. a.) auch junge, noch relativ unbekannte Künstler. Die große Zahl der vorgestellten Künstler demonstriert die ungebrochene Aktualität und Tendenz einer ernsthaften künstlerischen Auseinandersetzung mit der Natur.

Angesichts des ungeordneten Nebeneinanders der sehr verschiedenen künstlerischen Stellungnahmen können die im Konzept formulierten Prämissen allerdings nicht immer ohne weiteres nachvollzogen werden. Möglicherweise wäre eine weitere Gruppierung wie z. B. in Stuttgart 1981 sinnvoll gewesen. Angelika Stepken bemerkt in ihrer Ausstellungskritik: „All jene Aspekte des Themas 'Naturallianz', die in den kurzen Katalog- bzw. (dumont-) Buchbeiträgen angerissen sind (Subjekt- und Produktionsbegriff, Leben/Tod, Aufklärung, etc. ...) verschwimmen in der Breite des ausgestellten Materials. Die Begegnung mit einer Kunst als 'Hoffnungsträger' (Jappe) bleibt aus."[483]

2.7.6 Vergleich mit Natur-Kunst-Symposien

Die Gegenüberstellung der exemplarisch genannten Ausstellungen zum Thema „Natur und Kunst" mit Natur-Kunst-Symposien zeigt, daß die Ausstellungen zunächst hauptsächlich auf die Dokumentation der im Außenraum und auf Symposien gefertigten Arbeiten abzielten. Es handelt sich damit um eine erste kunsthistorische Erfassung eines bis dahin wenig beachteten Phänomens (Stuttgart 1981, Hamburg 1983).
Insgesamt gesehen haben offenbar mehr Symposien als Ausstellungen zum Thema stattgefunden[484], was sicherlich den besonderen Voraussetzungen einer künstlerischen Auseinandersetzung mit der Natur zuzuschreiben ist.
Als eine der herausragenden konstituierenden Bedingungen für die Entstehung von Land Art und Natur-Kunst hatte sich gerade der Gang in den Außenraum, das Verlassen des Galerie- und Museumsraumes und damit auch eine Abwendung vom Kunstmarkt herausgestellt.
Die sich wiederholende Präsentation des Modell-Projekts „Kunst-Landschaft" von Ruth Falazik auf einigen Ausstellungen zeigt die Schwierigkeit des Transfers dieser Kunst in ein Museum. Die Ausstellung von Natur-Kunst kann aus naheliegenden Gründen allenfalls dokumentarisch begleitenden Charakter haben oder durch Ausstellungsobjekte aus Naturmaterialien auf einer Meta-Ebene eine Verweisfunktion (Bremen 1982) übernehmen. Im Hinblick auf positive Antworten auf die Frage der Karlsruher Ausstellung „Zurück zur Natur, aber wie?" verweist ein Kritiker neben der Dokumentation des Beuys'schen „7000 Eichen"-Projektes auf die in Karlsruhe nicht gezeigte direkte künstlerische Arbeit mit der Natur: „Nicht in der Natur, wie die Freilichtmaler, sondern mit der Natur zu arbeiten, wie das die Vertreter der Land Art zeigten, auch das ist ein alternativer Weg, der sich in einer Ausstellung nur dokumentarisch darstellen läßt. Fotos, Fotoserien, Zeichnungen und Materialcollagen von Fulton, Heizer, Long und Christo zeigen das in ganzer Breite."[485] Gleichzeitig spricht er das mit dieser Kunst verbundene Vermittlungsproblem an.
Die prozessuale Komponente der Geschehnisse vor Ort, der Veränderung der Arbeiten in der Landschaft ist nur schwer ins Museum zu transponieren. Wie bei den Arbeiten von *Wolfgang Mally* (Bremen 1982) oder von *Marianne Greve, Heinz-Erich Gödecke, Sabine Schiebler* und *Dietrich Helms* (Hamburg 1983) können nur Ergebnisse ausgestellt werden, die auf einen Prozeß verweisen.
Zur Verwirklichung der Ziele der Natur-Kunst bedarf es der Erfahrung der Werke in der Natur, d. h. in den realen Dimensionen von Raum und Zeit. Die Veränderlichkeit der Werke im Außenraum, die den Witterungseinflüssen, den verschiedenen Lichtverhältnissen und Jahreszeiten unterliegen, läßt sich zwar fotografisch fixieren, muß aber im Sinne einer umfassenden Wahrnehmung dieser Prozesse letztlich immer wieder neu subjektiv und sinnlich vor Ort erfahren werden.
Letztendlich erhebt die Intention und Vision der Natur-Kunst diese über die im Museum gezeigten Relikte und Objekte, die meist der Arte Povera, Spurensicherung oder den Individuellen Mythologien zugerechnet werden können. Auf den späteren Ausstellungen (Karlsruhe 1988, Berlin 1989) werden immer wieder die gleichen Künstler herangezogen (*Beuys, Eckerle, Lang, Long, Penone, Ulrichs* u. a.), die auch ausstellbare Objekte fertigten. Die Präsentation „armer" Materialien allein hat ihren Reiz und ihre Provokation jedoch inzwischen verloren. Vittorio Fagone äußert sich kritisch über die Fortführung der Arte Povera: „Die glücklichen Protagonisten der Arte Povera (...) haben zwar die zeitgenössische Kunst von überflüssiger Überladenheit und doppelsinnigen Purismen befreit, setzen aber mit einer an Manierismus grenzenden Beharrlichkeit die Überflutung mit Gestrüpp, Schutt und anderen bühnenbildnerischen Anhäufungen – innerhalb der wohlbehüteten Räume der großen Museen und eindrucksvollen Galerien – fort, die die unendliche sprachliche Ausdrucksmöglichkeit eines jeden wohlbedachten 'am falschen Ort befindlichen' Gegenstandes darzustellen scheinen."[486]
Die häufig intendierte Sensibilisierung der Wahrnehmung und die daraus folgende mögliche Veränderung des menschlichen Verhältnisses zur Natur können im neutralen Museumsraum kaum geleistet werden.
Thomas Dreher schreibt über die Ausstellung „Ressource Kunst": „Die Werke können Umwelt als dynamischen ganzheitlichen Naturprozeß nur fragmentarisch aufzeigen."[487] Auch Angelika Stepken sieht diese

Schwierigkeit: „'Ressource Kunst' erscheint so als hilfloser Versuch, im Rahmen einer konventionellen Ausstellung eben das zu vereinigen, was eigentlich diesen statischen Rahmen zu überschreiten hätte. Es verwundert, daß zwar Beuys' '7000 Eichen' den Rücken des Katalogs zieren, die Ausstellungspraxis davon aber unberührt bleibt."[488]
Das Museum scheint mit seinen begrenzten Möglichkeiten für eine Demonstration der künstlerischen Auseinandersetzung mit der Natur und ihren Prozessen wenig geeignet. Die besondere Veranstaltungsform des Symposions kann den Bedingungen einer Präsentation solcher Kunst dagegen auf besondere Art und Weise gerecht zu werden.
Das Natur-Kunst-Symposion bietet sich hinsichtlich dieser besonderen Kunstform nicht nur als Alternative zum Museum an, sondern stellt dieses vielmehr auch als Institution in Frage. Zum einen entzieht sich die Natur-Kunst durch ihre Vergänglichkeit einer Archivierung und entlastet somit ohnehin überfüllte Musems-Depots. Zum anderen überwindet sie die Entfremdung, die Kluft zwischen Kunst und Leben, die das Museum als Ort der Kunst überhaupt erforderlich machte.
Die kommunikative Form des Symposions ermöglicht nicht nur den Künstlern einen Austausch mit Kollegen, sondern läßt auch das Publikum durch die Arbeit im Freiraum unmittelbar am Entstehungsprozeß von Kunst teilhaben. Anders als in Skulpturenparks oder Museen, wo der Betrachter mit fertigen Werken konfrontiert wird, kann der Besucher hier dem Künstler bei der Arbeit zusehen und ihm Fragen stellen. Auf diese Weise wird auch ein Publikum erreicht, das nicht oder nur selten ins Museum geht. Museale Hemmschwellen entfallen.

2.8 Vor- und Nachteile des Symposions als Veranstaltungsform für Natur-Kunst

Nachdem bereits einige Vorteile des Symposions als Veranstaltungsform für Natur-Kunst gegenüber anderen Präsentationsformen herausgearbeitet wurden (Kap. 2.6 u. 2.7), soll im folgenden umfassend dargestellt werden, worin sich Natur-Kunst und Symposion ergänzen. Hierfür werden noch einmal die in Kap. 2.3 herausgestellten Besonderheiten in der Entwicklung der Natur-Kunst-Symposien[489] herangezogen und mit den besonderen Merkmalen der Natur-Kunst hinsichtlich des Materials, des Standorts, der Vergänglichkeit und der Unverkäuflichkeit sowie der intendierten Sensibilisierung des Betrachters verglichen.

Durch die Organisationsstruktur eines Symposions können günstige Arbeitsbedingungen für die Künstler hergestellt werden. In der Regel wird zunächst eine Finanzierung durch ein Honorar oder Stipendium gewährleistet. Die Bereitstellung eines Geldbetrages sichert die existentielle Situation des Künstlers und fängt die häufig als Protest an den Regeln des Kunstmarktes artikulierte Unverkäuflichkeit der Natur-Kunst auf. Nicht das fest am Ort installierte und deshalb in vielen Fällen nicht transportable und somit nicht verkäufliche, zumeist auch noch vergängliche Natur-Kunst-Werk selbst wird erworben, sondern die künstlerische Betätigung wird honoriert. Diese finanzielle Unterstützung wird meist durch die öffentliche Hand, d. h. durch Länder und Städte, z. T. auch durch private Sponsoren gewährleistet. Oft schließt die Finanzierung die Dokumentation der Symposions-Ergebnisse in einem Katalog ein. Dies ist vor allem für kurzlebige, vergängliche Objekte und Aktionen von großer Bedeutung.
Mit der finanziellen Absicherung begeben sich die Künstler jedoch auch in Abhängigkeiten.[490] Die Ziele kommunaler Kunstförderung lassen sich für den Künstler nicht immer auf Anhieb absehen. Manch ein Künstler fühlt sich „...ausgebeutet als solcher, zum Ruhm der Kommunen oder des Symposions-Managers..."[491] oder als „Unterhalter im Sommerloch"[492]. Neben einer kommunalpolitischen Imagepflege rücken mancherorts die Tourismusförderung (z. B. in Behringen 1997) oder die Gestaltung einer Art Freilichtmuseum (Cottbus 1991-1995) in den Vordergrund.
Die öffentliche Finanzierung ist vor allem in den letzten Jahren häufig auch mit einer Ausschreibung und Jurierung verbunden. Bei vielen frühen Natur-Kunst-Symposien folgten Künstler einer Einladung (Neuenkirchen), oft durch einen Künstlerkollegen (Bremen, Cuxhaven, Winnekendonk, Remscheid, Ammersbek u. a.), wodurch der Teilnehmerkreis zumeist auf solche Künstler beschränkt blieb, die bereits künstlerisch in und mit der Natur gearbeitet hatten. Eine Ausschreibung dagegen macht ein Natur-Kunst-Symposion grundsätzlich für jeden Künstler zugänglich. Dies kann unter Umständen Nachteile mit sich bringen, wenn sich Künstler bewerben, die keine oder wenig Erfahrung im Umgang mit der Natur besitzen. Der Jury obliegt in diesem Fall die Beurteilung der Realisierungsmöglichkeiten der eingereichten künstlerischen Entwürfe.
Ein weiteres Problem ergibt sich aus den bei einer Ausschreibung häufig geforderten konkreten Projektvorschlägen. Von den Künstlern wird verlangt, einen Entwurf zu liefern, meist ohne die Landschaft und den späteren Aufstellungsort zu kennen, was einen Standortbezug schwierig macht. Dies gilt vor allem, wenn eine Änderung und Anpassung des Entwurfes an die Gegebenheiten von vornherein z. B. vertraglich ausge-

Abb. 115 Pit Kroke, Arche, Pritzen 1993, Foto der Verfasserin.

schlossen wird. Das kann zur Folge haben, daß das Kunstwerk einen statuarischen Charakter erhalten kann und somit unter Umständen der Natur-Skulptur[493] zuzurechnen wäre.

Weiterhin kann eine Ausschreibung die Auswahl einer inhomogenen Künstlergruppe zur Folge haben, d. h. die Objekte können sehr unterschiedlich sein und sich unter Umständen gegenseitig stören oder den Gesamteindruck beeinträchtigen. In Cottbus beispielsweise wurden 1993 und 1995 mit den Landschaftsgestaltungen von *Nils-Udo* und *Herrmann Prigann* bereits von der Größenordnung her sehr unterschiedliche Projekte verwirklicht. Die in unmittelbarer Nähe von *Nils-Udos* „Sumpf" (Abb. 83 a, 83 b) 1993 aufgerichtete Stahlskulptur „Arche" (Abb. 115) von *Pit Kroke*[494] erscheint in diesem Zusammenhang formal wie auch konzeptionell deplaziert.

Insgesamt ist die Qualität der Arbeiten bei einer Jury-Auswahl von den eingesandten Entwürfen abhängig. Es ist nicht unbedingt zu erwarten, daß Künstler, die in und mit der Natur arbeiten, sich auch auf entsprechende Ausschreibungen bewerben.

Neben der finanziellen Grundsicherung werden dem Künstler auf einem Symposion meist Unterkunft, Material, Arbeitsmittel und -platz zur Verfügung gestellt. In den meisten Fällen werden die Veranstaltungen durch eine Vielzahl von Sponsoren wie z. B. ortsansässigen Handwerksbetrieben unterstützt (Neuenkirchen), z. T. werden Mittel oder Aufstellungsort auch komplett von privaten Förderern bereitgestellt (z. B. Saig 1986, 1987). Die Künstler haben dadurch die Möglichkeit, in ganz anderen Dimensionen, unter Umständen auch mit ganz anderen Werkzeugen zu arbeiten, als ihnen dies im allgemeinen in ihrem Atelier möglich wäre. Dies kann auch zum Einsatz von Künstler häufig faszinierendem großtechnischen Gerät (Bagger, Kran) führen. In solchen Fällen liefert der Künstler manchmal nur noch ein Konzept, das dann von Hilfskräften ausgeführt wird. Ob solch ein Aufwand betrieben wird, hängt vom Veranstaltungskonzept und den zur Verfügung stehenden finanziellen Mitteln ab.

Mit den Arbeitsbedingungen können allerdings auch Vorgaben verknüpft sein, die die künstlerische Gestaltungsfreiheit unter Umständen einschränken. So kann es vorkommen, daß nur ein bestimmter Stein oder eine bestimmte Holzart zur Verfügung steht, der Künstler aber einen anderen Stein bzw. eine andere Holzart bevorzugt. Auch der Standort kann, z. B. bedingt durch die Eigentumsverhältnisse, bereits vor Arbeitsbeginn feststehen. In diesen Fällen liegt es beim Künstler und beim Symposionsorganisator, einen Kompromiß zu finden. Nur selten sind die Verhältnisse so optimal wie in Neuenkirchen, wo die Künstler in den ersten Jahren (1977 u. 1978) den Standort für ihr Kunstwerk frei auswählen konnten und Ruth Falazik im Nachhinein die Verhältnisse klärte. Diverse Vorschriften zu Statik, Sicherheit, Naturschutz u. a. können eine Aufstellung der Arbeiten erschweren. Auf einem Symposion im Wendlandt z. B. durften die Arbeiten zunächst nicht am vorgesehenen Ort installiert werden, da sie eine bestimmte Größe überschritten hatten und damit einer Baugenehmigung bedurften.[495]

Neben der Sicherung der Grundbedingungen der künstlerischen Arbeit besteht die wichtigste Aufgabe des Symposions im Zusammenhang mit der Natur-Kunst in der Vermittlung der Kunst, d. h. in der Herstellung einer Kommunikation mit dem Publikum. „Das Symposion ist sowohl Konzeption und Produktion von Kunstwerken als auch deren Vermittlung durch Ermunterung der Öffentlichkeit, sich zu wundern, zu fragen, sich zu freuen, zu kritisieren oder mitzuarbeiten.“[496]
Während die singuläre Aktion eines Künstlers im Wald kaum bemerkt wird, ergibt sich mit dem Symposion eine Möglichkeit der öffentlichen Präsentation für die im Vergleich zur Land Art meist weniger spektakulären Eingriffe in die Natur. Gerade die in vielen Fällen explizit auf den Betrachter ausgerichtete Natur-Kunst, die diesen sensibilisieren und ihm Anregungen für eine veränderte Wahrnehmung seiner Umwelt geben will, bedarf eines Publikums. Dieses ist jedoch, bedingt durch den notwendigen Gang in den Außenraum, in die Natur und Landschaft schwieriger zu erreichen als im städtischen Raum. Neben Führungen, Abschlußveranstaltungen und der Tatsache, daß die Künstler bei der Arbeit beobachtet werden können, spielt die Öffentlichkeitsarbeit über die örtliche Presse hier eine große Rolle (s. Symposienkatalog). Sie bewirkt neben der Werbung für das Symposion, daß auch diejenigen, die das Symposion nicht besuchen, etwas über das Kunstgeschehen erfahren. Symposien vermögen eher die Neugier der örtlichen Bevölkerung, die normalerweise selten mit Kunst in Kontakt kommt, zu erwecken als andere Präsentationsformen. Dies hilft Vorurteile abzubauen und Hemmschwellen der Kunst gegenüber zu überwinden. Aufgrund des geringen überregionalen Bekanntheitsgrades der meisten Veranstaltungen kommt es außerdem nur selten zu einer Art Kunsttourismus, wie ihn z. B. die documenta oder das Münsteraner Skulpturenprojekt 1997 zur Folge hatten. Das Publikum setzt sich anders zusammen, es besteht überwiegend aus den Bewohnern der oft ländlichen Veranstaltungsorte und weniger aus Kunstliebhabern und -kritikern. Zwar locken Natur-Kunst-Symposien auch immer wieder Kunstinteressierte an, doch dürfte deren Teilnahme am Gesamtgeschehen nur einem geringen Prozentsatz entsprechen, was die mangelnde Beachtung solcher Veranstaltungen in der Kunstkritik zu belegen vermag.
Symposien bringen die Kunst in den unmittelbaren Lebens- und Arbeitsraum der Menschen und damit in einen realen Kontext. Natur wird auf dem Land weniger als Freizeitfaktor, als der Erholung dienend betrachtet,[497] sie gehört zum selbstverständlichen Alltag der Bevölkerung und wird hier häufig nicht als etwas Besonderes wahrgenommen. Der künstlerische Eingriff rückt diese Umgebung wieder ins Blickfeld und konfrontiert den Betrachter mit einer anderen Sicht der Dinge. Heinz Thiel bemerkt zur Auseinandersetzung der Neuenkirchener Bevölkerung mit den Künstlern und Kunstwerken: „Im Gespräch fiel den Neuenkirchnern wieder ein, welche Bedeutung bestimmte Plätze für ihre Eltern oder Großeltern gehabt hatten, die sie selbst schon nicht mehr nachvollzogen.“[498]
Die vor allem in den 70er Jahren häufig artikulierte Forderung, Kunst und Leben zusammenzubringen, wird auf dem Symposion auf ganz unspektakuläre Weise erfüllt. Durch die Teilnahme am Entstehungsprozeß von Kunst und durch die Möglichkeit, die Künstler direkt zu befragen, werden Vorurteile der Kunst und den Künstlern gegenüber abgebaut. Anfängliche Skepsis kann sich in Interesse am Projekt des Künstlers verwandeln.[499] Berührungsängste schwinden und das Bild des Künstlers wird entmystifiziert, wenn das Publikum feststellt, daß der Künstler z. T. schwere körperliche Arbeit leisten muß, um sein Werk fertigzustellen. Uwe Rüth beobachtete diesen Prozeß auf dem Essener Symposion (1983): „Die Künstler wurden um so mehr akzeptiert und ernst genommen, je deutlicher wurde, daß man keiner Arbeit aus dem Wege ging. (...) Hierdurch wurde erreicht, daß mancher Bewohner auf seinem Abendspaziergang mit Hund das Entstehen der Kunstwerke betrachtete und er mit den Künstlern ins Gespräch kam. Erfreulich, weil es viel zu selten zu solchen Begegnungen kommt, ohne daß Aversionen gegen den unverständlichen Kram hervorbrechen.“[500]
Jürgen Morschel schreibt über die beginnende Auseinandersetzung zwischen Künstlern und Rezipienten in Neuenkirchen: „Und es findet, nach gewiß schwierigen und mühsamen Anfängen, hier doch auch schon das Umgekehrte statt: Der Beschäftigung der Künstler mit den spezifischen Gegebenheiten des Ortes folgt die Beschäftigung der Bevölkerung mit der Kunst – auch als ein Mitwirken am Zustandekommen der Kunst, durch Arbeitshilfe, durch zur Verfügung stellen von Material, Land und Maschinen, die für die meist großen Anlagen benötigt werden.“[501] Die Kunst erhält damit gesellschaftliche Relevanz.
Neben der direkten Vermittlung besteht auch die Möglichkeit der indirekten bzw. unbeabsichtigten Rezeption. Die zwar mitunter versteckt gelegenen, aber gleichwohl an allgemein zugänglichen Orten errichteten Installationen können auch vom zufällig vorbeikommenden Passanten entdeckt werden. Meist geschieht dies anonym, ohne Hinweis auf den Künstler oder das Werk, so daß auch Rezeptionsvorgaben fehlen. Das Kunstwerk ist offen für die individuelle Interpretation. Die Natürlichkeit und Einfachheit der Materialien erleichtert zusätzlich den Zugang zum Kunstwerk.[502] Die

Möglichkeit einer sinnlichen Erfahrbarkeit stärkt die voraussetzungslose Rezipierbarkeit der Natur-Kunst und baut Vorurteile hinsichtlich eines für ein Kunstverständnis vorgeblich notwendigen Hintergrundwissens oder intellektuellen Überbaus ab. Die Kluft zwischen Kunst und Gesellschaft, erzeugt durch eine autonome, d. h. zweckfreie, abgehobene Museumskunst, wird überbrückt. Jürgen Morschel bemerkt zum Verhältnis von Symposionskunst und Museum: „... manche Symposion-Skulptur wäre vielleicht recht wenig bedeutsam, wollte man sie an den neutralen Ort des Museums bringen (wie möglicherweise manches glänzende 'wichtige' Museumsstück auch hier draußen nur noch wenig Sinn entfalten könnte); und doch fühlt man, daß das eigentlich noch nichts Entscheidendes, zumindest nicht alles über die Qualität der Arbeit sagt, daß hier anderes mitzählt, daß die Umgebung dazugehört, der Weg den man begehen muß, die Konzentration, die der Weg bedeutet, die Gedanken auf dem Weg, das Sehen, das hier nicht nur An-Sehen ist, das Erlebnis schließlich auch des Zeugnischarakters der Arbeiten, der in ihrer Verwirklichung als Gemeinschaftswerk (im nicht nur die Künstler einschließenden Sinn) gründet."[503]
Hier zeigt sich der originäre Vorteil der Veranstaltungsform des Symposions: Eine größere Öffentlichkeit und damit gesellschaftliche Relevanz kann nur im Rahmen eines Symposions oder einer ähnlich organisierten Veranstaltung[504] erreicht werden.

Die Teilnahme an einem Symposion bietet den Künstlern außerdem die Möglichkeit, andere Künstlerkollegen kennenzulernen, sich gegenseitig zu helfen und Probleme zu diskutieren. Dieser kollektive Aspekt kann viele positive Anregungen mit sich bringen, verlangt aber auch eine gewisse Zurücknahme der persönlichen Individualität und Kompromißbereitschaft. Die jeweils eigene künstlerische Äußerung bleibt jedoch bestehen und kann auch von anderen wahrgenommen werden. Dies geschieht jedoch meist anonym, da im Regelfall die Kunstwerke in der Natur keine Namensschilder tragen. Jürgen Morschel sieht diese Anonymität als Chance gegenüber dem allgemeinen „Who is who?" im Kunstbetrieb: „Das Symposion ist dagegen die Verwirklichung eines ganz anderen, geradezu entgegengesetzten Künstlerbildes – und eben dieses grundlegend veränderte künstlerische Verständnis qualifiziert Künstler sich dem zu entziehen, dem sich so viele vergeblich zu entziehen suchen: dem Markt und dem Museum, dem durch Künstleratelier, Handelsgalerie, Sammler und Museum bestimmten Zusammenhang; es qualifiziert durch das Akzeptieren einer gewissen Anonymität, wirklich frei zu werden für neue Zusammenhänge."[505]

Symposien können schließlich auch neue Wege beschreiten und interessante Alternativen zur „Kunst am Bau" oder „Kunst im öffentlichen Raum" sein, wie das Experiment des Symposions „Wattenmeer" mit Künstlern und Wissenschaftlern (Büsum 1993) zeigt.[506] Schon die Begegnung von Naturwissenschaftlern und Künstlern bedeutete eine Neuerung in der Geschichte der „Kunst im öffentlichen Raum" und der Geschichte der Natur-Kunst-Symposien. Die Künstler setzten sich auf ihre Art mit dem Wattenmeer auseinander und kommentierten z. T. die Methoden der wissenschaftlichen Forschung. Die Werke waren vergänglich, so daß keine Skulptur eines Seehundes oder Wales als Kunst am Bau oder Logo des Forschungszentrums übrig blieb, wie manch ein Wissenschaftler erwartet hatte.[507]

Trotz der beschriebenen möglichen Einschränkungen im jeweiligen Einzelfall (Ausschreibung, Standortvorgabe usw.) scheint das Symposion hinsichtlich seiner Rahmenbedingungen für die Natur-Kunst also mehr Vor- als Nachteile zu bieten. Bereits in den Grundvoraussetzungen ist das Symposion antimuseal und antikommerziell[508] ausgerichtet und kommt damit der künstlerischen Flucht vor dem Kunstmarkt in die Natur entgegen. Außerdem bietet es dem Künstler eine finanzielle Absicherung (Honorar/Stipendium) und liefert die notwendige Infrastruktur (Unterkunft, Verpflegung, Arbeitsmaterial und -mittel) und somit den Freiraum für künstlerische Experimente. Neben einem Austausch mit gleichgesinnten Künstlerkollegen und einer Dokumentation der häufig vergänglichen Arbeiten liegt der größte Vorteil des Symposions jedoch in seiner unkomplizierten Vermittlungsfunktion. Durch eine direkte Konfrontation mit dem Publikum ergibt sich die Möglichkeit der Kommunikation, die ebenfalls auf beiden Seiten fruchtbar sein kann. Ungeachtet sonstiger Motive und Ziele der Veranstalter (Tourismusförderung und Imagepflege) wird damit eine wichtige Basis geschaffen für eine neue Auseinandersetzung von Kunst und Leben. Die Organisatoren des Symposions in Essen (selbst hauptsächlich Künstler) fassen ihre Zielsetzung folgendermaßen zusammen: „Das Symposion wird verstanden als Mittler zwischen 'Hochkultur' und 'Alltagskultur': Raus aus den Ateliers, hinein in die Gesprächssituation, Überwinden von Hemmschwellen und Grenzen, um den teilnehmenden Beobachter hineinzuziehen, einzubeziehen in die und zu konfrontieren mit der Arbeitsweise und Gedankenwelt unterschiedlicher Künstlerpersönlichkeiten!"[509] Im besonderen Fall des Natur-Kunst-Symposions bedeutet dies, einen Anstoß zu geben, das menschliche Verhältnis zur Natur zu überdenken.

3. Naturverständnis

Aus der Vision, das menschliche Verhältnis zur Natur verändern zu wollen, ergibt sich die Frage, worauf die heutige Beziehung des Menschen zur Natur überhaupt basiert. Die Künstlerin *Doris Cordes-Vollert* formuliert die Frage nach unserem Umgang mit der Natur folgendermaßen: „Warum fühlen wir uns erst kultiviert, wenn wir die Natur in uns und um uns herum eliminiert haben? Wie müssen wir heute notwendigerweise mit Natur umgehen?"
Um Antworten auf diese Fragen zu finden, erscheint es nicht nur notwendig zu klären, was wir heute unter „Natur" verstehen, sondern angesichts der wechselvollen Geschichte dieses Begriffes auch erforderlich zu untersuchen, ob unser Verständnis von der Natur noch zeitgemäß ist und damit den Herausforderungen der Zukunft standhält.

3.1 Problematik des Naturbegriffes

Ernst Oldemeyer schreibt im Vorwort des Sammelbandes *Natur als Gegenwelt – Beiträge zur Kulturgeschichte der Natur*: „Erst wenn wir zureichend verstanden haben, was an unbefragten Selbstverständlichkeiten in uns lebt, können wir mit Aussicht auf Erfolg darangehen, unsere Einstellungen und im Gefolge unser Handeln zu ändern."[510] Der Wille, unser Verhältnis zur Natur zu modifizieren, setzt also zunächst einmal eine Hinterfragung unseres Naturbegriffs voraus. Damit steht eine der wichtigsten Voraussetzungen und Bedingungen einer Kunst in und mit der Natur.
In einer regen, meist philosophisch geprägten Auseinandersetzung wird der Naturbegriff vor allem seit den 70er Jahren immer wieder diskutiert.[511]
Dabei zeigt sich, daß der Begriff „Natur" sich einer klaren, eindeutigen Definition entzieht, da er historisch und kulturell bedingt ist und in einer Wechselbeziehung zum Umgang des Menschen mit der Natur steht.[512]
Zum einen wird die Natur als „das Gegebene", „das Andere" und „das unabhängig vom Menschen Existierende" gesehen.[513] Dies entspricht den immer wieder formulierten klassischen Entgegensetzungen wie Natur und Technik, Natur und Kultur, Natur und Kunst[514] usw., die die Natur als „Gegenwelt"[515] alles menschlich Geschaffenen betrachten. Diese Entgegensetzungen sind die Folge eines Naturverständnisses, das sich im Laufe der Geschichte mehrfach verändert hat[516] und einer damit zunehmenden Verobjektivierung der Natur. Das Dilemma beginnt in der griechischen Antike mit der Reflexion über die Natur überhaupt und spitzt sich in der Neuzeit, mit Descartes Unterscheidung zwischen „res cogitans"- dem Menschen als denkendem Wesen und „res extensa" – der Natur als Ausdehnung[517] und der darauf folgenden zunehmenden Mechanisierung und Industrialisierung zu. Die Natur wird schließlich Gegenstand der Wissenschaften und dient als Material der menschlichen Bedürfnisbefriedigung. Etwa gleichzeitig wird sie aber auf der anderen Seite auch Gegenstand ästhetischer Erfahrungen.[518] Die wachsende Verstädterung[519] und die Spezialisierung der Arbeitsteilung[520] führen zu einer Entfremdung von der Natur. Die Menschen versuchen ihren Mangel durch Reproduktion z. B. in der Landschaftsmalerei oder durch den Gang in die Natur (Tourismus) zu kompensieren. In unserem Jahrhundert kulminiert das gebrochene Verhältnis des Menschen gegenüber der Natur in einer romantischen Wunschvorstellungen entsprechenden Sicht der Natur als dem „Reinen, Unberührten und Heilen". „Die Bewußtseinsindustrie sucht diese Realitäten durch die Produktion idyllischer Naturbilder in den Massenmedien zu kompensieren und tut so das ihrige, um uns durch Desensibilisierung auch gefühlsmäßig gegenüber der Natur abzuschotten."[521] Natur wird zum Freizeitfaktor.[522] Dies führt zu einer touristischen Erschließung bisher „unberührter" Gegenden und in der Folge zu deren Zerstörung. Für Enzensberger ist der Tourismus „nichts anderes als der Versuch, den in die Ferne projizierten Wunschtraum der Romantik leibhaftig zu verwirklichen."[523]
Die Werbung nutzt die Begriffe „natürlich" und „Natur" in diesem Sinne. „Wer seinen Artikeln als Epitheton 'Natur' hinzufügt, will damit signalisieren, daß es sich um etwas Gutes handelt: Naturseife, Naturkosmetik, Naturfarben."[524] Dabei wird aus den Augen verloren, daß unsere Natur fast überall menschlich geprägt und überformt ist,[525] ja daß der Mensch inzwischen soweit in die Natur eingegriffen hat, daß er sie künstlich reproduzieren kann (Gentechnik).
Erst die Auswirkungen von Katastrophen (Saurer Regen - Waldsterben, Tschernobyl[526]) lassen uns unsere Naturvergessenheit bewußt werden und gleichsam „am eigenen Leibe spüren". Die Gefährdung der Lebensgrundlagen zeigt, daß auch der Mensch ein Teil

der Natur ist und ohne sie nicht existieren kann. Eine neue Naturphilosophie thematisiert das gestörte Verhältnis des Menschen zur Natur. Sie bezieht sich unter anderem auf die wichtige Orientierungsfunktion der Natur für den Menschen und sein Leben und die Funktion als vertrauensstiftende Instanz. Angesichts der Unmöglichkeit einer Rückkehr in eine Einheit mit der Natur ist sie zu der Einsicht gelangt, daß zunächst der Mensch sich ändern muß.[527] Ein Nachdenken über die Natur beschäftigt sich also mit ethischen Fragestellungen eines Umgangs mit der Natur.[528]

3.2 Ökologische Ästhetik

Einige naturphilosophische Theorien schreiben der Kunst bei der Veränderung des Mensch-Natur-Verhältnisses eine wichtige Funktion zu. Exemplarisch soll hier vor allem auf die „ökologische Naturästhetik" von Gernot Böhme eingegangen werden, dessen Thesen der Kunstentwicklung entsprechen und sich mit Untersuchungen aus anderen Wissenschaftsbereichen decken.

3.2.1 Gernot Böhme „Ökologische Naturästhetik"

Gernot Böhme versucht sich dem problematisch gewordenen Mensch-Natur-Verhältnis über eine neue Ästhetik zu nähern. Während die klassische Ästhetik eher eine Theorie der Kunsterfahrung war, die die Natur als Vor- oder Gegenbild künstlerischen Schaffens sah,[529] untersucht Böhme zunächst die ästhetische Naturerfahrung.[530] Diese entsprang der gleichen Entfremdung, die die Natur zum Gegenstand der Wissenschaften erhob[531] und äußerte sich als „Sehnsucht nach der Natur als dem ganz anderen",[532] diente also z. B. in Form der Landschaftsmalerei hauptsächlich dem Konsum und der Kompensation.

Die ästhetische Thematisierung der Natur veränderte sich jedoch aufgrund der fortschreitenden Umweltzerstörung und angesichts eines immer deutlicher zu spürenden „Leiden an der Natur".[533] „Natur ist nicht mehr die mit Hoffnungen und Illusionen aufgesuchte gesellschaftliche Gegenwelt, sondern der, wenn nicht schon vergangene, so doch mit Bangen festgehaltene Lebensraum (...)."[534] Hier zeigt sich das eigentliche Problem und der Ansatzpunkt für Böhmes Theorie: „Der Mensch im Zeitalter der Aufklärung verstand sich als Vernunftwesen – und definierte damit seinen Leib aus sich heraus."[535] Somit verleugnete er den ihm eigenen Anteil Natur – seinen Leib – und damit auch seine Abhängigkeit von der äußeren Natur als seiner Lebensgrundlage.

Böhmes ökologisch motivierte Ästhetik als Wahrnehmungstheorie[536] setzt an diesem Punkt an, indem er Ästhetik zunächst im ursprünglichen Sinne als *Aisthesis*, d. h. als Theorie der sinnlichen Wahrnehmungen begreift.[537] Er schreibt der leiblich-sinnlichen Erfahrung als einem „Sichbefinden in Umgebungen" eine besondere Bedeutung zu, wobei der Wahrnehmende durch den Zustand seiner Umgebung affektiv betroffen wird.[538] Der Umgebung werden quasi objektive Gefühlscharaktere – sogenannte „Atmosphären" – zugeschrieben. „Wenn ich in einen Raum hineintrete, dann werde ich in irgendeiner Weise durch diesen Raum gestimmt. Seine Atmosphäre ist für mein Befinden entscheidend."[539] Atmosphären gehen von Landschaften und Räumen aus, aber auch von Dingen und Menschen und vor allem von Kunstwerken. Hierin ist der Begriff am ehesten mit dem Benjamin'schen Begriff der Aura vergleichbar.[540] Durch die Erzeugung von Atmosphären übernimmt die Kunst „...von der Perspektive einer ökologischen Naturästhetik her gesehen die Aufgabe, die menschliche Sinnlichkeit überhaupt erst zu entwickeln."[541] Damit ergibt sich eine Möglichkeit, die historisch bedingte Distanz des Menschen zu seiner eigenen Natur zu überbrücken.

„Die Entfaltung des Sinnenbewußtseins des Menschen, zu dem die Kunst beitragen kann, ist zugleich die notwendige Wiedereingliederung seiner Natürlichkeit in sein Selbstverständnis, wie sie das Umweltproblem dem Menschen heute abverlangt."[542]

Als klassisches Vorbild für eine andere Naturbeziehung betrachtet Böhme die Theorie und Praxis des englischen Gartens seit der zweiten Hälfte des 18. Jahrhunderts. „Wir haben in der Kunst des Landschaftsgartens das bemerkenswerte und in seinem Status keineswegs selbstverständliche Beispiel einer Vereinigung von Kunst und Natur, einer Kunst, die in und mit Natur wirksam war."[543] In Hirschfelds zeitgenössischer „Theorie der Gartenkunst"[544] finden sich in diesem Zusammenhang konkrete Anweisungen zur Schaffung von Atmosphären durch Arrangements von ausgewählten Büschen und Bäumen.[545]

Böhme hofft, daß eine neue Naturästhetik in diesem Sinne zur Veränderung der Beziehung des Menschen zur Natur beitragen kann. „Einer Ästhetik als Theorie und Praxis der leiblichen Existenz des Menschen in Umgebungen käme in der Tat für die Entwicklung eines neuen Selbstverständnisses des Menschen eine zentrale Bedeutung zu."[546]

3.2.2 Klaus Michael Meyer-Abich „Wege zum Frieden mit der Natur"

Diese Ansicht wird nicht nur von Gernot Böhme vertreten. Auch sein Kollege Klaus-Michael Meyer-Abich sieht in seinem Werk *Wege zum Frieden mit der Natur* in der ästhetischen Erziehung eine Möglichkeit zur Änderung der menschlichen Naturbeziehung. „Ästhetische Erziehung – als Bildung der Wahrnehmungs- und Erlebnisfähigkeit verstanden – ist die entscheidende Voraussetzung einer wahrnehmenden Verantwortung und verantwortlichen Wahrnehmung der natürlichen Mitwelt in unserer Umwelt (...). Wäre unsere ästhetische Urteilskraft nicht durch die Degeneration der Wahrnehmungs- und Erlebnisfähigkeit verkümmert, hätte es nicht im heutigen Umfang zu den gewalttätigen Zerstörungen des Industriesystems kommen können."[547] Auch er setzt auf eine Wiederbelebung der Sinne zugunsten einer „Selbsterfahrung in der Naturerfahrung".[548] In diesem Rahmen schreibt er ebenfalls der Kunst eine bildende Funktion zu. „Die größte Sensibilität für die Natur haben vermutlich noch die Künstler – selbstverständlich auch dann, wenn sie 'ungegenständlich' arbeiten, denn mit den Elementen haben sie es allemal zu tun. Die maßgeblichste Schulung der Sinne ist also wohl die durch das Kunsterleben."[549]

3.2.3 Jörg Zimmermann „Zur Geschichte des ästhetischen Naturbegriffs"

Jörg Zimmermann verlangt mit Bezug auf die Kant' sche Formulierung einer „Zweckmäßigkeit ohne Zweck" ein neues ethisches Verhältnis des Menschen zur Natur. „Eine neue Ästhetik der Natur kann daher letztlich nur in Verbindung mit einer neuen Ethik der Natur entwickelt werden (...)."[550] Das Ergebnis seiner historischen Betrachtung deutet in eine ähnliche Richtung wie Gernot Böhmes Naturästhetik. „Die wahrhaft utopische Perspektive einer neuen Ästhetik der Natur aber ist die reale Vermittlung von Kunst und Natur in Gestalt einer Poiesis, die verallgemeinert, was in der Ästhetik des Landschaftsgartens gegen Ende des 18. Jh. projektiert worden ist: 'künstlerische Gestaltung der Landschaft, ein Kunstwerk, dessen Kunstmittel seine natürlichen Gebilde in ihren natürlichen Formen waren'."[551]

3.2.4 Interdisziplinäre Ansätze in Biologie und Psychologie

Nicht nur in der Philosophie, auch in anderen wissenschaftlichen Disziplinen zeigt sich ein Interesse an einer alternativen Auseinandersetzung mit der Mensch-Natur-Beziehung.

Aus biologischer Perspektive betrachten Jutta Müller-Karch und Bernd Heydemann in ihrem Werk *Elementare Kunst in der Natur* das Verhältnis von Natur und Ästhetik.[552] Sie gehen davon aus, daß gewisse ästhetische Anlagen dem Menschen angeboren sind. Versuche mit Kleinkindern, die geordnete Muster und parallele Strukturen ungegliederten vorziehen, belegen dies.[553] Weiterhin beziehen sie sich auf Ergebnisse der Verhaltensforschung, die zeigen, daß die Wahrnehmung bestimmter Gestalten bestimmte Emotionen auslösen. So verursacht das Erkennen von Ordnungsprinzipien in der Regel positive Emotionen – ästhetisches Empfinden.[554] In einer Bevorzugung von in der Natur vorgegebenen Mustern und Farben (z. B. Blümchenmuster) artikuliert sich demnach ein Mangel an Natur.[555]
Die Autoren gehen in der Konsequenz davon aus, daß für einen gezielten Schutz der Umwelt bei den angeborenen Bindungen angesetzt werden muß.[556] Wiederum kommt der Kunst eine wichtige Aufgabe zu: „Die Kunst als solche wäre dann die Fähigkeit, die verschiedensten Eigenschaften im Betrachter in Tätigkeit zu setzen, die schließlich zu einer ästhetischen Erlebnisfähigkeit oder Wahrnehmungsfähigkeit führen."[557]
Müller-Karch und Heydemann glauben, daß das angeborene Verhalten zur Ästhetik in der Natur außerdem durch ästhetische Umweltpädagogik vertieft werden könne. Ästhetik und Schönheit sind für sie keine neuen Dimensionen des menschlichen Geistes, sondern bedeuten die Bevorzugung des Erlebnisses geordneter Farben und Formen im Gegensatz zu einer wenig differenzierten Umwelt.[558]
Die menschliche Bindung an die Vielfalt und Schönheit der Natur sei jedoch infolge der Umweltzerstörung in Gefahr. Eine Vernichtung der eigenen unverzichtbaren Lebensgrundlage würde negative psychische Folgen haben. „Die Gefahr der ständig beschleunigten Umweltzerstörung liegt nicht nur in der Vernichtung von Ökosystemen und Arten und ihres biogenetischen Potentials. Es sind viel weitergehende Schäden zu beklagen: Unsere angeborenen Bindungen an die Ästhetik der großen Architektur der Natur – der Landschaft – und an die Ästhetik der Mikroarchitekturen in diesen Lebensräumen werden zerstört. Der Mensch muß als Konsequenz in seiner Seele krankhaft verarmen."[559]

Mit den psychologischen Auswirkungen der problematischen Mensch-Natur-Beziehung versuchen sich verschiedene Autoren, hauptsächlich Psychologen, daneben jedoch auch Gernot Böhme, in dem Buch *Mensch-Natur* auseinanderzusetzen.[560] Nachdem sich bisher die Psychologie der Herausforderung durch die ökologische Krise kaum gestellt hat, wird hier der Frage nach psychologischen und pädagogischen Voraussetzungen für einen Bewußtseinswandel nachgegangen. Ein gestörtes Verhältnis des Menschen zu sich selbst wird für die ökologische Krise verantwortlich gemacht.[561]
Obwohl, wie bereits festgestellt, der Begriff der „Natur" schwierig zu fassen bzw. zu definieren ist, scheint die Natur eine wichtige Orientierungsfunktion für den Menschen zu besitzen. Dieser gewinnt aus dem Bezug zur Natur Sinnbezüge für sein Dasein.[562] Der natürliche Teil des Menschen – der Leib, der als Zentrum menschlicher Existenz in der Natur begründet ist – fand bisher in der Psychologie wenig Berücksichtigung. Daraus ergibt sich für die Autoren die Frage, welche Auswirkungen die zerstörte Natur auf unsere Natur hat.[563] Weiterhin wird (vor allem an Kindern und Jugendlichen) untersucht, wie wichtig das Naturerleben für eine gesunde psychische Entwicklung ist. Es wird festgestellt, daß sich die menschliche Beziehung zur Natur erst über Gefühle entwickelt. Das menschliche Handeln wird zunächst einmal vom Vertrauen in die Natur getragen. Durch eine zunehmende Entfremdung von der Natur wird dieses Verhältnis jedoch gebrochen und äußert sich in Naturvergessenheit. Die Natürlichkeit des Menschen wird ins Unbewußte verdrängt und damit Gegenstand der Psychologie.[564]

Der Meeresbiologe und Philosoph Andreas Weber faßt 1997 in einem Essay unter der Frage *Was ist so schön an der Natur?* die geschilderten philosophischen, biologischen und psychologischen Ansichten noch einmal zusammen.[565] Er thematisiert dabei ebenfalls die sinnliche Erfahrung, die er als die „Quelle des Schönen" bezeichnet und sieht das Schöne gleichzeitig mit der Natur im Schwinden begriffen.[566]
Eine Ursache hierfür sieht er ebenfalls in der Ignoranz gegenüber unserer eigenen leiblichen Natürlichkeit und dem durch die Rationaliät bedingten Vergessen, daß die Menschen ihre Welt mit den Sinnen erfahren. Auch für ihn zeigen bereits die Dinge, mit denen wir uns umgeben, wie Haustiere, Blümchentapeten und Topfpflanzen, unser Bedürfnis nach Natur.
Weber bezieht sich auf den amerikanischen Biologen Edward O. Wilson, der glaubt, daß der Mensch ohne das Erlebnis des Naturschönen seelisch zu verkümmern drohe.[567] Wie bereits Müller-Karch und Heydemann, greift auch Weber auf die biologische Erkenntnis angeborener ästhetischer Grundbedürfnisse zurück. „Möglicherweise haben sich also im Verlauf der menschlichen Entwicklungsgeschichte bestimmte Naturformationen mit entsprechenden Emotionen verkoppelt, die ohne die Erfahrung solcher Natur gar nicht entstehen können. In diesem Fall ist der Mensch im Begriff etwas zu zerstören, das er nicht nur für sein materielles, sondern auch für sein seelisches Überleben unbedingt braucht."[568] Eine besonders wichtige Funktion des Naturschönen in diesem Zusammenhang sieht Weber in der Aussöhnung des Individuums mit seiner Endlichkeit und Vergänglichkeit. Die Natur lebt in ihrem Kreislauf immer wieder auf. In der derzeitigen Situation jedoch „läuft der Mensch Gefahr, mit der Natur auch die Kultur einzubüßen".[569]

3.3 Zum Verhältnis von Theorie und Praxis

Die verschiedenen hier geschilderten Erkenntnisse bilden mit ihren übereinstimmenden Ergebnissen einen geeigneten theoretischen Hintergrund für die in dieser Arbeit beschriebene Kunstrichtung. Anders als die philosophische Reflexion[570] scheint die künstlerische Praxis die Zeichen der Zeit jedoch früher erkannt zu haben und bestätigt damit die Charakterisierung der Künstler als „Seismographen"[571] der Gesellschaft. Die philosophische Theorie nimmt allerdings bis auf wenige Ausnahmen die bereits erfolgte künstlerische Auseinandersetzung mit unserem Naturverständnis kaum zur Kenntnis. Manfred Smuda deutet zwar auf neue Tendenzen hin, geht jedoch nicht weiter auf sie ein: „Wie die Forschung der letzten Jahre uns die Symptome unseres gestörten Naturverhältnisses bewußt macht, so sind auch die zeitgenössischen Künste um eine Sensibilisierung unserer Wahrnehmung bemüht, um die durch Werbung und Massentourismus verschütteten Kontakte zur Natur wieder zu beleben. So versucht z. B. die Land Art, Natur als einen Empfindungs- und Wahrnehmungsraum, in dem eine Beziehung von Mensch und Umwelt allererst wieder möglich werden soll, wiederzugewinnen."[572] In seinem Band zum Thema „Landschaft" finden sich jedoch ungeachtet dieser Erkenntnis nur Abhandlungen über die Landschaftsmalerei als Medium der künstlerischen Beschäftigung mit der Natur.
Einzig Gernot Böhme wird in seiner Entwicklung einer ökologischen Naturästhetik konkreter und nennt bekannte Künstler wie z. B. *Nikolaus Lang* oder *Giuseppe Penone*, die den etablierten Strömungen der „Spurensicherung" und „Arte Povera" zugerechnet werden können, als Beispiele. „Die Natur ist ein Thema – allenthal-

ben, so auch in der Kunst. Zeigend erinnernd, klagend und anklagend, warnend weist zeitgenössische Kunst auf Natur."[573]

Umgekehrt ergibt sich ein vergleichbares Bild, wenn nach der Adaption theoretischer Abhandlungen zum Thema „Kunst und Natur" durch Natur-Künstler gefragt wird. Wenige Künstler haben sich mit philosophischen Theorien über die Natur auseinandergesetzt.[574] Die Philosophie gibt allerdings auch keine konkreten Hinweise, wie die Kunst die gestellte Aufgabe bewältigen könnte. So betreiben die meisten Künstler ihre eigene Grundlagenforschung und entwickeln damit letztendlich ähnliche Vorstellungen wie die Philosophen. Am auffälligsten ist die Übereinstimmung in der Erkenntnis, daß eine Änderung des menschlichen Verhältnisses zur Natur nur über eine Sensibilisierung der Wahrnehmung erzielt werden kann.

Im folgenden soll nun betrachtet werden, was die Praxis im Vergleich zur Theorie bisher geleistet bzw. erreicht hat und welche Aufgaben sich aus den Ergebnissen für die Zukunft ergeben.

4. Kritische Betrachtung – Funktion und Perspektive einer Natur-Kunst

Angesichts einer nun fast dreißigjährigen kontinuierlichen, unmittelbaren künstlerischen Auseinandersetzung mit der Natur und ihrem Material stellt sich die Frage nach den Ergebnissen und Perspektiven einer Kunst in und mit der Natur. Was wurde bisher erreicht und welche Aufgaben kann diese Kunst in Zukunft übernehmen? Ist eine Weiterentwicklung möglich? Das in dieser Arbeit zusammengetragene Material bietet erstmals eine breite Basis für eine Bilanz.

Angesichts der wenigen, meist beschreibenden Literatur zum Thema Natur-Kunst und einem damit verbundenen Mangel an kritischen Stimmen, wird jedoch noch einmal die Land Art zu einem Vergleich herangezogen.

Anhand einer kritischen Analyse einiger hauptsächlich der amerikanischen Land Art entgegengebrachter Vorwürfe, die der Natur-Kunst vorgehalten werden, wird hier die Leistungsfähigkeit der Natur-Kunst überprüft. Die bereits in Kap. 1.1.4 angedeuteten Unterschiede sollen dadurch noch deutlicher herausgearbeitet und damit die Entwicklungsfähigkeit der Natur-Kunst als einer zwar unbekannteren, im Ergebnis jedoch möglicherweise effektiveren Variante der künstlerischen Auseinandersetzung mit der Natur dargestellt werden.

4.1 Land Art und Natur-Kunst Eskapismus – Primitivismus – Romantizismus – Subjektivismus – Gigantismus

Eskapismus und Primitivismus

Der gegen den Kunstmarkt gerichtete Rückzug der Land Art in abgelegene Wüstengegenden wurde oft als Flucht interpretiert. Rolf Wedewer bemerkt hierzu im Jahrbuch des Städtischen Museums Leverkusen zum Thema *Kunst als Flucht – Flucht als Kunst* 1971: „Das Ritual der Land-art, so könnte man weitergehen, ist eine Beschwörung des Unbekannten, es ist dies in der Konsequenz ein typisches Verhalten entweder angesichts einer mangelhaften Naturerkenntnis und -beherrschung oder ein Fluchtsymptom angesichts einer höchst rationalisierten, perfektionierten und also von Grund auf positivistischen Funktionswelt, die dem individuellen Freiheitsbedürfnis außerhalb ihrer Normen keinerlei Raum mehr gewährt."[575]

Mit dieser Flucht vor den Zwängen der Zeit, die für sich gesehen nicht unbedingt negativ zu interpretieren ist, da sie gleichzeitig Kritik an der Gesellschaft artikuliert, verbindet sich weiterhin ein Rückgriff auf eine archaische Formensprache (s. Kap. 1.1.4), der im übertragenen Sinne ebenfalls als Flucht interpretiert wird. Neben südamerikanischen Tempelanlagen und kultischen Anlagen übten vor allem die Erdzeichen von Nazca in Peru[576] eine große Anziehungskraft auf die amerikanischen Landschaftskünstler aus, die sich z. T. wie z. B. in *Walter de Marias* „Las Vegas Piece" (Desert Valley, 1969)[577], vier acht Fuß breiten in den Boden eingekerbten Erdfurchen, unmittelbar in deren Werk niederschlug.

Kritiker warnten angesichts dieser – in ihren Augen – rückwärtsgerichteten Tendenzen vor der Gefahr einer allgemeinen Bewußtseinsregression. „Hinter den Entwicklungs- und Erfahrungsstand seiner Zeit zurückkehren zu wollen in der Annahme, man könne durch die bloße Verweigerung Zwang und Widersprüchlichkeit der politischen, sozialen und ökonomischen Mechanismen verändern und letztlich aufhalten, ist reiner Eskapismus, ist naiv."[578]

Der „neue Primitivismus"[579] der 60er Jahre entstand jedoch auf der Basis eines veränderten Verständnisses des Primitiven, das auf die Schriften des französischen Ethnologen Claude Levi-Strauss zurückzuführen ist. In Werken wie *Das wilde Denken* (1969) und *Traurige Tropen* (1960) übte er massiv Kritik an den Anmaßungen der modernen Gesellschaft und machte deutlich, daß die westliche Kultur nicht fortschrittlicher, sondern primitiven Kulturen vielmehr in vielen Dingen unterlegen ist.

Der bewußte künstlerische Rekurs auf Geschichte und Traditionen entsprach insofern in einer Zeit hochgradiger Entfremdung von der Natur dem zunehmenden Bedürfnis nach einer Wiederherstellung der ursprünglichen Einheit mit der Natur. An anderer Stelle bemerkte Rolf Wedewer in einem Beitrag über Land Art: „Auffallend ist auch hier die ausgesprochene Absicht, durch solche Analogien zu Erscheinungsformen früherer Kulturen die Gegenwart wieder ihres geschichtlichen Hintergrundes und Wurzelbodens zu versichern."[580]

Annelie Pohlen verwies im Zusammenhang der Ausstellung „Mythos + Ritual in der Kunst der 70er Jahre", die 1981 in Zürich europäische Erscheinungen wie „Spurensicherung" und „Individuelle Mythologien" zusammenfaßte, auf die in der Kunst liegende Möglichkeit einer positiven Utopie. Sie interpretierte den Rückgriff auf „Mythen und Rituale heute also nicht als Wiederbelebung einer – möglicherweise nie existierenden – naiven Einheit von Mensch und Kosmos, sondern als poetische Energieträger einer Idee. (...) Es geht nicht um das Faktische einer kultischen Vergangenheit, sondern um Sinn-Bilder, Energieträger für intuitives Erkennen, um Fermente in einem Teig, aus dem Utopie sein könnte."[581]

Auch Tillman Osterwold wendet sich im Katalog der Wiener Ausstellung „Von der Natur in der Kunst" gegen die für einige Arbeiten sicherlich zutreffende einseitig negative Bewertung, die die künstlerischen Arbeiten in und mit der Natur „ als 'Flucht vor der Wirklichkeit' oder 'wirklichkeitsfremde Ideologie' apostrophiert, wobei sie doch existentielle Versuche sein können, eine Einheit mit der Natur – wenigstens in individuellen Ausschnitten und begrenzten Sektoren – wiederzugewinnen: Nicht anders sind Richard Longs Steinsetzungen und Wanderungen zu verstehen (...)."[582]

Andererseits vereinfacht der antimoderne, anti-avantgardistische Rückgriff auf eine elementare Formensprache die Kontaktaufnahme mit dem Publikum. „Die Öffnung zum menschlichen Gegenüber, sprich die *Kommunikation* zwischen Kunstwerk und Rezipienten, wird erleichtert durch die Verwendung archaischer Symbolik und der traditionellen Handhabung „unedler" Naturmaterialien."[583] Hierin zeigt sich der Versuch, die Kluft zwischen Kunst und Gesellschaft und damit die viel beschworene „Krise der Kunst"[584] zu überwinden.

Während in Amerika der Abstand zwischen Kunst und Betrachter durch die Unerreichbarkeit der Werke eher vergrößert wurde, fehlte es im dicht besiedelten Europa an Fluchträumen. Die Kunst näherte sich hier schon wegen fehlender Rückzugsmöglichkeiten dem Betrachter. Ein romantisierendes „Zurück zur Natur", eine Flucht in die unberührte Natur, war aufgrund der historischen Gegebenheiten nicht möglich. Daher ergab sich auf dem europäischen Kontinent von vornherein eine Auseinandersetzung mit dem Prozeß der Entstehung und Kultivierung der Landschaft. Thomas Kellein bemerkt 1986 im Katalog der Kölner Ausstellung „Europa-Amerika. Geschichte einer künstlerischen Faszination seit 1940": „Während sich die der Land Art im weitesten Sinne nahestehenden europäischen Künstler – das gilt vor allem für Marinus Boezem, Mark Boyle, Ian Hamilton Finlay, Barry Flanagan, Hamish Fulton, Günter Uecker und später auch Jean Verame und Hannsjörg Voth – stets dem historisch komplexen Prozeß der Zivilisation von Landschaft gewidmet haben, ist die damalige Stadtflucht aus New York kunstgeschichtlich nur mit dem Auszug nach Barbizon in Frankreich um 1850 zu vergleichen."[585]

Romantizismus – Subjektivismus

Die Auseinandersetzung mit einer bereits menschlich geformten Landschaft, d. h. mit einer realistischen Situation zeigt, daß auch der Vorwurf eines der Land Art häufig entgegengehaltenen „romantisch-schwülstigen Pessimismus"[586] auf die Natur-Kunst nicht zutrifft. Die amerikanischen Land Artisten greifen die bereits von den Romantikern entdeckte Entsprechung von „Regungen des Gemüts" und Zuständen der Natur wieder auf.[587] Der romantische Eindruck wird durch das Spezifische der gewählten Landschaften (Wüste) verstärkt. Die menschenleere Weite der Landschaft relativiert die menschlichen Möglichkeiten. „In der topographisch extremen Plazierung der Werke äußert sich das Pathos der großen Geste und der Einsamkeit."[588] Für *Walter de Maria* gilt: „Einsamkeit ist die Grundvoraussetzung der Land-art."[589]

An seinem Werk „Lightning Field" läßt sich die Vorliebe einiger amerikanischer Künstler für die in der romantischen Tradition stehende Kategorie des „Erhabenen" wie Edmund Burke sie 1757[590] formulierte, besonders deutlich nachvollziehen. Das „Erhabene" als das Schreckenerregende, Rätselhafte, Unbestimmte einer Natursituation ermöglicht demnach eine höhere ästhetische Erfahrung. Bereits in seinem 1960 formulierten Text „Über die Wichtigkeit von Naturkatastrophen" formuliert *de Maria* seine Einstellung: „Ich mag Naturkatastrophen, und ich denke, sie könnten die höchstmögliche Form von Kunsterfahrung sein... Wenn alle Leute, die in Museen gehen, nur ein Erdbeben fühlen könnten."[591] Tatsächlich bietet sich dem Zuschauer ein schaurig-schönes und nebenbei wahrscheinlich nicht ungefährliches Naturschauspiel, wenn bei einem Gewitter Blitze in die Metallstangen des „Lightning Field" (Abb. 4) fahren.

Sybille Berger stellt die deutsche Natur-Kunst in ihrer Arbeit in die Tradition der Frühromantik. Sie bezieht sich dabei jedoch nicht auf die resignativen Aspekte einer romantischen Natursehnsucht: „Man macht es sich nun aber zu einfach, die in Parallelität zur Romantik verstandene 'Natur-Kunst' in Anbetracht der sich zuspitzenden Umweltkrise durchgängig als resignatives Vorzeigen der verbliebenen Bausteine des Paradieses aufzufassen und das ikonographische Modell 'Landschaft' durchgängig als Verweishorizont anzuführen."[592] Gemeinsamkeiten zeigen sich für sie in einer in der Natur-Kunst vorherrschenden ganzheitlichen Naturauffassung. „Dieser große Zusammenhang ist in seiner Reichweite durchaus analog zur romantischen Idee von einem Natur-Subjekt."[593] Folglich bleiben die übergeordneten romantischen Anknüpfungen der Natur-Kunst von negativen Konnotationen verschont.

Tilman Osterwold sieht die Natur, die der Künstler seinen Interessen unterordnet, als „Schlachtfeld der subjektiven Begierde nach Bildern".[594] Ebenfalls am Beispiel von *de Marias* „Lightning Field" (Abb. 4) kritisiert er die künstliche Steuerung von Empfindungen gegenüber der Natur, die den entfremdeten Menschen von einer eigenständigen unvoreingenommenen Annäherung an die Natur abhält.

Dieser von Osterwold bemängelte subjektive Inszenierungsdrang der amerikanischen Land Art artikuliert sich im Fall der Natur-Kunst anders. Er trifft teilweise durchaus für die Arbeiten zu, die sich bewußt von der Natur absetzen und diese mehr im Sinne des bereits erläuterten Begriffes einer Natur-Skulpur oder einer „Kunst in der Natur" als Hintergrund verstehen. Die vielen „leisen" Arbeiten in der Natur jedoch, bei denen der Künstler sich durch eine verhaltene Gestaltung zurücknimmt und durch eine Übergabe des Kunstwerkes an die Natur im Sinne einer Vergänglichkeit sein Werk preisgibt, lassen den Vorwurf im Hinblick auf die Natur-Kunst ins Leere laufen. Berger beschreibt die Bemühungen um einen anderen Umgang mit der Natur wie folgt: „An der utopischen Vorstellung einer Versöhnung festhaltend erscheint es als eine konsequente Reaktion auf die Folgen der fortschreitenden Objektivierung der Natur durch die Verfügungsgewalt der Gesellschaft, wenn das Künstler-Subjekt zurücktritt."[595]

Die auf Symposien häufig fehlende Erläuterung oder Beschilderung der Werke in der Natur, die dem Betrachter ein anonymes Werk ohne Rezeptionsvorgabe darbieten, bewirken um so mehr eine Absage an die Subjektivität des Künstlers und die Autonomie des Kunstwerks. Gebrauchsanleitungen, wie sie z. B. *Walter de Maria* für seine organisierten Touren zum „Lightning Field" liefert, gibt es nicht. In den meisten Fällen hat so auch der zufällig vorbeikommende Passant die unmittelbare Möglichkeit, zum Betrachter eines Kunstwerkes zu werden. Der Rezipient kann somit unvorbereitet und dadurch emotional unbeeinflußt und unvoreingenommen auf Natur-Kunst treffen.

Die deutlich romantisch-subjektivistische Tendenz der Land Art verbindet sich auf besondere Weise mit einem typisch amerikanischen Eroberungsdrang. Patrick Werkner führt die „wilderness"- Faszination auf die amerikanische Landschaftsästhetik des 19. Jahrhunderts zurück, die durch den Prozeß der Landnahme, der Erschließung des Kontinents, insbesondere des „Wilden Westens" bestimmt wurde.[596] Varnedoe spricht in diesem Zusammenhang vom „heroischen Wildwestkünstler".[597]

Gigantismus

Der spezifisch amerikanische Pioniergeist ging einher mit einer Vorliebe für das Monumentale und uferte schließlich in eine Art Gigantismus aus. Im Gegensatz zu ihren primitiven archaischen Vorfahren bedienten sich die amerikanischen Künstler zur Verwirklichung ihrer Arbeiten der modernen Großtechnik, wie insbesondere die gewaltigen Sprengungen und Erdbewegungen *Michael Heizers* für seine Arbeit „Double Negative" (Abb. 2) deutlich machen.[598] *Carl Andre* machte sogar den Vorschlag, eine 1000 Kilo-Bombe aus 10.000 Fuß Höhe abzuwerfen, um eine Kraterskulptur entstehen zu lassen.[599]

Abgesehen von dem bereits mehrfach angedeuteten fehlenden Raum für – der Land Art vergleichbar – monumentale Werke, zeigt sich in Europa ein anderes und respektvolleres Verhältnis zur natürlichen Umgebung. Petra Kipphoff schreibt über die Wanderungen *Richard Longs*: „Das ist nicht zufällig die englische Variante der Land-art, die mehr die Phantasie benutzt als den Bulldozer, die mehr von der Poesie geleitet ist als von der betonten Männlichkeit des Pioniergeistes."[600]

Ulrich Bischoff unterscheidet in einer Schilderung des Materialbegriffes in der bildenden Kunst der letzten zwanzig Jahre zwischen großen und kleinen Gesten und schreibt mit Bezug auf eine Arbeit von *Walter de Maria* in der Stuttgarter Staatsgalerie: „Diese Entwicklung zum Gigantismus, zu einem Umgang mit Material, der mehr zur Quantität als zur Qualität tendiert, in dem der benutzte Werkstoff als beliebig verfügbare Ressource verwendet wird, ist nicht nur im Werk von Walter de Maria zu beobachten. (...) Während künstlerische Äußerungen mit dem Signum der 'großen Geste' in der Tendenz den demiurgischen Eingriff in die Welt, die schöpferische Gestaltung verkörpern, also in erster Linie auf sich selbst verweisen, sind die „kleinen Gesten" auf anderes gerichtet. (...) das ungebrochene – naturbrechende Bewußtsein des Kulturheroen, des Künstlers als Herakles, der die chaotische Welt ordnet, ist bewußt aufgegeben zugunsten einer leisen Annäherung (...)."[601]

Solchen Annäherungen entsprechen die Arbeiten vieler Natur-Künstler auf Symposien in Deutschland. *Doris Cordes-Vollert* schreibt 1989 über „Die Idee vom dialogischen Arbeiten in der Natur": „Wir wollen Gestaltungen oder Darstellungen versuchen, die nicht wieder nur in üblich monologischer Weise die Mittel, die die Natur zur Verfügung stellt, ausbeutet und benutzt, sondern: wir wollen das Prozeßhafte der sich immer ändernden Natur aufgreifen, um uns in ebenso prozeßhaften künstlerischen Gestaltungen mit ihr dialogisch zu verbinden."[602]

Im Konzept der Künstlerinnengruppe „Seltene Erden" heißt es: „Wir verstehen uns als Künstler, die dialo-

gisch in die Natur gehen, sie sehen, sie benutzen, sie aber nicht vergewaltigen, sie nicht verhübschen, sie nicht imitieren, sondern mit ihr so kommunizieren, daß sie neue Facetten zeigt."[603] Kleinere Dimensionen und ein vorsichtiger, respektvollerer Umgang mit dem natürlichen Material kennzeichnen einen weniger subjektiven Gestaltungswillen.
Als Resümee kann damit festgehalten werden, daß die speziell der Land Art entgegengebrachten allgemeinen Vorbehalte gegenüber der Natur-Kunst weitgehend nicht aufrechterhalten werden können.

Im nachfolgenden Kapitel sollen Ziele und Visionen sowie Aufgaben und Funktionen der Natur-Kunst untersucht werden.

4.2 Natur-Kunst – Kompensation, gesellschaftliche Relevanz oder Basis für existentielle Erfahrungen?

Im Hinblick auf Entwicklung und Zukunft der Natur-Kunst finden sich in der jüngeren Literatur einige opportunistische, nicht uneingeschränkt nachvollziehbare Äußerungen. Mit Bezug auf das Material bemerkt Maria Lauber: „Somit läßt sich zweifelsfrei prognostizieren, daß das Interesse an Kunst, die sich mit natürlichen Materialien auseinandersetzt, noch zunehmen wird, und je größer eben der Naturanteil im Werk ist (sprich, sowohl die konsequente Materialwahl wie die große Rolle der Auseinandersetzung mit dem jeweiligen Ort, der möglichst häufig im Freien sein sollte), desto stärker wird dies geschehen."[604] Diese und andere Bemerkungen[605] lassen auf eine unzureichende Auseinandersetzung mit dem wirklichen Geschehen schließen, da sie zu einem Zeitpunkt erfolgt sind (1995), an dem die Entwicklung der Natur-Kunst-Symposien zumindest hinsichtlich der Zahl der jährlichen Veranstaltungen bereits ihren Höhepunkt (1992, s. Kap. 2.3.2) erreicht hatte und somit bereits eine Fülle von Arbeiten in und mit der Natur auf deutschem Boden entstanden waren.
Kritischere Äußerungen zu einer Weiterentwicklung kommen dagegen etwa von seiten der Künstler, die aufgrund eigener Erfahrungen und Kontakte z. T. über einen umfangreicheren Kenntnisstand hinsichtlich der Entwicklungen verfügen.
So verurteilten *Harald Finke* und *Heinz Gödecke* bereits im Katalog zur Ausstellung „Verhalten in der Natur" (Hamburg 1983) die mit der Motor-Säge gefertigte Natur-Skulptur und die mit Bulldozern geschobene Land-Art als „Durch-Gestaltetes" und gaben Beispiele eines anderen, „behutsameren" künstlerischen Umgangs mit der Natur.[606] Sie bemängelten die Nutzung der Natur als bloßes Material und die Unterwerfung derselben unter einen subjektiven Gestaltungswillen.
Auch die 1996 geäußerte Kritik von *Doris Cordes-Vollert* geht in diese Richtung. Als alternative Herangehensweise propagiert sie die „dialogische Arbeit" in und mit der Natur. „Kunst kann aber Natur nicht dadurch retten, daß Künstler mit Naturmaterialien selbst Erfahrungen machen. Statt die letzten Wälder zu zerschnitzen, alles unter dem erhabenen Anspruch, auf den letzten Rest der irdischen Vergangenheit hingewiesen zu haben, sollten sie darüber lieber nachdenken."[607] Dialogisches Arbeiten „... setzt ein Hinhören voraus, ein Ab-

Abb. 116 Arndt Weigend, Arche, Waren 1992, Foto der Verfasserin.

warten und das Beenden von Setzungen aus einzig und allein unserer anthropozentrischen Weltsicht heraus. Der Natur keine Vorschriften machen, wie sie sich zu verhalten habe, sondern ihr Mittuen akzeptieren und einplanen."[608]

Tatsächlich zeigt sich auf den Symposien ein sehr unterschiedlicher Umgang mit der Natur. *Finke* und *Gödecke* bezeichnen eine der Positionen treffend als Natur-Skulptur. In der Einordnung der künstlerischen Arbeiten (s. Kap. 2.5) wurden diese Arbeiten unter dem Punkt *Entgegensetzung* bereits näher charakterisiert. Dem dort angeführten Beispiel „Pyramide" (Abb. 18) von *Jan Meyer-Rogge* (Neuenkirchen 1977) können weitere einleuchtende Beispiele hinzugefügt werden, die von figürlichen Holzskulpturen (z. B. die „Arche" von *Arndt Weigend* (Abb. 116), Waren 1992 oder die „Liegenden" von *Gertraut Wendland*, Waren 1992 und *Gertraude Bauer*, Neustrelitz 1993) bis hin zu abstrakten Stelen („Das aufgespießte Oval" u. „Die große Bauchige" von *Peter Hauck*, Saig 1987; „Feurige Köpfe-Land" von *Klaas Kamphuis* (Abb. 117), Pritzen 1995) reichen. Kennzeichnend für solche Natur-Skulpturen sind neben einer deutlichen optischen Absetzung vom Umfeld meist ein fehlender direkter Standortbezug, d. h. das Werk hätte auch an einem anderen Ort aufgerichtet werden können. Unter Umständen werden solche skulpturalen Arbeiten durch eine öffentliche Ausschreibung und das damit zusammenhängende Bewerbungsverfahren, das konkrete Entwürfe verlangt, gefördert (s. Kap. 2.8). Natur-Skulpturen bestehen zwar aus Naturmaterialien, sind aber der autonomen Skulptur im klassischen Sinne zuzurechnen, könnten also, sofern ihre Größe es zulässt, genausogut im Museum aufgestellt werden. Eine Häufung solcher Arbeiten im natürlichen Umfeld ließe tendenziell eher einen Skulpturenpark entstehen. Die künstlerische Intention der Sensibilisierung des Rezipienten (s. Kap. 2.5.7) erfordert aber die Konzeption von Erfahrungs- oder Erlebnisräumen. Dadurch, daß solche Skulpturen prinzipiell austauschbar sind, werden sie den besonderen Aufgaben der Natur-Kunst in diesem Sinne nicht oder nur teilweise gerecht.

Die von *Cordes-Vollert* und *Finke* geforderte Natur-Kunst beschreitet dagegen einen ganzheitlichen Weg. Dieser setzt zuallererst eine künstlerische Selbsterfahrung in der Natur voraus. Zum „dialogischen Arbeiten" erläutert Cordes-Vollert: „Es bedeutet, dem Gegenüber, dem Anderen zuhören. (...) Dennoch hängt eine Bemerkung des Anderen selbstverständlich auch mit der Selbstreflektion zusammen. Ich kann den Anderen nicht wirklich wahrnehmen, ohne mich genügend selbst zu kennen, ohne zu wissen, was ich eigentlich brauche, wer ich bin und was ich fühle."[609] Untersucht man nach diesen Anweisungen erstellte Kunstwerke auf ihre Funktion hin, so stehen sie zunächst für eine subjektive künstlerische Selbsterfahrung in der Natur, die der Kompensation, aber auch der existentiellen Erfahrung dienen kann. Die Durchführung singulärer Aktionen in der Natur, wie z. B. die Steinsetzungen von *Michael Enneper* im Siebengebirge[610] und die Arbeiten von *Carl Vetter* in Irland[611] deuten in diese Richtung. Nicht umsonst haben sie starke Ähnlichkeit mit den Werken *Richard Longs*, der ebenfalls die Isolation vorzieht und in der Natur-Kunst eine besondere Position einnimmt.[612] Auch einige eher als private Arbeitstreffen aufzufassende Symposien verschiedener Künstler (Lindlar 1989, Duisburg 1993), an denen nur wenig oder gar kein Publikum partizipierte, deuten in diese Richtung. Die Subjektivität dieser künstlerischen Experimente im Sinne einer Selbsterfahrung bedeutet jedoch nicht, daß nicht auch ein Betrachter diese Arbeit einer Deutung zuführen könnte. Im Gegensatz zur statischen Natur-Skulptur handelt es sich hier eher um einfühlsame Auseinandersetzungen mit der jeweiligen Umgebung, meist ausgeführt von „Überzeugungstä-

Abb. 117 Klaas Kamphuis, Feurige Köpfe Land, Pritzen 1995, Foto der Verfasserin.

tern“ auf dem Gebiet der Natur-Kunst.
Ein Großteil der Installationen beispielsweise, die bereits unter den Gesichtspunkten *Individuelle Mythologien und archaische Reminiszenzen* (s. Kap. 2.5.5) sowie *Naturprozeß und Naturkraft* (s. Kap. 2.5.4) zusammengefasst wurden, dienen nicht nur der individuellen Naturerfahrung des Künstlers, sondern bieten auch dem Rezipienten einen Einstieg. Indem diese Arbeiten sich auf die Geschichte und auf Bedingungen der menschlichen Wirklichkeitserfahrungen beziehen, referieren sie auf das von Jung so genannte „kollektive Unbewußte“[613], das auf einem gemeinsamen Erfahrungshintergrund beruht. Insofern können diese Arbeiten im unmittelbaren Erlebnis eine Bereicherung der Wahrnehmung und eine Basis für existentielle Erfahrungen in den unterschiedlichsten subjektiven Ausprägungen sein. Zur Rolle des Betrachters bemerkt Bücher-Vogler: „In der Auseinandersetzung mit dem Kunstwerk ist die Utopie eines harmonischen Verhältnisses zwischen Mensch und Natur von jedem Betrachter selbständig herzustellen. Das Kunstwerk gibt kein Programm vor, die Individuelle Mythologie des Künstlers wird in der Auseinandersetzung mit dem Werk zur Individuellen Mythologie des Betrachters.“[614]
Der Rückgriff auf eine archaische Formensprache kann in diesem Zusammenhang als Kunstgriff, als Anknüpfungspunkt für eine Verständigung mit dem Betrachter interpretiert werden. „Über die Rückbesinnung auf diese (archaischen, Anm. d. Verf.) Gestaltungsmuster, die selten an Erhabenheit grenzen, nimmt der Natur-Künstler einen sehr intimen Dialog mit dem Betrachter wieder auf.“[615] Dies kann Vorwürfen, die die sogenannten positiven Utopien (s. Kap. 4.1) der Natur-Kunst für unrealistisch halten, entgegengehalten werden. Tilmann Osterwold sieht in seinem Katalogbeitrag zur Ausstellung „Von der Natur in der Kunst“ (Wien 1990) die künstlerische Utopie einer Wiederherstellung der verlorengegangenen Einheit mit der Natur im Widerspruch zu den realen Gegebenheiten. Für ihn besteht die Gefahr einer lediglich romantisierenden Kompensation von Zukunftsängsten. Die „Kultivierung der Natur ging sehr früh konform mit Natur-Kult; heute werden kultische Formen als Plagiate einer Ohnmacht kultiviert.“[616]
Ähnlich argumentiert Anne Hoormann, die die Sehnsucht nach einer intakten Natur für ignorant gegenüber der Naturzerstörung hält. „Viele der später entstandenen Projekte deutscher Naturkunst verklären dagegen nostalgisch eine bodenverwurzelte bäuerlich-handwerkliche und historisch längst überholte Kultur.“[617] Dieser Einwand mag für einige in ihrer Arbeit herangezogene Beispiele gelten, erscheint jedoch angesichts der Vielfalt und Vielseitigkeit der Natur-Kunst zu einseitig und verallgemeinernd.

Den Künstlern ist die Unmöglichkeit eines Schrittes zurück vor unseren Entwicklungsstand durchaus bewußt. *Thomas Görris*, Teilnehmer der Ausstellung „Verhalten in der Natur“ (Hamburg 1983), formuliert im Katalog deutlich: „..worum es nicht gehen kann: um eine Romantisierung und Mythologisierung der reinen, unschuldigen Natur, einer falschen Vorstellung von einem angenommenen idealen Urzustand der Natur, den es nie gegeben hat.“[618] Insofern geht es den Künstlern weniger um die Verherrlichung vergangener Zustände und verlorener Einheiten, sondern darum, Aufmerksamkeit für die Natur zu wecken und gleichsam unsere emotionalen Bindungen an die Natur wiederzubeleben.
Trotzdem dienen Werke der Natur-Kunst sowohl dem Künstler als auch dem Rezipienten immer auch bis zu einem gewissen Grad der Kompensation von Natursehnsüchten. Da es sich bei dem Zielpublikum in vielen Fällen jedoch nicht wie in der Geschichte der Landschaftsmalerei um die natursehnsüchtige, erholungsbedürftige Stadtbevölkerung, sondern um die ortsansässige Landbevölkerung handelt, spielt der Freizeitwert der Natur-Kunst eine eher geringe Rolle (s. Kap. 2.8). Die künstlerische Kompensation ist, wie angemerkt, persönlicherer Natur und erscheint im Sinne einer Selbsterfahrung in der Natur durchaus legitim.
In beiden Fällen, sowohl für den Künstler als auch für den Betrachter, scheint die über die Kunst erlangte kompensatorische Naturerfahrung jedoch eher eine positiv regulative als eine resignative Wirkung zu erzielen. Der Impuls, einen Denkanstoß zu geben und den Rezipienten über die sinnliche Wahrnehmung für seine Umwelt zu sensibilisieren, steht gegenüber einer beispielsweise der „Neuen Landschaftsmalerei“ von mehreren Seiten vorgeworfenen ohnmächtigen Repräsentation eines Ist-Zustandes[619] deutlich im Vordergrund.

Ein ganz anderes Problem artikuliert sich in einer Erschöpfung der originären Ideen in der Natur-Kunst im Allgemeinen und in einer Erschöpfung der Formensprache im Besonderen. Zweifellos in den meisten Fällen ohne Absicht, kommt es in der jüngeren Generation zu Wiederholungen und Nachahmungen von Objekten und Installationen, die so oder ähnlich bereits früher, z. T. sogar schon in den 70er Jahren realisiert wurden. So zeigt beispielsweise das von *Hermann J. Kassel* für das Symposion anläßlich der Bundesgartenschau in Dortmund 1991 entworfene Objekt „Projekt Palisadengang“ (Abb. 118)[620] große Ähnlichkeit mit der von *Peter Könitz* 1982 in Cuxhaven auf dem Symposion Nordseeküste geschaffenen „Reuse“ (Abb. 38)[621].
Möglicherweise ist dies darauf zurückzuführen, daß Natur-Kunst trotz ihres geringen Bekanntheitsgrades

zu einer gewissen Modeerscheinung avanciert ist. Es ist nichts Neues und Außergewöhnliches mehr, außerhalb des Ateliers mit Naturmaterialien zu arbeiten. Ausschreibungen und Stipendien können außerdem manchmal zu einer Art „Trittbrettfahrerschaft" führen. Künstler versuchen, in der Natur zu arbeiten, weil damit Geld zu verdienen oder weil es gerade „in" ist. Dies kann dazu führen, daß die Motivationen einer künstlerischen Arbeit in der Natur verschwimmen. Aufgrund einer fehlenden Auseinandersetzung mit der bisherigen Tradition und Entwicklung der Natur-Kunst erscheinen die Projekte beliebig austauschbar. Eine Fortentwicklung der Natur-Kunst insgesamt gestaltet sich angesichts der großen Zahl von Mitläufern schwierig. Hoffmanns zur Epigonenwelle geäußerte Kritik geht in eine ähnliche Richtung, wie die Äußerungen von *Cordes-Vollert* und *Finke* und *Gödecke*: „Der Natur-Bildner sah sich veranlaßt, dem Material seinen eigenen Stempel aufzuprägen. Er mußte sich erneut um Gestaltung bemühen, ein verborgenes Prinzip anschaulich werden lassen, Kompositionelles einbeziehen. Dieses war nötig, um auch gegenüber der schnell nachfolgenden Welle der Land-, Erd-, Holz- und Wasserartisten eine Abgrenzung zu erlangen."[622] An anderer Stelle bemerkt er: „Dahinter steht der Versuch, der zu erwartenden Epigonenwelle gegenüber eigenhandschriftliche Vorsprünge zu erlangen und den im Material lagernden mystischen Gehalt durch intelligible Rationalität zu steuern."[623]

Jedoch ist auch zu berücksichtigen, daß der Rückgriff auf archaische Symbole und Formen sich auf ein beschränktes Repertoire bezieht. So finden sich immer wieder Labyrinthe[624], Pyramiden und Spiralen, oder aber auch kultische Rundplätze und somit Kreis- und Ringformen (s. Kap. 2.5.5). Weiterhin grenzen die zur Verfügung stehenden natürlichen Materialien Erde, Stein, Holz, Pflanzen usw. ebenfalls das Wirkungsspektrum der Künstler ein.

Sicherlich lassen sich manche Wiederholungen dem geringen Bekanntheitsgrad vieler Natur-Kunst-Veranstaltungen, der mangelnden Literatur zu dieser Thematik und damit dem kaum vorhandenen Informationsaustausch zuschreiben. Diesem Manko versucht das 1998 von Künstlern, die sich selbst hauptsächlich mit der Natur und ihrem Material auseinandersetzen, neu gegründete Netzwerk – „Artists in Nature – International Network" (s. Kap. 2.3.8) entgegenzutreten. Die Organisation, die sich, wie bereits ausgeführt, zum Ziel gesetzt hat, sowohl Informationen über Natur-Kunst-Veranstaltungen als auch über Künstler, die in und mit der Natur arbeiten, zu sammeln und neue Ideen und Projekte zu diskutieren,[625] könnte damit zu einem hilfreichen Forum für zukünftige Veranstaltungen auf diesem Gebiet werden.

Abb. 118 Hermann J. Kassel, Projekt Palisadengang, Dortmund 1991, aus. Kat. Naturraum – Kunstraum 1991, S. 41.

Vergleicht man die Ziele und Visionen der Natur-Kunst mit den Ergebnissen der bisher abgehaltenen Symposien und Veranstaltungen, so zeigt sich, daß der Erfolg dieser Unternehmungen nur schwer zu messen ist. Nicht nur das örtliche und zeitliche Auseinanderfallen der einzelnen Veranstaltungen in ihren unterschiedlichen Ausprägungen erschweren eine Bilanz. Auch wird der nur langsam voranschreitende Prozeß der bereits philosophisch postulierten und auch von den Künstlern angestrebten Sensibilisierung und damit einer Bewußtseinsänderung hin zu einem anderen menschlichen Verhältnis zur Natur in seinen gesamtgesellschaftlichen Auswirkungen erst allmählich spürbar.

Einige interessante Anhaltspunkte, ob und wie die künstlerische Auseinandersetzung beim Betrachter ankommt, liefert Hellwig im Rahmen seiner Diplomarbeit mit einer bisher einzigartigen Besucherbefragung zum Projekt des „Kunstrings" am Müritz-Nationalpark.[626]

Die Auswertung der Befragung von 53 Personen, hauptsächlich auswärtigen Besuchern des Nationalparks, an den Standorten ausgewählter Kunstwerke im Eingangsbereich zum Nationalpark, zeigt einen allgemeinen Informationsmangel hinsichtlich des Natur-Kunst-Projektes. Hellwig stellt fest, daß die Kunstwerke zwar Aufmerksamkeit erregen, von den Befragten allerdings umfangreichere Informationen zum Verständnis der Arbeiten gewünscht werden.[627] Er folgert, daß eine Sensibilisierung der Wahrnehmung des Rezipienten nicht verifiziert werden könne. Unklar bleibt jedoch, was unter einer Sensibilisierung zu verstehen ist und wie diese überhaupt gemessen oder festgestellt werden kann. Fraglich ist, ob eine Sensibilisierung erst dann erfolgt, wenn das Kunstwerk inhaltlich verstanden wird, oder ob nicht bereits das Erregen der Aufmerksamkeit des Rezipienten und eine Irritation durch eine unerwartete Konfrontation mit Kunst eine Sensibilisierung und somit Steigerung der Wahrnehmung zur Folge hat.

Hellwig konstatiert weiterhin, daß ein Bezug zum Nationalpark von den meisten Rezipienten nur formal, d. h. über das natürliche Material, nicht aber auch inhaltlich hergestellt wird.[628] Der inhaltliche Bezug der Kunstwerke zum Nationalpark ergibt sich für ihn über das Konzept des Kunstring-Projektes als einem „schützenden Ring" um den Nationalpark oder über eine Visualisierung von Naturprozessen.[629] Zu bedenken ist allerdings, daß die Intentionen der einzelnen individuellen Kunstwerke nicht zwingend mit den Ideen des Projektes übereinstimmen, sondern auch darüber hinausweisende Bedeutungen zum Inhalt haben können.

Die Befragung einiger weniger Einheimischer zeigt ein eher reserviertes, zurückhaltendes Verhältnis dem Projekt und den einzelnen Kunstwerken gegenüber. Die Bevölkerung gibt vor, von Kunst nichts zu verstehen, setzt sich aber doch mit ihr auseinander, wie einige Namensgebungen, z. B. „Schweinegatter" für *Ivan Tlustys* Umzäunung (Abb. 94), zeigen.[630] Teilweise werden sogar Zerstörungen von Werken bedauert.

Abb. 119 Michael Heizer, Effigy Tumuli: Water Strider, Frog, Catfish, Buffalo Rocks, Illinois, 1985, aus: Tiberghien 1995, S. 229, Abb. 2.

Problematisch erscheinen die Vorstellungen, wieviel Geld für die Kunstwerke ausgegeben wird. Für die Künstlerstipendien, die tatsächlich bei etwa 2000 DM pro Künstler liegen[631], werden Beträge zwischen 15.000 und 300.000 DM angenommen.[632]

Zur Bewältigung der Defizite empfiehlt der Landschaftsplaner Hellwig vor allem einen Ausbau der Öffentlichkeitsarbeit und des Informationsangebotes mit pädagogischer Unterstützung[633], um Natur-Kunst-Projekte wie das beschriebene am Müritz-Nationalpark einem breiteren Publikum zugänglich zu machen.

Ungeachtet der geschilderten Situation zeigen jüngste Aktivitäten und das nach wie vor vorhandene Interesse an Natur-Kunst-Symposien die ungebrochene Aktualität der Problematik sowie die Bereitschaft zur Auseinandersetzung mit dieser Thematik. Die Einsicht, daß der Mensch nicht weiterhin so ausbeuterisch mit der Natur umgehen kann und seine Einstellung ihr gegenüber ändern muß, scheint sich mit vielfältigen Konsequenzen (wie z. B. in der Frage der Mülltrennung für Recycling etc.) bereits weithin durchgesetzt zu haben. Das Problem ist deutlich. Konkrete und umfassende Lösungsvorschläge kann die Kunst jedoch nicht liefern: Sie kann lediglich Denkanstöße geben.

Eine Fortentwicklung der Natur-Kunst in dieser Hinsicht zeigt sich mit Blick auf den Aspekt der „gesellschaftlichen Relevanz" von Kunst. Neben dem Engagement für den Naturschutz (Ammersbek 1989, Waren/Neustrelitz seit 1992) zeigt dies in der jüngsten Zeit auch die Beschäftigung mit Industriebrachen, d. h. vor allem mit ehemaligen Braunkohleabbaugebieten. Nachdem sich Künstler bereits 1983 auf dem Essener Symposion auf einem stillgelegten Zechengelände mit dem Thema der Kohlegewinnung, d. h. einer der drastischsten Formen der Nutzung und Ausbeutung der Rohstoffe der Erde, auseinandergesetzt hatten, wurde das Thema Anfang der 90er Jahre nach der Wende im Osten Deutschlands wieder aufgegriffen, wo in der Gegend um Cottbus die Kunst die Rekultivierung der ehemaligen Tagebaulandschaft unterstützen soll.[634] Sie übernimmt damit z. T. die Aufgaben der Landschaftsarchitektur[635], die an anderer Stelle ebenfalls in dieser Richtung experimentiert.[636]

Auch für solche Projekte gibt es Vorbilder in Amerika (Abb. 119), wie z. B. *Michael Heizers* „Effigy Tumuli"(1983/1985)[637], für die noch mehr Erde bewegt wurde als für „Double Negative".[638] *Heizer* formte auf einem aufgelassenen Bodenabbaugelände in Illinois nach dem Vorbild indianischer Grabhügel[639] aus Erdhügeln große, nur aus der Vogelperspektive völlig zu erschließende Tiersymbole.

Manche Autoren führen an, daß in diesem Fall auf die Kunst zurückgegriffen worden sei, weil sie billiger sei als die Landschaftsarchitektur.[640] Dies mag für einige Projekte, auch die der deutschen Natur-Kunst zutreffend sein, dürfte für die oben genannte aufwendige monumentale Arbeit der amerikanischen Land Art jedoch kaum der Fall gewesen sein.[641].

Diese im Grundsatz positive Entwicklung muß kritisch hinterfragt werden. Denn auch hier lauern ähnliche Gefahren wie bei städtischen Symposien oder Symposien in Industriebetrieben (s. Kap. 1.2), die unter Umständen mehr der Imagepflege als der Förderung der Kunst dienen.[642] Im Gegensatz zu den von Künstlern selbst initiierten Symposien in Essen 1983 und Gräfenhainichen 1992 können solche Veranstaltungen, zumal im Falle finanzieller Beteiligung der Bergbaubetreibenden, in den Verdacht geraten, Alibi-Funktionen zu erfüllen. In diesem Fall dient die Kunst eher dekorativen Zwecken, verschönt und übernimmt Freizeitfunktionen (Skulpturenpark, Open-Air-Museum), was zumeist nicht den Intentionen der Künstler entspricht. Wenn die Kunst in diesem Sinne Wunden, die nicht nur der Natur, sondern auch dem Menschen (z. B. durch Umsiedlung) zugefügt wurden, überdeckt, erfüllt sie kompensatorische Aufgaben.

Udo Weilacher bewertet die Schaffung eines grünen Amphitheaters durch *Robert Morris* im Rahmen der Umgestaltung einer ehemaligen Kiesgrube bei Seattle/Washington (1979) als „grüne Kosmetik": „Konflikte werden kaschiert und massive Eingriffe in den Naturhaushalt kosmetisch repariert." *Robert Morris* selbst erkannte bereits die Problematik: „Will it be a little easier in the future, to rip up the landscape for one last shovelful of a nonrenewable energy source if an artist can be found (cheap, mind you) to transform the devastation into an inspiring and modern work of art?"[643]

Betrachtet man die bei Cottbus entstandenen Arbeiten, so scheinen die europäischen Künstler außerdem angesichts der riesigen Ödflächen der ehemaligen Tagebaugebiete ähnlichen Faszinationen zu erliegen, wie die amerikanischen Land Artisten angesichts weiter Wüstengegenden. Tatsächlich fordern die enormen Freiräume formal großdimensionierte Arbeiten, wie die Arbeiten von *Hermann Prigann* (Abb. 84 a, 84 b) und *Nils-Udo* (Abb. 83 a, 83 b) geradezu heraus (Pritzen 1993-1995). Die wenigsten Künstler beziehen jedoch so kritisch Position wie z. B. *Nils-Udo*, der sein am Tagebaurand angelegtes Biotop durch ein abgesperrtes Tor dem menschlichen Zugriff wieder entziehen wollte.[644]

Der französische Künstler *Samuel La Roze* formulierte mit Bezug auf seine Arbeit „Black Holiday" (Abb. 78) treffend die eigentümliche Herausforderung der aufgelassenen Tagebaulandschaft (Cottbus 1991): „Diese Arbeit sollte nicht der Selbstgefälligkeit noch der Kritik an den Methoden der Gesellschaft, die in dieser Landschaft arbeitet, verdächtigt werden. Sie ist vielmehr eine Würdigung der Schönheit dieses gigantischen Ortes, eigentümliches Paradox der von der Natur erlittenen Schmerzen."[645] Die musikalischen Großinszenierungen mit Lichteffekten und Baggern in der Tagebaukulisse von Stefan Schiske und Marlen Liebau (Abb. 80, 86) erinnern ebenfalls in gewisser Weise an die amerikanische „Bulldozer-Mentalität" und Technikfaszination, wenn die Bagger ihre Schaufeln im Takt der Musik schwingen und LKWs Pirouetten drehen und damit die Schwere des menschlich-technischen Eingriffs in den Naturhaushalt beschönigen.

In eine ganz andere Richtung als die der Instrumentalisierung der Natur-Kunst für Rekultivierungszwecke weist das Internationale Künstlerpleinair am Müritz-Nationalpark. Diente das Pleinair dem Titel „Natur + Kunst, Schutz + Zeichen" entsprechend in den ersten Jahren der Förderung der Akzeptanz des Nationalparkes und somit dem Naturschutz, verlagerte sich der Schwerpunkt im Laufe der Zeit auf den Menschen. Die Bevölkerung der Region wurde zunehmend in das Gesamtprojekt der Schaffung eines Kunstringes um den Nationalpark einbezogen. Zunächst wurden Kinder und Jugendliche in Führungen auf dem Arbeitsplatz der Künstler über die Projekte informiert. 1996 erstellten sie unter Anleitung eigene kleine Kunstwerke aus Naturmaterialien, die während der Arbeitsphase neben den professionellen Arbeiten auf dem Arbeitsplatz der Künstler betrachtet werden konnten und zum Abschluß des Pleinairs in einer „Schülerfreilichtgalerie" ausgestellt wurden.[646] Außerdem schufen erstmals Laien, Mitarbeiter der Kargower Landhöfe, ein eigenes Werk für den Kunstring.[647] Diese Entwicklung führte im folgenden Jahr zu einer Änderung des Arbeitstitels in „Natur + Kunst, Schutz + Mensch".[648] Jugendliche aus Nationalparkanliegergemeinden erstellten parallel zu den professionellen Künstlern ihre eigenen Werke, die in die Abschnitte der zu gestaltenden Kunstpfade aufgenommen wurden.[649] Daneben bastelten Kinder gemeinschaftlich mit Naturmaterialien an der Herstellung eines kleinen Hauses, das im Tierpark aufgestellt wurde. Sie wurden außerdem durch den Wald geführt und auf Naturformen, wie z. B. knorrige Wurzeln aufmerksam gemacht, die wie eigene kleine Kunstwerke wirken. Sie betasteten mit verbundenen Augen Bäume und übertrugen deren Rindenstruktur durch Abpausen auf Papier. Sie wurden dazu angehalten, die Düfte des Waldes zu schnuppern und dem Rauschen der Blätter zu lauschen. Nach diesem Spaziergang wurden sie aufgefordert, ihre Eindrücke mit wenigen Pinselstrichen und schwarzer Tusche spontan zu Papier zu bringen.[650] Die Ergebnisse wurden im Katalog abgebildet. Der Organisator des Pleinairs, *Sven Domann*, bezeichnet diese Fortentwicklung und Ausweitung frei nach *Beuys* als „soziales Kunstwerk". Die Idee wurde bis 1999 in verschiedenen Projekten und unterschiedlichen Richtungen weiterverfolgt.[651]

Das Experiment, vor allem Kinder durch den kreativen Umgang mit der Natur und ihrem Material zu sensibilisieren, deckt sich mit den neuesten Erkenntnissen der Psychologie (s. a. Kap. 3.2.4). Verschiedene Studien belegen die Wichtigkeit des Naturerlebens für eine psychisch gesunde Entwicklung von Kindern und Jugendlichen.[652] Der Umweltpädagogik wird in diesem Zusammenhang eine wichtige Rolle zugeschrieben.[653]

In jedem Fall erhöht die Beteiligung der Bevölkerung die Akzeptanz der Kunst im Außenraum und hilft, außer Anregungen zu einem bewußteren Umgang mit der Natur zu geben, auch Hemmschwellen gegenüber Künstlern und moderner Kunst abzubauen. Insofern wird hier wichtige Basisarbeit geleistet. Der Kunst kommt eine neue Funktion zu, sie wird gesellschaftlich relevant. In einer durch hohe Arbeitslosenzahlen geprägten Region wird den Menschen hier eine Möglichkeit zur Mitgestaltung ihrer Umwelt und damit möglicherweise auch ein neues Selbstwertgefühl gegeben.

5. Zusammenfassung

Die in dieser Arbeit zusammengetragene große Zahl von Natur-Kunst-Symposien dokumentiert nicht nur das Zusammengehen zweier noch relativ junger Erscheinungen – der Veranstaltungsform des Künstlersymposions und der künstlerischen Arbeit in und mit der Natur – sondern trägt erstmals eine große Zahl von Arbeiten zusammen, die der Bezeichnung Natur-Kunst entsprechen. Damit wird die Sonderform des landschaftsbezogenen oder Natur-Kunst-Symposions belegt und eine Basis für eine weitergehende Untersuchung der Natur-Kunst geschaffen.
Während sich für eine nähere Bestimmung des Begriffes Natur-Kunst zunächst ein Rückgriff auf die amerikanische Land Art als sinnvoll erwies, zeigten sich im näheren Vergleich dieser beiden Strömungen deutliche Unterschiede. Bereits die Tatsache, daß die Natur-Kunst aus eigenen Wurzeln entstand, also entgegen der landläufigen Meinung kein Nachkomme der Land Art ist, spricht für eine deutliche Trennung von der mit anderen Konnotationen belegten Bezeichnung Land Art.[654]
Obwohl bei beiden Varianten einer künstlerischen Auseinandersetzung mit der Natur das Verlassen der Ateliers und des Kunstmarktes, der Gang in die Natur sowie die Arbeit mit natürlichen Materialien und eine Einbeziehung des Betrachters im Vordergrund standen, geschah dies sowohl formal als auch inhaltlich auf verschiedenen Ebenen.
Durch den Rückzug in schwer erreichbare menschenunfreundliche Wüstengegenden führte die Land Art ihre Ausrichtung auf die körperliche Primärerfahrung und das Erlebnis des Betrachters ad absurdum. Nur wenige Kunstinteressierte machten sich auf den Weg, die schwer zu erreichenden und nicht einfach zu findenden großen Projekte in der Wüste zu besuchen. Nicht einmal das Kuratorium des Museum of Contemporary Art in Los Angeles begab sich 1985 anläßlich der Schenkung des Werkes an das Museum auf eine Reise zu *Heizers* „Double Negative".[655]
Abgesehen davon, daß im dicht besiedelten Deutschland kein vergleichbarer Naturraum zur Verfügung steht und die Arbeiten dementsprechend kleinformatiger ausfallen, bewegt man sich hier durch die Veranstaltungsform des Symposions auf ein Betrachter-Publikum zu. Doch nicht nur das Format der Werke, sondern auch der respektvollere Umgang mit dem natürlichen Material zeugen von einer reflektierteren Thematisierung der menschlichen Naturbeziehung. Die Land Art prägte sich mit ihren riesenhaften Zeichen über die fotografische Vermittlung zwar in die allgemeine Erinnerung ein, entwickelte sich jedoch kaum weiter.
Im Gegensatz dazu bleibt die Natur-Kunst durch ihre ökologische Orientierung und ihr utopisches Potential bis zum heutigen Tage aktuell. Jedes Jahr entstehen auf Natur-Kunst-Symposien neue Arbeiten in und mit der Natur. Das Symposion erweist sich dabei als besonders geeigneter Rahmen sowohl für die Entstehung als auch für die Präsentation der Werke. Die Finanzierung, die in Amerika über eine inkonsequente Vermarktung der Fotografien der Arbeiten und mit Hilfe privater Mäzene abgewickelt wurde, wurde in Deutschland zum größten Teil von der öffentlichen Hand, d. h. von Ländern und Gemeinden übernommen. Damit wurde die Natur-Kunst zu einer neuen Kunst im öffentlichen Raum, die nicht wie sonst üblich städtische Plätze dekoriert, sondern in der Landschaft an unerwarteter Stelle auch unvorbereitete Passanten mit Kunst konfrontiert. Insofern bietet sie sich auch als eine interessante Alternative zur im Museum präsentierten Kunst an, da sie ein Publikum erreicht, das möglicherweise für eine Ausstellung nicht in ein Museum gehen würde.
Versuche wiederum, Natur-Kunst im musealen Rahmen zu zeigen, scheinen aufgrund der intendierten Veränderlichkeit und Erfahrbarkeit der Werke in einer jeweiligen Natursituation wenig geglückt. Fotografische Dokumentationen oder Endprodukte von Naturprozessen verweisen lediglich auf Aktionen in der Natur und erlauben nur einen mittelbaren, weniger intensiven Zugang.[656]
Während die Land Art aufgrund ihrer Probleme mit der direkten Vermittlung der Arbeiten schließlich in den musealen Rahmen zurückkehrte, erreichte die Natur-Kunst nur einen relativ geringen Bekanntheitsgrad, was jedoch nicht zwangsläufig negative Auswirkungen zeitigte.

Aus dem Kompendium der gesammelten Symposien wurde eine Anzahl von Einzelarbeiten ausgewählt und auf Besonderheiten und Gemeinsamkeiten hin untersucht.
Die verschiedenen Objekte und Installationen aus weitgehend natürlichen Materialien wurden nach gemeinsamen Merkmalen gruppiert. Der Schwerpunkt

lag dabei auf einer Betrachtung der Art und Weise der künstlerischen Annäherung an die Natur und weniger auf einer inhaltlichen Ausdeutung. Dies entspricht der Offenheit der auf Symposien meist anonym, d. h. ohne Namen und Titel und damit auch ohne Rezeptionsvorgaben präsentierten Werke, während für eine tiefergehende Interpretation der Werkkontext der jeweiligen individuellen Künstlerpersönlichkeit zu berücksichtigen gewesen wäre.

Insgesamt ergaben sich sechs Kategorien, denen die Einzelbeispiele sich zuordnen ließen.

Zwei für fast alle Installationen und Objekte charakteristische Verfahrensweisen erwiesen sich von eher übergeordnetem Charakter.

Die Vorgänge des *Sammelns und Suchens* beschreiben nicht nur die für eine Kunst in und mit der Natur typische Materialbeschaffung und Standortwahl, sondern beziehen sich auch auf das Ergebnis als einem *objet trouvé* oder *natürlichem ready-made.* Dieser Präsentation von gefundenem oder gesammeltem, meist unbearbeitetem natürlichem Material (z. B. Findlinge) steht die bewußte Gestaltung und Absetzung von der Umgebung im Sinne einer *Entgegensetzung* bis hin zur traditionell gestalteten Holz- oder Steinskulptur gegenüber. Ein großer Teil der Arbeiten versucht daneben, sich in den Naturzusammenhang einzufügen und unterwirft den subjektiven künstlerischen Gestaltungs- oder Inszenierungsdrang einer *Unterordnung.*

Zu diesen „leisen Gesten" gehören vor allem solche Arbeiten, die manchmal erst auf den zweiten Blick als menschliche Zutat zu erkennen sind und eine *Akzentuierung* besonderer Natursituationen oder eine *Irritation* des Betrachters beabsichtigen. Auch die vor allem auf die Veränderlichkeit und Zeitlichkeit hinweisenden Thematisierungen von *Naturprozessen und -kräften* passen sich im allgemeinen ihrer Umgebung an oder gliedern sich sogar in den natürlichen Kreislauf ein und gehen in ihr auf.

Die Verwendung einer alten Symbol- und Formensprache, die sich auf vergangene Kulte und Rituale bezieht, sowie eine teilweise Annäherung an wissenschaftliche Methoden der Archäologie und Ethnologie zeigen gewissen Gemeinsamkeiten mit den auf der documenta präsentierten Erscheinungen der *Individuellen Mythologien* oder Spurensicherung. Sie versuchen über den Hinweis auf die Vergangenheit an die verlorengegangene Einheit von Mensch und Natur anzuknüpfen.

Außerdem wurde vor allem in der jüngeren Zeit das *Mensch-Natur*-Verhältnis im Sinne einer Be- und Vernutzung der Natur thematisiert, was in bisherigen Einordnungsversuchen gänzlich unberücksichtigt blieb.

Neben einer poetischen Herangehensweise, künstlerischen Experimenten und Versuchen einer Selbstfindung zeigen sich damit auch kritische Verfahrensweisen im künstlerischen Umgang mit der Natur, die der realistischen Situation entsprechen und damit romantisierenden Tendenzen entgegenwirken.

Die Betrachtung der Einzelarbeiten gab außerdem Aufschlüsse über europäische und internationale Entwicklungen. Neben französischen Künstlern, die bereits früh eine den deutschen Künstlern ähnliche künstlerische Herangehensweise an die Natur demonstrierten (Neuenkirchen 1980), nahmen und nehmen auch japanische und süd-koreanische Künstler an Symposien in Deutschland teil (Ammersbek 1992), deren Arbeiten von einem ebenso behutsamen Umgang mit der Natur zeugen und damit auf eine ähnliche Tradition der künstlerischen Auseinandersetzung mit der Natur verweisen.

Schon sehr früh bildete die Sensibilisierung und Wahrnehmungsschulung des Betrachters[657] sich als ein wichtiges Ziel der künstlerischen Arbeit in und mit der Natur heraus, das auch heute angesichts einer fortbestehenden Umweltgefährdung nach wie vor gültig ist. Weilacher bemerkt zum immer noch vorherrschenden romantischen Bild von der „unberührten" Natur: „Möglicherweise kann es gelingen, – orientiert an der Arbeitsweise der Natur-Kunst – die romantische Utopie durch ein Naturverständnis zu ersetzen, das sich in kritischer und kreativer Weise einer neuen Wirklichkeitsinterpretation zuwendet."[658]

Untersuchungen darüber, ob und wie diese Kunst beim Betrachter angekommen ist, d. h. ob eine Sensibilisierung erfolgt ist oder sich im günstigsten Fall sogar das Verhältnis der Natur gegenüber geändert hat, haben erst jüngst stattgefunden.[659] Die Konsequenzen aus den Ergebnissen dieser Studien sind erst noch zu ziehen bzw. umzusetzen.

Auch die parallel zu den künstlerischen Visionen formulierten entsprechenden philosophischen Ansätze einer neuen Ästhetik gelangen über eine Einsicht in eine notwendige Sensibilisierung des Menschen und eine damit verbundene Verwandlung unserer Beziehung zur Natur, die über die Kunst zu verwirklichen sei, nicht hinaus.

Zudem zeigt die über zwanzigjährige Entwicklung der „Natur-Kunst" trotz stetiger Fortführung und konkreter Anspielungen auf die menschliche Zerstörung der Natur „Ermüdungserscheinungen". Formen und Ideen der Natur-Kunst beginnen sich allmählich zu wiederholen.[660] Dabei handelt es sich weniger um Plagiate als um Parallelitäten. Dies mag vor allem auf einen fehlenden Informationsaustausch aufgrund des geringen Bekanntheitsgrades der meisten Veranstaltungen und Natur-Kunst-Werke sowie einen Generationswechsel zurückzuführen sein.

Eine Weiterentwicklung der Natur-Kunst läßt sich allerdings im Zusammenhang mit der Veranstaltungsform des Symposions erkennen, das bestimmte Ziele entwickelt oder Themen stellt. So zeigt sich beispielsweise als eine besondere Richtung eine Auseinandersetzung mit ausgebaggerten Tagebaugebieten. Die Kunst gerät hier allerdings in Konkurrenz zur Landschaftsarchitektur und anderen Renaturierungsmaßnahmen[661] und läuft Gefahr, als „grüne Kosmetik" einzig kompensatorische Aufgaben zu erfüllen. Dies mag legitim sein, ist jedoch nicht immer unbedingt im Sinne der Künstler. Abgesehen davon erfordern die oft riesigen öden Flächen eher großformatige Gestaltungen nach dem Vorbild der amerikanischen Land Art, während kleinere Arbeiten sich in der wüstenähnlichen Landschaft verlieren könnten.

Im Zusammenhang mit Zielvorstellungen solcher Symposionsveranstalter, die mit dem Symposion ein Open-Air-Museum oder einen Skulpturenpark begründen wollen, stellt sich auch das Problem der sich im Rahmen von Natur-Kunst-Symposien ebenfalls immer wieder zeigenden eher statuarischen, beziehungslosen Natur-Skulptur. Diese verwendet zwar natürliches Material, tritt jedoch in keinen besonderen Bezug zur Umgebung, kann insofern auch an einem anderen Ort als der Natur entgegengesetztes „zeitloses" Zeichen aufgerichtet werden. Sie ist Begleiterscheinung und Kompromiß hinsichtlich bereits festgelegter Standorte, deutet auf Künstler, die eher konventionell und nicht für einen bestimmten Ort, also nicht unbedingt in der Natur arbeiten. Die Erfahrung und das Erlebnis einer solchen Skulptur in der Natur ist eher die einer Entgegensetzung, Absetzung von der Natur, weniger die einer Sensibilisierung, Kontaktaufnahme und Hinführung zur Natur. Sie entspricht den klassischen Entgegensetzungen von Kunst und Natur auch im Sinne einer „Kunst in der Natur", die zwar auch irritieren und den Blick leiten kann, jedoch nur selten mit der Landschaft in einen Dialog tritt. Demgegenüber tritt bei einem Werk, das den Faktor „Zeit" z. B. als natürlichen Prozeß einbezieht und somit eine Wechselbeziehung mit seiner Umgebung eingeht, das Erlebnis des Werkes und seine Veränderung in den Vordergrund. Maria Lauber bemerkt zum Betrachtererlebnis „... hier kommt das Gefühl einer raren Entdeckung hinzu, eines kostbaren Zeitmoments, das Werk in einem bestimmten oft unwiederbringlichen (Zerfalls-)Moment gesehen zu haben.(...)Dies steigert das individuelle Erlebnis des Betrachters, Suchers, Kunstfans."[662]

Andere Ansätze betonen soziale oder pädagogische Aspekte, indem sie Anwohner und vor allem Kinder einbeziehen. Nach dem Vorbild der professionellen Künstler erstellen auch diese mit und ohne Anleitung kleinere und größere Kunstwerke aus natürlichen Materialien und setzen sich auf diese Weise mit der Landschaft auseinander. Verbunden mit einer Umweltbildung, die auch von Psychologen als notwendig erachtet wird, liegen hier Möglichkeiten, die Natur vermittelt oder unvermittelt ästhetisch erfahrbar zu machen. Christiane Brohl äußert sich über Aktualität und Relevanz ästhetischer Erfahrung in der Landschaft: „Ziel sollte die Förderung eines ästhetischen Naturverhältnisses sein, das als Korrektiv zum instrumentellen und naturwissenschaftlichen für den autonomen Lebenszusammenhang der Natur eintritt." [663] Die künstlerische Auseinandersetzung mit der Natur gebe „... zahlreiche Anstöße, einen Wandel unseres Verhältnisses zur Natur zu vollziehen, nicht nur um ein neues Bild von Natur zu entwerfen, sondern auch den anerkennenden, nicht-egozentrischen Umgang mit ihr zu üben."[664]

Trotz des geringen Bekanntheitsgrades der Natur-Kunst zeugt die Fortführung der Thematik und die sich fortsetzende Veranstaltung von landschaftsbezogenen Symposien von nicht nachlassendem Interesse an Natur-Kunst sowohl auf Seiten der Künstler als auch auf Seiten der Veranstalter und Zuschauer.
Tatsächlich wird auf den einzelnen Veranstaltungen wichtige Basisarbeit geleistet, indem nicht nur Kunst und Leben, sondern auch Mensch und Natur zusammengeführt werden. Die Kunst begibt sich nicht nur aus dem Museum heraus in das alltägliche Umfeld des Betrachters hinein, sie begibt sich in die Natur um diese dem Betrachter näherzubringen. Sie beginnt einen Dialog, der fortgeführt werden will.

ANMERKUNGEN

1 Hoffmann 1969, S. 1289 ff.
2 Ulrichs 1972.
3 Thiel 1982, S. 23.
4 Thiel 1982, S. 23 ff.
5 Ebenda, S. 24.
6 Neben der Charakterisierung „Kunst in der Natur" findet sich auch häufig die englische Bezeichnung „Art in Nature"; diese bezieht sich jedoch in den meisten Fällen auf eine künstlerische Auseinandersetzung mit natürlichem Material im Freiraum im Sinne einer Natur-Kunst, entspricht also nicht der deutschen Übersetzung; s. Fagone 1996.
7 Wie z. B. dem älteren Teil des Skulpturenparks des Rijksmuseum Kröller-Müller in Otterloo (NL).
8 Als Beispiel für eine frühe Ausstellung im Freiraum sei hier auf die Ausstellung „Plastik im Freien", Anfang der 50er Jahre in Hamburg, verwiesen; s. Heise 1953.
9 „Um die Beliebigkeit zu akzentuieren, die entsteht, wenn künstlerische Setzungen ihr kulturelles Umfeld ignorieren, sind in den letzten Jahren spöttische Charakterisierungen aufgekommen, die solche Außenskulpturen als 'drop-sculptures' ('Plumpsskulpturen') oder 'parachute sculptures' ('Fallschirm-Skulpturen') markieren, als seien sie aus kulturellen Versorgungsbombern über den Städten abgeworfen und einfach dort belassen worden, wo sie landeten." Zitat Walter Grasskamp, aus: Grasskamp 1989, S. 151.
10 Thiel 1982, S. 24.
11 Ebenda.
12 Petrikat 1988.
13 Berger 1989; s. auch Berger 1991.
14 Weilacher 1993; s. auch Weilacher 1996.
15 Weilacher 1993, S. 1.
16 Bücher-Vogler 1994.
17 Ebenda, S. 160.
18 Kneer 1995.
19 Hoormann 1996.
20 Beardsley 1984, S. 11.
21 Hoormann 1996, S. 233 ff.
22 Lauber 1995, S. 206 ff.
23 Wie z. B. der Ausstellungskatalog „Natur-Skulptur" des Württemberger Kunstvereins (Kat. Natur-Skulptur 1981) oder der Katalog der Neuenkirchener Symposien „Kunst-Landschaft" (Kat. Kunst-Landschaft 1974-1987).
24 Thiel 1982.
25 Berger 1989, S. 10 ff.
26 Weilacher 1993, S. 3.
27 Anne Hoormann beschränkt sich hierbei sogar auf „bundesdeutsche" Beispiele; s. Hoormann 1996, S. 10.
28 Kneer 1995, S. 43.
29 Weilacher 1993, S. 1 u. S. 43.
30 Wie z. B. das von der Stiftung Bauhaus initiierte „Industrielle Gartenreich" in Dessau und Umgebung und die in diesem Rahmen 1997 u. 1998 abgehaltenen Garten-Symposien „Claim-Summer" im Tagebau Golpa-Nord oder das von der Bauhaus-Universität Weimar seit 1998 ins Leben gerufene Projekt „Künstlergärten"; s. hierzu Kunstforum Bd. 145 1999 u. 146 1999.
31 Z. B. Weisshaar 1996; Nemitz 1999.
32 Wie z. B. die Hügelgräber in Gamla Uppsala (um 500-600 n. Chr.), Schweden, oder den Great Serpent Mound in Ohio (um 1000 v. Chr.), USA. Clarenbach 1983 gibt eine Übersicht über frühe Bildwerke in der Landschaft.
33 S. Clarenbach 1983; Kilitschka 1988; Schmidt 1988; Kat. Natur – Landschaft – Kunst 1982; häufig finden sich Einführungen zu diesem Thema ebenfalls in Ausstellungskatalogen über Landschaftsmalerei oder zum Thema Landschaft bzw. Natur, wie z. B. Kat. Zurück zur Natur, aber wie? 1988; s. a. Kap. 2.7.
34 Buderath/Makowski 1986; Bätschmann 1989; Bücher-Vogler 1994; eine ausführliche Betrachtung der Geschichte der Landschaftsmalerei, über die es im übrigen eine Fülle von Literatur gibt, würde an dieser Stelle zu weit führen.
35 Kilitschka 1988, S. 59.
36 „1767 behauptete Denis Diderot als erster, Landschaftsbilder würden von den Städtern zur Kompensation des Naturverlustes an die Wände der Salons gehängt."; s. Bätschmann 1989, S. 8.
37 Die Entwicklungen werden ausführlich beschrieben bei Weichardt 1972, S. 2659 ff. und Bücher-Vogler 1994, S. 154 ff.
38 Bücher-Vogler 1994, S. 156, s. auch Thiel 1982, S. 28.
39 Bücher-Vogler 1994, S. 160; s. hierzu auch Wedewer 1981, S. 154.
40 Thiel 1982, S. 28.
41 Rowell 1986, S. 8 ff. u. S. 134.
42 Neben der Beschäftigung mit afrikanischer Plastik beeinflußte vor allem die vorkolumbianische Plastik, insbesondere die Götterfigur des Chac Mool in Chichén Itzá, die Skulpturen Henry Moores; s. Melville 1971, S. 10 ff.; s. auch Rowell 1986, S. 146.
43 Rowell 1986, S. 146.
44 Kneer 1995, S. 48; Beardsley 1984, S. 78 ff.; der amerikanische Land Art-Künstler Robert Morris setzte sich sogar in seiner Master thesis mit dem rumänischen Bildhauer auseinander, Tiberghien 1995, S. 34; Werkner 1992, S. 15.
45 Lauber betrachtet Moore hinsichtlich seines Vordenkens in Richtung Landschaftseinbeziehung und Materialsinnlichkeit als Urahn der heutigen Natur-Künstler-Generation; s. Lauber 1995, S. 186 ff.
46 Wie z. B. die Skulpturengruppe „König und Königin" von 1952, in der Sammlung von Sir William Keswick, aufgestellt im schottischen Moor bei Glenkiln; s. auch Lauber 1995, S. 35 ff. u. 43 ff.
47 Melville 1971, S. 26.
48 Kat. Zero 3 1973; Kat. Mack, Piene, Uecker 1965; Mack 1969; s. auch Werkner 1992 S. 36 ff.; Bücher-Vogler 1994, S. 95 ff.; Kneer 1995, S. 55 ff.; Kellein 1986, S. 381.
49 Kat. Ressource Kunst 1989, S. 45.
50 Werkner 1992, S. 36.
51 Tiberghien 1995, S. 57, Abb. 3.
52 Werkner 1992, S. 40, Tiberghien 1995, S. 52.
53 Wie Jan Dibbets und Richard Long, s. Werkner 1992, S. 48; Tiberghien 1995, S. 40.
54 Kat. Earth Art 1969.
55 Werkner 1992, S. 50.
56 Werkner 1992, S. 35; Tiberghien 1995, S. 29 ff.
57 Zur Unterscheidung s. Kap. 1.1.4 dieser Arbeit.
58 Celant 1969; s. auch Celant 1989; Arte Povera 1991.
59 Die Bezeichnung stammt von Harald Szeemann, der diese anläßlich der documenta 5 einführte, Kat. documenta 5 1972, Kap. 16. In einem Band mit dem Titel „Individuelle Mythologien" mit Beiträgen über Künstler, die 1972 nicht auf der documenta ausgestellt wurden, gibt Szeemann in einem Text über Paul Thek einige Anhaltspunkte, die den Sammelbegriff näher bestimmen helfen: „Die Vermählung des Gewußten mit dem Wissen und dem Ungewußten, des Unbewußten mit dem Bewußtsein, des Erahnten mit dem Bestätigten, von Angst und Sicherheit, kurz das Eingehen auf all das, was den Menschen gemeinsam ist, eventuell war und sein könnte, Angst und Freude, Beschwörung der Angst

durch Natur und der Kultur abgehorchte Zyklen, Liturgien, das sich Einbinden in einem umfassenderen Ganzen: Gott, Natur, Leben und Tod, Symbol, ...“; s. Szeemann 1985, S. 157.

60 Kat. Feldforschung 1978.

61 Kat. Spurensicherung 1974; Metken 1977; s. auch Kat. documenta 6 1977.

62 Feldforschung bezeichnet ein „... in der empir. Soziologie, v. a. auch in der Ethnologie und Anthropologie verwendetes Erhebungs- und Experimentierverfahren, das unter nichtmanipulierten Bedingungen der sozialen Wirklichkeit angewendet wird.“, s. Meyers Großes Taschenlexikon 1983. Spurensicherung nennt sich eine Methode der Geschichtsforschung, die den Rezipienten „... aus scheinbar nebensächlichen Details am Rande der konventionellen Geschichtsschreibung, aus Nebenaussagen und stummen Zeugnissen der Geschichte, Geschichte neu erfahren läßt.“, Ginzburg 1988.

63 Metken 1996, S. 12.

64 Levi-Strauss 1960 u. 1969.

65 Kat. Mythos + Ritual in der Kunst der 70er Jahre 1981, S. 32 ff.

66 Kat. Joseph Beuys 1991, s. auch Adriani/Konertz/Thomas 1981.

67 Zitat Joseph Beuys, aus: Stachelhaus 1991, S. 87.

68 Groener/Kandler 1987; Hülbusch/Schulz 1984.

69 Zitat Joseph Beuys, aus: Groener/Kandler 1987, S. 43.

70 Kat. Zurück zur Natur, aber wie? 1988, S. 25.

71 Berger 1989, S. 6.

72 S. Kap. 2.5.

73 Kneer 1995, S. 6.

74 Kneer 1995, S. 138 ff.; Lauber 1995, S. 206; Kellein 1986, S. 386 ff.

75 Um nur einige wichtige zu nennen: Beardsley 1984, Werkner 1992 und Tiberghien 1995, wobei der Begriff Land Art auf eine Ausstellung und einen Film der Fernsehgalerie Gerry Schum (Kat. Land Art 1969) zurückgeht, während in Amerika der Begriff „Earthworks“ gebräuchlicher ist, s. Werkner 1992, S. 52-53.

76 Smithsons „Spiral Jetty“ gehört zu den meistreproduzierten Werken der jüngeren amerikanischen Kunst. Werkner 1992, S. 86.

77 Kat. Kunst-Landschaft 1974-1987, S. 100.

78 Kat. Holz + Kunst 1979, o. S.

79 Kat. Nunatak – Projekt Schüberg 1989, S. 58 ff.

80 Die von Piet van Daalen anläßlich einer Ausstellung im Kölnischen Kunstverein ausführlich beschrieben wird, s. Kat. Mit Natur zu tun 1980. S. auch Werkner 1992, S. 41 ff.

81 Hoormann 1991, S. 591.

82 Tiberghien 1995, S. 100.

83 Beardsley 1984, S. 6.

84 Weilacher 1993, S. 13.

85 Kat. Natur-Skulptur 1981, S. 13.

86 Kat. Natur-Skulptur 1981, S. 12; Werkner 1992, S. 86.

87 Werkner 1992, S. 86.

88 Weilacher 1993, S. 14; s. weiterhin zum Symbol des Kreises: Kat. Natur-Skulptur 1981, S. 12.

89 Werkner 1992, S. 88.

90 Werkner 1992, S. 65.

91 Tiberghien 1995, S. 17.

92 Hoormann 1991, S. 593.

93 Krauss 1977, S. 279.

94 Schneckenburger 1979.

95 Ebenda, S. 29.

96 Werkner 1992, S. 100.

97 Werkner 1992, S. 65.

98 Werkner 1992, S. 88.

99 Kat. Natur-Skulptur 1981, S. 144.

100 Schneckenburger 1979, S. 31.

101 Daß diese durch radikale Abholzung und Überweidung entstanden ist, ist heute, nachdem sie zum größten Teil Naturschutzgebiet mit romantischen Konnotationen ist, vielfach in Vergessenheit geraten. So bezeichnet Silke Kneer z. B. die Heide als ursprüngliche Landschaft, s. Kneer 1995, S 153. Zum Projekt „Kunst-Landschaft“ in der Lüneburger Heide: Kat. Kunst-Landschaft 1974-1987.

102 So betrug die Gesamtlänge von „Double Negative“ 1.500 Fuß (=ca. 457 m), s. Werkner 1992, S. 64.

103 Hoormann 1996, S. 37 ff.

104 Kat. Kunst-Landschaft 1974-1987, S. 92.

105 Kellein 1986, S. 386; s. auch Weilacher 1993, S. 7 u. Kneer 1995, S. 152.

106 Werkner 1992, S. 66.

107 Kellein 1986, S. 389.

108 Werkner 1992, S. 132.

109 Werkner 1992, S. 88.

110 Weilacher 1993, S. 3; s. auch Hoormann 1991, S. 597.

111 Thiel 1982, S. 28.

112 Werkner 1992, S. 102.

113 Wie z. B. sein „Observatory“ anläßlich der Skulpturenausstellung „Sonsbeek ‘71“ in Arnheim, 1977 in Oostelijk, Flevoland (NL) wiedererrichtet, s. Werkner 1992, S. 114.

114 Zitat Robert Morris, aus: Schneckenburger 1979, S. 31.

115 Zitat Peter Weiermeier, aus: Kat. Michael Heizer 1977, o. S.

116 Kellein 1986, S. 390.

117 Weilacher 1993, S. 1.

118 Worunter Lauber offensichtlich Künstler wie z. B. Richard Long versteht, Anm. d. Verf.

119 Lauber 1995, S. 206.

120 Kat. Kunst-Landschaft 1974-1987, S. 104.

121 Kneer 1995, S. 7 u. S. 152.

122 Werkner 1992, S. 48 ff.; s. auch Kap. 1.1.3.

123 Was Thiel vor allem auf den frühen Tod ihres wichtigen Vertreters Robert Smithson, der 1973 bei einem Flugzeugabsturz ums Leben kam, zurückführt (Thiel 1982, S. 30).

124 Hoormann 1991, S. 606.

125 Weilacher 1993, S. 5.

126 So bepflanzte Lois Weinberger für die documenta X ein unbenutztes Gleis des Kasseler Bahnhofs, s. documenta X Kurzführer 1997, S. 244. In Münster nahmen mit Paul-Armand Gette ein bekannter Spurensicherer und mit Hermann de Vries ein konsequenter Natur-Künstler, der sich seit Ende der 60er Jahre mit der Natur beschäftigt, teil, s. Kat. Skulptur.Projekte 1997, S. 163 ff. u. S. 413 ff.

127 Zur Geschichte des klassischen Symposions: s. Schalles 1989.

128 Hartmann/Pokorny 1988.

129 Jürgen Morschel setzte sich bereits 1979 anläßlich des zwanzigjährigen Bestehens des Bildhauersymposions in Ansätzen mit dieser Sonderform künstlerischer Arbeit auseinander, Morschel 1979. Hartmann und Pokorny erstellten in ihrem Werk nach fast 30 Jahren ein erstes umfangreiches Verzeichnis, in das über 500 weltweit veranstaltete Symposien aufgenommen wurden, Hartmann/Pokorny 1988.

130 Kat. Symposion Europäischer Bildhauer 1959.

131 Siehe chronologisches Verzeichnis in: Hartmann/Pokorny 1988, S. 148 ff.

132 Hartmann 1988, S. 32.

133 Morschel 1979, S. 3.

134 Kat. Sonsbeek ‘49 1949.

135 Heise 1953.

136 Hartmann 1988, S. 35.

137 Hartmann 1988, S. 10.

138 Morschel 1979, S. 4.

139 Ebenda.

140 Hartmann 1988, S. 10.

141 Kat. Karl Prantl 1976, S. 31 ff.

142 Hartmann 1988, S. 8.

143 Ebenda, S. 15.

144 Morschel 1979, S. 4.

145 Hartmann 1988, S. 16; Morschel 1979, S. 4.

146 Katalog der Symposien in: Hartmann/Pokorny 1988, S. 124 ff.

147 Hartmann 1988, S. 16.

148 Ebenda, S. 19.

149 Ebenda, S. 22.

150 Kat. Kunst-Landschaft 1974-1987; s. Kap. 2. 1.
151 Zitat Jürgen Brodwolf, aus: Hartmann/Pokorny 1988, S. 114.
152 Hartmann 1988, S. 20.
153 Manske 1988, S. 70 ff.; s. auch Plagemann 1988, Manske 1980.
154 Hartmann 1988, S. 29.
155 Z. B. zur Weltausstellung in Montreal 1964, zur Olympiade in Tokio 1963 und Mexiko 1968, zur Bundesgartenschau in Stuttgart 1977 und Bonn 1979, zum Kulturfestival in Graz 1983 usw., s. Hartmann 1988, S. 29.
156 Kat. Skulpturenboulevard Kurfürstendamm 1987.
157 Kat. Skulpturen 1992.
158 Kat. Skulptur 1977; Kat. Skulptur.Projekte 1987; Kat. Skulptur.Projekte 1997.
159 Hartmann 1988, S. 9 u. S. 23.
160 Manske 1988, S. 69 u. Hartmann 1988, S. 26.
161 Morschel 1979, S. 3.
162 Manske 1988, S. 69.
163 1984 erhielt Ruth Falazik den Wormland-Preis, Kat. Kunst-Landschaft 1974-1987, S. 7, und 1986 den Verdienstorden am Bande, Kat. Dialog 1986, o. S.
164 Falazik 1981, S. 182 u. 1988, S. 62.
165 Kat. Symposion Europäischer Bildhauer 1967.
166 Kat. Aktion Heidebild 1972.
167 Manske 1988, S. 71.
168 Kat. Reale und irreale Räume 1973.
169 Kat. Kunst – Dorf 1974.
170 Falazik 1988, S. 62.
171 Thiel 1982, S. 26.
172 Thiel 1982, S. 27.
173 S. Kap. 1.1.3, Anm. 62.
174 Kat. Foto-Film-Video 1975.
175 Falazik 1988, S. 62.
176 Kat. Plätze der Macht – Orte der Kraft 1976.
177 Das Besondere des Symposions, das gemeinsame Leben, das gemeinsame Essen und Feiern sind im Katalog durch Fotos dokumentiert.
178 Castaneda 1976.
179 Kat. Plätze der Macht – Orte der Kraft 1976, o. S.
180 Ebenda, o. S.
181 Ebenda, o. S.
182 Kat. Kunst-Landschaft 1974-1987, S. 80.
183 Ebenda, S. 87.
184 Ebenda, S. 80.
185 Ebenda, S. 84 u. S. 85.
186 Kat. Kunst-Landschaft 1974-1987, S. 17.
187 S. auch Kap. 1.1.3; Kat. Earth Art 1969.
188 S. auch Kap. 1.1.3; Mack 1969.
189 Kat. Kunst-Landschaft 1974-1987, S. 59.
190 Ebenda, S. 66.
191 Ebenda, S. 67.
192 Kat. documenta 5 1972, S. 16.172.
193 So Dagmar Falazik im Katalog; s. Kat. Plätze der Macht – Orte der Kraft 1976, o. S.
194 Kat. Kunst-Landschaft 1974-1987, S. 19.
195 Falazik 1988, S. 66.
196 Thiel 1982, S. 25 ff.; Kat. Natur-Skulptur 1981; Hartmann/Pokorny 1988, S. 62-66; Kat. Verhalten in der Natur 1983 u. a.
197 Hartmann 1988, S. 22 u. Rüth 1988, S. 78 ff.
198 Dokumentiert in einer Übersicht bei Hartmann/Pokorny 1988, S. 148 ff.
199 Wie z. B. die Holzsymposien in Freiburg 1979 und 1983, s. Kat. Holz und Kunst 1979 und Kat. Holz und Kunst 1983.
200 Wie etwa das Symposion zum Thema „Natur und Kunst" in Metzingen 1990, s. Kat. Natur und Kunst 1990.
201 So beschreibt z. B. Uwe Rüth in seinem Katalogtext zum Essener Symposion 1983 die Entstehung der „Kunst-Natur-Symposien", s. Kat. Das Revier: Motiv und Motivation 1983, S. 5 ff.
202 Wie z. B. die Veranstaltungen in Worpswede 1981, Kevelaer-Winnekendonk 1982 u. a.
203 Ein Ein-Mann-Symposion würde wohl eher einer Einzelausstellung gleichkommen. Ein Symposion, an dem nur zwei Personen teilnahmen (Carl Vetter und Harald Finke) fand 1986 unter dem Titel „Dialog" z. B. in Neuenkirchen statt, s. Kat. Dialog 1986.
204 Eine Aufnahme aller Gartenschau-Symposien würde den Rahmen dieser Arbeit überschreiten, wäre aber durchaus eine gesonderte Betrachtung wert.
205 Als Negativ-Beispiel sei hier die Bundesgartenschau in Cottbus 1995 genannt, auf der einige wenige Kunstwerke aufgestellt wurden, s. „Kunst auf der Bundesgartenschau", in: Kat. Bundesgartenschau Cottbus 1995, S. 139 -143. Obwohl in der Nähe parallel die „III. Europa-Biennale Niederlausitz, Land Art – Art in nature – Intermediale Aktionen. Kunst als Landschaftsgestaltung" (s. Kat. III. Europa-Biennale Niederlausitz 1995) veranstaltet wurde, fand sich auf der BUGA auch im Info-Center der LAUBAG, die zu den Mitveranstaltern der Biennale zählt und auf der BUGA Exkursionen in Tagebaugebiete anbot, kein Hinweis auf dieses Kunstprojekt.
206 Sofern vom Veranstalter Presseberichte gesammelt wurden.
207 Kat. III. Europa-Biennale Niederlausitz 1995, S. 48-49 u. S. 50.
208 Wie z. B. in Neuenkirchen, wo Ruth Falazik im Einzelfall mit den Eigentümern verhandelte und Überzeugungsarbeit leistete.
209 Während in Cuxhaven 1982 die Arbeiten bereits nach 2 Wochen abgeräumt wurden (Brief Wulf Kirschner 23.02.98), war z. B. in Essen 1983 die Lebensdauer der Arbeiten von vornherein durch den Abriß der Zechengebäude vorbestimmt, Kat. Das Revier: Motiv und Motivation 1983, S. 5, Anm. 10.
210 Kat. StadtMensch NaturLandschaft 1997, S. 30-32.
211 Kat. Land Art 1986, o. S.
212 Kat. Europa-Biennale Niederlausitz – II. Biennale Pritzen 1993, S. 12.
213 Kat. Der Kunstring 6 1997, S. 12.
214 Kat. Kunst-Landschaft, Landschaft-Kunst 1988, S. 20-21.
215 Kat. Zweites Symposion Nordseeküste 1984, o. S.
216 Kat. Das Revier: Motiv und Motivation 1983, S. 54-57.
217 Kat. Symposion Nordseeküste 1982, o. S.
218 Remscheider General-Anzeiger, 22.10.88: „Die Kunst darf nicht die Natur gefährden".
219 1982 wurde die Galerie auf Empfehlung des Landes Niedersachsen, einem der wichtigsten Förderer der Symposien, in einen Kunstverein umgewandelt; Ruth Falazik blieb aber weiterhin für alle Aktivitäten verantwortlich, s. Falazik 1988, S. 63.
220 Timm Ulrichs nahm an Symposien in Neuenkirchen (1975, 1976, 1977), Worpswede (1981), Cuxhaven (1982, 1991), Essen (1983), Sylt (1986), Remscheid (1988), Husum (1995) teil. Nils-Udo war Teilnehmer in Neuenkirchen (1978), Freiburg (1979, 1983), Cuxhaven (1982), Sylt (1986), Pritzen (1993, 1995) und Troisdorf (1997).
221 Hartmann 1988, S. 15.
222 In Cottbus/Pritzen: Förderverein Kulturlandschaft Niederlausitz e. V.; in Willmersdorf: Kulturförderverein „Langer Berg" e. V.; in Waren/Neustrelitz: Förderverein Müritz-Nationalpark e. V.; in Behringen: Europäische Kommunikations-Akademie für Bildung, Beratung u. Projekte e. V.
223 Plagemann 1989.
224 „Schöpfte man die alte Kunst-am-Bau-Regelung bis an die Grenzen ihrer Möglichkeiten aus, so ließe diese auch das Prozeßhafte, eine für den Augenblick und auf Vergänglichkeit konzipierte Kunst als Ausnahme zu. Die neue *Kunst im öffentlichen Raum* akzentuiert diesen Aspekt der Kunst, indem sie die Bindung an das Gebäude nicht mehr verlangt, darüberhinaus impliziert schon der Begriff den kommunikativen Aspekt einer Kunst, die sich im öffentlichen Raum präsentiert und zur Diskussion stellt." Zitat Angela J. Ruwoldt, Beauftragte für Kunst im öffentlichen Raum des BBK Schleswig-Holstein, aus: Kat. Wattenmeer 1993, S. 5.

225 Wie z. B. die Schilderung der Entstehung von Natur-Kunst-Symposien von Uwe Rüth in Kat. Das Revier: Motiv und Motivation 1983, S. 5.

226 Eine Ausnahme bilden hierbei die auf persönlichen Kontakten der Initiatorin Anke Mellin beruhenden Symposien mit japanischen und koreanischen Künstlern in Ammersbek und Husum 1992.

227 Das Warener Projekt am Müritz-Nationalpark hat 1995 bereits ein Partnerprojekt im polnischen Wigierski-Nationalpark begründet (Kat. Der Kunstring 4 1995) und kooperiert seit 1997 mit dem französischen Projekt „Le Vent des Fôrets" in Lahaymeix/Lothringen (Kat. Le Vent des Fôrets 1997), Nordkurier 22.01.97; s. auch Strelitzer Zeitung 06.08.97.

228 Hartmann 1988, S. 22.

229 Daneben gibt es skulpturenparkähnliche Anlagen mit landschaftsbezogenen Arbeiten in vielen Ländern Europas, die z. T. Symposien veranstalten oder „artist in residence"-Projekte durchführen, wie z. B. „Krakamarken" in Randers (DK) oder „Grizedale Forest" in Cumbria (GB), s. Davies/Knipe 1984, „Centre d'Art Contemporain" in Vassiviere en Limousin und „Chateau de Kerguehennec" in Locmine (F).

230 Auszug aus dem Gründungsprotokoll vom 01. November 1998.

231 Die sich aus Künstlern und Symposionsorganisatoren wie z. B. Anke Mellin, Amellin@gmx.de, (Initiatorin Ammersbek 1992, Kuratorin „Eventa" 1994), Sven Domann (Initiator Waren/Neustrelitz seit 1992), Deutschland, Ko Seung-Hyun (Organisator Symposien in Kongju 1995 u. 1998), Korea, Francois Davin („Le Vent des Forets"), Frankreich, Luciano Escanilla („Eventa"), Schweden, u a. zusammensetzen.

232 Gründungsprotokoll vom 01. November 1998.

233 Wobei es sich hier meist um skulpturenparkähnliche Anlagen wie z. B. Crestet Centre d'Art bei Vaison-la-Romaine (F), Arte Sella in Borgo Valsugana, Trento (I) und Tranecker International Centre for Art and Nature (Tickon) nicht weit von Kopenhagen (DK) handelt; s. hierzu Fagone 1996.

234 S. Kat. Europa-Biennale Niederlausitz – II. Biennale Pritzen 1993 und Kat. III. Europa Biennale Niederlausitz 1995; einige Mitglieder der Association waren Mitglieder des Kuratoriums und Direktoriums der Niederlausitz-Biennale. Der Organisation gehören u. a. an: Prof. Dr. Vittorio Fagone, Kunst- u. Medienexperte, Mailand, Volker Kinnius, Präsidialamt f. Kultur (München) der Europäischen Akademie der Wissenschaften und Künste, Salzburg, Prof. Dr. Dieter Ronte, Direktor des Kunstmuseums Bonn, Prof. Dr. Elmar Zorn, Kulturrat der Europäischen Akademie der Wissenschaften und Künste, Salzburg.

235 Die Idee für das Zentrum entstand während des Symposions „Present", das die Künstler Egil Martin Kurdol, Jannecke Lonne Christiansen und Jan Egge aus Lillehammer im Begleitprogramm der olympischen Spiele 1993 organisierten (Kat. Present 1994), Project Description International Centre for Art in Nature, Lillehammer, May 1995.

236 So die Symposien „Moxtrot" in Roaker 1995 und „Overgang" in Skjak 1997 und eine Konferenz zum Thema „Art in Nature. Superfluos activity or a basis for existential experience" 1996 in Lillehammer.

237 S. Kap. 1.1.4.

238 S. Kap. 1.2.2; Hartmann 1988, S. 16 ff.

239 Kat. Symposion am Deichschart 1979.

240 Kat. Wege 1980, s. Kap. 2.4.3.

241 Die IGBK veranstaltete 1986 eine Ausschreibung zum Thema „Wasser" sowie ein Symposion auf Sylt (Kat. Wasser 1986) und 1992 eine Ausschreibung zum Thema „Erde-Zeichen-Erde" sowie ein Symposion in Güstrow (Kat. Erde – Zeichen – Erde 1992).

242 Kat. Grenzen erfahren – Grenzen überwinden 1998.

243 Dies erkannte man bereits bei den frühen Veranstaltungen in Neuenkirchen und nutzte dementsprechend die Kataloge als Werbeträger, s. Thiel 1982, S. 27. Aber auch in den Informationen und Katalogen zu den Veranstaltungen am Müritz-Nationalpark (Kat. Der Kunstring 2 1993) und in Behringen 1997 (Kat. Skulpturenwanderweg Hütscheroda-Behringen 1997) wird auf diesen Punkt eingegangen.

244 Wie z. B. das Projekt „Mondsee Land Art" in Österreich 1999 und das Symposium „BinnenArt" auf der Binnenheide in Kevelaer vom 20.08.-03.09.2000 belegen.

245 Der Autorin ist es nicht möglich, bei der Vielzahl von Symposions-Teilnehmern in jedem Einzelfall die Schlüssigkeit der Arbeit im Zusammenhang des Werkverlaufes des jeweiligen Künstlers zu überprüfen.

246 Kat. Material aus der Landschaft – Kunst in die Landschaft 1977; s. auch Kat. Kunst-Landschaft 1974-1987, S. 89 ff.

247 Falazik 1988, S. 66.

248 Kat. Kunst-Landschaft 1974-1987, S. 90.

249 Einige wenige sind heute noch teilweise erhalten, wie z. B. die Arbeiten von Gary Rieveschl und Timm Ulrichs.

250 Wobei einige Arbeiten, eher versteckt im Waldgelände gelegen, ohne Lageplan nur schwer zu finden sind. Ein Artikel in der Hannoverschen Allgemeinen vom 18.06.1977 bezeichnet die Suche nach den Kunstwerken als „Schnitzeljagd".

251 Kat. Material aus der Landschaft – Kunst in die Landschaft 1977, o. S.

252 Hannoversche Allgemeine Zeitung, 18.06.1977.

253 Kat. Kunst-Landschaft 1974-1987, S. 94.

254 Ebenda, S. 96.

255 Ebenda, S. 98.

256 Ebenda, S. 101.

257 S. auch Beschreibung in Kap. 1.1.4.

258 Kat. Kunst-Landschaft 1974-1987, S. 100.

259 Hessische Allgemeine Zeitung, 20.08.77

260 Frankfurter Rundschau, 23.08.77.

261 Bericht auf Radio Bremen II, Heinz Thiel (13.06.77).

262 Bericht auf SFB I, Werner Rhode (01.08.77).

263 Kat. Zwei Steine sind nie gleich 1978; s. auch Kat. Kunst-Landschaft 1974-1987, S. 103 ff.

264 Thiel 1982, S. 26.

265 Kat. Kunst-Landschaft 1974-1987, S. 106.

266 Ebenda, S. 108.

267 Kat. Wege 1980; s. auch Kat. Kunst-Landschaft 1974-1987, S. 121 ff.

268 Kat. Kunst-Landschaft 1974-1987, S. 123; s. auch Schneckenburger 1979.

269 Wie bereits in Kap. 1.2.2 erwähnt, schlugen 1970 in St. Margarethen japanische Künstler als Gemeinschaftswerk eine Felsenrinne in den Steinbruch. Auch auf dem 1979 von Hawoli organisierten „Symposion am Deichschart" in Bremen arbeiteten mehrere Künstler an der Erstellung eines Gemeinschaftswerkes, s. Kat. Symposion am Deichschart 1979.

270 Kat. Kunst-Landschaft 1974-1987, S. 126.

271 Ebenda, S. 127.

272 Ebenda.

273 Ebenda, S. 128-129.

274 Ebenda, S. 129.

275 Zuletzt auf dem Symposion „LAND : ART" in Brunsbüttel 1996.

276 S. Kap. 2.2, Anm. 196.

277 Kat. Symposion Nordseeküste 1982.

278 Vorabinformation Symposion Nordseeküste – Künstler vor dem Deich, o. S., April 1982.

279 Kat. Symposion Nordseeküste 1982.

280 Ebenda, o. S.

281 Ebenda, o. S.

282 Abschlußbericht Wulf Kirschner (1982; undatiert).

283 Brief Wulf Kirschner vom 23.02.98.

284 So Heinz Thiel, lt. Cuxhavener Nachrichten, 31.03.82.

285 Abschlußbericht Wulf Kirschner v. 05.02.85 u. Cuxhavener Nachrichten, 24.04.84.

286 Sculptors International, Vol. 2, No. 1, 1983.

287 Cuxhavener Nachrichten, 24.04.84.

288 Kat. Zweites Symposion Nordseeküste 1984.

289 Cuxhavener Nachrichten, 01.12.84: „'Kunstwerk'-Betrachtungszwang – eine unerträgliche Zumutung".

290 So stellten sich die Künstler während des Symposions (vor dem Abschlußabend) mit einem Diavortrag zur Diskussion, s. Abschlußbericht Wulf Kirschner v. 05.02.85.
291 Laut dem Abschlußbericht von Wulf Kirschner vom 05.02.85 wurden Arbeiten von El. K. Anatusi, Gary C. Dwyer, Eun Nim Ro und ihm selbst zerstört.
292 Kat. Zweites Symposion Nordseeküste 1984, o. S.
293 Ebenda, o. S.
294 Kat. Kulturbeutel 1982; diese Dokumentation wurde jedoch aufgrund des schlechten Druckes nicht an die Öffentlichkeit ausgegeben.
295 Ebenda, o. S.
296 Ebenda, o. S.
297 Ebenda, o. S.
298 Ebenda, o. S; die Information über die Farbigkeit der Arbeit beruht auf einer Auskunft des Künstlers und ist auf den schwarz-weiß-Fotos des Kataloges nicht nachvollziehbar.
299 Nach Auskunft von Claus van Bebber.
300 Kat. Kulturbeutel 1982, die alle im Katalog dokumentiert sind.
301 Kat. Jahreszeiten 1985.
302 S. Symposienkatalog. Hier wurden während eines gesamten Jahres zu jeder Vollmondphase musikalische und künstlerische Aktionen gestartet. Obwohl keine länger währenden Kunstwerke in der Landschaft entstanden, wurde die Veranstaltung aufgrund der Themenstellung und der örtlichen Kontinuität in den Katalog aufgenommen.
303 Dem Kat. Jahreszeiten 1985 ist eine Single mit Aufnahmen des Heinrich-Mucken-Saal-Orchesters beigefügt.
304 Kat. Jahreszeiten 1985, S. 71 ff.
305 Ebenda, S. 27-31.
306 Ebenda, S. 51-55.
307 Ein Finanzierungsantrag wurde vom Kulturausschuß abgelehnt, nachdem man im Lexikon die Bedeutung des Wortes Symposion als „Freß- und Saufgelage" definiert fand, s. Zeitfunken, 21.12.95.
308 S. Artikel in: Zeitfunken, 21.12.95.
309 Kat. Das Revier: Motiv und Motivation 1983.
310 Ebenda, S. 42 ff.
311 Ebenda, S. 45.
312 Ebenda, S. 54 ff.
313 Ebenda, S. 90 ff.
314 Z. B. in Kevelaer-Winnekendonk 1982.
315 Kat. Das Revier: Motiv und Motivation 1983, S. 98 ff.
316 Ebenda, S. 110.
317 Heiner Stachelhaus in der Neuen Ruhr Zeitung, 13.07.83.
318 WAZ, 08/83, Thomas Rother.
319 Kat. Das Revier: Motiv und Motivation 1983, S. 5.
320 Ebenda, S. 6, Uwe Rüth.
321 So z. B. die Symposien in Gelsenkirchen 1990 (Kat. The House of Psychedelic Thoughts 1990) und Witten 1991 (Kat. Kunstraum Wasserwerk Witten 1991).
322 Ohne Katalog, s. Symposienkatalog.
323 Kat. Land Art 1986.
324 Ebenda, o. S.; s. auch Kat. Wasser 1986, S. 19.
325 Kat. Land Art 1986.
326 Ebenda, o. S.; s. auch Kat. Wasser 1986, S. 18.
327 Kat. Wasser 1986.
328 Kat. Kunst-Landschaft, Landschaft-Kunst 1988.
329 So Uwe Rüth in Kat. Kunst-Landschaft, Landschaft-Kunst 1988, S. 4.
330 Ebenda, S. 16-17.
331 Ebenda, S. 32-33.
332 Ebenda, S. 54-55.
333 Ebenda, S. 58-59.
334 Bergische Morgenpost, 11.07.88.
335 Kat. Kunst-Landschaft, Landschaft-Kunst 1988, Uwe Rüth, S. 6.
336 Der Protest artikulierte sich in einigen Leserbriefen, s. Remscheider General-Anzeiger vom 27. u. 28.07.88. Es gab sogar eine Unterschriftenaktion gegen die Kunst in der Landschaft, eine entsprechende Liste ist im Anhang des Kataloges abgedruckt.
337 Remscheider General-Anzeiger, 13.07.88.
338 Kat. Nunatak – Projekt Schüberg 1989.
339 Ebenda, S. 9.
340 Nach Auskunft von Doris Cordes-Vollert.
341 S. Kap. 1.1.4.
342 Kat. Nunatak – Projekt Schüberg 1989, S. 58-65.
343 Ebenda, S. 74-81.
344 Ebenda, S. 82-89.
345 Kat. Dialog 1986.
346 So Ulrich Bischoff in seinem einführenden Katalogtext, Kat. Nunatak – Projekt Schüberg 1989, S. 7.
347 Kat. Hier und Da 1992.
348 Ebenda, o. S.
349 Ebenda, o. S.; s. auch Kat. Erde – Zeichen – Erde 1992, S. 117.
350 Kat. Hier und Da 1992.
351 Ebenda, o. S.; s. auch Kat. Erde – Zeichen – Erde 1992, S. 13.
352 Kat. Hier und Da 1992.
353 Ebenda, o. S.
354 Ebenda, o. S.
355 Ebenda, o. S.
356 Kat. NAturKULtur 1992.
357 Kat. Kunstszene Tagebau 1992.
358 Ebenda, S. 20.
359 Ebenda, S. 46-48.
360 Ebenda, S. 95.
361 Ebenda, S. 75.
362 Ebenda, S. 80-81.
363 Ebenda, S. 7.
364 Kat. Europa-Biennale Niederlausitz – II. Biennale Pritzen 1993.
365 Ausschreibung zur Europa-Biennale Niederlausitz, Hg. Förderverein Kulturlandschaft Niederlausitz e. V., Cottbus 1993.
366 Ebenda, S. 12.
367 So z. B. Prof. Dr. Vittorio Fagone (Mailand), Prof. Dr. Jacques Leenhardt (Paris), Volker Kinnius (München), Prof. Dr. Dieter Ronte (Bonn), Prof. Dr. Elmar Zorn (München/Salzburg), s. Kap. 2.3.8.
368 Kat. Europa-Biennale Niederlausitz – II. Biennale Pritzen 1993, S. 44-47.
369 Nach Auskunft des Fördervereins wurde die „Kathedrale" sogar inzwischen aus Sicherheitsgründen abgetragen, Brief vom 13.03.98.
370 Kat. Europa-Biennale Niederlausitz – II. Biennale Pritzen 1993, S. 48-51.
371 Nach Auskunft des Fotografen Thomas Kläber auf der Abschlußveranstaltung der Biennale im Juli 1995.
372 Ebenda, S. 67 ff.
373 Eine geplante Bepflanzung mit Ginster und gelben Rosen war zur Abschlußveranstaltung am 8./9. Juli 1995 noch nicht erfolgt.
374 Kat. Europa-Biennale Niederlausitz – II. Biennale Pritzen 1993, S. 20-23.
375 Kat. III. Europa-Biennale Niederlausitz 1995.
376 Brief des Fördervereins vom 13.03.98.
377 Kat. Grenzen erfahren – Grenzen überwinden 1998.
378 Kat. Landklang 1994.
379 Ebenda, S. 24-25.
380 Ebenda, S. 26-27.
381 Ebenda, S. 6-7.
382 Wie Jana Haberzettl im Katalog beklagt, ebenda, S. 28, und die Verfasserin bei der Eröffnung vor Ort feststellen konnte.
383 Kat. Objekte im Wind 1994.
384 Kat. Objekte im Wind 1993.
385 Ebenda.
386 Kat. Objekte im Wind 1994, o. S.
387 Ebenda, o. S.
388 Kat. Objekte im Wind 1995.
389 Nach Auskunft von Ekkehard Franz.
390 Kat. Der Kunstring 4 1995.
391 Ebenda, S. 10-11.
392 Pleinair (von französisch „pleinair") ist eine vor allem im

Osten gebräuchliche Bezeichnung für die Veranstaltungsform des Symposions, die nicht mehr aussagt, als daß unter freiem Himmel gearbeitet wird.
393 Kat. Der Kunstring 4 1995, S. 50.
394 Ebenda, S. 20-21.
395 Ebenda, S. 28-29.
396 Ebenda, S. 30-31.
397 Ebenda, S. 50.
398 Ebenda, S. 44.
399 Die Müritz-Zeitung nennt eine Zahl von etwa 100 Bewerbungen, s. Müritz-Zeitung, 11.04.96.
400 Kat. Der Kunstring 5 1996.
401 Ebenda, S. 28-29, S. 46-47.
402 Ebenda, S. 26-27, S. 50-51.
403 Ebenda, S. 30.
404 Ebenda, S. 36-37.
405 Kat. Der Kunstring 6 1997.
406 Kat. Le Vent des Fôrets 1997; s. auch Kat. Der Kunstring 7 1998, S. 40.
407 Kat. Zwischen Himmel und Erde – Projekt Heesfelder Mühle 1996.
408 Nach Auskunft der Gruppe.
409 Kat. Zwischen Himmel und Erde – Projekt Heesfelder Mühle 1996, o. S.
410 Ebenda, o. S.
411 Ebenda, o. S.
412 Ebenda, o. S.
413 Kat. StadtMensch NaturLandschaft 1997.
414 Kat. Fassadenmalertreffen Troisdorf 1986; Kat. Fassadenmalertreffen Troisdorf 1992.
415 S. Hartmann 1988, S. 135; Kat. 2. Troisdorfer Bildhauertreffen 1988.
416 Kat. StadtMensch NaturLandschaft 1997, S. 54-59.
417 Ebenda, S. 32-33; die Eichen wurden allerdings erst im Frühjahr 1998 gepflanzt, s. Rhein-Sieg-Anzeiger, 05.05.98.
418 Ebenda, S. 36-41.
419 Rhein-Sieg-Anzeiger, 16.06.97.
420 Rhein-Sieg-Rundschau, 24.06.97.
421 Kölner Stadt-Anzeiger, 04.07.97; Rhein-Sieg-Rundschau, 08.07.97.
422 Kölner Stadt-Anzeiger, 29.07.97.
423 Kölner Stadt-Anzeiger, 04.07.97.
424 Rhein-Sieg-Anzeiger, 20.08.97; General-Anzeiger, 04.09.97.
425 Hoffmann 1969, S. 1279 ff.
426 Ebenda, S. 1289 ff.
427 Kat. Natur-Skulptur 1981.
428 Thiel 1982, S. 33-88.
429 Ebenda, S. 71.
430 Berger 1989, S. 241.
431 Ebenda, S. 15 ff.
432 Ebenda, S. 92 ff.
433 Ebenda, S. 131 ff.
434 Ebenda, S. 162 ff.
435 Hoormann 1996.
436 Ebenda, S. 27 ff.
437 Ebenda, S. 10 ff.
438 Berger 1989, S. 10.
439 Kat. Mediale 1993, S. 52.
440 Berger 1989, S. 92 ff.
441 Hoffmann 1969, S. 1289.
442 Diese Bezeichnung ist nicht der gleichnamigen Ausstellung entlehnt, die hauptsächlich Land Art und Natur-Kunst präsentierte, sondern bezieht sich auf eine im Vorwort des Kataloges zur Hamburger Ausstellung „Verhalten in der Natur" formulierte Abgrenzung der Künstler Harald Finke und Karl-Heinz Gödecke, s. Kat. Verhalten in der Natur 1983, S. 1.
443 Thiel 1982, S. 71.
444 S. Kap. 2.4.4.
445 S. Kap. 2.5.3.
446 Siehe die Einteilung von Hoffmann, Ziffer 2. und 4., Hoffmann 1969, S. 1279.
447 Z. B. in der Minimal Art. So plazierte beispielsweise Robert Morris 1965 drei gleich große L-Formen so unterschiedlich in einem Galerieraum (Castelli, New York), daß sie nicht mehr identisch erschienen, Krauss 1977, S. 266.
448 Berger 1989, S. 15 ff.
449 S. Kap. 1.1.3, Anm. 59.
450 Kat. Erde – Zeichen – Erde 1992, S. 117.
451 Wie der Künstler im Katalog ausführt, Kat. Das Revier: Motiv und Motivation 1983, S. 90.
452 Kat. Symposion Nordseeküste 1982.
453 Kat. Mythos + Ritual in der Kunst der 70er Jahre 1981, S. 9.
454 Zitat Annemarie Pohlen, aus: Kat. Mythos + Ritual in der Kunst der 70er Jahre 1981, S. 32.
455 So jedenfalls deutet Uwe Rüth die Arbeit, s. Kat. Das Revier: Motiv und Motivation 1983, S. 11.
456 Kat. Das Revier: Motiv und Motivation 1983, S. 45.
457 Kat. Long Live Bremer Lifeforms 1977.
458 Beispiele für Blatt- und Blütenanordnungen, wie er sie unter anderem auch in Sylt 1986 vorgenommen hat, finden sich im Katalog: Kat. Nils-Udo – Bob Verschueren 1992.
459 Berger 1989, S. 11.
460 Heise 1953.
461 Korte 1988.
462 Kastner 1992.
463 Kat. Skulptur im TAL 1989; s. auch Kat. Im TAL 1992.
464 So versucht man sich am Müritz-Nationalpark in der Gestaltung abgeschlossener, begehbarer Einheiten, sogenannter Kunstpfade, damit die Kunstwerke sich nicht in dem riesigen zur Verfügung stehenden Gebiet verlieren; s. Kap. 2.4.16.
465 Sofern die Ausstellungen nicht als Beispiele vorgestellt werden, wurden sie ins Literaturverzeichnis aufgenommen. Die Verfasserin beschränkte sich auf Präsentationen zum Thema „Natur und Kunst" in größeren Städten und Ausstellungshäusern in Deutschland. Einzelausstellungen bestimmter Künstler blieben unberücksichtigt.
466 Oder wie in Hamburg 1993 über die Neuen Medien vermittelt, Kat. Mediale 1993. Weitere Ausstellungen s. Literaturverzeichnis.
467 Kat. Natur-Skulptur 1981.
468 Ebenda, S. 6.
469 Kat. Natur – Landschaft – Kunst 1982.
470 Markus Stegeman schreibt über eine solche Steininstallation im Rahmen der Ausstellung „Landschaft in der Erfahrung" (Kat. Landschaft in der Erfahrung 1989) im Kölnischen Kunstverein: „Letztlich ist die Wanderung bei Long, das eigentliche (konzeptionelle) Kunstwerk, die Fotos sind Dokumentation, die Steinsammlungen nichts als eine kontemplative Geste, die gänzlich aus der besonderen Struktur der Landschaft entspringen.", s. Stegemann 1990, S.87.
471 Kat. Natur – Landschaft – Kunst 1982, S. 21.
472 Kat. Verhalten in der Natur 1983.
473 Ebenda, S. 39.
474 Ebenda, S. 24-27.
475 Ebenda, S. 5.
476 Z. B. die Ausstellung „Umwelt – Naturkunst" in Bonn 1985, auf der u. a. ebenfalls das Projekt „Kunst-Landschaft" von Ruth Falazik vorgestellt wurde, s. Kat. Umwelt – Naturkunst 1985.
477 Kat. Zurück zur Natur, aber wie? 1988.
478 Südwestpresse Ulm, 17.05.88: „Schnell zurück zur Natur, aber wie?", Reinhold Wurster.
479 Süddeutsche Zeitung, 31.05.88: „Zurück zur Natur, aber wie?", Volker Bauermeister.
480 Kat. Von der Natur in der Kunst 1990, S. 20.
481 Ebenda, S. 8.
482 Ebenda, S. 10.
483 Stepken 1989, S. 412.
484 Dies betrifft Überblicksausstellungen mit mehreren Künstlern und bezieht sich auf den Kenntnisstand der Verfasserin. Wie bei den Symposien erwies sich auch die Ermittlung der Ausstellungen zum Thema als kompliziert.
485 Südwestpresse Ulm, 17.05.88: „Schnell zurück zur Natur,

aber wie?", Reinhold Wurster.
486 Kat. Nils-Udo 1989, S. 4.
487 Dreher 1990, S. 58.
488 Stepken 1989, S. 412.
489 Die dort festgestellten Grundbedingungen bezüglich der Finanzierung, der Organisation usw. gelten nicht nur für Natur-Kunst-Symposien, sondern bestimmen die Veranstaltungsform des Symposions im allgemeinen.
490 Siehe hierzu auch Hans-Joachim Manskes Ausführungen über „Symposien im Stadtraum", die in einigen Punkten auch für das Natur-Kunst-Symposion gelten, Manske 1988, S. 67-77.
491 Zitat Bildhauer Rudolf Wachter, aus: Hartmann/Pokorny 1988, S. 117.
492 Zitat Eberhard Eckerle, aus: Hartmann/Pokorny 1988, S. 115.
493 S. Erläuterungen hierzu Kap. 2.5.2.
494 Kat. Europa-Biennale Niederlausitz – II. Biennale Pritzen 1993, S. 36-37.
495 Nach Auskunft des Künstlers und Mitorganisators des Symposions „Fährstationen" (1996), Klaus Großkopf.
496 Kat. Das Revier: Motiv und Motivation 1983, S. 4.
497 Betrachtet man die von verschiedenen Kunstkritikern geschriebenen Beiträge zu den Neuenkirchener Symposien, so läßt sich in den Einleitungen auffallend häufig eine schwärmende Landschaftsbeschreibung vermerken, s. Einführungen in: Kat. Kunst-Landschaft 1974-1987.
498 Thiel 1982, S. 27.
499 Während der Begleitung einiger Symposien über einen längeren Zeitraum (Waren/Neustrelitz 1995-97, Troisdorf 1997), konnte die Verfasserin beobachten, wie sich im Laufe der Zeit das Verhältnis der Betrachter zu den Künstlern veränderte. So erschienen manche Bürger regelmäßig auf dem Arbeitsplatz der Künstler, um den Fortgang der Arbeiten zu beobachten. Weiterhin entwickelten das Symposion helfend unterstützende ABM-Kräfte (Waren/Neustrelitz 1995-97) eine besondere Beziehung zu den von ihnen mitgestalteten Werken.
500 Kat. Das Revier: Motiv und Motivation 1983, S. 7.
501 Morschel 1979, S. 39.
502 Weilacher 1993, S. 42.
503 Morschel 1979, S. 39.
504 1995 organisierten Studenten der Gesamthochschule Kassel beispielsweise unter dem Titel „Kunsteintrag" in Zusammenarbeit mit den zuständigen Forstbehörden eine Ausstellung in einem Waldstück bei Göttingen. Obwohl den jungen Künstlern nicht direkt bei der Arbeit zugeschaut werden konnte, erfreuten sich die von den Studenten abgehaltenen Führungen sehr großer Beliebtheit, s. Kat. Kunsteintrag 1995. In diesem Zusammenhang kann auch das von dem ehemaligen Wurstfabrikanten Schweisfurth initiierte Projekt „Kunst geht in die Natur" auf dem von ihm betriebenen Öko-Hof in Herrmansdorf (bei München) genannt werden. Künstler wie Nils-Udo und Hannsjörg Voth erstellten dort nach und nach (von 1993-1996) großformatige Arbeiten im Freiraum. Süddeutsche Zeitung, 21./22.09.96; FAZ-Magazin, 28.02.97; s. auch Kat. TE SO LU VE 1995.
505 Morschel 1979, S. 38.
506 Kat. Wattenmeer 1993; s. Kap. 2.3.6.
507 Kat. Wattenmeer 1993, S. 63.
508 Rüth 1988, S. 78.
509 Kat. Das Revier: Motiv und Motivation 1983, S. 4.
510 Großklaus/Oldemeyer 1983, S. 7.
511 Hard 1993, S. 169.
512 Seel/Sichler/Fischerlehner 1983, S. 18; s. auch Großklaus/Oldemeyer 1983 u. a.
513 Seel/Sichler/Fischerlehner 1983, S. 18 ff.
514 Böhme 1992, S. 11.
515 Großklaus/Oldemeyer 1983, S. 8.
516 Ein ausführliche Darstellung der Geschichte des Wandels des Naturverständnisses findet sich bei Gloy 1995; s. auch Oldemeyer 1983, S. 15 ff.
517 Oldemeyer 1983, S. 30 ff.; s. auch Peifer 1993, S. 148 ff.
518 Zimmermann 1982, S. 126; s. auch Böhme 1993, S. 34.
519 Zimmermann 1982, S. 141.
520 Gloy 1995, S. 14.
521 Smuda 1986, S. 7.
522 Wormbs 1982, S. 312; s. auch Preuss 1993, S. 221.
523 Enzensberger 1971, S. 190; s. auch Schweis 1993, S. 199 ff.
524 Böhme 1992, S. 113.
525 Böhme nennt als Beispiel für eine häufig verkannte Kulturlandschaft das heutige Naturschutzgebiet der Lüneburger Heide, das durch den Raubbau an seinem Holzbestand erst in dieser Form entstanden ist und nur durch die Bewirtschaftung mit Heidschnucken in diesem Zustand erhalten werden kann. Böhme 1993, S. 37.
526 Eva Jaeggi beschäftigt sich mit den dramatischen Veränderungen in der Beziehung des Menschen zur Natur durch die Katastrophe von Tschernobyl in: Seel/Sichler/Fischerlehner 1993, S. 111-126.
527 Mittelstraß 1991, S. 53 ff.
528 Ebenda, S. 54.
529 Böhme 1989, S. 7.
530 Ebenda, S. 12.
531 Ebenda, S. 31-32.
532 Böhme 1992, S. 21.
533 Böhme 1989, S. 24.
534 Ebenda, S. 25.
535 Ebenda, S. 32.
536 Ebenda, S. 11 ff.
537 Böhme 1995, S. 15.
538 Böhme 1989, S. 10.
539 Böhme 1995, S. 15.
540 Wobei interessant ist, daß Benjamin den Begriff ebenfalls aus einer Naturerfahrung entwickelt, Böhme 1995, S. 25 ff.; s. auch Benjamin 1963, S. 15.
541 Böhme 1995, S. 16.
542 Böhme 1989, S. 15.
543 Ebenda, S. 30.
544 Hirschfeld 1779.
545 Böhme 1989, S. 89 ff.; s. auch Böhme 1995, S. 36 ff.
546 Böhme 1989, S. 35.
547 Meyer-Abich 1984, S. 268 f.
548 Ebenda, S. 252.
549 Ebenda, S 266.
550 Zimmermann 1982, S. 147.
551 Ebenda.
552 Müller-Karch/Heydemann 1989.
553 Ebenda, S. 14.
554 Ebenda, S. 17.
555 Ebenda, S. 44.
556 Ebenda, S. 45.
557 Ebenda, S. 16.
558 Ebenda, S. 46.
559 Ebenda, S. 47.
560 Seel/Sichler/Fischerlehner 1993.
561 Ebenda, S. 12-13.
562 Ebenda, S. 19.
563 Ebenda, S. 20.
564 Ebenda, S. 23.
565 Weber 1997, S. 150-164.
566 Ebenda, S. 152.
567 Ebenda, S. 154.
568 Ebenda, S. 156.
569 Ebenda, S. 164.
570 Die das Problem erst in den 80er Jahren ausführlicher diskutiert (s. die hier herangezogene Literatur).
571 Die Künstlerin Anke Mellin schreibt über ihren künstlerischen Werdegang: „Similar to other artists I functioned as a seismograph. The separation of man from nature was often part of my work (...).", s. Gründungsprotokoll des Artists in Nature-International Network vom 01. November 1998.
572 Smuda 1986, S. 8.
573 Böhme 1989, S. 24.

574 So z. B. Doris Cordes-Vollert, die sich in eigenen Essays ausführlich mit dem Verhältnis Natur-Kunst-Mensch auseinandersetzt, s. Kat. LAND : ART 1996, S. 18-23; s. Cordes-Vollert 1993. Birgit Cauer beschäftigt sich in ihren Leibräumen mit dem Thema der Leiblichkeit, wie Gernot Böhme es problematisiert, s. Kat. Der Kunstring 5 1996.
575 Wedewer 1971, S. 72.
576 Tiberghien 1995, S. 100; s. auch Kap. 1.1.4.
577 Ebenda, S. 99.
578 Wedewer 1971, S. 74-75.
579 Die Bezeichnung „neuer Primitivismus" geht auf Varnedoe 1984, S. 677 ff. zurück und bezieht sich auf Erscheinungen in der Kunst der 60/70er Jahre, während unter Primitivismus bisher allgemein die Rezeption vorwiegend afrikanischer Kunst am Anfang dieses Jahrhunderts verstanden wurde (z. B. im Expressionismus).
580 Wedewer 1981, S. 157.
581 Kat. Mythos + Ritual in der Kunst der 70er Jahre 1981, S. 32-33.
582 Kat. Von der Natur in der Kunst 1990, S. 28.
583 Weilacher 1993, S. 42.
584 „Weil Kunst nicht dazu beitrage, die gesellschaftlichen, insbesondere die ökonomischen Verhältnisse zu verändern, so argumentierte man, weil Kunst im Gegenteil vom Kulturbetrieb vereinnahmt der Bestätigung diene, habe sie keine Funktion und also auch keine Existenzberechtigung mehr." so Romain/Wedewer 1971, S 7.
585 Kellein 1986, S. 389.
586 Varnedoe 1984, S. 683.
587 Schirmer 1969, S. 1-35.
588 Werkner 1992, S. 108.
589 Kipphoff 1991.
590 Burke 1980.
591 de Maria 1960.
592 Berger 1989, S. 9.
593 Berger 1989, S. 12.
594 Kat. Von der Natur in der Kunst 1990, S. 21-22.
595 Berger 1989, S. 15 f.
596 Werkner 1992, S. 19 ff. u. S. 108-109.
597 Varnedoe 1984, S. 681.
598 Werkner 1992, S. 64 ff.
599 Werkner 1992, S. 140.
600 Kipphoff 1991.
601 Kat. Ressource Kunst 1989, S. 14-15.
602 Kat. Nunatak – Projekt Schüberg 1989, S. 10.
603 Kat. Zwischen Himmel und Erde – Projekt Heesfelder Mühle 1996.
604 Lauber 1995, S. 210.
605 Silke Kneer etwa zeigt sich gespannt auf zukünftige Tendenzen, die sich aus dem wiederaufgenommenen Dialog mit der Natur ergäben; Kneer 1995, S. 158.
606 Kat. Verhalten in der Natur 1983, S. 1.
607 Kat. LAND : ART 1996, S. 21.
608 Ebenda, S. 22.
609 Ebenda.
610 Kat. Natur-Skulptur 1981, S. 124-127.
611 Ebenda, S. 148-151.
612 S. Kap. 4.1, Anm. 582.
613 Jung 1990.
614 Bücher-Vogler 1994, S. 211.
615 Weilacher 1993, S. 40.
616 Kat. Von der Natur in der Kunst 1990, S. 29.
617 Hoormann 1995, S. 231.
618 Kat. Verhalten in der Natur 1983, S. 12.
619 Bücher-Vogler 1994, S. 156 ff.; s. auch Thiel 1982, S. 28.
620 Kat. Naturraum – Kunstraum 1991, S. 40-41.
621 Kat. Symposion Nordseeküste 1982, o. S.
622 Hoffmann 1972, S. 82.
623 Hoffmann 1969, S. 1291.
624 Das 1995 von Jacquemard/Zahra errichtete Labyrinth (Abb. 92) am Müritz-Nationalpark beispielsweise zeigt Verwandschaften mit der „Connemara Sculpture" von Richard Long (Irland 1971) auf, s. Tiberghien, S. 153, Abb. 2 u. 3.
625 Gründungsprotokoll vom 01. November 1998.
626 Hellwig (1998).
627 Ebenda, S. 97.
628 Ebenda, S. 98.
629 Ebenda, S. 73 u. S. 98.
630 Ebenda, S. 95 ff.
631 Ausschreibung zum 8. Internationalen Künstlerpleinair am Müritz-Nationalpark vom 15.8. bis 5.9.1999.
632 Hellwig (1998), S. 94.
633 Ebenda, S. 99 ff.
634 1998 wurden im Rahmen des EU-Projektes „Grenzen erfahren – Grenzen überwinden" des Vereins zur Förderung kultureller Weiterbildung und Pflege des Europa-Gedankens e. V. aus Grevenbroich Kunstprojekte für ehemalige Tagebaulandschaften in Grevenbroich und Cottbus geplant, s. Kat. Grenzen erfahren – Grenzen überwinden 1998.
635 Weilacher 1993, S. 31.
636 Wie z. B. die Garten-Experimente der Stiftung Bauhaus Dessau, die 1998 zum wiederholten Male Claim-Workshops im ehemaligen Tagebau der Grube Golpa-Nord durchführte.
637 Tiberghien 1995, S. 224 ff.
638 Werkner 1992, S. 74 ff.
639 Weilacher 1993, S. 31.
640 Weilacher 1993, S. 31 u. Kellein 1986, S. 399.
641 Weilacher betitelt die Summe der Kosten mit 1 Mio. Dollar, s. Weilacher 1993, S. 31.
642 Hartmann 1988, S. 24 ff.
643 Zitat Robert Morris aus Beardsley 1984, S. 94.
644 Was durch das Abhandenkommen der Torflügel verhindert wurde.
645 Kat. Kunstszene Tagebau 1992, S. 62.
646 Kat. Der Kunstring 5 1996, S. 36-37.
647 Ebenda, S. 30-31, s. Kap. 2.4.17.
648 Kat. Der Kunstring 7 1998.
649 Ebenda, S. 30-38.
650 Ebenda, S. 42 u. S. 30 ff.
651 Z. B. mit einem Kunstfeld als einem Kreativraum für Besucher, auf dem diese mit Naturmaterialien zur Gestaltung angeregt werden, Faltblatt „Der Kunstring. Der Müritz-Nationalpark – Kreativraum für Pflanze, Tier und Mensch. Ein Malbuch für Nationalparkbesucher", Hg.: Förderverein Müritz-Nationalpark e. V., Waren o. J. (1997).
652 Gebhard 1993, Fischerlehner 1993, Unterbruner 1993, Fischerlehner/Gebhard/Unterbruner 1993 in: Seel/Sichler/ Fischerlehner 1993.
653 Brohl 1997.
654 Die im übrigen auch in der Literatur hauptsächlich auf die amerikanische künstlerische Auseinandersetzung mit der Natur Anwendung findet. So behandelt Gilles Tiberghien in seinem Buch *Land Art* ausschließlich die beschriebene amerikanische Entwicklung, Tiberghien 1995; s. auch Werkner 1992.
655 Kipphoff 1991, S. 66.
656 Eine interessante Alternative einer vermittelten Reflektion über die Natur liegt nach dem Ende der Landschaftsmalerei in einer künstlerischen Auseinandersetzung mit der Natur über die Neuen Medien, wie dies beispielsweise auf der Mediale 1993 in Hamburg der Fall war, Kat. Mediale 1993.
657 Dies wird besonders deutlich in der künstlerischen Gestaltung eines Wegstücks im Rahmen des „Kunst-Landschaft"-Projektes 1980 in Neuenkirchen in der Lüneburger Heide, s. Kat. Wege 1980.
658 Weilacher 1993, S. 40.
659 Hellwig (1998).
660 Dabei kann auch der der jüngeren Generation der Natur-Künstler angehörende, durch hervorragende Bildbände (Hollis/Cameron 1991) bekannt gewordene britische Künstler Andy Goldsworthy als Nachfahre Nils-Udos angesehen werden. Die Blätter und Blütenarrangements beider Künstler kommen sich sehr nahe mit dem Unterschied, daß Nils-Udo bereits in den 70er Jahren mit seiner Arbeit in der Natur begonnen hat (Kat. Nils-Udo 1989, Kat. Nils-Udo – Bob Verschueren 1992).

661 Wie etwa den IBA (Internationale Bau-Ausstellung)-Projekten, s. z. B. IBA-Emscher-Park, Kleine 1997; seit Mai 1999 ist nach Auskunft des Fördervereins Kulturlandschaft Niederlausitz e. V. auch das ehemalige Tagebaugebiet Greifenhain bei Pritzen (ehem. Austragungsort der Europa-Biennale) für eine IBA-Maßnahme im Gespräch.

662 Lauber 1995, S. 204.

663 Brohl 1997, S. 20.

664 Ebenda.

Katalog – Symposien in chronologischer Reihenfolge (1974-1999)

Neuenkirchen 1974

Veranstaltungsort (landschaftliche Situation): Gemeinde Neuenkirchen in der Lüneburger Heide
Bundesland: Niedersachsen

Zeitraum: Ausstellung: 29. Juni bis 29. September 1974; Eröffnung: 29. Juni 1974 durch Rolf Wedewer

Thema: „Kunst – Dorf"

Idee u. Organisation: Ruth Falazik, Galeristin

Finanzierung u. Unterstützung: Hauptsächlich durch die Galerie (Unterkunft der Künstler auf dem Springhornhof), die Gemeinde beteiligt sich an der Finanzierung.

Katalog/Dokumentation: „Kunst – Dorf", Neuenkirchen, Heidekreis Soltau, Freiplastik in der Gemeinde – Signale+Embleme/ Zeichnungen in der Galerie Falazik – Springhornhof, Neuenkirchen+Gemeinde Neuenkirchen; Fotos: Bornemann, Grundmann, Hawoli, Heinrich, Littkemann, Sachse, von Santvoorst, Steinbeck
Katalogtext: Vorworte Landrat Buhr, Oberkreisdirektor Schumacher, Text Jürgen Weichardt

Teilnehmer: 1 Künstlerin und 33 Künstler: Gerlinde Beck, Viktor Bonato, H. J. Breuste, Will Brüll, Jo Enzweiler, Volker Gerlach, Dieter Glasmacher, Michael Glüder, Goepfert-Hölzinger, Friedrich Gräsel, Erich Hauser, Hawoli, Manfred Hoinka, Hanspaul Isenrath, Rolf Jörres, Wolf Kahlen, Günter Kämpfe, Ferdinand Kriwet, Horst Lerche, Horst Linn, Adolf Luther, Ansgar Nierhoff, H.-G. Prager, Stipo Pranjko, Balduin Romberg, Max Sauk, Manfred Saul, Karl Schaper, H. D. Schrader, Wil Sensen, Hein Sinken, Ferdinand Spindel, Erwin Wortelkamp, H.-H. Zimmermann

Kurzbewertung: Es handelt sich um eine Freiluftausstellung moderner Plastik, nicht um ein Symposion. Erste Ansätze einer Auseinandersetzung mit der Landschaft zeigen sich in den Arbeiten „Sturmschäden" von Hawoli, „Heidefindlinge" von Jörres und „Holzobjekt" von Saul.

Literatur/Presse:

Kat. Kunst-Landschaft. Neuenkirchener Symposien 1974-1987, Ruth Falazik/Lothar Romain, Kunstverein Springhornhof Neuenkirchen in der Lüneburger Heide e. V. 1987.
Falazik, Ruth: „'Kunst – Landschaft' Entstehung und Entwicklung einer Idee", in: Kat. Natur-Skulptur, Württembergischer Kunstverein, Stuttgart 1981, S. 182-194.
Falazik, Ruth: Entstehung und Entwicklung des Projektes 'Kunst – Landschaft' in Neuenkirchen", in: Hartmann/Pokorny: Das Bildhauersymposium, Stuttgart, 1988, S. 62-66.
Thiel, Heinz: „Natur-Kunst", in: Kunstforum international, 48, 1982, S. 25-28.
Art 3, 1981: „Denkmale in der Urlandschaft, S. 80-89.

Neuenkirchen 1975

Veranstaltungsort (landschaftliche Situation): Gemeinde Neuenkirchen in der Lüneburger Heide
Bundesland: Niedersachsen

Zeitraum: Symposion 31. Mai bis 21. Juni 1975; Ausstellung: 29. Juni bis 29. September 1975; Eröffnung: 21. Juni 1975 durch Hans Gercke

Thema: „Foto-Film-Video"

Idee u. Organisation: Anregung von Horst Wegmann; Konzeption: Ruth Falazik, Galeristin

Finanzierung u. Unterstützung: unter Schirmherrschaft des niedersächsischen Kultusministers Dr. Ernst Gottfried Mahrenholz; Deutsch Französisches Jugendwerk (Bad Honnef), Galerie Falazik-Springhornhof, Gemeinde Neuenkirchen u. Heidekreis Soltau; Sony: Überlassung von Video-Aufnahmegeräten

Katalog/Dokumentation: „Foto-Film-Video", Deutsch-Französisches Symposion Neuenkirchen, Deutsch-Französisches Jugendwerk, Galerie Falazik – Springhornhof, Gemeinde Neuenkirchen, Heidekreis Soltau
Katalogtext: Vorworte niedersächsischer Kultusminister Dr. Ernst Gottfried Mahrenholz, Generalsekretär des Deutsch-Französischen Jugendwerkes Pierre Gril; „Die Konzeption", Jürgen Weichardt

Teilnehmer: 5 Künstlerinnen und 24 Künstler: Roland Baladi (F), Jean-Pierre Bertrand (F), Gerhard Büttenbender, Hervé Fischer (F), Fred Forest (F), Richard Gilles (F), Hawoli, Wolf Kahlen, Tomek Kawiak (F), Edmund Kuppel, Lea Lublin (F), Ingeborg Lüscher (CH), Erika Magdalinski (F), Miloslav Moucha (F), Siegfried Neuenhausen, Ernest Pignon (F), Fabrizio Plessi (I); Anne&Patrick Poirier (F), Joan Rabascall (F), Klaus Ritterbusch, Manfred Saul, Fritz Schwegler, Helmut Schweizer, Sosno (F), Jean-Paul Thenot (F), Gerhard Trommer, Timm Ulrichs, Nil Yalter (F)

Kurzbewertung: Vielseitige Auseinandersetzung mit dem Dorf Neuenkirchen und seinen Einwohnern, unter anderem durch Vertreter der „Spurensicherung" (Anne&Patrick Poirier). Wichtige Erfahrung mit der Veranstaltungsform des Symposiums, Berührungsängste zwischen Künstlern und Bevölkerung werden abgebaut. Einige Arbeiten thematisieren die Landschaft: Ritterbusch beschreibt die Abholzung und forstwirtschaftliche Nutzung eines Waldes. Saul dokumentiert die Entstehung seiner Arbeit „Holzobjekt" von 1974. Trommer beschäftigt sich mit der Kulturpflanze Kiefer und ihren Produkten. Ulrichs dokumentiert anhand von Baum-Bandagen und Prothesen, die „Natur im Würge-Griff".

Literatur/Presse:

Kat. Kunst-Landschaft. Neuenkirchener Symposien 1974-1987, Ruth Falazik/Lothar Romain, Kunstverein Springhornhof Neuenkirchen in der Lüneburger Heide e. V. 1987.
Falazik, Ruth: „'Kunst – Landschaft' Entstehung und Entwicklung einer Idee", in: Kat. Natur-Skulptur, Württembergischer Kunstverein, Stuttgart 1981, S. 182-194.
Falazik, Ruth: Entstehung und Entwicklung des Projektes 'Kunst – Landschaft' in Neuenkirchen", in: Hartmann/Pokorny: Das Bildhauersymposium, Stuttgart, 1988, S. 62-66.
Thiel, Heinz: „Natur-Kunst", in: Kunstforum international, 48, 1982, S. 25-28.
Art 3, 1981: „Denkmale in der Urlandschaft, S. 80-89.

Neuenkirchen 1976

Veranstaltungsort (landschaftliche Situation): Gemeinde Neuenkirchen in der Lüneburger Heide
Bundesland: Niedersachsen

Zeitraum: Ausstellung: 12. Juni bis 12. September 1976; Eröffnung: Dr. Margarethe Jochimsen

Thema: „Plätze der Macht – Orte der Kraft"

Idee u. Organisation: Ruth Falazik, Galeristin

Finanzierung u. Unterstützung: Hauptsächlich durch die Galerie (Unterkunft der Künstler auf dem Springhornhof); die Gemeinde und der Kreis beteiligen sich an der Finanzierung.

Katalog/Dokumentation: „Plätze der Macht – Orte der Kraft" Galerie Falazik – Springhornhof, Neuenkirchen; Gemeinde Neuenkirchen – Heidekreis Soltau; Fotos: für K. Raeck – Thomas Büller, Hawoli; für H. J. Voth – Ingrid Voth-Amslinger; Gruppenaufnahmen: Dagmar Falazik, alle anderen Fotos von den Künstlern selbst
Katalogtext: Vorworte Landrat Buhr, Oberkreisdirektor Schumacher, Bürgermeister Söhnholz, Gemeindedirektor Rymarczyk und Ruth Falazik; „Was ist ein Platz der Macht?", Dagmar Falazik; „'Plätze der Macht – Orte der Kraft' zur Reaktion der Künstler und Aktualität des Themas", Margarethe Jochimsen, Juni 1976

Teilnehmer: 7 Künstlerinnen und 16 Künstler: Michael Badura, Jürgen Brodwolf, Gerhard Büttenbender, Michael Buthe, Josef Erben, Tom J. Gramse, Haus-Rucker-Co, Rolf Jörres, Barbara& Michael Leisgen, Horst Lerche, Ingeborg Lüscher (CH), Katharina Meldner, Bernd Minnich, Christiane Möbus, Lienhard v. Monkiewitsch, Anna Oppermann, Irene Peschik, Karina Raeck, Klaus Ritterbusch, Gerhard Trommer, Timm Ulrichs, Hannsjörg Voth

Kurzbewertung: Das von Ruth Falazik nach Lektüre des Buches „Die Lehren des Don Juan" von Carlos Castaneda gewählte Thema knüpft an die „Individuellen Mythologien" der documenta 5 an und betrachtet künstlerisches Schaffen als Möglichkeit zur Selbstfindung. Die thematische Vorgabe erweist sich als problematisch, einige Künstler können oder wollen diese nicht umsetzen (Badura, Lüscher, v. Monkiewitsch). Viele Künstler finden ihren Platz in der Natur. Manche besetzen Orte (Jörres, Lerche, Voth, Brodwolf), andere scheinen einen Ort der Kraft gefunden zu haben, den sie durch Abbildung in die Galerie transferieren (Peschik/Leisgen).

Literatur/Presse:
Kat. Kunst-Landschaft. Neuenkirchener Symposien 1974-1987, Ruth Falazik/Lothar Romain, Kunstverein Springhornhof Neuenkirchen in der Lüneburger Heide e. V. 1987.
Falazik, Ruth: „'Kunst – Landschaft' Entstehung und Entwicklung einer Idee", in: Kat. Natur-Skulptur, Württembergischer Kunstverein, Stuttgart 1981, S. 182-194.
Falazik, Ruth: Entstehung und Entwicklung des Projektes 'Kunst – Landschaft' in Neuenkirchen", in: Hartmann/Pokorny: Das Bildhauersymposium, Stuttgart, 1988, S. 62-66.
Thiel, Heinz: „Natur-Kunst", in: Kunstforum international, 48, 1982, S. 25-28.
Art 3, 1981: „Denkmale in der Urlandschaft, S. 80-89.

Neuenkirchen 1977

Veranstaltungsort (landschaftliche Situation): Gemeinde Neuenkirchen in der Lüneburger Heide
Bundesland: Niedersachsen

Zeitraum: Symposion 3-8 Wochen; Ausstellung: 11. Juni bis 11. September 1977; Eröffnung: 11. Juni 1977 durch den Präsidenten der Hochschule für Bildende Künste Hamburg Prof. Dr. Carl Vogel

Thema: „Material aus der Landschaft – Kunst in die Landschaft"

Idee u. Organisation: Ruth Falazik, Galeristin

Finanzierung u. Unterstützung: Hauptsächlich durch die Galerie (Unterkunft der Künstler auf dem Springhornhof), die Gemeinde, der Kreis und das Land Niedersachsen beteiligen sich an der Finanzierung. Einige Bauern stellen auf ihrem Land Flächen zur Aufstellung der Kunstobjekte zur Verfügung. Die Künstler arbeiten ohne Honorar.

Katalog/Dokumentation: „Material aus der Landschaft – Kunst in die Landschaft", Galerie Falazik – Springhornhof, Neuenkirchen; Gemeinde Neuenkirchen – Heidekreis Soltau; Fotos: Paul Bell, Dagmar Falazik, Hawoli, Hans-Joachim Kempel, Leo Kornbrust, Jan Meyer-Rogge, Christiane Möbus, Ellen Poerschke, Janet u. Werner Reichhold, Gary Rieveschl, Rainer Tappeser, Ingrid Amslinger; Druck: Offsetdruck Carstens, Schneverdingen
Katalogtext: Vorworte Landrat Buhr, Oberkreisdirektor Schumacher, Bürgermeister Söhnholz, Gemeindedirektor Rymarczyk und Ruth Falazik, Einführung von Jürgen Weichardt

Teilnehmer: 4 Künstlerinnen und 11 Künstler, darunter drei in Deutschland lebende Amerikaner: Victoria Bell (USA), Hawoli, Hans-Joachim Kempel, Leo Kornbrust, Jan Meyer-Rogge, Christiane Möbus, Karina Raeck, Janet Reichhold (USA), Werner Reichhold, Gary Rieveschl (USA), Manfred Saul, Rainer Selg, Rainer Tappeser, Timm Ulrichs, Hannsjörg Voth

Kurzbewertung: Erstes reines Natur-Kunst-Symposion. Es wird ausschließlich mit natürlichen und mit Fundmaterialien gearbeitet. Anfangspunkt der Natur-Kunst-Entwicklung. Äußerst positives Presseecho.

Literatur/Presse:
Kat. Kunst-Landschaft. Neuenkirchener Symposien 1974-1987, Ruth Falazik/Lothar Romain, Kunstverein Springhornhof Neuenkirchen in der Lüneburger Heide e. V. 1987.
Falazik, Ruth: „'Kunst – Landschaft' Entstehung und Entwicklung einer Idee", in: Kat. Natur-Skulptur, Württembergischer Kunstverein, Stuttgart 1981, S. 182-194.
Falazik, Ruth: Entstehung und Entwicklung des Projektes 'Kunst – Landschaft' in Neuenkirchen", in: Hartmann/Pokorny: Das Bildhauersymposium, Stuttgart, 1988, S. 62-66.
Thiel, Heinz: „Natur-Kunst", in: Kunstforum international, 48, 1982, S. 25-28.
Art 3, 1981: „Denkmale in der Urlandschaft, S. 80-89.

Böhme-Zeitung/Soltauer-Kreiszeitung, 24.05., 27.05. u. 14.06.77
Westdeutsche Allgemeine Zeitung, 28.05. u. 09.07.77
Bochumer Anzeiger, 09.06.77
Walsroder Zeitung, 14.06.77: „Mannigfache Wege gehen die Menschen ..."
Hannoversche Allgemeine Zeitung, 18.05.77: „Schnitzeljagd auf Kunst", Ursula Bode
Neue Ruhr-Zeitung, 13.07.77
Weser-Kurier, 18.07.77
Lünepost, 28.07.77

Kreiszeitung Heya, 01.08.77
Berliner Zeitung, 04.08.77: „Material aus der Landschaft", Erika Lippki
TASPO, 111. Jg., Nr. 31, 04.08.77
Der Spiegel, 15.08.77: „Kunst-Expansion in Wald und Heide"
Hessische Allgemeine, 20.08.77: „Natur als Skulptur", Lothar Orzechowski
Frankfurter Rundschau, 23.08.77: „Künstlerisches Landeverbot für Hubschrauber", Werner Rhode
Hamburger Abendblatt, 01.09.77: „Wachsen Fichten rechtwinklig?", Paul Theodor Hoffmann
Pardon, 16. Jahrgang, Heft 9, Sept. 77: „Kunstwetterlage" Gerd Winkler
Rheinischer Merkur, 04.11.77: „Nachfolge von Worpswede?", Alexander Bauer
Die Welt, 02.08.78: "Die Sommerfrische der Avantgardisten", Herbert Albrecht

Rundfunk und Fernsehberichte:

01.06.77	NDR III (Fernsehen), „Kultur aktuell"
13.06.77	Radio Bremen II, „Sommerausstellung Falazik", Heinz Thiel
24.06.77	Saarländischer Rundfunk
24.06.77	NDR-Fernsehen, Berichte vom Tage
25.06.77	dto., (Wiederholung mittags)
05.07.77	NDR II (Rundfunk)
18.07.77	ARD, Tagesschau (Spätnachrichten)
19.07.77	dto., (Wiederholung mittags)
23.07.77	SFB I (Rundfunk), Feuilleton, „Landeverbotsschild für Hubschrauber oder: Steine leben ewig", Redaktion: Werner Rhode, Regie: Wolfram Just
01.08.77	Deutsche Welle, gleicher Bericht wie auf SFB I (englisch)
15.08.77	NDR-Nordschau, Kulturspiegel (Fernsehen)
08.09.77	NDR II (Rundfunk)
30.09.77	ZDF, Aspekte
18.10.77	Radio Bremen
30.12.77	WDR-Mittagsmagazin (Rundfunk)

Coesfeld 1977

Veranstaltungsort (landschaftliche Situation): Coesfeld (Münsterland)
Bundesland: Nordrhein-Westfalen

Zeitraum: 27. und 28. August 1977

Thema: „Hof und Kunst"

Idee u. Organisation: Uwe Obier, Kunstverein Gelsenkirchen

Finanzierung u. Unterstützung: VHS Coesfeld; die Fam. Schulze-Hüynck stellt ihren Hof zur Verfügung.

Katalog/Dokumentation: „Hof und Kunst", Kataloggestaltung: Uwe Obier, Rolf Glasmeier; Druck: Satz- und Repro-Studio G. Neumann KG, Oer-Erkenschwick (Auflage: 1000)
Katalogtext: Einführung Uwe Obier

Teilnehmer: 3 Künstlerinnen und 9 Künstler: Hermann EsRichter, Rolf Glasmeier, Jiri Hilmar (CSSR), Manfred Hoinka, Rosemarie Hoinka, Rolf Jörres, Ladislav Minarik (CSSR), Renate Neuser, Martin Renkhoff, Balduin Romberg, Heinz Wieck, Wilma Wieck

Kurzbewertung: Kleine Aktion mit Arbeiten, die auf die Umgebung reagieren. Jörres arrangiert eine Steinlandschaft aus Findlingen, Glasmeier schafft aus Abdeckfolien und -netzen auf Gemüsebeeten serielle Strukturen. Manfred Hoinka experimentiert mit Lehm und Rosemarie Hoinka breitet rosa Samt auf einer Wiese aus.

Literatur/Presse: keine Angaben

Neuenkirchen 1978

Veranstaltungsort (landschaftliche Situation): Gemeinde Neuenkirchen in der Lüneburger Heide
Bundesland: Niedersachsen

Zeitraum: 3 Monate Symposium, Ausstellung: 8. Juli bis 18. September 1978

Thema: „- Zwei Steine sind nie gleich -"

Idee u. Organisation: Ruth Falazik, Galeristin

Finanzierung u. Unterstützung: Die Gemeinde, der Kreis und das Land Niedersachsen beteiligen sich an der Finanzierung. Einige Bauern stellen auf ihrem Land Flächen zur Aufstellung der Kunstobjekte zur Verfügung. Heimische Betriebe (Sägewerk, Gärtner usw.) sind an der Erstellung der Arbeiten beteiligt.

Katalog/Dokumentation: „Zwei Steine sind nie gleich", Galerie Falazik – Springhornhof, Neuenkirchen; Gemeinde Neuenkirchen – Heidekreis Soltau-Fallingbostel; Fotos: Clareboudt, Enneper, D. Falazik, Hawoli, M. Markowski, Meyer-Rogge, Minarik, Nils-Udo, Pagés, J. u. W. Reichhold, Rieveschl, Wachter; Druck: Offsetdruck Carstens, Schneverdingen
Katalogtext: Vorworte Landrat Buhr, Oberkreisdirektor Schumacher, Bürgermeister Söhnholz, Gemeindedirektor Rymarczyk und Ruth Falazik; „- zwei Steine sind nie gleich -" Andreas Vowinckel; einleitende Texte zu den einzelnen Künstlern von Heinz Thiel; „Zwei Steine sind nie gleich – zwei Arbeitssituationen auch nicht" Fragment eines Arbeitsberichtes und Rekapitulation eines Gesprächs über eine Idee, Heinz Thiel

Teilnehmer: 2 Künstlerinnen und 9 Künstler: Jean Clareboudt (F), Michael Enneper, Hawoli, Jan Meyer-Rogge, Ladislav Minarik (CSSR), Nils-Udo, Bernard Pagés (F), Karina Raeck, Janet Reichold (USA), Gary Rieveschl (USA), Rudolf Wachter

Kurzbewertung: Fortsetzung der 1977 forcierten künstlerischen Auseinandersetzung mit der Landschaft und ihrem Material. Die Themenstellung ist offener und läßt Raum für Experimente. Die Benutzung von natürlichem Material ist selbstverständlich. Die Arbeiten verbleiben an ihren Standorten.

Literatur/Presse:
Kat. Kunst-Landschaft. Neuenkirchener Symposien 1974-1987, Ruth Falazik/Lothar Romain, Kunstverein Springhornhof Neuenkirchen in der Lüneburger Heide e. V. 1987.
Falazik, Ruth: „'Kunst – Landschaft' Entstehung und Entwicklung einer Idee", in: Kat. Natur-Skulptur, Württembergischer Kunstverein, Stuttgart 1981, S. 182-194.
Falazik, Ruth: Entstehung und Entwicklung des Projektes 'Kunst – Landschaft' in Neuenkirchen", in: Hartmann/Pokorny: Das Bildhauersymposium, Stuttgart, 1988, S. 62-66.
Thiel, Heinz: „Natur-Kunst", in: Kunstforum international, 48, 1982, S. 25-28.
Art 3, 1981: „Denkmale in der Urlandschaft, S. 80-89.

Hamburger Abendblatt, Nr. 149 (o. D.): „Kunst im Wald und auf der Heide", Mathes Rehder

Walsroder Zeitung, 12.07.78: „Zwei Steine sind nie gleich"
KUNSTmagazin, 03/78
Bremer Nachrichten, 29.07.78: „Landschaft lieferte Künstlern ihre Anregungen", Herbert Albrecht
Süddeutsche Zeitung, 02.08.78: „Kunst an einem bestimmten Ort", Jürgen Morschel
Die Welt, 10.08.78: „Strukturen der Natur wieder sehen lernen", Herbert Albrecht
Hannoversche Allgemeine Zeitung, 18.08.78: „Kunst-Marsch durch die Heide", Rudolf Lange
Weser-Kurier, 29.08.78: „Kunst aus der Natur entwickelt", Jürgen Weichardt
Hildesheimer Allgemeine Zeitung, 31.08.78: "Heidespaziergang oder Kunstmarsch – das ist hier keine Frage", Rudolf Lange
BWZ, Galerie, 09.-15.09.78: Kunst im Wald", Rainer Wenzelius
Kultur Information Ruhr, 01.09.-30.09.78, „In die Lüneburger Heide – der Kunst wegen", Bourrée

Bremen 1978

Veranstaltungsort (landschaftliche Situation): Bremen
Bundesland: Bremen

Zeitraum: 2. bis 10. September 1978; Ausstellung bis 25. Oktober (ab November 1978 in Neuenkirchen, Galerie Falazik)

Thema: „Symposion auf dem Weserdeich" (Weserlust-Symposion)

Idee u. Organisation: Hawoli

Finanzierung u. Unterstützung: Senator für Wissenschaft und Kunst in Bremen

Katalog/Dokumentation: „Dokumentation eines Symposions" 2.-10. September 1978 auf dem Weserdeich in Bremen; Ausstellung bis 25. Oktober. Der Senator für Wissenschaft und Kunst Bremen; Fotos: Paul Bell, H. J. Breuste, Hawoli, J. Meyer-Rogge, M. Saul
Katalogtext: Vorwort des Senators für Wissenschaft und Kunst Bremen; Text Heinz Thiel

Teilnehmer: 1 Künstlerin und 4 Künstler: Victoria Bell (USA), H. J. Breuste, Hawoli, Jan Meyer-Rogge, Manfred Saul

Kurzbewertung: Ein Großteil der Arbeiten ähnelt den bereits in Neuenkirchen entstandenen Werken, wohin sie auch nach dem Symposion verbracht werden. Insofern ist die Veranstaltung eher als Ableger des Neuenkirchener Projektes zu bewerten. Auf die städtische Situation reagiert Saul, der Baumfragmente in Beton gießt und damit kritisch zum Verhältnis Mensch-Natur Stellung nimmt.

Literatur/Presse: keine Angaben

Bremen 1979

Veranstaltungsort (landschaftliche Situation): Bremen
Bundesland: Bremen

Zeitraum: 9. Juli bis 1. August 1979

Thema: „Symposion am Deichschart"

Idee u. Organisation: Hawoli

Finanzierung u. Unterstützung: Senator für Wissenschaft und Kunst in Bremen

Katalog/Dokumentation: „Symposium am Deichschart" 09.07.1979- 01.08.1979 in Bremen. Der Senator für Wissenschaft und Kunst Bremen; Kataloggestaltung: Hawoli; Fotos: Hawoli, Jacobi, Kubach-Wilmsen-Team, Landesbildstelle Bremen; Druck: Carstens Offsetdruck
Katalogtext: Vorwort des Senators für Wissenschaft und Kunst Bremen; „Das Bildhauersymposion am Deichschart", Hans-Joachim Manske; Text Hawoli; „Tagebuchauszug: Bildhauer-Symposion Bremen", Anna Kubach-Wilmsen

Teilnehmer: 1 Künstlerin und 7 Künstler: Romuald Freijer (PL), Makoto Fujiwara (J), Hawoli, Ewerdt Hilgemann (NL), Peter Jacobi, Kubach-Wilmsen-Team, Louis Niebuhr

Kurzbewertung: Die gemeinschaftliche Arbeit an einer Bodenskulptur aus Steinen eines Abbruchhauses steht im Vordergrund, weniger die Auseinandersetzung mit der natürlichen Situation, obwohl die Skulptur sich der leichten Erhebung anpasst.

Literatur/Presse: keine Angaben

Freiburg 1979

Veranstaltungsort (landschaftliche Situation): Freiburg im Breisgau, Schwarzwald
Bundesland: Baden-Württemberg

Zeitraum: 10. September bis 6. Oktober 1979

Thema: „Holz + Kunst", II. Freiburger Symposion 1979

Idee u. Organisation: Kunstverein Freiburg e. V.

Finanzierung u. Unterstützung: Stadt Freiburg; Universität Freiburg; Forstdirektion Freiburg u. viele Privatfirmen, die Material, Maschinen, Werkzeuge oder Personal zur Verfügung stellen (Auflistung siehe Katalog).

Katalog/Dokumentation: „Holz + Kunst, II. Freiburger Symposion 1979", Fotos: Rothe, Wurzer, Hrebicek, Humpert, Gierich, Köppen, Doumerc u. a.; Gestaltung u. Druck: Druckerei Karl Schilinger, Freiburg
Katalogtext: Vorwort Klaus Humpert, Danksagung Kunstverein Freiburg e. V.

Teilnehmer: 2 Künstlerinnen und 16 Künstler: Victoria Bell (USA), Jürgen Brodwolf, Mark Brusse (NL), Christian Paul Damsté (NL), Eberhard Eckerle, Till Hausmann, Hawoli, Ludwig Köhler, Wolfgang Kohl, Jan Meyer-Rogge, Nils-Udo, Karl Manfred Rennertz, Hubert Rieber, Manfred Saul, Ursula Sax, Robert Steiger, Erhard Vögtle, Rudolf Wachter

Kurzbewertung: Mischung aus traditioneller Holzbildhauerei und Natur-Kunst. Hawoli, Brodwolf und Meyer-Rogge arbeiten ähnlich wie in Neuenkirchen. Saul betoniert einen Baum wie in Bremen 1978. Nils-Udo zieht sich für seine Sonnenskulptur aus dem städtischen Bereich aufs Land zurück. Eckerle legt Schwemmholz aus, als wäre es gerade angetrieben worden.

Literatur/Presse: keine Angaben

Neuenkirchen 1980

Veranstaltungsort (landschaftliche Situation): Gemeinde Neuenkirchen in der Lüneburger Heide
Bundesland: Niedersachsen

Zeitraum: 2 Monate Arbeitszeit (Symposium); Ausstellung: 5. Juli bis 30. September 1980

Thema: „Wege"

Idee u. Organisation: Ruth Falazik, Galeristin

Finanzierung u. Unterstützung: Das Land Niedersachsen, die Bezirksregierung Lüneburg, der Heidekreis und die Gemeinde beteiligen sich an der Finanzierung. Der Bauer Wilfried Wilkens stellt ein Stück Wald zur Verfügung.

Katalog/Dokumentation: „Wege", Galerie Falazik – Springhornhof, Neuenkirchen; Gemeinde Neuenkirchen – Heidekreis Soltau-Fallingbostel; Fotos: Arel, Nana Bodemer, Karl Ciesluk, Dagmar Falazik, Hawoli, Erika Könitz; Druck: Carstens Offsetdruck
Katalogtext: Grußworte Landrat Buhr, Oberkreisdirektor Schumacher, Bürgermeister Söhnholz, Gemeindedirektor Rymarczyk; Vorwort Ruth Falazik; Text Jürgen Morschel

Teilnehmer: 5 Künstler, darunter zwei Franzosen und ein Canadier: Dominique Arel (F), Daniel Boudre (F), Karl Ciesluk (CDN), Jochen Duckwitz, Peter Könitz

Kurzbewertung: Äußerst interessantes und neuartiges Konzept einer Gemeinschaftsarbeit von 5 Künstlern mit individuellen Freiräumen. Jeder Künstler gestaltet ein Teilstück eines Weges. Dem Betrachter wird dadurch die Erschließung der Landschaft vorgegeben. Kunst wird zum Erlebnis – die Begegnung mit dem Kunstwerk ist nicht mehr nur Betrachtung.

Literatur/Presse:
Kat. Kunst-Landschaft. Neuenkirchener Symposien 1974-1987, Ruth Falazik/Lothar Romain, Kunstverein Springhornhof Neuenkirchen in der Lüneburger Heide e. V. 1987.
Falazik, Ruth: „'Kunst – Landschaft' Entstehung und Entwicklung einer Idee", in: Kat. Natur-Skulptur, Württembergischer Kunstverein, Stuttgart 1981, S. 182-194.
Falazik, Ruth: Entstehung und Entwicklung des Projektes 'Kunst – Landschaft' in Neuenkirchen", in: Hartmann/Pokorny: Das Bildhauersymposium, Stuttgart, 1988, S. 62-66.
Thiel, Heinz: „Natur-Kunst", in: Kunstforum international, 48, 1982, S. 25-28.
Art 3, 1981: „Denkmale in der Urlandschaft, S. 80-89.

Worpswede 1981

Veranstaltungsort (landschaftliche Situation): Worpswede
Bundesland: Niedersachsen

Zeitraum: Oktober 1981; Kunstfest 10. und 11. Oktober 1981

Thema: „Kunst Landschaft"

Idee u. Organisation: Rolf Glasmeier, Peter Jörg Splettstösser, mit Förderung der Barkenhoff-Stiftung Worpswede

Finanzierung u. Unterstützung: Barkenhoff-Stiftung, Osterholz-Schambeck

Katalog/Dokumentation: „Dokumentation eines Künstlerfestes auf dem Barkenhoff Worpswede. Kunst Landschaft – Skulpturen Objekte Projekte Aktionen Konzerte Lesungen", Schriftenreihe der Barkenhoff-Stiftung Worpswede, Hg.: Barkenhoff-Stiftung; Katalogbearbeitung und -gestaltung: Rolf Glasmeier in Zusammenarbeit mit Barbara Splettstösser; Druck: Satz- und Repro-Studio, G. Neumann KG, Oer-Erkenschwick (Auflage: 600)
Katalogtext: Vorwort Gerd Grabenhorst; „Worpswede: Kunst und Landschaft", Heinz Thiel

Teilnehmer: 5 Künstlerinnen und 27 Künstler: Claus van Bebber, Helmut Bettenhausen, Hermann EsRichter, Peter Freese, Lili Fischer, Gerd Garbe, Michael C. Glasmeier, Rolf Glasmeier, Wolf Glossner, Kazuo Katase, Wulf Kirschner, Michael Klaus, Peter Könitz, Klaus Küster, Peter Kuhweide, Wolfgang Liesen, Jan Meyer-Rogge, Wolfgang Michael, Jean Pit Morell, Mario Reis, Johannes Schenk, Michael Peter Schiltsky, Ronald Schmidt, Peter Jörg Splettstösser, Hermann Stuzmann, Timm Ulrichs, Verena Vernunft, Ike Vogt, Angelika Wengler, Martina Werner, Heinz Wieck, Wolfgang Zach

Kurzbewertung: Kunstfest anläßlich der Arbeitsaufnahme der Barkenhoff-Stiftung auf dem Barkenhoff (früher Wohnsitz Heinrich Vogelers in Worpswede). Die Ergebnisse werden von Heinz Thiel im Katalogtext mit der europäischen Variante der Land-Art in Verbindung gebracht und als Wendung gegen die „neue" Landschaftsmalerei verstanden; das Treffen wird als Symposion charakterisiert (der Austausch hervorgehoben), obwohl es nur einige Tage dauert. Zwar haben sich nur wenige Künstler ausschließlich auf natürliches Material beschränkt, aber alle arbeiten mit der Umgebung, d. h. dem Kontext. Erstmals werden im Zusammenhang mit einer künstlerischen Auseinandersetzung mit der Landschaft auch Lesungen und Konzerte abgehalten.

Literatur/Presse:
Weser-Kurier, 10/11.10.81: „Wieder Leben auf dem Barkenhoff", Günter Heiderich
Weser-Kurier, 12.10.81 und 13.10.81
Wümme-Zeitung, 12.10.81 u. 13.10.81: „Ganz im Sinne Heinrich Vogelers"
Osterholzer Kreisblatt, 12.10.81: „Umschlagplatz für Kreativität" u. 13.10.81: „ Kritische Fragen auch an die Künstler selbst"
Nordsee-Zeitung, 12.10.81: „Barkenhoff wieder ein Kunstzentrum"

Cuxhaven 1982

Veranstaltungsort (landschaftliche Situation): Cuxhaven, Neuwerk
Bundesland: Niedersachsen

Zeitraum: 15. Mai bis 12. Juni 1982

Thema: „Symposion Nordseeküste – Künstler vor dem Deich"

Idee u. Organisation: Wulf Kirschner

Finanzierung u. Unterstützung: Träger: Land Niedersachsen, Freie und Hansestadt Hamburg, Freie Hansestadt Bremen, Landkreis Cuxhaven, Stadt Cuxhaven

Katalog/Dokumentation: „Symposion Nordseeküste"; Redaktion und Katalogbearbeitung: Wulf Kirschner; Fotos: Bodo Berheide, Fritz Gilow, Rolf Glasmeier, Wulf Kirschner, Wolfgang Michael, Nils-Udo, Ike Vogt, Heinz Wieck, Ferdinand Ullrich, O. v. Poschinger, Hans Albrecht, Ursel Diekmann; Druck: Cuxdruck E. Vorrath (Auflage 1000)

Katalogtext: Grußworte zu Beginn des Symposions von Dr. Johann-Tönjes Cassens, Niedersächs. Min. f. Wissenschaft u. Kunst, Prof. Dr. Wolfgang Tarnowski, Senator u. Präses d. Kulturbehörde der Freien u. Hansestadt Hamburg, Horst-Werner Franke, Senator f. Wissenschaft u. Kunst d. Freien Hansestadt Bremen, Steffens, Landrat, Prieß, Oberkreisdirektor, Harten, Oberbürgermeister, Dr. Eilers, Stadtdirektor, Demgen, Kurdirektor der Stadt Cuxhaven; „Zurück zur Natur, aber wie?", Ulrich Bischoff; „Gezeiten-Parabeln. Künstler-Dialoge mit Natur und Landschaft des Wattenmeeres", Heinz Thiel

Teilnehmer: 2 Künstlerinnen und 9 Künstler: Bodo Berheide, Lili Fischer, Fritz Gilow, Rolf Glasmeier, Wulf Kirschner, Peter Könitz, Wolfgang Michael, Nils-Udo, Timm Ulrichs, Ike Vogt, Heinz Wieck
Gäste: Ursel Diekmann und Hans Albrecht

Kurzbewertung: Das erste Symposion, das sich mit der Küstenlandschaft und ihren Eigenarten (Ebbe u. Flut) auseinandersetzt. Es entstehen Arbeiten im Watt und am Strand, die, sofern ihre Lebensdauer nicht sowieso stark eingegrenzt ist (Berheide, Gilow, Michael, Vogt, Albrecht), nach 2 Wochen entfernt werden. Die Resonanz ist international, den Organisator erreichen Anfragen aus Amerika und Afrika (Nigeria).

Literatur/Presse:
Fenzl, Renate: „'Aus dem Platz heraus in den Platz hinein' – Land-Art und Landschaftskunst", Diplomarbeit, München-Weihenstephan 1988.
Das Kunstwerk, Nr. 2, 1982, S. 96
art, Nr. 9, September 1982.
Kunstforum international, Sept. 82, Autor: Heinz Thiel
Atelier, September 1982.
Sculptors International, Vol. 2, No. 1, 1983.
Deutsche Presseagentur, dpa: längerer Bericht (mit Fotos), sowie eine Vorankündigung im April.

Cuxhavener Nachrichten, 31.03.82: „'Symposion Nordseeküste' ein Projekt ohne Vorbild"
Bremer Nachrichten, 06.04.82
Cuxhavener Nachrichten, 10.04.,16.04. (Leserbrief), 23.04. (Leserbrief), 13.05., 17.05., 18.05., 21.05. (Leserbrief) u. 22.05.82
Nordsee-Zeitung; , 17.05.82: „Künstler am Deich: Wagnis 'Symposion Nordseeküste'", Ilse Cordes
Hannoversche Allgemeine Zeitung, 26.05.82: „Kunst im Watt zwischen Ebbe und Flut"
Cuxhavener Nachrichten, 27.05.82: „Linien im Watt vor dem Deich", Ilse Cordes
Cuxhavener Nachrichten, 29.05., 02.06., 08.06., 14.06. u. 18.06.82
Hamburger Morgenpost, 07.06.82
Weserkurier, Bremen, 11.06.82
Süddeutsche Zeitung, 11.06.82
Cuxhavener Nachrichten, 24.06.82: „Politiker dreschen nur Phrasen", Norbert Thomas
art, Nr. 6, Juni 1982, S. 119
Cuxhavener Nachrichten, 13.08.82: „Ungewohntes im Watt vor Steinmarne"

Rundfunk- und Fernsehberichte:

13.05.82	NDR I, Studio Oldenburg „Umschau am Abend"
17.05.82	NDR I, Studio Oldenburg „11.00 Uhr-Nachrichten"
17.05.82	NDR I, Studio Hannover „Funkbilder aus Niedersachsen"
06.06.82	NDR II „Auf dem Lande"
August	SWF, 10-minütige Sendung
September	NDR III, 50-minütige Sendung über Kunst in Norddeutschland, darin ca. 5 Min. über das Symposion
14.06.82	ARD, Hannover „Niedersachsenecho"
29.06.82	ARD, Bremen „In Buten und Binnen"

Kevelaer-Winnekendonk 1982

Veranstaltungsort (landschaftliche Situation): Kevelaer-Winnekendonk (Niederrhein)
Bundesland: Nordrhein-Westfalen

Zeitraum: 20. Juni bis 3. Oktober 1982 (Gesamtprogramm); Realisation der Arbeiten 21.-25. Juni 1982, Eröffnung: 26. Juni 1982

Thema: „Kulturbeutel – Ein Kunst-Sommer in Winnekendonk"; „Kunst in der Landschaft"

Idee u. Organisation: Hannelore Taschenberger, Gisela Schrader-Taschenberger, Peter Schrader, Claus van Bebber

Finanzierung u. Unterstützung: Träger: Kultusministerium NRW

Katalog/Dokumentation: „Kulturbeutel – Ein Kunst-Sommer in Winnekendonk; Ausstellungen, Aktionen, Lesungen, Konzerte, Theater, Feste"; Die Dokumentation wurde mit Unterstützung der Privatbrauerei Diebels, Issum, realisiert; Bearbeitung: Claus van Bebber, Udo Kleinendonk, Gisela, Peter u. Hannelore Schrader-Taschenberger; Satz und Druck: B. Ronnes; Fotos: Beatrix Schmitz, Peter Schrader u. P. Eickerpoth, G. Evers, R. Glasmeier, W. Kirschner, B. Quast, I. Vogt, R. Weichert, M. Werner, H. Wieck, G. Zins; Kulturbeutel, Binnenheide, Kevelaer-Winnekendonk

Teilnehmer: (am Projekt „Kunst in der Landschaft") 4 Künstlerinnen und 14 Künstler: Claus van Bebber, Gerd Borkelmann, Holger Dammit, Rolf Glasmeier, Wulf Kirschner, Klaus Küster, Willy Oster, Brigitta C. Quast, Mario Reis, Peter Schrader, Gisela Schrader-Taschenberger, Hermann Stuzmann, Josef Thielen, Peter Tollens, Ike Vogt, Martina Werner, Heinz Wieck, Günther Zins

Kurzbewertung: Vorsichtig in die Landschaft gesetzte Zeichen und Akzentuierungen von vergänglichem Charakter. Viele Künstler arbeiteten mit Stoff, Bruchholz und Ästen. Parallel zum Symposion werden weitere Ausstellungen, Dichterlesungen, Konzerte, Theater- und Filmaufführungen abgehalten.

Literatur/Presse:
Rheinische Post, 07.10.82: „Kunst direkt vor der Haustür, wenn man nur mag", Rainer Weichert

Neuenkirchen 1982

Veranstaltungsort (landschaftliche Situation): Gemeinde Neuenkirchen in der Lüneburger Heide
Bundesland: Niedersachsen

Zeitraum: Ausstellung: 11. Juni bis 7. November 1982

Thema: „Gegen-Steine"

Idee u. Organisation: Projekt und Ausstellung: Ruth Falazik, Kunstverein Springhornhof Neuenkirchen in der Lüneburger Heide e. V.

Finanzierung u. Unterstützung: Niedersächsischer Minister für Wissenschaft und Kunst, Landkreis Soltau-Fallingbostel, Gemeinde Neuenkirchen und Kunstfond e. V., Bonn

Katalog/Dokumentation: „Gegen-Steine, Nikolaus Gerhart – Hawoli", Kunstverein Springhornhof Neuenkirchen in der Lünebur-

ger Heide e. V.; Katalog: Die Autoren und Künstler; Redaktion u. Layout: Uwe Effert; Fotos: U. Effert, Hawoli, A. Graf; Druck: Carstens, Schneverdingen
Katalogtext: Vorwort Dr. Johann-Tönjes Cassens, Niedersächs. Minister f. Wissenschaft und Kunst; Grußworte Landrat Buhr, Oberkreisdirektor Schumacher, Bürgermeister Söhnholz, Gemeindedirektor Rymarczyk; Einführung Ruth Falazik; „Zur Ausstellung 'Gegen-Steine'", Michael Fehr

Teilnehmer: 2 Künstler: Nikolaus Gerhart, Hawoli

Kurzbewertung: Erstmals wird der zerstörerische, menschliche Eingriff in das Naturgeschehen, der Gegensatz Natur – Technik thematisiert; das Projekt erlangt damit eine reformerisch-kritische Dimension. Die Autoren erwähnen im Katalog, daß das Projekt bereits Nachahmung gefunden hat und sich verschiedene Positionen einer Kunst in der Landschaft entwickelt haben. Die Werbung von Neuenkirchener Handwerksbetrieben im Katalog, die mit den Kunstwerken (an deren Erstellung sie mitgewirkt haben) werben, dokumentiert die Akzeptanz des Projektes vor Ort.

Literatur/Presse:
Kat. Kunst-Landschaft. Neuenkirchener Symposien 1974-1987, Ruth Falazik/Lothar Romain, Kunstverein Springhornhof Neuenkirchen in der Lüneburger Heide e. V. 1987.
Falazik, Ruth: „'Kunst – Landschaft' Entstehung und Entwicklung einer Idee", in: Kat. Natur-Skulptur, Württembergischer Kunstverein, Stuttgart 1981, S. 182-194.
Falazik, Ruth: Entstehung und Entwicklung des Projektes 'Kunst – Landschaft' in Neuenkirchen", in: Hartmann/Pokorny: Das Bildhauersymposium, Stuttgart, 1988, S. 62-66.

Die Zeit (o. D.): „Der Springhornhof – Experiment in der Lüneburger Heide"
Walsroder Zeitung (o. D.): „Gegen-Steine"
Bremer Nachrichten (o. D.): „Ästhetik rettet Landschaft", Herbert Albrecht
Hannoversche Allgemeine Zeitung (o. D.): „Kraft der Steine", Rudolf Lange
Böhme-Zeitung (o. D.): „Durch die Objekte und Plastiken neue Akzente in der Landschaft", Minister Dr. Cassens bei SA
Böhme-Zeitung (o. D.): „Zeichen in die Landschaft gesetzt"
Böhme-Zeitung (o. D.): „Zeichen der bedrohten Landschaft", Ruth Falazik
Lüneburger Zeitung (o. D.): „Gegen-Steine"
Walsroder Zeitung (o. D.): „Menschliche Eingriffe bedrohen die Natur"
Rotenburger Kreis-Zeitung (o. D.): „'Gegen-Steine' locken die Kunstfreunde"

Essen 1983

Veranstaltungsort (landschaftliche Situation): Essen (Ruhrgebiet)
Bundesland: Nordrhein-Westfalen

Zeitraum: 3. Juni bis 1. Juli 1983

Thema: „Das Revier: Motiv und Motivation"

Idee u. Organisation: Helmut Bettenhausen, Heinrich Böll, Rolf Glasmeier, Hans Krabel

Finanzierung u. Unterstützung: Träger: Kunstfonds Bonn; Kultusministerium NRW; Stadt Essen; Kommunalverband Ruhrgebiet; Bund Deutscher Architekten (Bezirksgruppe Ruhrgebiet)

Katalog/Dokumentation: „das revier: motiv und motivation", Symposium auf dem Gelände der Zeche Carl in Essen-Altenessen mit Bildenden Künstlern, Architekten, Literaten und Musikern; Hg.: die Initiatoren; Gestaltung: Helmut Bettenhausen, Rolf Glasmeier; Fotos: Bettenhausen, Böll, Cada, Esrichter, Glasmeier, Hagemann, Heß, Hilmar, Hilscher, Kaiser, Kirschner, Kleinendonk, Klug, Krämer, Kuhweide, Labus, Nierhoff, Ostermann, Paris, Schaad, Thiel, Ulrich, Wieck; Zeichnungen: Jörg Pampe; Gesamtherstellung: Druckmeister Essen
Katalogtext: Vorwort: „Erläuterungen zum Projekt"; „Motiv und Thema unseres Symposions ist das Revier, eine Industrielandschaft im Wandel"; „Résumé" S. 3-4; „Das Revier: Motiv und Motivation. Zum Symposium auf dem Gelände der Zeche Carl in Essen" von Dr. Uwe Rüth, Marl, S. 5-20; „Rede anläßlich des Symposions Zeche Carl", Prof. Thomas Grochowiak, S. 135-138; Anhang: „Beitrag zu einer Physiographie der Ruhrgebietslandschaft", Michael C. Glasmeier, S. 139-140; „10 Thesen zur Lebens- und Arbeitssituation bildender Künstler im Ruhrgebiet", S. 142 143
Video: Der Verlauf des Symposiums wird per Video aufgezeichnet durch Norbert Gudrian, Gelsenkirchen

Teilnehmer: 2 Künstlerinnen und 19 Künstler: Claus van Bebber, Helmut Bettenhausen, Rolf Binder, Heinrich Böll, Darivoj Cada (YU), Hermann EsRichter, Fritz Gilow, Rolf Glasmeier, Jiri Hilmar (CSSR), Wulf Kirschner, Diethelm Koch, Peter Könitz, Hans Krabel, Paul Dieter Krämer, Wolfgang Liesen, Ansgar Nierhoff, Timm Ulrichs, Ike Vogt, Martina Werner, Heinz Wieck, René Cousin
Gast: Werner Thiel

Kurzbewertung: Erstmals wird ein brachliegendes Industriegelände, hier ein Bergbaugelände, zum Aktionsfeld eines Symposions. Nicht die scheinbar „heile" Landschaft, sondern die zerstörte Umwelt steht thematisch im Vordergrund. Die ortsspezifischen Arbeiten und Installationen entstehen vorwiegend aus vorgefundenen Materialien. Einbeziehung von Literaten und Musikern.

Literatur/Presse:
Ruhrnachrichten, 25.03.83, Kultur: Henning Dickel
WR (Westfälische Rundschau), Dortmund, 31.05.83: Jörg Loskill
Das Kunstwerk, 6/1983, S. 6-42 (40): „An anderen Orten", Heiner Stachelhaus
WR, 01.07.83, Kultur: Jörg Loskill
WAZ (Westdeutsche Allgemeine Zeitung), 06.07.83, Kultur: Thomas Rother
WAZ, 01.07.83, Kultur: Jörg Loskill
NRZ (Neue Ruhr-Zeitung), 13.07.83, Kultur: Heiner Stachelhaus
Essener Kulturmagazin, 7/83: Katja Springer
Guckloch Kulturmagazin, 7/83: Jochen Wüllner
WAZ, Das Thema, 8/83: Thomas Rother
Art, 8/83: „Künstlerräume in Hamburg und Essen", Karlheinz Schmid
Neues Rheinland, 8/83: Jörg Loskill
Orts-Zeit-Ruhr, 8/83: Jörg Zywek
Gelsenkirchener Blätter, 14/83: Anneliese Knorr
Westfalenspiegel, 11/83: „Kumpels Schicksal – bizarr und poesievoll", Jörg Loskill
Deutsches Architektenblatt, 11/83: Aus der Akademie, Dr. Uwe Rüth
Kunstreport, 1/2/83: Heiner Stachelhaus
Vorfälle (Informationen des BDA, NRW), 7/83: Martin Stolz
Der Architekt (o. J.): Wanderung auf der Zeche Carl, Michael C. Glasmeier

Freiburg 1983

Veranstaltungsort (landschaftliche Situation): Freiburg im Breisgau, Schwarzwald
Bundesland: Baden-Württemberg

Zeitraum: 13. Juni bis 13. Juli 1983

Thema: „Holz + Kunst", III. Freiburger Symposion 1983 Schloßberg

Idee u. Organisation: Organisation und techn. Leitung: Helena Vetter, Johannes Humpert

Finanzierung u. Unterstützung: keine Angaben

Katalog/Dokumentation: „Holz + Kunst, III. Freiburger Symposion 1983 Schloßberg", Hg.: Kunstverein Freiburg e. V.; Fotos: Ingrid Voth-Amslinger, Manfred Rothe, Johannes Humpert, Katerina Sjkorova, Wolfgang Sobolewski, Harald Rachwitz u. teilnehmende Künstler; Gestaltung u. Druck: Druckerei Karl Schillinger, Freiburg
Katalogtext: Einführung Klaus Humpert, 1. Vorsitzender; Danksagung Kunstverein Freiburg e. V.

Teilnehmer: 2 Künstlerinnen und 19 Künstler: Johannes Bierling, Jürgen Brodwolf, Holger Bunk, Eberhard Eckerle, Peter Könitz, Matthias Kohlmann, Guido Kucznierz, Camill Leberer, Alf Löhr, Uschi Motte, Nils-Udo, Immanuel Preuß, Klaus Richter, Robert Schad, Albrecht Schmidt, Jo Schöpfer, Rainer Stiefvater, Ulrike Taprogge, Hannsjörg Voth, Raymond Waydelich, Bernd Weher

Kurzbewertung: Die Künstler arbeiten nicht mehr im städtischen Raum (wie 1979), sondern in einem Waldgebiet (Schloßberg). Die Kunstwerke reichen von traditionellen, figürlichen Holzskulpturen (Bierling, Richter, Waydelich) über mehr der Malerei verhaftete Installationen (Löhr, Motte, Bunk) bis hin zu Natur-Kunst (Nils-Udo „Regenturm, Voth „Himmelsleiter", Schmidt „Münster" – Kirchenform aus Akazienrinde).

Literatur/Presse:
Südkurier, 09.06.83: „In die Wanne gekippt"
Badische Zeitung, 14.06.83: „Klopfzeichen vom Schloßberg", Volker Bauermeister
Badische Zeitung, 18./19.06.83: „Glocken-Bäume, Schwarzwald-Palmen", Volker Bauermeister
Südkurier, 23.06.83: „Landeskunstwoche ein Erfolg"
Badisches Tagblatt, 25.06.83: „Erfolgreiche Bilanz der Landeskunstwoche", Renée Buschkiel
Badische Zeitung, 25./26.06.83: „Vom Bad auf den Berg", Volker Bauermeister
Deutsches Allgemeines Sonntagsblatt, 17.07.83: „Die Kunst auf dem Holz-Weg", Heinz Neidel

Kevelaer-Winnekendonk 1984

Veranstaltungsort (landschaftliche Situation): Kevelaer-Winnekendonk (Niederrhein)
Bundesland: Nordrhein-Westfalen

Zeitraum: 18. Januar, 18. Februar, 17. März, 15. April, 15. Mai, 13. Juni, 13. Juli, 11. August, 10. September, 10. Oktober, 8. November u. 8. Dezember 1984

Thema: „Vollmond"

Idee u. Organisation: „Kulturbeutel": Paul Hubweber, Rainer Weichert, Hannelore Taschenberger, Gisela Schrader-Taschenberger, Peter Schrader, Claus van Bebber

Finanzierung u. Unterstützung: Eigenfinanzierung

Katalog/Dokumentation: kein Katalog, lose Blattsammlung als Dokumentation der einzelnen Aktionen
Katalogtext: Vorwort und Chronik von Rainer Weichert (Journalist); Beschreibung der Aktionen von Rainer Weichert

Teilnehmer: 10 Künstlerinnen und 20 Künstler: Peter Bayreuther, Claus van Bebber, Helmut van Bebber, Karl von Betteray, Kees Cuypers, Kerstin Harms, Paul Hubweber, Petra Jährling, Uwe Kampf, Werner Koenen, Helmut Lemke, Heiner Linne, Friedhelm Olfen, Veronika Radulovic, Minor Rogalla, Dieter Schlensog, Ron Schmidt, Peter Schrader, Gisela Schrader-Taschenberger, Hans Wilhelm Specht, Ricarda Speichert, Renate Stahl, Hannelore Taschenberger, Pit Therre, Tony Ventura, Ike Vogt, Michael Vorfeld, Gertrud van Weelden, Rainer Weichert, Angelika Wengler
Außerdem: Heinrich Mucken Saalorchester
Mitwirkende an Mail-Art Aktion „Mondscheiben" (März): neben einigen oben bereits genannten Künstlern: Margot Dassel, Christa Feuerberg, Eugen Furch, Rolf Glasmeier, Hannes Glerico, Harald Hielscher, Klaus Kampert, Jürgen Kierspel, Klaus Küster, Frank Lüdicke, Christoph Machart, Hannelore Manig, Mauritia Mauritz, Molto Menz, Leo Neikes, Jürgen O. Olbrich, Geza Perneczky, Helmut Ranfl + Marianne Nettel, Mario Reis, Klaus Riekötter, Otto u. Marianne Rogmanns, Jannis Schrader, Marion Schoof, Fam. Specht-Wagner, Hermann Stuzmann, Vera Thuleweit, Timm Ulrichs, Thomas Wagner, Wolfgang Waniek, Ute Wegner, Hildegard Weiss

Kurzbewertung: Hauptsächlich musikalische Aktionen und Performances, kaum Installationen oder Objekte in der Landschaft, sehr experimenteller Charakter. Es haben bereits auf dem 82er Symposion einige Vollmondaktionen stattgefunden. Das Vollmond-Projekt kann als Vorstufe zu dem 1985 veranstalteten Jahreszeiten-Projekt betrachtet werden, worin sich die Kontinuität der künstlerischen Auseinandersetzung mit der Natur an diesem Ort zeigt.

Literatur/Presse: keine Angaben

Neuenkirchen 1984

Veranstaltungsort (landschaftliche Situation): Gemeinde Neuenkirchen in der Lüneburger Heide
Bundesland: Niedersachsen

Zeitraum: Sommer 1984

Thema: „Aufkreuzen"

Idee u. Organisation: Projekt und Ausstellung: Ruth Falazik

Finanzierung u. Unterstützung: Niedersächsisches Ministerium für Wissenschaft und Kunst, Gemeinde Neuenkirchen, Landkreis Soltau-Fallingbostel

Katalog/Dokumentation: „-aufkreuzen- Hans Albrecht, Rolf Schneider, Rainer Selg", Kunstverein Springhornhof, Neuenkirchen in der Lüneburger Heide e. V.; Fotos: Albrecht, Schneider, Selg; Umschlag: Hawoli; Katalogredaktion und Layout: Uwe Elfert; Satz: Repro-Satz Georg Dürmeyer, Hamburg; Lithografie:

Henning Offset Repro GmbH, Hamburg; Druck: Anton Lettenbauer; Copyright: 1984 Kunstverein Springhornhof Neuenkirchen in der Lüneburger Heide e. V.
Katalogtext: Grußwort des Landkreises Soltau-Fallingbostel, Landrat Buhr, Oberkreisdirektor Schumacher; Grußwort der Gemeinde Neuenkirchen, Bürgermeister Söhnholz, Gemeindedirektor Rymarczyk; „Zum Projekt", Ruth Falazik; „Neuenkirchen, Sommer 1984", Volker Bauermeister

Teilnehmer: 3 Künstler: Hans Albrecht, Rolf Schneider, Rainer Selg

Kurzbewertung: Sehr unterschiedliche, groß dimensionierte Zeichensetzungen auf begrenztem Terrain. Da es sich bei den z. T. auch aus Stahl (Schneider) geschaffenen Skulpturen um unabhängige und nicht unbedingt ortsbezogene Einzelwerke handelt, sind diese Arbeiten eher als Natur-Skulptur und nicht als Natur-Kunst zu bezeichnen.

Literatur/Presse:
Kat. Kunst-Landschaft. Neuenkirchener Symposien 1974-1987, Ruth Falazik/Lothar Romain, Kunstverein Springhornhof Neuenkirchen in der Lüneburger Heide e. V. 1987.
Falazik, Ruth: „'Kunst – Landschaft' Entstehung und Entwicklung einer Idee", in: Kat. Natur-Skulptur, Württembergischer Kunstverein, Stuttgart 1981, S. 182-194.
Falazik, Ruth: Entstehung und Entwicklung des Projektes 'Kunst – Landschaft' in Neuenkirchen", in: Hartmann/Pokorny: Das Bildhauersymposium, Stuttgart, 1988, S. 62-66.

Böhme-Zeitung (o. D.): „Kunstwerke in der Landschaft", H. J. Westphal
Böhme-Zeitung (o. D.): „Natur und Kunst"
Landeszeitung für die Lüneburger Heide (o. D.): „Objekte, die aufkreuzen"
Walsroder Zeitung (o. D.): „KV Springhornhof Neuenkirchen lädt zur alljährlichen Sommerveranstaltung ein", Rudolf Klessing
Hannoversche Allgemeine Zeitung (o. D.): „Naturmythos und Abstraktion", Rudolf Lange

Herrenberg 1984

Veranstaltungsort (landschaftliche Situation): Herrenberg
Bundesland: Baden-Württemberg

Zeitraum: 14. bis 16. September 1984 Symposium, 2 Wochen Ausstellung

Thema: „Wald-Male"

Idee u. Organisation: Verband Bildender Künstler Region Böblingen; Hans Bäurle, Vorsitzender des VBK

Finanzierung u. Unterstützung: Verband Bildender Künstler Region Böblingen; Landratsamt Böblingen; Stadt Herrenberg; Forstamt

Katalog/Dokumentation: kein Katalog

Teilnehmer: 1 Künstlerin und 14 Künstler: Lutz Ackermann, Hans Albrecht, Hans Bäurle, Frederik Bunsen, H. R. Decker, Hellmut Ehrath, G. W. Feuchter, Dieter Göltenboth, Karl Heger, Horst Peter Schlotter, Babette Schütze, Rainer Simon, Norbert Stockhus, Bernhard Stüber, Rudi Weiss

Kurzbewertung: Umweltkritische Aktion, die auf unterschiedliche Weise auf das Waldsterben aufmerksam machen will. Die Arbeiten reichen von Installationen aus Fundmaterialien (Weiss, Stüber, Bunsen) über eher traditionelle Holzskulpturen (Ehrath, Bäurle) zu symbolischen Aktionen, wie der Aufbahrung einer Tanne im schwarz-rot-goldenen Plastiksack (Schlotter) oder der Verbrennung von vom Borkenkäfer befallenem Holz im selbstgebastelten Schrott-Ofen (Ackermann).

Literatur/Presse:
Sindelfinger Zeitung, 12.09.84: „Das Thema liegt in der Luft"
Böblinger Kreiszeitung, 19.09.84: „Wald-Male: Aktionskunst als Kommentar", Hans-Peter Dolecki
Stuttgarter Nachrichten, 25.09.84: „Der Wald als Atelier für den Wald", Sybille Schurr
Kulturpolitik, 01/85: Berichte aus den Landesverbänden
Sindelfinger Zeitung Feuilleton, o. D. (09/84): „Ein Begräbnis erster Klasse", Sybille Schurr
IWZ Illustrierte Wochenzeitung, Nr. 34, 24.-30.08.85, S. 6-11: „Kunstaktion im Wald. Bäume müssen Trauer tragen", Verena Kremensee, Gerhard Bäuerle (Fotos)

Rundfunk- und Fernsehberichte:

16.09.84	Südfunk 1 Stuttgart (Rundfunk)
16. oder 17.09.84	Südfunk 1 Stuttgart (Fernsehen)
17.11.84	Südfunk 1 Stuttgart (Rundfunk)

Cuxhaven 1984

Veranstaltungsort (landschaftliche Situation): Cuxhaven
Bundesland: Niedersachsen

Zeitraum: 20. Oktober bis 17. November 1984

Thema: „Zweites Symposion Nordseeküste – Künstler vor dem Deich, Thema: 'Wetter'"

Idee u. Organisation: Idee: Wulf Kirschner; Organisation: Rolf Bergmeier, Jutta Förster, Wulf Kirschner

Finanzierung u. Unterstützung: Träger: Kunstfonds e. V., Bonn; Land Niedersachsen; Landkreis Cuxhaven; Stadt Cuxhaven

Katalog/Dokumentation: „Zweites Symposion Nordseeküste – Künstler vor dem Deich, Thema: 'Wetter' 1984"; Redaktion und Katalogbearbeitung: Wulf Kirschner; Fotos: Rolf Bergmeier, Jutta Förster, Rolf Glasmeier, Wulf Kirschner, Peter Kuhweide, Ottmar von Poschinger, Heinz Wieck; Foto Titelseite: Ottmar von Poschinger; Beratung: Atelier Barg; Satz: Christa Kukemüller; Lithos: Gerd Rieke; Druck: ASCO-Druck
Katalogtext: Vorwort und Danksagung von Wulf Kirschner; „'Wetter' – Gedanken und Betrachtungen zum 2. Symposion Nordseeküste", Dr. Uwe Rüth

Teilnehmer: 2 Künstlerinnen und 7 Künstler: El K. Anatusi (WAN), Darivoj Cada (YU), Jürgen Claus, Gary C. Dwyer (USA), Rolf Glasmeier, Wulf Kirschner, Eun Nim Ro (ROK), Martina Werner, Heinz Wieck

Kurzbewertung: Symposion mit ungewöhnlicher Themenstellung (Wetter) zu einem für Symposien ungewöhnlichen Zeitpunkt (Herbst). Gegenüber 1982 handelt es sich bei den Arbeiten um kleinere Eingriffe, Aktionen und Performances (Anatusi, Dwyer, Eun Nim Ro). Die wenigsten Kunstwerke setzen jedoch das Thema „Wetter" unmittelbar um (Anatusi „Wetteropfer", Kirschner „Windmützen"). Trotz eines Vermittlungsprogramms kommt es zu Kontroversen in der Öffentlichkeit und zu Zerstörungen von Arbeiten (u. a. auch Kirschners „Windmützen").

Literatur/Presse:
Fenzl, Renate: „'Aus dem Platz heraus- in den Platz hinein' – Land art und Landschaftskunst", Diplomarbeit, München-Weihenstephan 1988.
art, Nr. 5, 1984, S. 14.
Das Kunstwerk, Nr. 5/84, S. 97.
Zwischen Elbe und Weser; Zeitschrift des Landschaftsverbandes der ehem. Herzogtümer Bremen und Verden, Nr. 3/84, S. 17/18.
Kunsthaus, Zeitschrift des BBK, Hamburg, Nr. 15, S. 2.
International arts (Korea), März 1985.
ZEITmagazin, Nr. 16, 12. April 1985 .
International Sculpture, Sept./Oct. 1985.
Deutsche Presseagentur, dpa: zwei Artikel für den Landesdienst Nord.

Cuxhavener Nachrichten, 24.04.84: „Künstler-Symposion zum Thema Wetter"
Cuxhavener Nachrichten, 10.10.84: „'Zweites Symposion Nordseeküste' mit zehn Künstlern vor dem Deich"
Cuxhavener Nachrichten, 19.10.84
Cuxhavener Nachrichten, 22.10.84: „Zweites Symposion mit stürmischem Auftakt"
Cuxhavener Nachrichten, 26.10.84: „Sonnen-Skulpturen von Jürgen Claus: Symbole eines Solarzeitalters", Ilse Cordes
Cuxhavener Nachrichten, 03.11. u. 05.11.1984
Cuxhavener Nachrichten, 07.11.84: „Symposion-Beiträge draußen und im Dia" und Leserbrief: „Ob das wohl Kunst ist?", Reinhard Weiß
Cuxhavener Nachrichten, 13.11.84: Leserbrief „Sich auf die Objekte einlassen", Karl-Heinz Kern
Cuxhavener Nachrichten, 16.11.84: „Sie wollen Kreativität aufdecken"
Cuxhavener Nachrichten, 19.11.84: „Neue Einblicke durch die wechselnden Perspektiven"
Weserkurier, 19.11.84
Cuxhavener Nachrichten, 01.12.84: „'Kunstwerk'-Betrachtungszwang – eine unerträgliche Zumutung"
Cuxhavener Nachrichten, 21.01.89: „Bereits auf dem Weg in die Kunstgeschichte"
Niederelbezeitung u. Nordseezeitung: teilweise Übernahme der Artikel aus den Cuxhavener Nachrichten

Rundfunk- und Fernsehberichte:

23.10.84	NDR I, Radio Niedersachsen
31.10.84	Radio Bremen II, Szene, Podium, Atelier: „Live – Interview mit Wulf Kirschner"
09.11.84	Radio Bremen „In Buten und Binnen"
16.11.84	Radio Bremen II, Szene, Podium, Atelier: „Abschließende Einschätzung"
19.11.84	NDR I, Studio Oldenburg u. Hannover: „Umschau am Abend" (20.11.84 Studio Kiel)
17.11.84	ZDF „Länderspiegel"

Kevelaer-Winnekendonk 1985

Veranstaltungsort (landschaftliche Situation): Kevelaer-Winnekendonk (Niederrhein)
Bundesland: Nordrhein-Westfalen

Zeitraum: 18-20. März, 19.-21. Juli, 21.-23. September u. 19-21. Dezember 1985

Thema: „Jahreszeiten"

Idee u. Organisation: Gisela Schrader-Taschenberger u. a.

Finanzierung u. Unterstützung: Träger: Land NRW

Katalog/Dokumentation: „Landart und Performance – Jahreszeiten – Künstler arbeiten in der Landschaft" von Hans Ulrich Kreß/Rainer Weichert, 1986 edition aragon, Moers; Lektorat: Helma Reimann; Satz: Peer Großhaus; Druck: Basis Druck, Duisburg (ISBN 3-924690-09-X); dem Katalog liegt eine Schallplatte (Single) des Heinrich Mucken Saalorchesters bei.
Katalogtext: „Von der land-art zum Umwelt-Environment", Dr. Uwe Rüth, Marl; Vorwort von R. Weichert; „Mensch – Kunst – Natur – Das zerbrochene Bündnis", R. Weichert

Teilnehmer: 4 Künstlerinnen und 9 Künstler: Claus van Bebber, Karlhans Frank, Rolf Glasmeier, Paul Hubweber, Klaus Kampert/Michael Kampert, Veronica Radulovic, Minor Rogalla, Peter Schrader, Gisela Schrader-Taschenberger, Hannelore Taschenberger, Martina Werner, Günther Zins
Außerdem: Heinrich Mucken Saalorchester

Kurzbewertung: Neuartiges Experiment mit multi-medialem Charakter. Bedingt durch die Themenstellung findet das Symposion über ein ganzes Jahr hinweg statt. Die Künstler arbeiten zu jedem Jahreszeitenwechsel am gleichen Ort in kontinuierlicher Fortsetzung. Einige visualisieren die Jahreszeiten durch bestimmte Farben (Werner/Radulovic), andere wählen die Kreisform als Sinnbild eines geschlossenen Ablaufs (van Bebber/Glasmeier). Von anderen werden die Jahreszeiten mit den Elementen (Schrader-Taschenberger), den Himmelsrichtungen (van Bebber) und dem Verhältnis von Nacht und Tag (Zins) gleichgesetzt. Neben den bildenden Künstlern beschäftigen sich gleichzeitig Literaten (Karlhans Frank), Musiker (Heinrich-Mucken-Saal Orchester, Paul Hubweber u. a.) und auch Schauspieler (Hannelore Taschenberger) mit der Thematik.

Literatur/Presse:
Kävels Bläche, 27.09.85: „Er saß bis zur Hüfte im Waldboden fest", Klaus Rennings
Kävels Bläche, 8/85: „Kunst lockte zum Spaziergang", Klaus Rennings
Zeitfunken, 21.12.95: „Symposion 'Vier Jahreszeiten'"

Fernsehbericht:
o. A. WDR Studio Kleve „Hier und Heute"

Heilbronn 1985

Veranstaltungsort (landschaftliche Situation): Heilbronn (auf dem Gelände der Landesgartenschau)
Bundesland: Baden-Württemberg

Zeitraum: 27. Mai bis 30. Juni 1985

Thema: „Kunst und Landschaft"

Idee u. Organisation: Mechthild Bauer-Babel, Werner Baumann, Ulrich Dehn, Kunstverein Heilbronn u. Galerie Babel

Finanzierung u. Unterstützung: Landesgartenschau GmbH; Stadt Heilbronn (Katalog); weiterhin Material- und Sachleistungen von vielen ortsansässigen Firmen, die im einzelnen im Katalog aufgeführt werden.

Katalog/Dokumentation: „Symposion – Kunstverein Heilbronn + Galerie Babel in der Landesgartenschau 1985, 8 Bildhauer", Hg.: Kunstverein Heilbronn e.V., Galerie Babel, Heilbronn; Redaktion u. Gestaltung: Mechthild Bauer-Babel, Ulrich Dehn, Christl Röhl;

Fotos u. Layout: Christl Röhl, Hamburg; Textbeiträge: Barbara Heuss-Czisch, Stuttgart, Ulrich Dehn, Mechthild Bauer-Babel; Gesamtherstellung: Druckerei Röck, Weinsberg
Katalogtext: Grußwort des Oberbürgermeisters der Stadt Heilbronn, Dr. Weinmann; Vorwort Kunstverein und Galerie Babel Heilbronn; „Skulpturen in der Landesgartenschau", Barbara Heuss-Czisch

Teilnehmer: 3 Künstlerinnen und 5 Künstler: Hans Albrecht, Hüseyin Altin (TR), Lee Babel, Rolf Bodenseh, Bernd Hennig, Renate Hoffleit, Jo Schöpfer, Ilse Teipelke

Kurzbewertung: Typisches Gartenschau-Symposion. Die Ergebnisse entsprechen dem mehr klassisch geprägten Bildhauer-Symposion (Arbeiten aus Stein: Altin, Babel, Bodenseh, Hoffleit, Schöpfer) und stehen der Landschaft des Parkgeländes abstrakt und zeichenhaft gegenüber. Beispiel für Kunst in der Natur bzw. Kunst im Park (Skulpturenpark), keine Natur-Kunst. Kritische Aspekte bezüglich des menschlichen Umgangs mit der Natur finden sich nur in den Performances von Teipelke, die u. a. als Schutzgöttin Diana Speere mit den Namen ausgerotteter Tier- u. Pflanzenarten auf die Wiese wirft.

Literatur/Presse:
Stuttgarter Zeitung, 17.05.85: „Mit dem Schiff in die Heilbronner Gartenschau", Helmut Reiner
Heilbronner Stimme, 31.05.85: „Symposion der acht Bildhauer verspricht Maßarbeit"
Heilbronner Stimme, 14.06.85: „Volle Pulle Licht, wenn auf Marmor Sonne knallt", Uwe Jacobi
Heilbronner Stimme, 08.06.85: „Marmor im Spiel des Lichts"
Heilbronner Stimme, 20.06.85: „Das (Selbst-)Verständliche der Kunst", Dagmar Schneider
Stuttgarter Nachrichten, 25.06.85: „Kontrapunkte aus Stein", Rainer Vogt
Heilbronner Stimme, 29.06.85: „Kunst und Landschaft", Dagmar Schneider
Freizeit-Journal Heilbronn: Bildhauersymposion

Neuenkirchen 1985

Veranstaltungsort (landschaftliche Situation): Gemeinde Neuenkirchen in der Lüneburger Heide
Bundesland: Niedersachsen

Zeitraum: Sommer 1985

Thema: „BeZüge"

Idee u. Organisation: Projekt u. Ausstellung: Ruth Falazik, Kunstverein Springhornhof Neuenkirchen in der Lüneburger Heide e. V.

Finanzierung u. Unterstützung: Niedersächsischer Minister für Wissenschaft und Kunst, Niedersächsischer Sparkassen- und Giroverband, Hannover, Gemeinde Neuenkirchen, Senator für Kulturelle Angelegenheiten in Berlin, Landkreis Soltau-Fallingbostel

Katalog/Dokumentation: „BeZüge" von ODIOUS, Sommerausstellung Kunstverein Springhornhof Neuenkirchen in der Lüneburger Heide e.V., Katalogredaktion und Layout: Uwe Elfert; Fotos: Elfert, Fischer-Piel, Thompson; Satz: Repro-Satz Georg Dürmeyer, Hamburg; Lithografie: Henning Offset Repro GmbH, Hamburg; Druck: Anton Lettenbauer, Hamburg
Katalogtext: Grußworte Landrat Buhr, Oberkreisdirektor Schumacher, Bürgermeister Söhnholz, Gemeindedirektor Rymarczyk; Vorwort Ruth Falazik; „ODIOUS und Bezüge", Michael Nungesser

Teilnehmer: Künstlergruppe ODIOUS (1 Künstlerin und 5 Künstler): Gisela von Bruchhausen, Klaus Duschat, Klaus H. Hartmann, Gustav Reinhardt, Hartmut Stielow, David Lee Thompson (USA)

Kurzbewertung: Das Symposion stellt einen Grenzfall dar. Es ist nicht auf natürliches Material beschränkt, sondern vorgefundene Materialien und industriell vorgefertigte Stahlteile werden benutzt. Bezüge zwischen technischer Infrastruktur und freier Landschaft werden thematisiert und es wird über das Verhältnis Mensch-Natur-Technik reflektiert. Erstmalig wird eine bereits bestehende Künstlergruppe eingeladen.

Literatur/Presse:
Kat. Kunst-Landschaft. Neuenkirchener Symposien 1974-1987, Ruth Falazik/Lothar Romain, Kunstverein Springhornhof Neuenkirchen in der Lüneburger Heide e. V. 1987.
Falazik, Ruth: „'Kunst – Landschaft' Entstehung und Entwicklung einer Idee", in: Kat. Natur-Skulptur, Württembergischer Kunstverein, Stuttgart 1981, S. 182-194.
Falazik, Ruth: Entstehung und Entwicklung des Projektes 'Kunst – Landschaft' in Neuenkirchen", in: Hartmann/Pokorny: Das Bildhauersymposium, Stuttgart, 1988, S. 62-66.

Sylt 1986

Veranstaltungsort (landschaftliche Situation): Nordseeinsel Sylt
Bundesland: Schleswig-Holstein

Zeitraum: 8. bis 24. Juni 1986

Thema: „Farbige Plastik – Wind und Wasser"

Idee u. Organisation: IGBK

Finanzierung u. Unterstützung: Land Schleswig-Holstein, Deutsch-Französisches Jugendwerk

Katalog/Dokumentation: Wolfgang Linden/Gerhard Pfennig: „Internationales Künstlertreffen auf Sylt 1986", in: Wasser. Dokumentation einer Ausschreibung der Internationalen Gesellschaft der Bildenden Künste, Sektion Bundesrepublik, Bonn 1986, S. 8-15; Fotos: BEA, Sylt

Teilnehmer: 13 Künstlerinnen und Künstler: Bettina Bürkle, Friedel Deventer, Jean-Michel Fichot (F), Marc Grenton (F), Jürgen Kierspel, Fritzi Metzger, Claudine Oliviero (F), Susan Walke, Insa Winkler u. a.

Kurzbewertung: Deutsch-französisches Symposion mit jungen Künstlern. Neben Installationen aus Fundmaterialien (Treibholz usw.) am Strand (Gerenton, Metzger) werden Objekte realisiert, die den Wind thematisieren und nutzen, wie z. B. die „Tanzenden Ballons" von Deventer oder die einem Windspiel nachempfundene Installation „Hexengeflüster" von Walke. Daneben werden aber auch eher klassisch skulpturale Arbeiten, wie ein Arrangement von Gipsabgüssen (Fichot), in den Dünen plaziert.

Literatur/Presse:
Sylter Nachrichten, 17.06.86: „Freiheit in der Kunst zugesagt"

Sylt 1986

Veranstaltungsort (landschaftliche Situation): Nordseeinsel Sylt
Bundesland: Schleswig-Holstein

Zeitraum: 8. bis 24. Juni 1986

Thema: „Land-Art"

Idee u. Organisation: Gesine Weise

Finanzierung u. Unterstützung: Kunstfond Bonn, Anatol Buchholtz auf Sylt, Amt f. Land und Wasserwirtschaft, VHS Klappholttal, Forstamt Glücksburg, Suderlügum

Katalog/Dokumentation: „Land Art", Redaktion und Gestaltung: Gesine Weise, Werkstatt ODEM, Hannover; Fotographie: Nils-Udo, Boudewijn Payens, Brigitte Raabe; Unterstutzung: Niedersächsische Landesregierung
Katalogtext: kurze Texte zu den Arbeiten von Michael Pestel, Piet Trantel, Timm Ulrichs, Gesine Weise

Teilnehmer: 1 Künstlerin und 6 Künstler: Servie Janssen (NL), Nils-Udo, Boudewijn Payens (NL), Michael Pestel, Piet Trantel, Timm Ulrichs, Gesine Weise

Kurzbewertung: Parallelveranstaltung zum gleichzeitig auf Sylt stattfindenden deutsch-französischen Symposion der IGBK. Zum Teil sehr vergängliche Installationen von arrivierten, im Umgang mit der Landschaft bereits erfahrenen Künstlern. Nils-Udo arrangiert Gräser und Blüten. Trantel baut eine Pyramide aus Sand und Payens zimmert einen Turm aus Schwemmholz, den er dann anzündet. Weise formt einen Ritualplatz mit magisch-mythischen Anklängen.

Literatur/Presse:
Gesine Weise: „Land-Art Symposium, Sylt", in: Wasser. Dokumentation einer Ausschreibung der Internationalen Gesellschaft der Bildenden Künste, Sektion Bundesrepublik, Bonn 1986, S. 9.
Wolfgang Linden/Gerhard Pfennig: „Internationales Künstlertreffen auf Sylt 1986", in: Wasser. Dokumentation einer Ausschreibung der Internationalen Gesellschaft der Bildenden Künste, Sektion Bundesrepublik, Bonn 1986, S. 8-15.

Sylter Nachrichten, 17.06.86: „Freiheit in der Kunst zugesagt"

Neuenkirchen 1986

Veranstaltungsort (landschaftliche Situation): Gemeinde Neuenkirchen in der Lüneburger Heide
Bundesland: Niedersachsen

Zeitraum: Sommer 1986

Thema: „Dialog"

Idee u. Organisation: Projekt u. Ausstellung: Ruth Falazik, Kunstverein Springhornhof Neuenkirchen in der Lüneburger Heide e. V.

Finanzierung u. Unterstützung: Niedersächsischer Minister für Wissenschaft und Kunst; Kulturbehörde der Freien und Hansestadt Hamburg; Gemeinde Neuenkirchen: Landkreis Soltau-Fallingbostel

Katalog/Dokumentation: „Dialog", Harald A. Finke+Carl Vetter, Sommerausstellung Kunstverein Springhornhof Neuenkirchen in der Lüneburger Heide e. V; Katalogredaktion u. Layout: Uwe Elfert; Fotos: Harald A. Finke, Carl Vetter; Satz: Lipinski Textverarbeitung, Schneverdingen; Lithographie+Druck: Druckerei & Verlag Helmut Wloczyk, Neuenkirchen
Katalogtext: Grußworte Landrat Buhr, Oberkreisdirektor Schumacher, Bürgermeister Söhnholz, Gemeindedirektor Rymarczyk; Vorwort Ruth Falazik; „Erste Begegnung", Lothar Romain; „Der Baumleib" u. „Dialog Mensch-Baum", Harald A. Finke; „Der Baum als Empfänger u. Sender" u. „Die gewaltlose Veränderung", Helmut R. Leppien

Teilnehmer: 2 Künstler: Harald A. Finke, Carl Vetter

Kurzbewertung: Künstlerische Reaktion auf die vorgefundene natürliche Umgebung. Vorsichtige Annäherung und Akzentsetzung, räumliche Untersuchung durch Steinmarkierungen (Vetter). Nachempfindung der Rinde eines Baumes durch Konstruktion einer begehbaren Hülle aus Stahlrohren in unmittelbarer Nachbarschaft zu einer Eiche (Finke). Arbeit mit der Natur – Dialogaufnahme. Letztes Natur-Kunst-Symposion in Neuenkirchen; in den Folgejahren arbeiten nur noch einzelne Künstler in der Landschaft.

Literatur/Presse:
Kat. Kunst-Landschaft. Neuenkirchener Symposien 1974-1987, Ruth Falazik/Lothar Romain, Kunstverein Springhornhof Neuenkirchen in der Lüneburger Heide e. V. 1987.
Falazik, Ruth: „'Kunst – Landschaft' Entstehung und Entwicklung einer Idee", in: Kat. Natur-Skulptur, Württembergischer Kunstverein, Stuttgart 1981, S. 182-194.
Falazik, Ruth: Entstehung und Entwicklung des Projektes 'Kunst – Landschaft' in Neuenkirchen", in: Hartmann/Pokorny: Das Bildhauersymposium, Stuttgart, 1988, S. 62-66.

Saig 1986

Veranstaltungsort (landschaftliche Situation): Saig (Schwarzwald)
Bundesland: Baden-Württemberg

Zeitraum: 1986 (14 Tage)

Thema: Saiger Höhe

Idee u. Organisation: Ursula Schmidt

Finanzierung u. Unterstützung: Ursula Schmidt

Katalog/Dokumentation: „Kunstsymposion Saiger Höhe 1986", Hg.: Ursula Schmidt; Gestaltung: Marita Fochler, Thomas Manthey, Ursula Schmidt; Text: Luitgart Balzer, Marita Fochler, Ursula Schmidt; Photographien: Luitgard Balzer, Michael Deiml, Marita Fochler, Thomas Manthey, Wendelin Schmidt, Albert Schönauer; Druck: Steinhart GmbH Offset und Werbegraphik in Titisee-Neustadt
Katalogtext: Ursula Schmidt, Marita Fochler, Luitgard Balzer

Teilnehmer: 5 Künstler: Michael Deiml, Peter Hauck, Thomas Manthey, Albert Schönauer, Thomas Zawarty

Kurzbewertung: Aufforderung, sich künstlerisch mit einem privaten Waldstück (Inhaberin: Ursula Schmidt) auseinanderzusetzen. Junge Bildhauer, die zum Teil zum ersten Mal in der Natur arbeiten, setzen Zeichen und Male. Neben verschiedenen hölzernen

Stelen und Skulpturen (Haug, Manthey, Schönauer) entsteht auch eine Arbeit, die Bäume und Boden durch eine Seilverspannung verbindet (Deiml).

Literatur/Presse: keine Angaben

Böblingen 1986

Veranstaltungsort (landschaftliche Situation): Böblingen, am Oberen See
Bundesland: Baden-Württemberg

Zeitraum: 5. bis 7. September 1986

Thema: „Wasser"

Idee u. Organisation: Verband Bildender Künstler Württemberg e. V., Region Kreis Böblingen; Hans Bäurle, Vorsitzender des VBK; Kulturamt Böblingen (Dr. Hans-Dieter Mück)

Finanzierung u. Unterstützung: Verband Bildender Künstler Württemberg e. V., Region Kreis Böblingen; Stadt Böblingen; Landkreis

Katalog/Dokumentation: kein Katalog

Teilnehmer: 6 Künstlerinnen und 17 Künstler: Lutz Ackermann, Hans Albrecht, Hans Bäurle, Ulli Berg, Frederik Bunsen, Heinz Decker, Hellmut Ehrath, Yannick Fallek, G. W. Feuchter, Sabine Günther-Freyer, Karl Heger, Sabine Hoffmann, Jürgen Kierspel, Waltraud Kreh, Lee Lichterloh, Traute Schiffer-Rentschler, H. P. Schlotter, Babette A. Schütze, Rainer Simon, Norbert Stockhus, Bernhard Stüber, Rudi Weiss, Axel Zimmermann

Kurzbewertung: Folge-Aktion der „Wald-Male" 1984 in Herrenberg; eher Work-Shop als Symposion. Die meisten Arbeiten sind bereits vorher aus zum größten Teil nicht-natürlichem Material im Atelier gefertigt worden und werden nur noch aufgebaut. Nicht der Umweltschutz bzw. die Verschmutzung des Wassers stehen thematisch im Vordergrund, sondern das Wasser als Element. Trotzdem haben einige Arbeiten mahnenden Charakter (Berg, Ehrath, Simon). Insgesamt stellt die Veranstaltung eine Reaktion auf die Ausschreibung „Wasser" der Internationalen Gesellschaft der Bildenden Künste, Sektion Bundesrepublik dar.

Literatur/Presse:
Wasser. Dokumentation einer Ausschreibung der Internationalen Gesellschaft der Bildenden Künste, Sektion Bundesrepublik, Bonn 1986.

Böblinger Kreiszeitung, 30.05.86: „Beraten und beschlossen"
Stuttgarter Nachrichten, 16.06.86: „Kunst rund ums Wasser"
Böblinger Kreiszeitung, 19.07.86: „Hydra und Pflanzenfamilie"
Stuttgarter Nachrichten, 21.07.86: „Neunköpfige Hydra und ein Skelettboot"
Ludwigsburger Zeitung, 04.08.86: „Suche nach dem Ursprung"
Böblinger Zeitung, 30.08.86: „Wasser-Male am Oberen See"
Sindelfinger Zeitung, 04.09.86: „Wasser-Male"
Stuttgarter Zeitung, 06.09.86: „In und am und um den See"
Stuttgarter Nachrichten, 06.09.86: „Kunstaktion 'Wasser-Male'"
Sindelfinger Zeitung, 7.09.86: „Kunst auf dem Böblinger See"
Sindelfinger Zeitung, 08.09.86: „Gesellschaft für Delphine"
Böblinger Kreiszeitung, 07.09.86: „'Wassermale'-Kunst am Oberen See"
Stuttgarter Zeitung, 08.09.86: „22 Künstler und ein Thema: Wasser", Heinz Heinemann
Böblinger Kreiszeitung, 10.09.86: „Nach drei Tagen war alles vorbei", Walter Rebmann
Reutlinger General-Anzeiger, 11.09.86: „Wassermale, Wasserwerke", Walter Rebmann

Fernsehbericht:
10.09.86 Abendschau Südfunk Stuttgart (III. Programm)

Saig 1987

Veranstaltungsort (landschaftliche Situation): Saig (Schwarzwald)
Bundesland: Baden-Württemberg

Zeitraum: 10. bis 22. August 1987

Thema: Saiger Höhe

Idee u. Organisation: Ursula Schmidt

Finanzierung u. Unterstützung: Ursula Schmidt

Katalog/Dokumentation: „Kunstsymposion Saiger Höhe 1987", Hg.: Ursula Schmidt; Kataloggestaltung und Herstellung: M. Deiml, Th. Goldberg; Druck: an der Kunstakademie Stuttgart; Fotos: L. Balzer, M. Deim., Th. Goldberg, A. Schmidt; Textbeiträge: W. Baumann (Badische Zeitung), M. Deiml, P. Hauck, U. Schmidt; Auflage: 200, Stuttgart 1988
Katalogtext: W. Baumann, M. Deiml, P. Hauck, U. Schmidt

Teilnehmer: 1 Künstlerin und 5 Künstler: Michael Deiml, Veronika Ellwanger, Thorsten Goldberg, Peter Hauck, Thomas Manthey, Albrecht Schmidt

Kurzbewertung: Fortführung des Symposions „Saiger Höhe" mit sehr unterschiedlichen Ergebnissen, die von der eher abstrakt-autonomen Holzstele (Hauck, Manthey) bis hin zur Platzgestaltung (Ellwanger) und Bodeninstallation (Goldberg, Schmidt) reichen. Auch wenn nicht immer natürliches Material Verwendung findet, kommt es doch zu überraschenden, den Ort unterstreichenden Auseinandersetzungen mit der natürlichen Situation, wie etwa die Ausgestaltung einer Lichtung mit Keramikscherben durch Ellwanger und eine Anordnung aus 400 blauen Murmeln von Schmidt.

Literatur/Presse:
Badische Zeitung, 15.08.87: „Das 'Kunstsymposion Saiger Höhe' findet jetzt zum dritten mal statt", Wolfgang Baumann

Berlin 1988

Veranstaltungsort (landschaftliche Situation): Berlin, Strandbad Wannsee
Bundesland: Berlin

Zeitraum: Ausstellung 11. Juni bis 7. August 1988

Thema: „Wasserlinie"

Idee u. Organisation: Organisation u. Koordinierung: Gabriele Schultheiß-Block; Projektleitung, Ausstellung u. Katalog: Thomas Kempas

Finanzierung u. Unterstützung: Unterstützung: Jürgen Klemann, Bürgermeister Zehlendorf; Finanzierung Symposion u. Katalog: Senator f. Bau- u. Wohnungswesen

Katalog/Dokumentation: Wasserlinie – Ausstellung zum internationalen Symposion f. Steinbildhauer im Strandbad Wannsee Berlin, Projektleitung, Ausstellung u. Katalog: Thomas Kempas; Kataloggestaltung: Michael Lange; Sekretariat: Susanne Riée; Technik: Werner Sprunk, Peter Tönnies; Copyright: Haus am Waldsee, Mai 1988; Herstellung: Rotadruck Lithos RCO; Fotografen: Jaka Jerâsa, Eva Choung-Fux, Knut Nordhagen, Leonardo Bezzola, Elke Fujiwara, Makoto Fujiwara, Ermin Hauser
Katalogtext: „Der Stein ist schön", Thomas Kempas; „Vom Grenzstein zur Wasserlinie", Gabriele Schultheiß-Block; Text zu Claudia Amman von Manfred Pfeifer; zu Makoto Fujiwara von Yvonne Friedrichs; zu Isolde Haug von Stefan Reisner; zu Janez Lenassi von Michael Pilz; zu Peter Paszkiewicz von Gabriele Schultheiß-Block; zu Michael Schoenholtz von Inken Nowald

Teilnehmer: 2 Künstlerinnen und 4 Künstler: Claudia Amman, Makoto Fujiwara, Isolde Haug, Janez Lenassi, Peter Paszkiewicz, Michael Schoenholtz

Kurzbewertung: Klassisches Steinsymposion mit Ortsbezug und gemeinsamem Grundkonzept (die Einzelarbeiten werden durch Ausrichtung zur Wasserlinie in Zusammenhang gebracht). Materialgerechtigkeit und Sockellosigkeit entsprechen der Prantl'schen Tradition (Symposion St. Margarethen). In den Katalogtexten werden Symposionsidee und ökologische Krise reflektiert.

Literatur/Presse: keine Angaben

Remscheid 1988

Veranstaltungsort (landschaftliche Situation): Remscheid (Bergisches Land)
Bundesland: Nordrhein-Westfalen

Zeitraum: 28. Juni bis 10. Juli 1988

Thema: „Kunst-Landschaft, Landschaft-Kunst"

Idee u. Organisation: Idee: Klaus Küster

Finanzierung u. Unterstützung: Veranstalter: Fördergemeinschaft Remscheid e. V., Institut für Bildung u. Kultur e. V., Stadt Remscheid, Der Oberstadtdirektor; Akademie Remscheid für musische Bildung und Medienerziehung

Katalog/Dokumentation: „Kunst-Landschaft, Landschaft-Kunst in den Wupperbergen bei Remscheid-Küppelstein", Hg.: Fördergemeinschaft Remscheid e. V., Stadt Remscheid, Der Oberstadtdirektor; Gestaltung und Redaktion: Klaus Küster; Vorwort, Rundgang in Worten u. Nachbetrachtung: Dr. Uwe Rüth, Marl; Fotos: Rüdiger Tag, Wuppertal; weitere Fotos von: van Bebber, Brinkmann-Clement, Herker, Hilmar, Hilscher, Maret Kalda, Kierspel, Kirchgäßner, Dr. Eva Maria Oehrens, Pink, Schirmer, Michael Sieber, Wengler, Werner, Zins; Satz: reprosatz neumann, Remscheid; Farbrepros: solith reproduktionen, Solingen; Gesamtherstellung: Paffrath-Druck, Remscheid
Katalogtext: „Kunst wird Landschaft", Dr. Uwe Rüth

Teilnehmer: 9 Künstlerinnen und 14 Künstler: Claus van Bebber, Bodo Berheide, Angela Brinkmann, Rolf Glasmeier, Angelika Herker, Jiri Hilmar (CSSR), Jürgen Kierspel, Hubert Kirchgäßner, Erich Krian, Klaus Küster, Helga Moehrke, Erika Ott, Gilbert Pink, Brigitta C. Quast, Gerhard Reinert, Thomas Rother, Günter M. Schirmer, Ingrid Schreiber, Timm Ulrichs, Ike Vogt, Angelika Wengler, Martina Werner, Günther Zins
Außerdem: der Internationale Sommerkurs der Akademie Remscheid

Kurzbewertung: Künstlerische Auseinandersetzung mit einem bergigen Waldgebiet an der Wupper, die die Gefährdung der Natur thematisiert. Vorsichtige Zeichensetzungen, Markierungen und Akzentuierungen lenken den Blick auf die Besonderheiten und Eigenarten des Waldes. Brinkmann-Clement entdeckt eine Quarzader im Gestein und macht sie sichtbar, Vogt markiert eine dreieckige Lichtung mit Zweigen. Andere Arbeiten weisen kritisch-mahnend auf die fortschreitende Umweltzerstörung hin. Herker begleitet einen Bach, der in die verschmutzte Wupper fließt, mit einem Trauerflor. Glasmeier verbindet für seine „Baum-Kreuze" tote Natur (abgestorbene Baumstämme) mit lebender Natur. Die Reaktionen auf die Veranstaltung sind geteilt. Anwohner und Nutzer des Gebietes empfinden die Kunst als Störung ihres Erholungsraums und veranstalten eine Unterschriftensammlung gegen weitere Aktionen.

Literatur/Presse:
Remscheider General-Anzeiger, 19.05.88: „Kunstsommer: Start mit Waldspaziergang"
Bergische Morgenpost, 19.05.88: „'Kunstsommer' in Remscheider Wupperbergen"
Remscheider General-Anzeiger, 01.07.88: „Kunst 'erobert' die Waldlandschaft"
Remscheider General-Anzeiger, 11.07.88: „An der Wupper entstand ein Zauberwald"
Bergische Morgenpost, 07.07.88: „Großes Fest in Küppelstein"
Bergische Morgenpost, 11.07.88: „Viel Volk ließ sich gern verblüffen". Hans Karl Pesch
Remscheider General-Anzeiger, 13.07.88: „Große Empörung: Kunstwerke zerstört!"
Remscheider General-Anzeiger, 14.07.88: „Schiffer: 'Wir werden nicht kapitulieren'"
Remscheider General-Anzeiger, 23.07.88: „'Kunst in der Landschaft' bleibt nach wie vor bestehen"
Remscheider General-Anzeiger, 27.07.88: Leserbrief „Pensionierte Steckrüben", Peter Nawrath
Remscheider General-Anzeiger, 28.07.88: Leserbrief „Maul- und Pinselhelden", Gerd D. Strasmann
Remscheider General-Anzeiger, 27.08.88: „Forstamt fordert: Kunst im Wald soll weg", J. Feld
Bergische Morgenpost, 27.08.88: „Liefert Remscheid Weltrekord in kulturellem Banausentum?", Hans Karl Pesch
Remscheider General-Anzeiger, 22.10.88: „Die Kunst darf nicht Natur gefährden", J. Feld
Bergische Morgenpost, 22.10.88: „'Kunst in der Landschaft' – Ein Remscheider Drama in drei Akten", Hans Karl Pesch

Fernsehbericht:
Kurzer Bericht für die „Aktuelle Stunde" im WDR (am 11.07.1988 durch ein Fernsehteam des WDR zusammen mit Klaus Küster gedreht)

Ammersbek 1989

Veranstaltungsort (landschaftliche Situation): Ammersbek (bei Hamburg), Naturschutzgebiet Schüberg
Bundesland: Schleswig-Holstein

Zeitraum: Erstes Treffen im Mai 1989 (eine Woche), Abschluß im September 1989 (eine Woche); Ergebnisse ab dem 16. September

1989 auf dem Schüberg, im Dorfgemeinschaftshaus in Ammersbek bis zum 1. Oktober, ab dem 6. Oktober 1989 im Schloß Reinbek

Thema: „Nunatak – 'Die Natur sprechen lassen'"

Idee u. Organisation: Idee: Doris Cordes-Vollert

Finanzierung u. Unterstützung: gefördert von der Kulturstiftung Stormarn, der Gemeinde Ammersbek und dem Förderkreis der Kulturstiftung Stormarn

Katalog/Dokumentation: „Nunatak. Projekt: Schüberg – 'Die Natur sprechen lassen'" Kulturstiftung Stormarn; Hg.: Kulturstiftung Stormarn, Bad Oldesloe, 1989; Idee und Leitung: Doris Cordes-Vollert; Verlag der Fachbuchhandlung Sautter+Lackmann, Hamburg; Fotos: Festesen, Wassermann, Cordes-Vollert, Kahn, Vetter, Finke, Steinke, Abb. S. 92 u. 95 aus „Alchimia", Verlag Moos u. Partner, Gräfelfing; Fotos S. 26 u. 27 Landesvermessungsamt Schleswig-Holstein unter Nr. SH 510/87. Bildflug: Stormarn. Str.: 14 Bild Nr. 2468 bzw 2476; Herstellung: Wachholtz Druck Neumünster
Katalogtext: Vorwort Landrat Dr. Hans-Henning Becker-Birck, Vorsitzender der Kulturstiftung Stormarn; Bürgermeister Werner Schwiderski; Dr. Ingrid Toebe-Albrecht, Vorsitzende des Förderkreises; „Gedanken zum Projekt: Schüberg – Neues Verhalten: anderes Denken", Dr. Helmut R. Leppien; „Veränderte Perspektiven: neues Sehen", Dr. Ulrich Bischoff; „Vorinformation und Arbeitshypothese – Die Idee vom dialogischen Arbeiten in der Natur", Doris Cordes-Vollert; „'Sprache der Natur', Ökologie und Kunst", Prof. Dr. Hartmut Böhme; „Der Schüberg – geologisch, historisch, botanisch", Rudolf Biester; „Der Schüberg – ein geschützter Landschaftsteil", Helmut Kaup; Erläuterungen der Künstler; „'Die Natur sprechen lassen'", Prof. Dr. Hartmut Böhme

Teilnehmer: 4 Künstlerinnen und 5 Künstler: Margarete Kahn, Ulunmichael Steinke (Ulun und Michael Steinke), Burkhard Friedrich, Doris Cordes-Vollert, Gudrun Wassermann, Gerd Festesen, Harald A. Finke, Carl Vetter

Kurzbewertung: Ganz neuartiges Projekt einer intensiven Auseinandersetzung mit einem Stück Natur – dem Schüberg. Einsatz für den Schutz dieses Naturdenkmals. Zurückhaltender Gestaltungswille, dezente Zeichensetzung (Kahn, Vetter), vorsichtige Betonung von natürlichen Prozessen (Cordes-Vollert).

Literatur/Presse:
Stormarner Tageblatt Nr. 116, 22.05.89: „'Nunatak' – die Kunst als Sprachrohr der Natur"

Lindlar 1989

Veranstaltungsort (landschaftliche Situation): Lindlar (Bergisches Land)
Bundesland: Nordrhein-Westfalen

Zeitraum: 16. bis 18 August 1989

Thema: „Ruine Neuenberg"

Idee u. Organisation: Klaus Küster

Finanzierung u. Unterstützung: keine Angaben

Katalog/Dokumentation: Symposion Ruine Neuenberg, kleine selbstgefertigte Dokumentation

Katalogtext: „Die Burgfrau von Neuenberg, bei Lindlar", aus: Montanus, „Die Vorzeit der Länder Cleve-Mark, Jülich-Berg und Westphalen"

Teilnehmer: 1 Künstlerin und 4 Künstler: Rolf Glasmeier, Klaus Küster, Brigitta C. Quast, Gerhard Reinert, Günther Zins

Kurzbewertung: Künstlerische Inbesitznahme einer verfallenen Burgruine. Dezente Zeichensetzung, Auseinandersetzung mit dem genius loci. Veranstaltung ohne Öffentlichkeit, insofern von eher privatem Charakter.

Literatur/Presse: keine Angaben

Herrenberg 1989

Veranstaltungsort (landschaftliche Situation): Herrenberg
Bundesland: Baden-Württemberg

Zeitraum: 15. bis 17. September 1989

Thema: „Luft- und Windobjekte"

Idee u. Organisation: Hellmut Ehrath, außerdem Rudi Weiss u. Lutz Ackermann; Verband Bildender Künstler Region Böblingen

Finanzierung u. Unterstützung: Finanzielle Mittel: Landratsamt Böblingen; Kreissparkasse Böblingen; Volksbank Herrenberg; Stadt Herrenberg; Verband Bildender Künstler Region Böblingen; Tatkräftige Mithilfe: Stadt Herrenberg u. Forstamt Herrenberg

Katalog/Dokumentation: „Dokumentation Luft- und Windobjekte", Symposium des Verbandes Bildender Künstler Region Böblingen (Copyright); Fotos: Peter Bausch, Dieterich&Dieterich, Claus Iden, Rudi Weiss, Traute Schiffer-Rentschler; Offsetdruck: Wacker, Böblingen
Katalogtext: Vorwort Hans Bäurle; Vorwort Hellmut Ehrath; Einführung Peter Bausch

Teilnehmer: 9 Künstlerinnen und 15 Künstler: Lutz Ackermann, Hans Albrecht, Hans Bäurle, Uli Berg, Gertrud Buder, H. R. Decker, Hellmut Ehrath, Peter Falk, G. W. Feuchter, Sabine Günther-Freier, Karl Heger, Gerard Krimmel, Christel Kohler, Lee Lichterloh, Ruth Knappstein, Gerlinde Lenschow, Traute Schiffer-Renschler, Horst-Peter Schlotter, Rolf Boris Spies, Juliane Stiegele, Norbert Stockhus, Rejane Hermann, Rudi Weiss, Axel Zimmermann

Kurzbewertung: Kunst als Rekultivierungsmaßnahme auf dem Gelände einer ehemaligen Mülldeponie. Im Gegensatz zu vorherigen Veranstaltungen („Wald-Male" Herrenberg 1984 u. „Wasser" Böblingen 1986) finden sich hier kaum noch umweltkritische Töne. Einzig Gerard Krimmels Arbeit „Aeruptionen – Entsorgungsspiele" – Rohre, aus denen giftig aussehender Dampf entweicht – geht auf die ehemalige Funktion des Symposionsgeländes als Müllhalde ein. Die übrigen Projekte beschäftigen sich spielerisch oder spontan mit dem Wind (Ballons und Fahnen, Knappstein, Lichterloh, Stiegele, Stockhus u. a.), es finden sich kaum Objekte aus natürlichen Materialien (Heger). Insgesamt deutet die Fortsetzung der Reihe eine Beschäftigung mit den Elementen an.

Literatur/Presse:
Gäubote, 13.09.89: „Kunstobjekte im Wind"
Sindelfinger Zeitung, 14.09.89: „Luftige Objekte"
Böblinger Zeitung, 15.09.89: „Luft- und Windobjekte"
Böblinger Kreiszeitung (o. D.): „Mit dem himmlischen Kind"

Sindelfinger Zeitung, 16.09.89: „Regions-Grenzen sind gesprengt", Peter Bausch
Sindelfinger Zeitung (o. D.): „Objekte auf der Müllkippe", Peter Bausch
Sindelfinger Zeitung (o. D.): „Signale ins strahlende Himmelblau", Sybille Schurr
Stuttgarter Zeitung, 18.09.89: „Müllplatz als Kunststätte"
Gäubote, 18.09.89: „Himmelsleiter und andere wichtige Aufsteiger"

Metzingen 1990

Veranstaltungsort (landschaftliche Situation): Metzingen
Bundesland: Baden-Württemberg

Zeitraum: Juli 1990 (14 Tage); Ausstellung: 29. September bis 20. Oktober 1991

Thema: „Natur und Kunst"

Idee u. Organisation: Idee und Konzeption: Jürgen Faust

Finanzierung u. Unterstützung:, Ministerium für Kultur und Sport; Veranstalter: Stadt Metzingen, Kunstseminar Freie Hochschule Metzingen

Katalog/Dokumentation: „Natur und Kunst" Initiative Natur und Kunst c/o Kunstseminar Metzingen; Photographien: Brigitte Schaal, Yasmina Mekrane u. Iso Wagner; Landartphotos: Hans Riek; Satz u. Layout: Kunstseminar Metzingen, Stanko Ropic u. Martin Weis; Druck: Fa. Schofer, Metzingen; Endverarbeitung: Fa. Idupa, Owen; Auflage: 1000 Exemplare 1991
Katalogtext: Vorwort Jürgen Faust; „Natur und Kunst – eine Denkproblematik", Jürgen Faust; Arbeitsgruppe Phänomenologie, Leitung: Jürgen Faust; Gruppenarbeit Morphologie, Leitung: Johannes Joliet; „Landart", Iso Wagner; Arbeitsgruppe Zeichnen, Leitung: Iso Wagner; „Aspekte zur Wahrnehmung und Gestaltung am Beispiel des Tones", Joachim Walter, „Das Metzinger Bildhauersymposion des Jahres 1990", Arbeitsbericht, Jürgen Faust

Teilnehmer: 11 Künstlerinnen und 7 Künstler: Carmen Augustin, Dolores Augustin, Angelika Bantel, Jürgen Faust, Inge Hering, Karin Hornikel, Johannes Joliet, Gertrud Kirschmer, Dieter Lanz, Utz-Karl Maier, Eva Najjar, Paula Reinhard, Stanko Ropic, Steffen Schlichter, Bettina Storz, Robin Wagner, Katrin Wörwag, Brigitte Wolter

Kurzbewertung: Sehr theoretische Auseinandersetzung mit dem Thema. In einer bildhauerischen Gemeinschaftsarbeit aus 11 Steinen von Teilnehmern eines Kunstseminares wird der Gegensatz zwischen Natur und Kunst nicht aufgehoben, sondern thematisiert. Die Steine werden in einer Reihe nebeneinander aufgerichtet, eine Hälfte bleibt nahezu unbearbeitet und soll so die Natur symbolisieren; die andere Hälfte wird beschliffen und steht für die Kunst. Es handelt sich hier nicht um Natur-Kunst im eigentlichen Sinne, sondern um eine klassische Bildhauerarbeit, die nachträglich im Park ohne direkten Bezug zur Umgebung aufgerichtet wird.

Literatur/Presse: keine Angaben

Gelsenkirchen 1990

Veranstaltungsort (landschaftliche Situation): Gelsenkirchen (Ruhrgebiet)
Bundesland: Nordrhein-Westfalen

Zeitraum: 16. bis 19. August 1990

Thema: „The House of Psychedelic Thoughts"

Idee u. Organisation: Carola Zech und Rolf Glasmeier

Finanzierung u. Unterstützung: keine Angaben

Katalog/Dokumentation: „'THE HOUSE OF PSYCHEDELIC THOUGHTS', Ein Symposium mit Architektinnen, bildenden Künstlern und Musikern im und am Pumpwerk, Alter Hafen Bismarck, Rhein-Herne-Kanal, Gelsenkirchen, 16. bis 19. August 1990", Begleitheft zum Videofilm „The House of Psychedelic Thoughts" der Gruppe Leuchtstoff, Witten 1990/1991; Kataloggestaltung: Rolf Glasmeier; Fotos: Karla Krieger, Anna Schauberger, Rolf Glasmeier, Joachim Knuth, Klaus Küster, Rolf Nolden
Katalogtext: „Kommentar" von Charlotte Ebers
Video: Videofilm „The House of Psychedelic Thoughts" der Gruppe Leuchtstoff, Witten 1990/1991

Teilnehmer: 3 Künstlerinnen und 6 Künstler: Jochem Ahmann, Darivoj Cada (YU), Rolf Glasmeier, Karla Krieger, Klaus Küster, Rolf Nolden, Anna Schauberger, Günter M. Schirmer, Carola Zech

Kurzbewertung: Dem Essener Symposion (1983) ähnliche kleine Aktion auf einer Industriebrache von einem der Essener Organisatoren (Glasmeier). Ein altes Pumpwerk am Rhein-Herne-Kanal, eine ruhrgebietstypische Industrieruine, wird künstlerisch untersucht. Im Vordergrund steht die Auseinandersetzung mit dem Gebäude und den dazugehörigen Anlagen, wie z. B. den Wasserbecken (Glasmeier, Küster, Nolden), bzw. deren Rückeroberung durch die Natur (Zech).

Literatur/Presse: keine Angaben

Krimpenbachalm, Österreich 1990

Veranstaltungsort (landschaftliche Situation): Krimpenbachalm (Tirol), Österreich

Zeitraum: 12. bis 22. September 1990, anschließend Ausstellung in Galerie Zeitkunst (19. Oktober bis 6. November 1990), Kitzbühel

Thema: „Krimpenbachalm '90"

Idee u. Organisation: Klasse Brodwolf, Staatl. Akademie der Bildenden Künste Stuttgart

Finanzierung u. Unterstützung: Sponsoren der Publikation: Dr. Cantz'sche Druckerei, Ostfildern bei Stuttgart; Fotosatz Weyhing, Stuttgart; C+S Repro, Filderstadt; Papierfabrik Scheufelen, Lenningen; Hans Bichelmeier, Mannheim

Katalog/Dokumentation: „Krimpenbachalm '90", Hg.: Klasse Brodwolf, Staatliche Akademie der Bildenden Künste Stuttgart, Stuttgart 1991
Katalogtext: „Denken wie ein Berg" von Jost Krippendorf

Teilnehmer: 3 Künstlerinnen und 5 Künstler: Jürgen Brodwolf, Franz Brunner, Ulrike Flaig, Ulrike Hein, Pavel Sisulak, Markus Strieder, Susanne Wais, Gert Wiedmaier

Kurzbewertung: Arbeiten an abgelegenem Ort in überragender Gebirgslandschaft. Die jungen Künstler setzen sich z. T. zum ersten Mal künstlerisch mit der Landschaft auseinander. Sie erkunden sie (Hein), treten in einen Dialog, und hinterlassen vergängliche Spuren (Sisulak, Wais, Wiedmaier). Grenzfall, da von deutschen Studenten in Österreich abgehaltenes Symposion.

Literatur/Presse: keine Angaben

Dortmund 1991

Veranstaltungsort (landschaftliche Situation): Dortmund
Bundesland: Nordrhein-Westfalen

Zeitraum: 2. bis 28. Juli 1991 (Dokumentation der Projektentwürfe u. Ausstellung im Museum am Ostwall, Dortmund)

Thema: „Naturraum – Kunstraum"

Idee u. Organisation: Konzeption: Ingo Bartsch, Direktor am Museum am Ostwall Dortmund, Holger Ehlert, Projektleiter BUGA-Symposium

Finanzierung u. Unterstützung: Veranstalter: Bundesgartenschau 1991

Katalog/Dokumentation: „Naturraum – Kunstraum 1" Bildhauer-Symposium anläßlich BUGA Dortmund 1991, April bis Oktober 1991 Dokumentation der Projektentwürfe u. Ausstellung im Museum am Ostwall Dortmund, Hg.: Museum am Ostwall Dortmund 1991; Konzeption/Titelgrafik/Layout: Holger Ehlert; Redaktion: Ehlert, Bartsch, Hilmar, Kassel, Möbus, Plessi, Prigann; Übersetzungen aus dem Italienischen: Ingo Bartsch; Fotos: Hilmar: Kruthoff Fotodesign, Bochum, Jürgen Spiller, Dortmund; Kassel: Bruno Nebe, Esse u. Windhoek, Helga Kirchberger, Dortmund, Fotodesign Josh Westrich, Essen; Möbus: Luigi Artini, Florenz, Eddy Damals, Hasselt, Robert Häuser, Mannheim, Stefan Kelles, Hasselt u. selbst; Plessi: Fotoarchiv Plessi, Venedig, Jürgen Spiller, Dortmund; Prigann: Bettina Becker, Bad Honnef, Helga Kirchberger, Dortmund u. selbst; Gesamtherstellung: Plitt Druck u. Verlag GmbH Oberhausen, Auflage 1000, ISBN 3-925998-09-8
Katalogtext: Vorwort Ingo Bartsch/Holger Ehlert; Einleitung „Der Weg ist das Ziel ... (Laotse)"; Danksagung

Teilnehmer: 1 Künstlerin und 4 Künstler: Jiri Hilmar (CSFR), Hermann J. Kassel, Christiane Möbus, Fabrizio Plessi (I), Hermann Prigann

Kurzbewertung: Neben zwei Installationen aus Holz, die Kleintieren und Pflanzen Lebensraum bieten sollen (Hilmar, Kassel), entstehen eine eher minimalistische Steinskulptur (Möbus) und ein formal zwar einleuchtender, vom Material her jedoch im Ruhrgebiet eigentümlich anmutender „Torfturm" (Prigann). Eine aufwendigere Installation des italienischen Künstlers Plessi, die sich mit dem Thema des Kohlenbergbaus befasst, wird nicht verwirklicht. Die auf dem Gelände der Firma Hoesch installierten Arbeiten sind zwar noch vorhanden, aber für die Öffentlichkeit nicht mehr zugänglich, da die Firma das Gelände nach der BUGA wieder sperrte.

Literatur/Presse:
Westfälischer Anzeiger, 02.02.91: „Bildhauer gestalten Bundesgartenschau"
Iserlohner Kreisanzeiger, 02.02.91: „'Torfturm mit Schilf'"
Generalanzeiger Bonn, 02.02.91: „Fünf Bildhauer sollen Bundesgartenschau mitgestalten"
Braunschweiger Zeitung, 02.02.91: „Natur und Kunst"
Westfalenpost, 02.02.91: „Kunst im Rahmen der Gartenschau"
Rheinische Post, 02.02.91: „Kunst bei Gartenschau"
Altenaer Kreisblatt u. Lüdenscheider Nachrichten: „Bildhauer gestalten Gartenschau mit"
Badische Neueste Nachrichten, 02.02.91: „Ein Kunstraum für die Bundesgartenschau"
Recklinghauser Zeitung, 05.02.91: „Bildhauer sollen bei Bundesgartenschau Kunstraum schaffen"
Handelsblatt, 05.02.91: Bundesgartenschau
Neue Westfälische, 08.02.91: „Kunstraum gestalten"
Wetterauer Zeitung, Alsfelder u. Giessener Allgemeine, 09.02.91: „Kunstraum in einer Ex-Kloake bei der Bundesgartenschau"
Tagesspiegel, 06.03.91: „Bildhauer gestalten die Bundesgartenschau mit"

Cuxhaven 1991

Veranstaltungsort (landschaftliche Situation): Cuxhaven (Nordseeküste)
Bundesland: Niedersachsen

Zeitraum: 17. August bis 14. September 1991

Thema: Internationales Künstlersymposion im Fort Kugelbake „Schützen, Wappnen, Entrüsten"

Idee u. Organisation: Initiatoren und Idee: Barbara Held, Marlene Fuchs-Wüstenfeld, Ulrich Schünke, Jochen Wüstenfeld; Beratung: Wulf Kirschner; Assistenz: Kauffrauliche Leitung Jutta Förster; Technik: Rolf Bergmeier

Finanzierung u. Unterstützung: Gefördert durch Land Niedersachsen; Landkreis Cuxhaven; Stadt Cuxhaven; Niedersächsische Sparkassenstiftung; Stadtsparkasse Cuxhaven; Kulturlandschaft Elbe Weser; Stadt Bremen; Unterstützung: Kulturämter Landkreis und Stadt Cuxhaven; Cuxhavener Kunstverein e. V.; Niedersächs. Hafenamt; Elektrobaufirma Grebe; THW-Jugend Cuxhaven; Deutsche Fischfang Union

Katalog/Dokumentation: „Internationales Künstlersymposion im Fort Kugelbake, Cuxhaven 1991 – Schützen, Wappnen, Entrüsten"; Herausgeber: Ateliergemeinschaft Sylter Str. 5, Cuxhaven; Fotographische Dokumentation: Norbert Balzer Dipl. Foto-Designer BFF, Jutta Förster, Thomas Ruller, Claus van Bebber, Harald A. Finke; Video-Dokumentation: Marikke Heinz-Hoek; Katalog-Satz: Jan Carstensen, Bremen; Layout: Barbara Held; Lithos: Magenta, Bild/Text Verarbeitung GmbH, Osnabrück; Druck: Druckerei Müller GmbH, Bremerhaven 1992. Unterstützung der Katalogherstellung: Fa. Kühne, Hamburg; Fa. Voco, Cuxhaven; Dr. R. Lösekrug, Würselen; Spedition Tolmien, Cuxhaven; Architekturbüro S. Held, München
Katalogtext: „Sechzehn (Innen-)Ansichten eines Forts", Lothar Romain; „Die Arbeiten im einzelnen", Wulf Kirschner

Teilnehmer: 4 Künstlerinnen und 12 Künstler: Claus van Bebber, Jürgen Brodwolf, Doris Cordes-Vollert, Harald A. Finke, Wolf Glossner, Caspar Henselmann (USA), Barbara Held, Masumi Miyai (J), Thomas Ruller (CSFR), Ulrich Schünke, Igael Tumarkin (IL), Timm Ulrichs, Martina Werner, Thomas Werner, Craig Wood (GB), Jochen Wüstenfeld

Gäste: Rolf Bergmeier, Albinus Burokas, Henning Christiansen (DK), Ute Wassermann, Bruno Wiebelt (S), Michael Vorfeld

Kurzbewertung: Umnutzung eines einst militärischen Ortes, ähnlich der Besetzung von ehemaligen Industrieanlagen (Essen 1983, Gelsenkirchen 1990, Witten 1991), gleichzeitig in der Tradition der Nordseeküsten-Symposien (1982, 1984). Die Installationen beziehen sich hauptsächlich assoziativ mit den vorgefundenen Innenraumsituationen. Nur wenige gehen auf die Geschichte des Ortes ein, einzig die Arbeiten von van Bebber und Glossner setzen sich spurensichernd mit dem bereits von der Natur wieder vereinnahmten Fort auseinander.

Literatur/Presse:
Cuxhavener Nachrichten, 14.06.91: „'Ortstermin' für Symposium im Fort Kugelbake"
Cuxhavener Nachrichten, 24.07.91: „THW-Jugend: Fort Kugelbake für Künstler-Symposion 'aufgeklart'"
Cuxhavener Nachrichten, 17.08.91: „Wieder Leben im Fort"
Cuxhavener Nachrichten, 19.08.91: „Ein altes Fort wird 16 Künstlern zu einem 'Kontext ihres Schaffens'"
Cuxhavener Nachrichten, 28.08.91: „Künstler-Symposion erlebt eine beachtliche Resonanz"
Cuxhavener Nachrichten (o. D.): „Die Raumsituation hat sie fasziniert: Moderne 'Antworten' auf alte Gewölbe"
Cuxhavener Nachrichten (o. D.): „'Ausstellung im Fort bleibt geöffnet'"
Cuxhavener Nachrichten (o. D.): „Erinnerungen an Tod und Schrecken: Erste Arbeiten des Künstler-Symposions", Ilse Cordes
Cuxhavener Nachrichten (o. D.): „Die Zwei Arten von Gleichgewicht", Ilse Cordes
Cuxhaven Journal, Nr. 34, Dez. 91: „Kunst im Fort Kugelbake", Ilse Cordes

Cottbus 1991

Veranstaltungsort (landschaftliche Situation): Cottbus (Niederlausitz), Tagebau Cottbus-Nord
Bundesland: Brandenburg

Zeitraum: 26. August bis 15. September 1991

Thema: 1. Symposium der Biennale Europäischer Länder für Land-Art, Objektkunst und Multimedia

Idee u. Organisation: Konzeption u. Künstlerische Leitung: Bettina Winkler, Malerin/Grafikerin Cottbus; Veranstalter: Förderverein Kulturlandschaft Niederlausitz e. V., LAUBAG – Lausitzer Braunkohle Aktiengesellschaft; Gesamtregie: Heinrich Schierz, Geschäftsführer d. Fördervereins Kulturlandschaft Niederlausitz

Finanzierung u. Unterstützung: Kommission der Europäischen Gemeinschaften; Regierung des Landes Brandenburg, insbes. Ministerium für Wissenschaft, Forschung u. Kultur; Bundesministerium des Innern; Stadtverwaltung Cottbus; materielle Unterstützung: EXCELLENT Veranstaltungstechnik GmbH, Berlin; Spezialtuch GmbH, Cottbus; Landesverband Brandenburg des Deutschen Roten Kreuzes, Hauptgeschäftsstelle Cottbus

Katalog/Dokumentation: „Kunstszene Tagebau": Dokumentation eines ungewöhnlichen Kunstereignisses, Hg.: Förderverein Kulturlandschaft Niederlausitz e. V.; Redaktion u. Gesamtbearbeitung: Heinrich Schierz; Gestaltung: Andreas Wallat; Fotografien: Maria Otte, Thomas Kläber; Porträtfoto Kläber: Jürgen Matschie; Porträtfoto Otte: Martin Möller; Gesamtherstellung: Brausdruck GmbH Heidelberg
Katalogtext: Prolog, „Rückblende und Zukunftsvision", Heinrich Schierz; „Kreativität für diese Landschaft", Dieter Henning; „Feuerlinie", Hermann Prigann; „Natur – Mensch – Zivilisation – Kultur?", Bettina Winkler; Anhang: Konzeption des 1. Symposiums der Biennale europäischer Länder für Land Art, Objektkunst und Multimedia in der Niederlausitz, Kurzkonzeption für das Großprojekt „Kulturlandschaft Niederlausitz"

Teilnehmer: 3 Künstlerinnen und 17 Künstler (ohne Studenten u. Mitwirkende): Claudio D'Ambrosio (I), Solveig Bolduan, Wladimir Bronisevsky (CSFR), Kasimierz Kowalczyk (PL), Marlen Liebau, Zenon Polus (PL), Samuel La Roze (F), Ben Wargin (Mitarbeit: Manfred Karsch), Studentengruppe der TU Cottbus (Silvia Friedrich, Katrin Günther, Vinzenz Kanig, Stefan Mertinaschk, Danae Votteler), Audio-Gruppe (Benoit Maubrey (USA), Manfred Thiem, Gerrit de Vries (NL)), Stefan Schiske, Heribert Erlinghagen, Hermann Prigann, Frank Petzold, Maria Otte (Fotografie), Thomas Kläber (Fotografie), Wolfgang Dressel (Video), Mischa Kuball, Jan Cyz/Ars Video (Musik/Video, unter Mitwirkung von Roswitha Kleitz, Dieter Heinz, Regina Siewert, Andreas Wirth)

Kurzbewertung: Völlig neuartiger Versuch einer künstlerischen Auseinandersetzung mit einer vom Tagebau verwüsteten Landschaft. Entstehung groß dimensionierter Arbeiten, die jedoch dem noch aktiven Tagebau ausgesetzt sind. Neben der Ausführung von Objekten und Installationen werden Performances und Aktionen durchgeführt und Musikstücke aufgeführt. Außerdem werden bereits während des Symposions Videos produziert und Fotografien für die Dokumentation angefertigt.

Literatur/Presse: keine Angaben

Witten 1991

Veranstaltungsort (landschaftliche Situation): Witten (Ruhrgebiet)
Bundesland: Nordrhein-Westfalen

Zeitraum: September 1991; Eröffnung: 14. September 1991

Thema: „Kunstraum Wasserwerk Witten"

Idee u. Organisation: Organisation: Gruppe Leuchtstoff Witten

Finanzierung u. Unterstützung: Stadtwerke mit Verbundwasserwerk Witten; Stadt Witten; Volksbank Witten; Herr Werner Rau, Witten; Fa. Lohmann+Stolterfoht GmbH, Witten; Fa. Flachglas AG, Witten; Warenhaus Horten, Witten; Fa. Toptec, Dortmund; Rechtsanwälte Seibt u. Partner, Recklinghausen

Katalog/Dokumentation: „Kunstraum Wasserwerk Witten: Dokumentation" Skulpturen, Installationen, Malerei, von Z bis A; Gestaltung von Plakat, Einladung, Katalog und Dokumentation: Rolf Glasmeier; Fotos: Gabi Stamm; Satz und Repro: Ralf Friedrich; Druck: Eigen Art, Gelsenkirchen
Katalogtext: Vorwort Siegfried Karl Ernst Obst, Geschäftsführer Stadtwerke Witten GmbH; „Maß nehmen und Maß geben", Hans-Jürgen Schwalm

Teilnehmer: 6 Künstlerinnen und 12 Künstler: Jochem Ahmann, Darivoj Cada (YU), Rolf Glasmeier, Gruppe Leuchtstoff (Ralf Friedrich, Wolfhard Lieber, Peter Mäder, Margit Pflaum), Jiri Hilmar (CSFR), Theo Jörgensman, Karin Kohl, Karla Krieger, Klaus Küster, Udo Mathee, Rolf Nolden, Brigitta C. Quast, Anna Schauberger, Günter M. Schirmer, Carola Zech

Kurzbewertung: Die Veranstaltung gehört aufgrund der ähnlichen Künstlerkonstellation und der ortsbezogenen Installationen im ehemaligen Kesselhaus eines Pumpwerkes in die Reihe der Symposien in Industriebrachen (Essen 1983, Gelsenkirchen 1990). Es handelt sich hier jedoch hauptsächlich um Installationen im Innenraum, von denen nur einige wenige natürliches Material verwenden (Ahmann, Quast). Zwei Außeninstallationen (Ahmann, Kohl) stellen einen Bezug zur natürlichen Umgebung her.

Literatur/Presse: keine Angaben

Willmersdorf 1991

Veranstaltungsort (landschaftliche Situation): Willmersdorf bei Ilmenau
Bundesland: Thüringen

Zeitraum: September 1991 (Projektwoche)

Thema: „Objekte im Wind“

Idee u. Organisation: Elvira und Ekkehard Franz

Finanzierung u. Unterstützung: Sponsoren: Stiftung Kulturfonds; Land Thüringen; Landkreis Ilmenau; Ernst – electronic Großbreitenbach; Stempel Kurch Mellenbach; Ohland Metall GmbH Rodach; Thüringer Allgemeine; Freies Wort

Katalog/Dokumentation: „Objekte im Wind, zwei Kunstsymposien in Willmersdorf bei Ilmenau“ Hg.: Elvira & Ekkehard Franz; Objektfotos: Gustav Franz, Jörg-Tilmann Hinz; Organisation: Ingrid Haufe; Graf. Umsetzung, Buchgestaltung u. Druck: Andreas Löschner Gornau, Halle; Buchbinderische Verarbeitung: Andreas Richter, Berlin
Katalogtext: Vorwort von Elvira u. Ekkehard Franz; Gedanken u. Entwürfe der Künstler

Teilnehmer: 2 Künstlerinnen und 6 Künstler: Elvira u. Ekkehard Franz, Konrad Franz, Hans-Joachim Härtel, Rolf Lindner, Renate Müller, Bernd Rückert, Helmut Senf

Kurzbewertung: Auseinandersetzung mit dem Thema Wind, die zu verschiedenen meist hoch aufgerichteten Zeichen in der Landschaft führt. Ausführungen aus verschiedenen Materialien. Neben Fahnen aus textilem Material (Härtel, Senf) werden Windspiele (Lindner) und kinetische Plastiken (Franz/Rückert, Konrad Franz) aus unterschiedlichen Materialien (Fundmaterial, Holz, Stahl) gefertigt. Grenzfall, da zwar die Natur bzw. das Element „Luft“ thematisiert, hierfür aber nicht unbedingt natürliches Material verwendet wird.

Literatur/Presse: keine Angaben

Wittemoor 1992

Veranstaltungsort (landschaftliche Situation): Wittemoor bei Oldenburg
Bundesland: Niedersachsen

Zeitraum: 1992 (3 Wochen); Ausstellung Stadtmuseum Oldenburg 20. Juni bis 1. August 1993

Thema: „More Moor“

Idee u. Organisation: Idee: Insa Winkler, F. Jörg Haberland

Finanzierung u. Unterstützung: Land Niedersachsen; VR Stiftung Raiffeisen; Landkreis Oldenburg; Landkreis Wesermarsch; Umweltschutz Nord, Stadt Oldenburg; Bausparkasse Schwäbisch Hall; Gemeinde Hude; Gemeinde Berne; Pipelife; Unterstützung Katalog: Land Niedersachsen, Stadtmuseum Oldenburg, Fehnmuseum Elisabethfehn, Landkreis Wesermarsch, Privatförderung, Umweltschutz Nord; die Teilnahme von John Sturgeon und Michael Pestel wird mit Mitteln des Funds For U. S. Artists Art International Festivals And Exhibitions, New York ermöglicht.

Katalog/Dokumentation: „More Moor“, Hg.: Insa Winkler, F. Jörg Haberland, Stadtmuseum Oldenburg; Layout: Insa Winkler, F. Jörg Haberland; Foto-Dokumentation: Helmut Kunde u. Lili Fischer, Norbert Gerdes, F. J. Haberland, Hervé Maillet, Sebastian Otto, Boudewijn Payens, Staatl. Museum f. Naturkunde u. Vorgeschichte Oldenburg, Margit Tabel-Gerster Porträt Lili Fischer, Fabio Thiele, Etta Unland, Insa Winkler, Jim Zielinski; Copyright Isensee Verlag Oldenburg 1993
Katalogtext: Vorwort Dr. Ewald Gäßler, Museumsdirektor; „Ökologische Kunst – künstliche Ökologie“, Insa Winkler, F. Jörg Haberland; „Die Moore als Geschichts-Archiv“, Mamoun Fasa; „Wege ins Moor“, Dorothee Wassermann
Video-Dokumentation: John Sturgeon, Jim Zielinski; Kameratechnik: Ripke & Ripke

Teilnehmer: 5 Künstlerinnen und 6 Künstler: Lili Fischer, Peter Goitowski, F. Jörg Haberland, Angela Kolter, Helmut Kunde, Michael Pestel (USA), Uschi Meyer, Boudewijn Payens (NL), John Sturgeon (USA), Etta Unland, Insa Winkler

Kurzbewertung: Die Künstler arbeiten unter Auflagen und unter Ausschluß der Öffentlichkeit im Moor (Naturschutzgebiet). Die Arbeiten beschränken sich auf kurzfristige Installationen (z. B. aus Torf: Fischer, Kolter), Aktionen und Performances (Meyer, Winkler u. a.). Im Vordergrund steht die Dokumentation der Arbeiten durch Video (Sturgeon, Haberland, Winkler) und Fotografie (Payens u. a.), da eine Ausstellung die Aktivitäten der Künstler im Moor einem breiteren Publikum zugänglich machen soll.

Literatur/Presse: keine Angaben

Schnackenburg 1992

Veranstaltungsort (landschaftliche Situation): Schnackenburg an der Elbe (Wendland)
Bundesland: Niedersachsen

Zeitraum: 28. April bis 6. Juni 1992

Thema: „Natur als Kunst – Kunst als Natur“

Idee u. Organisation: Birthe E. Jessen

Finanzierung u. Unterstützung: Birthe E. Jessen, Stadt Schnackenburg, Bezirksregierung Lüneburg, Kulturbehörde Hamburg, Kreissparkasse Gartow; Veranstaltung im Rahmen der Kulturtage „Wunde.R.punkte“

Katalog/Dokumentation: „wunde.R.punkte Symposion Natur als Kunst Kunst als Natur – Schnackenburg an der Elbe“, Organisation: Birthe E. Jessen, Schnackenburg; Layout: Melanie Trepte, Thomas Werner; Druck: Mottendruck, Hamburg; Fotos: die Künstler, S. 11 A. Elsen, Dezember 1992

Katalogtext: „Kunst als Natur – Natur als Kunst"; kurze Texte der Künstler

Teilnehmer: 3 Künstlerinnen und 4 Künstler: Karin Bollmann, Angelika Elsen, Harald A. Finke, Jörg Möller, Jutta Kojer, Manfred Kroboth, Thomas Werner

Kurzbewertung: Sehr unterschiedliche Arbeiten am Elbufer, die das gesamte Spektrum möglicher künstlerischer Auseinandersetzungen mit der Natur wiedergeben. Dies reicht von der Arbeit mit Fundobjekten (Elsen) über eine magisch-kultische kreisförmige Formation (Bollmann) bis hin zu konzeptionellen Ansätzen einer unmittelbar anklagenden Kritik (Möller).

Literatur/Presse: keine Angaben

Ründeroth 1992

Veranstaltungsort (landschaftliche Situation): Ründeroth (Oberbergischer Kreis)
Bundesland: Nordrhein-Westfalen

Zeitraum: 9. bis 10. Mai 1992

Thema: „Leise Wege"

Idee u. Organisation: Idee: Marianne Lenz-Krakau & Viola Kramer

Finanzierung u. Unterstützung: Sponsoren: Kulturstiftung Oberberg der Kreissparkasse Köln; Nordrhein-Westfalen-Stiftung Naturschutz, Heimat- und Kulturpflege; Kirchenkreis „An der Agger"; Katholisches Bildungswerk und der gemeinnützige Verein Engelskirchen

Katalog/Dokumentation: „Leise Wege – Wald-Kunst-Symposion" Hg.: Marianne Lenz-Krakau & Viola Kramer; Layout und Satz: Isabel Kramer & Karl Bihlmeier, Köln; Lektorat: Textlab Ute Bahn; Freie Autoren: Beatrix Commandeur, Leo Kausemann, Marianne Krakau, Andreas Laser, Dr. H.-J. Siewert, Rainer Volp, Norbert Wallet; Photo: Richard Unger; Lithografien: van de Venn & Partner GmbH, Köln; Druck: Braun, Lindlar
Katalogtext: „Zur Einführung", Marianne Lenz-Krakau & Viola Kramer; „Grußwort anläßlich Wald-Kunst-Symposion 'Leise Wege' am 09. Mai 1992, 13.00 Uhr, in Ründeroth", Leo Kausemann, Landrat des Oberbergischen Kreises; „Den Atem der Natur erkennen", Andreas Laser, Referent für Presse-, Rundfunk- und Öffentlichkeitsarbeit des Evangelischen Kirchenkreises An der Agger; „Vortrag am 9. Mai 1992: 'Leise Wege' Wald-Kunst-Symposion", Beatrix Commandeur; „Der Wald steht still und schweiget?", Volker Hamann; „Das Projekt", Norbert Wallet; „Natur und Kultur oder: Zur Aktualität einer verdrängten Überlebensbeziehung", Rainer Volp; „Statement vom 20. Mai 1992: Podiumsdiskussion auf dem Wald-Kunst-Symposion", Beatrix Commandeur

Teilnehmer: 10 Künstlerinnen und 7 Künstler: Mary Bauermeister, Harald A. Finke, Ulrike Hasbach & Sandra Broere, Rolf Hinterecker, Julia Maria Horn, Viola Kramer, Marianne Lenz-Krakau, Hans-Otto Müller, Maria Schätzmüller-Lukas, Gerd Stange, Christoph Steeger, Marianne Tralau, Dennis Thies, Susan Walke, Thomas Wenzler, Carola Willbrand

Kurzbewertung: Aus dem Anlaß der Einrichtung eines Öko-Waldes geborene behutsame künstlerische Gestaltung des Waldes mit vorwiegend natürlichen Materialien. Neben Arrangements aus Tannenzapfen, Ästen und Steinen (Kramer, Schätzmüller-Lukas, Steeger, Müller, Lenz-Krakau) werden Performances veranstaltet (Willbrand, Hasbach&Broere, Walke) und in Aktionen in Zusammenarbeit mit Kindern Müll gesammelt und demonstrativ als Zaun am Rande eines Weges aufgereiht. Außerdem wird eine Hütte und ein Fühlgang aus Naturmaterialien angelegt.

Literatur/Presse:
OVZ (Overather Zeitung), 14.05.92: „Auf 'leisen Wegen' ein Dialog zwischen Künstlern und Natur"
Oberbergische Volkszeitung, 23.04.92: „Kirchenwald als Kunstform"
Anzeigen-Echo, 29.04.92: „Arche Noah wird mit Waldboden gefüllt"

Güstrow 1992

Veranstaltungsort (landschaftliche Situation): Güstrow
Bundesland: Mecklenburg-Vorpommern

Zeitraum: 6. bis 20. Juni 1992

Thema: „Erde-Zeichen-Erde"

Idee u. Organisation: Projektidee: Dieter Göltenboth; Konzept u. Redaktion: Doris Cordes-Vollert; Koordination und Organisation: Sylvia Kornmacher

Finanzierung u. Unterstützung: mit freundlicher Unterstützung der Kulturstiftung der Länder, Bundesrepublik Deutschland, Berlin; der Stiftung Kulturfonds, Berlin; der Europäischen Gemeinschaft und des Landes Mecklenburg-Vorpommern

Katalog/Dokumentation:
1. Bildband: „Erde – Zeichen – Erde" Bundesrepublik Deutschland; Herausgeber IGBK, Internationale Gesellschaft der Bildenden Künste, Sektion Bundesrepublik Deutschland, Bonn, 1993; Herstellung: LiteraProduct, Hamburg; Druck: Nieswand-Druck, Kiel; Copyright der Abbildungen bei den Künstlern; Copyright der Fotos des Symposions Güstrow bei Lichtblick-Atelier, Herbert Johannes Perthen und Sabine Petri; ISBN 3-927623-59-8
Katalogtext: „Erde – Zeichen – Erde", Aufruf, Einführung Doris Cordes-Vollert; Symposion: Einführung Sylvia Kornmacher; „Das Güstrower Symposion", Dr. Andreas Lorenzen (Güstrow)
2. Textband: „Terre Erde Tierra Earth"; Herausgeber: IGBK, Internationale Gesellschaft der Bildenden Künste, Sektion Bundesrepublik Deutschland, Bonn; Traductions: Pascale Escaig; Traducciones: Rodrigo Zuleta, Anping Richter-Collado; Translations: Kim Gladman; Herstellung: LiteraProduct, Hamburg; Satz: Die Letter, Neustadt/Weinstraße; Druck & Bindung: Clausen & Bosse, Leck; Foto Frontispiz: Islandhaus, Brigitte Stricher, Hamburg; Copyright der Arbeiten von Joseph Beuys: VG Bild-Kunst, Bonn 1992
Texte: „Erde – Zeichen – Erde", Eduardo Arenillas; „Die Idee", Dieter Göltenboth; „Das Projekt", Sylvia Kornmacher; „Gaia – Bilder der Erde von Hesiod bis James Lovelock", Hartmut Böhme; „Mutter Erde – Vom Sinn und Unsinn eines Mythos", Carola Meier-Seethaler; „Erderkundungen", Richard Hoppe-Sailer; „Seßhaft zu werden, das wäre eine gute Idee", Klaus Michael Meyer-Abich; „Der blaue Planet – Über die Zukunft einer Ikone", Wolfgang Sachs

Teilnehmer: 11 Künstlerinnen und 20 Künstler (21 Nationen): Catarina Baleiras (P), Jan Bociaga (PL), Gerard Cox (IRL), Tor Einbu (N), Francisco Felipe (E), Haluk Gedik (TR), Yiorgos Golfinos (GR), Michael David Green (GB), Teuri Haarla (FIN), Nitsa Hajigeorghiou (CY), Karl Heger, Annelise Josefsen (Sami-Lappland, N), Carinne Löfgren-Williams (S), Gheorghe Marcu (RO), Wieslawa Markiewicz (PL), Kurt Matt (A), Malgorzata Niedzielko (PL),

Katerina Opltova (CSFR), Vladimir Ovtcharov (BG), Hanna Paszkiewicz (PL), Mindaugas Petrulis (LT), Udo Richter, Ulf Rickmann, Armin Rieger, Sophie Séjourne (F), Elke Siml, Marianne Sonderegger (B), Jan Szewczyk (PL), Jaan Toomik (EST), Imre Weber (H), Volker Wolfram

Kurzbewertung: Das Symposion findet zum Abschluß des Aufrufes zu dem von der IGBK initiierten gesamteuropäischen Projekt „Erde – Zeichen – Erde" statt, an dem in der Zeit vom 1. Januar 1991 bis zum 31. August 1992 Künstlerinnen und Künstler aus 27 europäischen Ländern gearbeitet haben. In Güstrow werden sehr unterschiedliche künstlerische Formulierungen des Themas geboten. Für manche der im Stadtraum und um das Schloß gelegenen interessanten Installationen aus Naturmaterialien hätte allerdings ein geeigneterer Standort gefunden werden können (Ovtcharov, Heger). Die großformatigen Werke der Künstler, die sich an den Stadtrand zurückziehen, wirken überzeugender, wie die unterschiedlich kreisförmig angelegten Bodeninstallationen dreier nordischer Künstler (Josefsen, Einbu, Haarla). Einige Arbeiten, wie eine bemalte Glasstele von Opltova und ein abstraktes Acrylgemälde von Bociaga verfehlen offensichtlich das gestellte Thema. Entsprechend vernichtend fällt auch der Kommentar des als Spezialisten eingeladenen Kritikers Heinz Thiel aus (Nordkurier, 22.06.92).

Literatur/Presse:
Atelier 3/91: „Künstleraktion 'Erde-Zeichen-Erde'"
NAA Bulletin, Spring 1991: „Earth-Sign-Earth"
Schweriner Volkszeitung, 22.05.92: „Kunstwerke aus Erde und Erdmaterialien"
Nordkurier, 09.06.92: „Güstrow als Open-air-Atelier", Detlef Stapf
Güstrower Anzeiger, 10.06.92: „Hautnah an den Urelementen dran", Dr. Andreas Lorenzen, Hans-Jürgen Kowalzik
Ostsee Zeitung, 11.06.92: „Künstler erfühlen Güstrower Ambiente", Andreas Lorenzen
Güstrower Anzeiger, 16.06.92: „Künstlern über die Schulter geschaut"
Nordkurier, 22.06.92: „Versuch, Barlach zu spiegeln", Detlef Stapf
Güstrower Stadtanzeiger 2. Jg., Nr. 6, Juni 92: „Erde-Zeichen-Erde"
Art Bulletin (Irland), Aug./Sept. 92: „Earth-Sign-Earth Symposium"
Güstrow-Express, 02.09.92: „Spuren sind noch sichtbar"

Gräfenhainichen 1992

Veranstaltungsort (landschaftliche Situation): Gräfenhainichen, Braunkohlegrube Golpa-Nord (Region Bitterfeld)
Bundesland: Sachsen-Anhalt

Zeitraum: 7. bis 22. Juli 1992

Thema: „Sommerwerkstatt Golpa Nord"

Idee u. Organisation: Roland Boden, Jens Herrmann, Ute Richter

Finanzierung u. Unterstützung: Mitteldeutsche Braunkohle AG Bitterfeld; Anhaltinische Braunkohlestrukturförderungsgesellschaft Halle; Kreisverwaltung Gräfenhainichen; Katalog: Mitteldeutsche Braunkohle AG Bitterfeld; Kulturamt Dresden; Bauhaus Dessau; Unterstützung u. Beratung: Herr Kutter, Herr Siegert (Golpa-Nord)

Katalog/Dokumentation: „III/Golpa-1 – Sommerwerkstatt Golpa-Nord"; Konzeption u. Gestaltung: R. Boden, J. Herrmann, U. Richter; Fotografien u. Texte: R. Boden, J. Herrmann, U. Richter; Satz u. Herstellung: Typostudio SchumacherGebler, Dresden; Lithos: Förster & Borries, Zwickau; Druck: Druckhaus Pastyrik, Dresden/Pegnitz, 1992
Katalogtext: Einführende Texte der Künstler

Teilnehmer: 1 Künstlerin und 2 Künstler: Roland Boden, Jens Herrmann, Ute Richter

Kurzbewertung: Symposion in stillgelegtem Tagebau mit dort vorgefundenem Material, das in die Reihe der Auseinandersetzungen mit Industriebrachen (Essen 1983, Gelsenkirchen 1990, Cottbus 1991) gehört. Die Veranstaltung hat allerdings (nach Auskunft der Künstler) eher privaten Werkstattcharakter und bietet ohne Teilnahme der Öffentlichkeit Raum für künstlerische Experimente.

Literatur/Presse: keine Angaben

Ammersbek 1992

Veranstaltungsort (landschaftliche Situation): Ammersbek (bei Hamburg), Naturschutzgebiet Schüberg
Bundesland: Schleswig-Holstein

Zeitraum: 4. bis 28. August 1992

Thema: „Hier und Da"

Idee u. Organisation: Anke Mellin

Finanzierung u. Unterstützung: Kulturstiftung des Landes Schleswig-Holstein; Kulturstiftung des Kreises Stormarn; Lufthansa; Japan Air Lines; Gehe, Hamburg; FN Friedrich Naumann, Kiel; Minolta, Ahrensburg; Mitsui, Hamburg; Nihonjinkai, Hamburg, Nissan Motor Co. LTD; Culteva Tokyo; Dr. Rita Wildegans; Karsten Westphalen

Katalog/Dokumentation: „Natur und Kunst Symposion – Hier und Da – Süd-Korea, Deutschland, Japan"; Redaktion: Anke Mellin, Jörg Plickat; Lithos: Scanhouse, Malaysia; Herstellung: Yatoo, Kong-Ju, Süd-Korea
Katalogtext: Grußwort Dr. Peter Kreyenberg, Staatssekretär, Ministerium für Bildung, Wissenschaft, Kultur und Sport, Schleswig-Holstein; Vorwort von Dr. Magnus Staak, Vorstandsmitglied der Kulturstiftung des Landes Schleswig-Holstein

Teilnehmer: 14 Künstlerinnen und 24 Künstler: Mikino Akiba (J); Ilse Ament; Young-Ja Bang-Cho (ROK, lebt in HH); Sarah Chilenski (USA, lebt in D); Cho, Chung-Yeun (ROK); Doris Cordes-Vollert; Toshimasa Furukawa (J); Hiroshi Egami (J); Uwe Gripp; Akatsuki Harada (J); Bettina Hohls; Hundefänger (Karl-Rudi Domidian); Edda Kallweit; Kang, Chun-Chung (ROK); Kang, Hee-Joon (ROK); Kim, Hae-Min (ROK); Kim, Hea-Sim (ROK); Barbara Kirsch; Ko, Seung-Hyun (ROK); Tei Kobayashi (J); Osamu Kushida (J); Lee, Eung-Woo (ROK); Lee, Jong-Hyup (ROK); Lee, Soung-Won (ROK); Anke Mellin; Peter Metzler; Koji-Ogushi (J); Jörg Plickat; Veronika Pögel; Rim, Dong-Sik (ROK); Brian Ring (CDN, jetzt Berlin); Christian Rothmann; Shin, Nam-Chul (ROK); Friedhelm Schneider; Takayuki Sugawara (J); Susan Walke; Inken N. Woldsen; Kota Yamazaki (J)

Kurzbewertung: Deutsch-japanisch-koreanisches Natur-Kunst-Symposion, das zeigt, daß der asiatische Umgang mit der Natur und ihrem Material ähnlich der deutschen Herangehensweise ebenfalls vorsichtig mahnend, bestimmte Situationen betonend (Harada, Kim, Hea-Sin), z. T. auch sehr poetisch (Sugawara, Shin, Nam Chul) oder mit kritischem Unterton (Young-Ja Bang-Cho, Kang, Chun-Chung), erfolgt.

Literatur/Presse: keine Angaben

Gelsenkirchen 1992

Veranstaltungsort (landschaftliche Situation): Essen, Bochum, Gelsenkirchen (Ruhrgebiet)
Bundesland: Nordrhein-Westfalen

Zeitraum: 28. August bis 13. September 1992; Ausstellung bis 4. Oktober 1992

Thema: „Gaia – ein Fest für Mutter Erde"

Idee u. Organisation: Initiativgruppe GAIA: Angelika Herker, Karin Kohl, Beate Ruppel, Carola Zech, Serban Gabrea, Rolf Glasmeier, Jiri Hilmar, Reinhard Kreckel; Kulturgut-Akademie für lebendige Kunst, Gelsenkirchen; Symposion Team: Ingo Behr (Organisation), Nilüfer Cölgecen (Öffentlichkeitsarbeit/Koordination), Harald Kleinecke (Theater/Koordination), Beate Ruppel (Medien/Koordination), Reinhard Kreckel (Leitung)

Finanzierung u. Unterstützung: Städte und Kulturämter Bochum, Essen, Gelsenkirchen; Gelsenkirchen-Stiftung; MediArt-Institut zur Förderung audiovisueller Kunst, Gelsenkirchen; Ministerium für Stadtentwicklung; Netzwerk Zukunft, Berlin/Gelsenkirchen/Zürich; Projekte Agentur, Düsseldorf; Ruhrkohle AG & Ruhrkohle Umwelttechnik; Gutshof Schulte-Kemna, Bauer Ridder, Bochum; Sekretariat für Zukunftsforschung, Gelsenkirchen; Video Wittpoth/Panasonic Deutschland

Katalog/Dokumentation: Programmheftchen „GAIA – Ein Fest für Mutter Erde, 1. Internationales GAIA-Symposion 29. August – 13. September 1992" (ein Katalog kam nicht zustande)

Teilnehmer: 23 Künstlerinnen und 36 Künstler: Cornelia Aberle, Sylvester Antony, Winfried Baumann, Claus van Bebber & Albino Burokas, Patricia Binder (RA), Jürgen Claus (B); Madeleine Dietz, Karl Rudi Domidian, Roswitha Dürrnagel, Gabriella Fekete (H), Michael Friedrich, Serban Gabrea (RO), Rolf Glasmeier & Carola Zech, John Halpern Littmann (USA), Till Hausmann, Barbara Held & Ulrich Schünke, Angelika Herker, Jiri Hilmar (CSFR), Max Höfler, Ulrike Hoffmann, Ingolf Jännsch, Cheryl Joscher-Köhler (USA), Cornelia Joss (CH), Sonja Maria Kantig, Peter Klapprot, Wijnand Kollewijn (NL), Reinhard Kreckel, Marianne Lenz-Krakau, Gruppe Leuchtstoff, Udo Mathee, MaMi2, Wolfgang Duck, Renate Neuser, Dina Dorothea Ney, Rolf Nolden, Atsushi Ogata (J), Siegfried Pietrusky, Brigitta C. Quast, Martin Rolke, Fried Rosenstock (I), Matthias Schamp, Anna Schauberger, Gerd Scherm & Friederike Gollwitzer, Günther M. Schirmer, Yuan Shun (VRC), Piet Trantel, Doris Trzaska, Ike Vogt, Rainer Waldschmidt, Ben Wargin & Manfred Karsch, Martina Werner, Thomas Werner, Insa Winkler, Inken N. Woldsen, Jochen Wüstenfeld, Günther Zins

Kurzbewertung: Multimediales Spektakel (Kunst, Tanz, Theater, Musik, Performance, Film, Vorträge, Work-Shops) auf dem Gelände einer ehemaligen Zeche, dem Rhein-Elbe-Park, auf landwirtschaftlichen Feldern und auf dem Naturdenkmal Mechtenberg. Die Vielfältigkeit der Veranstaltung macht sie mehr zu einem Kulturfest als zu einem Kunstsymposion. Manche Künstler fühlen sich von dem großen zusätzlichen Angebot (Theater, Film, Vorträge usw.) überfordert oder abgelenkt. Eine Beurteilung der künstlerischen Arbeiten ist nicht möglich, da diese nicht oder kaum dokumentiert sind, obwohl die Liste der teilnehmenden Künstler vielversprechend ist.

Literatur/Presse:
Buersche Zeitung, 09.07.92: „'Mutter Erde' zieht 60 Künstler in ihren Bann"
WAZ (Westdeutsche Allgemeine Zeitung), 26.09.92: „Die Natur vor weiteren Eingriffen schützen"
LIVE, Essen: „Ein Fest für Mutter Erde – 1. Internationales GAIA-Symposion"
WAZ, 31.08.92: „Die verwundete Erde"
Buersche Zeitung, 11.09.92: „Auf alter Zeichenbrache treibt Kunst neue Blüten"
Ruhr-Nachrichten, 11.09.92: „70 Teilnehmer des Gaia-Festes zeigen Werke zum Thema 'Erde'"
Ruhr-Nachrichten, 12.09.92: „Gaia-Kunst: Zeichen für die Mutter Erde"
Buersche Zeitung, 14.09.92: „'Perlenketten in milchiger Brühe'"
Ruhr-Nachrichten, 16.09.92: „Ein Fest für unsere Mutter Erde"

Waren (Müritz-Nationalpark) 1992

Veranstaltungsort (landschaftliche Situation): Speck bei Waren (Müritz-Nationalpark)
Bundesland: Mecklenburg-Vorpommern

Zeitraum: 31. August bis 25. September 1992

Thema: „Natur und Kunst, Schutz und Zeichen, 1. Bildhauerpleinair im Müritz-Nationalpark 1992"

Idee u. Organisation: Konzept: Sven Domann; Künstlerische und organisatorische Mitarbeit: Reinhard Graefe

Finanzierung u. Unterstützung: Schirmherrschaft durch die Kultusministerin Steffie Schnoor und die Umweltministerin Petra Uhlmann des Landes Mecklenburg/Vorpommern; gefördert durch das Kultusministerium und das Umweltministerium, Deutsche Bundesstiftung Umwelt, Forstdirektion Mecklenburg-Ost, Landkreise und Städte Neustrelitz und Waren (Müritz), Stiftung Kulturfond e. V. Berlin, Müritz-Milch GmbH, Waren, Rostocker Brauerei

Katalog/Dokumentation: „Der KUNSTRING am Müritz-Nationalpark 1", Hg.: Förderverein Müritz-Nationalpark e. V.; Fotos: Walter Hinghaus, Schwerin; Inhalt: Redaktion, Sven Domann, Waren/Müritz; Satz und Gestaltung: Eberhard Bauer, Neustrelitz; Druck: D & S Druck & Service GmbH, Neubrandenburg
Katalogtext: Vorwort der Kultusministerin Steffie Schnoor und der Umweltministerin Dr. Petra Uhlmann des Landes Mecklenburg/Vorpommern
Video: 21-minütiger Film über das 1. Künstlerpleinair (VHS/Beta) erstellt vom FÖN e. V., Berlin (Gemeinnütziger Förderverein für Öffentlichkeitsarbeit im Natur- und Umweltschutz e. V.)

Teilnehmer: 2 Künstlerinnen und 10 Künstler: Sven Domann, Michael Flatau, Reinhard Graefe, Klaus Heid, Osse Müller, Pawel Pawlitzki, Claudia Pigors, Arndt Weigend, Alexander Weinmann, Gertraudt Wendlandt, Norbert Zagel, Heinrich Zenichowski

Kurzbewertung: Neuartiges Unternehmen zur Gestaltung der Eingangsbereiche eines Nationalparkes. Die Kunst engagiert sich hier am Rande eines Schutzgebietes für den Schutz der Natur und will Zeichen für ein gewandeltes Verhältnis zur Natur setzen. Das Spektrum der entstandenen Arbeiten ist sehr gemischt, neben traditionellen Holzskulpturen (Zenichowski, Weigend, Wendtland) werden mahnende Zeichen (Müller, Zagel) errichtet und magische Kultplätze (Flatau, Heid, Graefe) realisiert.

Literatur/Presse:
Faltblatt: „Der Kunstring am Müritz-Nationalpark", Hg.: Nationalparkamt Mecklenburg/Vorpommern, Außendezernat Müritz Nationalpark, Förderverein Müritz-Nationalpark; Fotos: Walter Hinghaus, Schwerin; Inhalt/Redaktion: Sven Domann, Waren;

Produktion/Gestaltung: Eberhard Bauer, Neustrelitz; Druck: Triebe, Hamburg, 1993.
Faltblatt: „Der Kunstring am Müritz-Nationalpark", Hg.: Förderverein Müritz-Nationalpark e. V.; Redaktion: Sven Domann, Petra Ludewig; Fotos: Walter Hinghaus, Schwerin; Karte: Detlef Maiwald, Norderstedt; Gest./Satz/Lithos: typografik, Waren; Druck: Druckhaus am Treptower Park GmbH, Berlin. Herstellung mit Mitteln der Müritz-Sparkasse Waren, der Stadt Neustrelitz u. des Landkreises Müritz (Mai 1995).

Atelier, 02/92: „Bildhauer-Pleinair", Sven Domann
Nordkurier, 14.04.92: „'Wächterskulpturen' für Müritz-National park", Detlef Stapf
Nordkurier, 25.05.92: „Gürtel aus Kunstwerken rund um die Müritz", Erdmuthe Richter
Nordkurier, 26.05.92: „Natur und Kunst – Bildhauer(innen)pleinair im Müritz-Nationalpark"
Warener Wochenblatt, 10.06.92: „Natur und Kunst im Müritz-Nationalpark"
Neustrelitz/Echo, 17.06.92: „Natur und Kunst"
Mecklenburger Aufbruch, 19.06.92: „Abstraktes am Eingang"
Nordkurier, 25.06.92: „Förderverein plant Kunstgürtel rund um Müritz-Nationalpark"
Neustrelitz-Echo, 07/92: „Projektbeschreibung", Heinrich Zenichowski
Nordkurier, 30.06.92: „Ausstellung der Werk-Idee zu Kunstgürtel"
Nordkurier, 03.07.92: „Mehr Kunst, weniger Aufsehen"
Nordkurier/Mecklenburg-Strelitzer Landeszeitung, 11.07.92: „Künstlerisch gestalteter Eingangsbereich in alter Kaffeeofenfabrik"
Nordkurier, 15.08.92: „Naturschutz mit Kunstwerken", Erdmuthe Richter
Nordkurier, 29.08.92: „Erstes KünstlerInnenPleinair soll Natur und Kunst verbinden", Sven Domann
Nordkurier/Mecklenburg-Strelitzer Landeszeitung, 29.08.92: „Natur und Kunst verbinden"
Mecklenburgische Kirchenzeitung, 30.08.92: „Kunstgürtel um Müritz-Nationalpark"
Nordkurier, 01.09.92: „Skulptur und Natur"
Nordkurier, 09.09.92: „Naturschutz als Gleichnis von der Arche Noah"
Anzeigenkurier, 09.09.92: „Elf Künstler beim Pleinair dabei"
Müritz-Bote, 16.09.92: „Natur und Kunst nahebringen"
Anzeigenkurier, 16.09.92: „Großes Volksfest im Specker Schloß"
Nordkurier, 17.09.92: „Einladung in den Müritz-Nationalpark"
Mecklenburg-Strelitzer Landeszeitung, 19.09.92: „Das Überschreiten zweier Schwellen soll symbolisches Eintrittsopfer darstellen"
Nordkurier, 19.09.92: „Volksfest im Specker Schloß"
Nordkurier/Mecklenburg-Strelitzer Landeszeitung, 19.09.92: „Tag der offenen Tür im Specker Schloß"
Nordkurier, 21.09.92: „Parkparty auf dem Specker Schloßhof"
Mecklenburg-Strelitzer-Landeszeitung, 29.09.92: „'Lagerplatz' von Klaus Heid in Schillersdorf"
SVZ, 12.11.92: „Kunst in der Natur oder Wildschreck", Erdmuthe Richter
Nordkurier, 17.11.92: „Unterschiedliche Resonanz auf Kunst im Nationalpark", Erdmuthe Richter

Fernsehbericht:
1992 ca. 15 min. Sendung Sender Brandenburg

Husum 1992

Veranstaltungsort (landschaftliche Situation): Husum (Nordfriesland)
Bundesland: Schleswig-Holstein

Zeitraum: 1. bis 15. September 1992

Thema: NAturKULtur

Idee u. Organisation: Idee: Anke Mellin

Finanzierung u. Unterstützung: C. G. Christiansen (Baustoffhandel); Stadt Husum; Japanisches Generalkonsulat Hamburg; Georg C. Hansen (Eisenwaren); Sparkasse Nordfriesland; MusikKreativ; Yamaha Europe GmbH; AMW Heinrich Otto GmbH; Reinhard Jans, Kieswerke; Wollwerkstatt Nordfriesland; ALW Husum; P. Peters, Brennstoffe; Nordfriesische Metallkunst, Husum; Unterstützung Dokumentation: u. a. Kreis Nordfriesland, Förderverein Husumer Speicher e. V., Kunstverein Husum und Umgebung e. V.

Katalog/Dokumentation: „NAturKULtur Japanische Künstlerinnen und Künstler in Husum", Redaktion: Johannes Rühl, Alexandra Lammers; Fotos: Joerg Eggers, Uwe Greiss; Gestaltung: daSIGN, Husum; Druck: Breklumer Druckerei Manfred Siegel KG, Berklum
Katalogtext: „NAturKULtur Japanische Künstlerinnen und Künstler in Husum", Johannes Rühl, Speicher Husum

Teilnehmer: 3 Künstlerinnen und 6 Künstler aus Japan: Mikino Akiba, Hiroshi Egami, Toshimasa Furukawa, Akatsuki Harada, Haruao Higuma, Tatsuo Inagaki, Tei Kobayashi, Kyoko Murosaka, Takayuki Sugawara

Kurzbewertung: Symposion mit ausschließlich japanischen Künstlern, die sich nach einem Symposion mit deutschen und koreanischen Kollegen (Ammersbek 1992) mit der nordfriesischen Küstenlandschaft auseinandersetzen. Neben einigen Performances (Musik/Video: Murosaka/Higuma; Furukawa) entstehen vergängliche Installationen aus Holz, Sand und Fundmaterialien, die sich mit den Elementen auseinandersetzen (Harada, Higuma), eine bereits vorhandene Werkidee fortführen (Sugawara, Inagaki) oder einfach nur auf die Gegebenheiten reagieren (Akiba, Egami).

Literatur/Presse:
Flensborg Avis, 07.08.92: „Künstler aus Japan arbeiten in Husum", Renate Hopfe
Wochenschau, 12.08.92: „Ein Symposium"
Die Zeit, 27.08.92 u. 04.09.92 (Veranstaltungshinweis)
Husumer Nachrichten, 27.08.92: Museen & Galerien Ausstellungskalender
Husumer Nachrichten, 29.08.92: „Die Japaner in Husum"
Husumer Nachrichten (o. D.): „Husum – ein Hafen für die Kunst", Rüdiger Otto
Husumer Nachrichten (o. D.): „Im Wechsel von Natur und Kunst"
Husumer Nachrichten, 01.09.92: „Kunst im Rhythmus der Gezeiten"
Husumer Nachrichten, 02.09.92: „Japaner locken Medien an"
Flensborg Avis, 02.09.92: „Neue japanische Musik aus Berlin"
Flensborg Avis, 03.09.92: „An sechs Punkten entsteht Naturkunst"
Flensborg Avis, 03.09.92: „Sanfte Kunst, die Rücksicht nimmt", Renate Hopfe
Husumer Nachrichten, 03.09.92: „Die Japaner in Husum", Rüdiger Otto
Husumer Nachrichten, 04.09.92: „Jetzt kann die Arbeit beginnen"
Husumer Nachrichten, 05.09.92: „Japanische Kunst im Friesennerz", Birgit Hems-Petersen
Husumer Nachrichten, 05.09.92: „Japan-Kunst und Musik im Parkhaus"
Husumer Nachrichten, 07.09.92: „Experimentelle Klangexpedition", Birgit Hems-Petersen
Husumer Nachrichten, 08.09.92: „Im Regen vorbereitet"
Husumer Nachrichten, 09.09.92: „Überall wächst japanische Kunst"
Flensborg Avis, 09.09.92: „Japanische Naturkunst", Renate Hopfe

Nordfriesland-Palette, 09.09.92: „Japan-Kunst im Husumer Rathaus"
Flensborg Avis, 10.09.92: „Hvor andedraget fra naturens skabervaerk endnu er synligt", Af Fidde Schulz
Flensborg Avis, 10.09.92: „Sadan et hus burde alle byer have", Af Fidde Schulz
Kieler Nachrichten, 10.09.92: „'Ja,' sagt Hiroshi Egami, 'ich bin crazy'", Maren Kruse
Husumer Nachrichten, 10.09.92: „KULturNatur"
Husumer Nachrichten, 12.09.92: „Noch bleibt Husum japanisch"
Husumer Nachrichten, 14.09.92: „Zwischen Rathaus und Dockkoog", Christian Stichler
Husumer Nachrichten, 21.09.92: „Ein Urschrei im Watt", B. Hems-Petersen
Husumer Nachrichten, 21.09.92: „Eine große Koalition in Sachen Kultur", Rüdiger Otto
Husumer Nachrichten, 29.09.92: „Auffällig, mutig, faszinierend"

Fernsehbericht:
08.09.92 Nord 3 (NDR) 19.15 Uhr in „DAS! Abendstudio"

Willmersdorf 1992

Veranstaltungsort (landschaftliche Situation): Willmersdorf bei Ilmenau
Bundesland: Thüringen

Zeitraum: 15. bis 18. September 1992 (Projektwoche)

Thema: „Objekte im Wind"

Idee u. Organisation: Elvira und Ekkehard Franz

Finanzierung u. Unterstützung: Sponsoren: Stiftung Kulturfonds; Land Thüringen; Landkreis Ilmenau; Ernst – electronic Großbreitenbach; Stempel Kurch Mellenbach; Ohland Metall GmbH Rodach; Thüringer Allgemeine; Freies Wort

Katalog/Dokumentation: „Objekte im Wind, zwei Kunstsymposien in Willmersdorf bei Ilmenau" Hg.: Elvira & Ekkehard Franz; Objektfotos: Gustav Franz, Jörg-Tilmann Hinz; Organisation: Ingrid Haufe; Graf. Umsetzung, Buchgestaltung u. Druck: Andreas Löschner Gornau, Halle; Buchbinderische Verarbeitung: Andreas Richter, Berlin
Katalogtext: Vorwort von Elvira u. Ekkehard Franz; Gedanken u. Entwürfe der Künstler

Teilnehmer: 4 Künstlerinnen und 8 Künstler: Jürgen Auffenbauer, Elvira u. Ekkehard Franz, Ingrid Haufe, Jörg-Tilmann Hinz, Klaus-Dieter Klotz, Saulinus Kuizinas (LT), Annelore Linde, Ulrich Precht, Algimantes Slapikas (LT), Klaus Tenner, Annegret Thiede

Kurzbewertung: Fortsetzung des Projektes von 1991. Neben hochaufgerichteten Objekten aus textilem Material (Klotz, Linde, Thiede) entstehen Mobiles aus verschiedenen Materialien (Franz, Hinz). Daneben finden sich zwei Holzskulpturen (Kuizinas, Slapikas) und ein Steinkreis (Haufe).

Literatur/Presse: keine Angaben

Duisburg 1993

Veranstaltungsort (landschaftliche Situation): Duisburg (Ruhrgebiet)
Bundesland: Nordrhein-Westfalen

Zeitraum: 2. bis 4. Juli 1993

Thema: „VerDAMMte"

Idee u. Organisation: Rolf Glasmeier

Finanzierung u. Unterstützung: keine Angaben

Katalog/Dokumentation: Postkarten-Edition: „VerDAMMte"; Photos: die Künstlerinnen und Künstler als Autoren und Herausgeber; Gestaltung: Klaus Küster, unter Verwendung des Titelmotivs von Rolf Glasmeier
Katalogtext: „VerDammte", Klaus Küster

Teilnehmer: 4 Künstlerinnen und 6 Künstler: Claus van Bebber, Rolf Glasmeier, Klaus Küster, Udo Mathee, Renate Neuser, Ellen und Rolf Nolden, Vesna Poprzan, Brigitta C. Quast, Carola Zech

Kurzbewertung: Fortsetzung der Auseinandersetzung mit Industriebrachen (Essen 1983, Gelsenkirchen 1990 usw.), die vom privaten Charakter und der anklingenden Ruinenromantik her der Veranstaltung in Lindlar (1989) nahekommt. Ein alter vergessener Bahndamm am Ruhrdeich, der teilweise bereits von der Natur zurückerobert worden ist, wird mit Bodenzeichnungen (Poprzan, Mathee) und Installationen aus natürlichen und Fundmaterialien (Glasmeier, van Bebber) besetzt.

Literatur/Presse: keine Angaben

Pritzen 1993

Veranstaltungsort (landschaftliche Situation): Pritzen (Niederlausitz)
Bundesland: Brandenburg

Zeitraum: 22. August bis 12. September 1993

Thema: Europa-Biennale Niederlausitz, Installationen in der Landschaft II, Intermediale Aktionen 1993

Idee u. Organisation: *Veranstalter:* Förderverein Kulturlandschaft Niederlausitz e. V.; LAUBAG: Lausitzer Braunkohle AG; Association Art in Nature, Paris; Hochschule der Künste zu Berlin; Europäische Akademie der Wissenschaften u. Künste, Salzburg; Technische Universität Cottbus; Pädagogische Hochschule Zielona Gora; Staatstheater Cottbus; *Leitungsgremium:* das von den Veranstaltern berufene Kuratorium: Dipl. Ing. Dietmar Beutler, Cottbus, Leiter Tagebaue LAUBAG; Prof. Dr. Vittorio Fagone, Mailand, Kunst- u. Medienwissenschaftler; Volker Kinnius, München, Generalsekretär Art in Nature; Heinrich Schierz, Cottbus, Geschäftsführer des Fördervereins Kulturlandschaft Niederlausitz e. V.; Dr. Olaf Schwencke, Präsident der Hochschule der Künste zu Berlin; Dr. René Serge Mund, Geschäftsführender Direktor des Staatstheater Cottbus; Christa Spiller, Bürgermeisterin der Gemeinde Lubochow/Pritzen; Prof. Dr. habil. Roman Stryjski, Prorektor der Pädagogischen Hochschule Zielona Gora; Hans-Joachim Thierbach, Bürgermeister von Altdöbern; Prof. Dr. Elmar Zorn, München, Kulturrat der Europäischen Akademie der Wissenschaften und Künste Salzburg

Finanzierung u. Unterstützung: Schirmherr: Dr. Manfred Stolpe, Ministerpräsident des Landes Brandenburg; Finanzielle Unterstützung: Landesregierung Brandenburg, Ministerium für Wissenschaft, Forschung und Kultur; Bundesministerium des Innern; Deutsche Bundesstiftung Umwelt, Osnabrück; Stadt Cottbus; Lausitzer Rundschau; LAUBAG; BUL mbH und Mitarbeiter

Katalog/Dokumentation: „Europa-Biennale Niederlausitz: Kunst und Landschaftsgestaltung, Art in Nature, Intermediale Aktionen, II. Biennale Pritzen 1993", Hg.: Förderverein Kulturlandschaft Niederlausitz e. V. u. Direktorium der Europa-Biennale Niederlausitz; Redaktion, Layout u. grafische Gestaltung: Heinrich Schierz, Barbara Raubold; Fotografien: Thomas Kläber, Mercedes Engelhardt, Mikael Hansen, Nils-Udo, Maria Otte, Hartmut Rauhut, Marco Thierbach; Computersatz: Barbara Raubold; Belichtung/Farbe: Schütte & Behling, Berlin; Belichtung/SW u. Druck: Lausitz Druck GmbH, Cottbus, Niederlausitz Edition Cottbus 1994
Katalogtext: „Beitrag zur Humanisierung der Umwelt", Hinrich Enderlein; „Neue Sichten für neues Handeln", Heinrich Schierz; „Zeige mir einen Helden, und ich zeige Dir eine Tragödie", Jacques Leenhardt; „Bergbau mit neuem Konzept", Kurt Häge

Teilnehmer: 6 Künstlerinnen und 21 Künstler: Marc Babarit u. Gilles Bruni (F), Solveig Bolduan, Mercedes Engelhardt, Mikael Hansen (DK), Pit Kroke, Marlen Liebau, Stefan Schiske, Giuliano Mauri (I), Nils-Udo, Eiji Okubo (J), Frank Petzold, Zenon Polus (PL), Gruppe Post Ars (Alexas Andriuskevicius, Robertas Antinis, Ceslovas Lukenskas-Cezius; alle LT), Hermann Prigann, Studentengruppe TU München-Weihenstephan (Udo Weilacher, Klaus Overmeyer, Gitti Dorfstätter, Stefanie Arneth, Siri Frech, Thomas Jakob, Reiner Mertins), Mauro Staccioli (I), Peter F. Strauss, Rolf Viva (F)
Preisträger der II. Biennale: Hauptpreise: Gruppe POST ARS (Litauen), Solveig Bolduan (Deutschland); Sonderpreis der Lausitzer Rundschau: Marc Babarit/Gilles Bruni (Frankreich)

Kurzbewertung: Fortsetzung des Projektes von 1991 (Cottbus) auf einem Restpfeiler im stillgelegten Tagebau Greifenhain. Kunst als Rekultivierungsmaßnahme soll die verwüstete Landschaft wiederbeleben. Die Objekte und Installationen sollen dauerhaft stehen bleiben (Plan eines Open-Air-Museums für Land Art). Der Schwerpunkt liegt auf großformatigen Objekten und Installationen bzw. Landschaftsgestaltungen, daneben finden zwei Musikinszenierungen statt. Einige Projekte sind so groß angelegt, daß sie während der Symposionszeit nicht fertiggestellt werden können (Mauri, Prigann, Nils-Udo).

Literatur/Presse:
Weilacher, Udo: „Europa-Biennale Niederlausitz II. Kunst an den Wundrändern der Landschaft", in: Die Gartenkunst 5, Heft 2, 1993, S. 337-343.

Lausitzer Rundschau, 02.03.92: „Altdöbern als Mekka der Künste", Ronald Ufer
Lausitzer Rundschau, 27.05.93: „Zeichen unterm Himmel", Klaus Trende
Lausitzer Rundschau, 28.07.93: „II. Europa-Biennale in der Niederlausitz"
Lausitzer Rundschau, 19.08.93: „Kunstwerke, die in Jahrzehnten wachsen", Renate Marschall
Lausitzer Rundschau, 25.08.93: „Vom Tagebauloch zur Kulturlandschaft", Renate Marschall
Lausitzer Rundschau, 01.09.93: „Höchste Zeit für eine Denkpause", Renate Marschall
Lausitzer Rundschau, 13.09.93: „Maschinen tanzen unter Sternen" u. „Von der Melodie des Lebens"
Lausitzer Rundschau, 16.09.93: „Kunst, die eins ist mit der Natur", Renate Marschall
Der Tagesspiegel, Berlin, 06.01.95: „Open-Air-Museum statt Geisterdorf", Simone Wendler

Neustrelitz (Müritz-Nationalpark) 1993

Veranstaltungsort (landschaftliche Situation): Steinmühle bei Neustrelitz (Müritz-Nationalpark)
Bundesland: Mecklenburg-Vorpommern

Zeitraum: 27. August bis 24. September 1993

Thema: „Natur und Kunst, Schutz und Zeichen", 2. Künstlerpleinair im Müritz-Nationalpark 1993

Idee u. Organisation: Projekt des Fördervereins Müritz-Nationalpark e. V.; Konzept: Sven Domann; Künstlerische und organisatorische Mitarbeit: Gertraudt Wendlandt, Brigitte Beyer-Grischkat

Finanzierung u. Unterstützung: Schirmherrschaft durch die Kultusministerin Steffie Schnoor und den Umweltminister Frieder Jelen des Landes Mecklenburg/Vorpommern; gefördert durch das Kultusministerium und das Umweltministerium, Kaleidoskop-Programm der Europäischen Union, Deutsche Bundesstiftung Umwelt, Stiftung Kulturfond, Forstdirektion Mecklenburg-Ost, Landkreise und Städte Neustrelitz und Waren (Müritz), Canon Deutschland GmbH, Lübzer Brauerei, Dresdner Bank Waren, IPSE Neustrelitz, Gerüstbaufirma Bernd Werdermann, Zweckverband der Müritz-Nationalpark-Anliegergemeinden

Katalog/Dokumentation: „Der KUNSTRING am Müritz-Nationalpark 2", Hg.: Förderverein Müritz-Nationalpark e. V.; Fotos: Walter Hinghaus, Schwerin; Inhalt: Redaktion, Sven Domann, Waren/Müritz; Satz und Gestaltung: Eberhard Bauer, Neustrelitz; Druck: D & S Druck & Service GmbH, Neubrandenburg
Katalogtext: Vorwort der Kultusministerin Steffie Schnoor und des Umweltministers Frieder Jelen des Landes Mecklenburg-Vorpommern; Nachwort des Leiters des Nationalparkamtes von Mecklenburg-Vorpommern, Dr. Lebrecht Jeschke

Teilnehmer: 3 Künstlerinnen und 7 Künstler: Gertraude Bauer, Gino D'Ugo (I), Klaus Großkopf, Klaus Lindner, Massimo Mazzone (I), Yaeko Osono (J), Jaakko Pernu (SF), Erich Reischke, Hiroshi Teshima (J), Susanne Ussing (DK)

Kurzbewertung: Fortsetzung des Projektes von 1992 zur Errichtung eines Kunstringes um den Müritz-Nationalpark mit internationaler Beteiligung. Neben figürlichen Holzskulpturen (Bauer, Lindner) und abstrakten Holzstelen und -zeichen (Reischke, Großkopf, D'Ugo) entstehen vergängliche Installationen aus ausschließlich natürlichen Materialien (Pernu, Ussing), die z. T. auf die Landschaft reagieren (Ussing).

Literatur/Presse:
Faltblatt: „Der Kunstring am Müritz-Nationalpark", Hg.: Förderverein Müritz-Nationalpark e. V.; Redaktion: Sven Domann, Petra Ludewig; Fotos: Walter Hinghaus, Schwerin; Karte: Detlef Maiwald, Norderstedt; Gest./Satz/Lithos: typografik, Waren; Druck: Druckhaus am Treptower Park GmbH, Berlin. Herstellung mit Mitteln der Müritz-Sparkasse Waren, der Stadt Neustrelitz u. des Landkreises Müritz (Mai 1995).

Anzeigenkurier, 21.04.93: „200 Anmeldungen aus ganz Europa für 2. Künstlerpleinair"
Nordkurier, 22.04.93: „Bisher 200 Anmeldungen für das zweite Pleinair im Müritz-Nationalpark im Spätsommer"
Nordkurier, 12.05.93: „Kunstgürtel um den Nationalpark"
MB (Müritzbote), 27.05.93: „Holz für das Internationale Pleinair"
Nordkurier, 02.06.93: „Walddenkmal 'Pilzsammler'", Frank Sporkmann
Nordkurier, 10.06.93: „Kunst und Natur im Einklang", Jens Uwe Berndt

Ostseezeitung, 29.06.93: „Neue Kunstwerke und Zeichen bilden Gürtel ums Paradies“, Frank Sporkmann
Nordkurier, 30.06.93: „Acht Künstler beim Pleinair“
Nordkurier, 13.08.93: „Neun Objekte bereichern bald den Kunstgürtel“
Müritztips, August 93: „Auch 1993 wieder Künstlerpleinair“
Nordkurier, 30.08.93: „Kunstgürtel um Nationalpark soll dichter werden“ u. „Landschaft, Kunst und hiesige Menschen“
Ostsee-Zeitung, 31.08.93: „Pleinair für Bildhauer im Nationalpark“
Nordkurier, 16.09.93: „Treffen mit Künstlern in Steinmühle“
Nordkurier, 24.09.93: „Kunstgürtel für den Nationalpark“
Nordkurier, 25.09.93: „Schützender Gürtel wieder ein Stück gewachsen“
Mecklenburg-Strelitzer Landeszeitung, 27.10.93: „Nach dem Aufstellen kommt Einholen der Genehmigung“

Berlin 1993

Veranstaltungsort (landschaftliche Situation): Berlin-Mahlsdorf
Bundesland: Berlin

Zeitraum: September 1993

Thema: „KunstLandschaft I“

Idee u. Organisation: Konzept: Hanna Köppel; Organisation: Barbara Borchhardt

Finanzierung u. Unterstützung: Bezirksamt Hellersdorf, Kulturamt; Olympia 2000 GmbH; Stiftung Kulturfonds; Quasi Kunstverein e. V.

Katalog/Dokumentation: „KunstLandschaft I“, Hg.: Bezirksamt Hellersdorf, Kulturamt; Kunsthaus Flora, Florastraße, Berlin-Mahlsdorf; Kataloggestaltung: Regine Schulz; Druck: Movimento-Druck, Berlin; Auflage: 500 Stück
Katalogtext: „Stadtraum Hellersdorf – eine Kunstlandschaft?“, Erika Großmann, Kulturamtsleiterin; „Kunst und Landschaft“, Hanna Köppel und Margaret Raspé; „Erkenntnisraum FLORA“, Christoph Tannert; Texte zur Kunst von den Künstlern

Teilnehmer: 10 Künstlerinnen und 11 Künstler: Ute Bartel, Karl Biedermann, Moritz Bormann, Annibel Cunoldi (I), Andreas-Michael Frauendorf, Gisela Genthner, Daniel Hillert, Lazlo Kerekes (YU), Tilman Knop, Christine Kühn, Salvador Menjibar (E), Barbara Noculak, Klaus Noculak, Ann Noel (GB), César Olhagaray (RCH), Ellena Olsen, Brigitta C. Quast, Margaret Raspé, Stefan Sassenhagen, Robert Schmidt-Matt, Gisela Weimann

Kurzbewertung: Auseinandersetzung mit Natur im Garten des Ausstellungshauses Kunsthaus „Flora“. Neben Installationen aus Fundmaterialien (Frauendorf, Genthner, Kerekes u. a.) einige vorsichtige Interventionen und Eingriffe aus vorwiegend natürlichen Materialien (Kühn, Quast, Raspé, Barbara u. Klaus Noculak).

Literatur/Presse: keine Angaben

Willmersdorf 1993

Veranstaltungsort (landschaftliche Situation): Willmersdorf bei Ilmenau
Bundesland: Thüringen

Zeitraum: 12. bis 19. September 1993

Thema: Internationales Symposium „Objekte im Wind“

Idee u. Organisation: Kulturförderverein „Langer Berg“ e. V., Elvira und Ekkehard Franz

Finanzierung u. Unterstützung: Sponsoren: Stiftung Kulturfonds; Land Thüringen; Verband Bildender Künstler Thüringen; Landkreis Ilmenau; Sparkasse Ilmenau; Ernst – Electronic Großbreitenbach; Stempel – Kurch Mellenbach

Katalog/Dokumentation: Internationales Symposion „Objekte im Wind“, Hg.: Elvira & Ekkehard Franz; Fotos: Anne Baisch, Ulrike Drasdo, Carmen Lewin, Gustav Franz; Redaktion: Elvira Franz; Gestaltung: Gustav Franz
Katalogtext: „Objekte im Wind – ein Symposium in Willmersdorf“, Elvira u. Ekkehard Franz; Texte zu den Arbeiten von Reinhild Schneider; „Von der Notwendigkeit, Zeichen zu setzen“, Reinhild Schneider

Teilnehmer: 6 Künstlerinnen und 7 Künstler: Steffen Ahl, Jürgen Auffenbauer, Anne Baisch, Ulli Berg, Marten Bondestam (SF), Ulrike Drasdo, Ekkehard Franz, Beate Klockmann, Jan Kny, Ceslovas Peciukas (LT), Stefanie Schilling, Algimantas Slapikas (LT), Bärbel Töpfer

Kurzbewertung: Fortführung der Projekte von 1991 und 1992. Neben zwei Holzplastiken der litauischen Künstler (Peciukas, Slapikas) diesmal großer Anteil von Metallarbeiten, außerdem ein Drachenobjekt (Bondestam).

Literatur/Presse: keine Angaben

Büsum 1993

Veranstaltungsort (landschaftliche Situation): Büsum
Bundesland: Schleswig-Holstein

Zeitraum: Oktober 1993 (5 Tage)

Thema: „Wattenmeer“

Idee u. Organisation: BBK Schleswig Holstein

Finanzierung u. Unterstützung: Der Minister für Finanzen und Energie des Landes Schleswig-Holstein

Katalog/Dokumentation: „Wattenmeer: Workshop im Forschungs- und Technologiezentrum Westküste Büsum“, Hg.: Der Minister für Finanzen und Energie des Landes Schleswig-Holstein; Redaktion: Klaus Banser, Günter Heidemann, Jörg Plickat, Hermann Schüler, Heinz Teufel; Gestaltung: Klaus Banser; Umschlaggestaltung u. Beratung: Ingo Wulff; Fotos: Heinz Teufel, Doris Cordes-Vollert, Norbert Gerdes, Jörg Plickat, Rolf Triloff; Lithos: Brandner, Kiel; Druck: Nieswand Druck, Kiel; Bindung: Clausen & Bosse, Leck; ISBN 3-930563-00-2
Katalogtext: „Kunst ist konzentrierte Natur“, Angela J. A. Ruwoldt, Beauftragte für Kunst im öffentlichen Raum des BBK Schleswig-Holstein; „Graue Kunst und bunte Wissenschaft“, Bernhard Schwichtenberg; „Kunst und Wissenschaft – ein Dialog mit Zukunft“, Marianne Tidick, Ministerin für Wissenschaft, Forschung und Kultur; „...kurzer Brief zum langen Abschied“, Peter Hense; Forschungs- und Technologiezentrum Westküste in Büsum (FTZ); „Ein Logo für das FTZ?“: Auszüge aus der Aufzeichnung eines Gespräches vom 25.10.1993 unter Mitarbeitern des

Forschungs- und Technologiezentrums
Teilnehmer: 3 Künstlerinnen und 5 Künstler: Doris Cordes-Vollert, Dieter Koswig, Jörg Plickat, Ulrike Scheuerer, Tamer Serbay (TR), Heinz Teufel, Rolf Triloff, Insa Winkler
Außerdem: 1 Wissenschaftlerin und 7 Wissenschaftler: Günter Heidemann, Karl-Jürgen Hesse, Andrea-Christiane Klug, Rolf Köster, Dirk Meier, Ulrich Pfisterer, Klaus Ricklefs, Klaus Heinrich Vanselow

Kurzbewertung: Experiment einer neuen Form von Kunst im öffentlichen Raum. Anstelle von Kunst am Bau wird anläßlich des Neubaus des Forschungs- und Technologiezentrums an der Westküste (FTZ Büsum) ein Work-Shop mit Künstlern und Wissenschaftlern abgehalten. Während die Wissenschaftler in Vorträgen und auf Exkursionen ihre Forschungsarbeit vorstellen, setzen sich die Künstler auf ihre Weise mit der Küstenlandschaft auseinander. Dies führt im Ergebnis zu sehr unterschiedlichen Arbeiten, die die wissenschaftlichen Verfahren des Messens, Sammelns, Ordnens und Untersuchens thematisieren (Cordes-Vollert, Scheuerer, Serbay) oder kritisieren und sie mit der Erfindung von neuen Gerätschaften um eine ästhetische Dimension erweitern (Triloff, Gemeinschaftsarbeit Serbay/Triloff/Winkler).

Literatur/Presse: keine Angaben

Berlin 1994

Veranstaltungsort (landschaftliche Situation): Berlin-Mahlsdorf
Bundesland: Berlin

Zeitraum: 30. Mai bis 4. Juni 1994

Thema: „Landklang"

Idee u. Organisation: Projekt der „Kunstlandschaft" II; Konzept Kunstlandschaft: Hanna Köppel; Idee zu Land-Klang, Organisation: Bärbel Borchhardt

Finanzierung u. Unterstützung: Kulturamt Hellersdorf; Quasi Kunstverein e.V. / Kunst- und Kulturinitiative Berlin-Mahlsdorf

Katalog/Dokumentation: „LANDKLANG", Hg.: Bezirksamt Hellersdorf, Kulturamt; Kunsthaus Flora, Florastr., Berlin-Mahlsdorf; Kataloggestaltung: Brigitta C. Quast, Fotonachweis: Ehrengard Herzig; Barbara Noculak sowie die beteiligten Künstler Burokas, Glasmeier, Küster, Neuser, Pietrusky, Quast; Satz: Satzinform; Druck und Herstellung: D. Dressler; Auflage: 400 Exemplare, Berlin 1995
Katalogtext: Grußwort Kunsthaus „Flora", Bärbel Borchhardt; „Anstelle eines Vorwortes – kleine Rückbesinnung", Brigitta C. Quast; „Leise Klänge in einer lauten Zeit", Jana Haberzettl

Teilnehmer: 3 Künstlerinnen und 7 Künstler: Jochem Ahmann, Claus van Bebber, Albinus Burokas, Rolf Glasmeier, Harald Hilscher, Klaus Küster, Renate Neuser, Siegfried Pietrusky, Brigitta C. Quast, Ike Vogt

Kurzbewertung: Fortsetzung des „Kunstlandschaft"-Projektes von 1993 im Garten des Kunsthauses Flora. Dezente Reflektionen über das Thema von im Umgang mit Landschaft bereits erfahrenen Künstlern. Neuartig ist der Versuch, jede Installation mit Geräuschen bzw. Klängen zu verbinden und damit die Sinne zusätzlich anzusprechen.

Literatur/Presse: keine Angaben

Waren (Müritz-Nationalpark) 1994

Veranstaltungsort (landschaftliche Situation): Waren (Müritz-Nationalpark)
Bundesland: Mecklenburg-Vorpommern

Zeitraum: 29. August bis 25. September 1994

Thema: Natur und Kunst, Schutz und Zeichen, 3. Künstlerpleinair im Müritz-Nationalpark 1994

Idee u. Organisation: Projekt des Fördervereins Müritz-Nationalpark, Konzept: Sven Domann

Finanzierung u. Unterstützung: Kultusministerium u. Umweltministerium Mecklenburg-Vorpommern; Auswärtiges Amt Bonn; Forstdirektion Mecklenburg Ost; Stiftung Kulturfonds; Landkreis Mecklenburg-Strelitz; Müritzkreis; Stadt Neustrelitz; Stadt Waren; Institut Francaise Rostock; Mecklenburgische Brauerei Lübz; Famila GmbH Waren; Betonwerk Rethwisch – Unternehmen der Koehne-Gruppe; Wirtschaftsförderung Müritz GmbH; Kieswerk Erlenkamp Bollewick; Rethmann Möllenhagen GmbH; Burau-Mobil Waren; Müritz Hotel Klink; Nordkurier; Müritz-Milch GmbH; Gerüstbau Werdermann Neustrelitz; Fa. Holtfreter Waren

Katalog/Dokumentation: „Der Kunstring am Müritz-Nationalpark – Natur und Kunst, Schutz und Zeichen 3", Hg.: Förderverein Müritz-Nationalpark e. V.; Fotos: Walter Hinghaus, Schwerin; Redaktion: Sven Domann, Waren/Müritz; Gestaltung: Thomas Wageringel, Schwerin; Gesamtherstellung: Nieswand Druck, Kiel
Katalogtext: Vorworte der Schirmherrin Steffie Schnoor und des Umweltministers Frieder Jelen; „Natur und Kunst – Schutz und Zeichen. Das 3. Bildhauerpleinair am Müritz-Nationalpark", Angelika Stepken

Teilnehmer: 8 Künstler: Dorsten Diekmann, Tomasz Domanski (PL), Michael Dudowitsch, Ryszard Litwiniuk (PL), Ryszard Lugowski (PL), Tomasz Opania (PL), Udo Richter, Christian Uhlig

Kurzbewertung: Deutsch-polnisches Pleinair. Überwiegend raumgreifende Holzskulpturen und -konstruktionen bestimmen das Bild der Fortführung des Kunstringes. Neu ist die Idee einer geschlossenen Einheit eines Skulpturenpfades um einen See (Feisneck), während die Werke bisher weit voneinander entfernt im gesamten Gebiet des Nationalparkes aufgestellt worden waren.

Literatur/Presse:
Faltblatt: „Der Kunstring am Müritz-Nationalpark", Hg.: Förderverein Müritz-Nationalpark e. V.; Redaktion: Sven Domann, Petra Ludewig; Fotos: Walter Hinghaus, Schwerin; Karte: Detlef Maiwald, Norderstedt; Gest./Satz/Lithos: typografik, Waren; Druck: Druckhaus am Treptower Park GmbH, Berlin. Herstellung mit Mitteln der Müritz-Sparkasse Waren, der Stadt Neustrelitz u. des Landkreises Müritz (Mai 1995).

Müritz-Bote, 24.01.94: „Künstlerpleinair '94 in den Startlöchern", Petra Sprick
Müritz-Bote, 22.03.94: „Pleinair schafft Kunstgenuß an der Feisneck", Petra Sprick
Müritz-Bote, 31.03.94: „Jury wählt Künstler für Pleinair aus"
Müritz-Bote, 07.04.94: „Fachjury wählt jetzt Künstler aus"
Müritz-Zeitung, 11.04.94: „Natur und Kunst im Nationalpark"
Anzeigenkurier, 20.04.94: „Drittes Künstlerpleinair beginnt 29. August"
Nordkurier, 29.04.94: „Abgeschaut am Bodensee", Bärbel Gudat
Müritz-Bote, 24.05.94: „Künstler lernen Nationalpark kennen"
Müritz-Zeitung, 23.07.94: „Künstlern über die Schulter geschaut", Petra Sprick

Müritz-Zeitung, 27.07.94: „'Verlandet' – Installation an der ehemaligen Kuhtränke"
Strelitzer Landeszeitung, 28.07.94: „Erstes Kunstwerk wird vorgestellt"
Strelitzer Landeszeitung, 29.07.94: „Polnischer Künstler gibt den Auftakt"
Müritz-Zeitung, 11.08.94: „'Feisneck-Tor' von Opania"
Nordkurier, 09.08.94: „Nationalpark-Tag am Mühlenberg"
Nordkurier, 20.08.94: „Kunst für Müritz-Nationalpark"
Strelitzer Zeitung, 20.08.94: „Kunst für Müritz-Nationalpark"
Anzeigenkurier, 08.94: „Natur und Kunst im Müritz-Nationalpark"
Müritz-Zeitung, 30.08.94: „Mühlenberg wird zum Atelier unter freiem Himmel"
Strelitzer Landeszeitung, 30.08.94: „Internationale Kunst-Aktion in Waren" u. „Schutz und Zeichen", Detlef Stapf
Strelitzer Landeszeitung, 03.09.94: „Anwohner stört neues Kunstobjekt", Alexander Block
Strelitzer Landeszeitung, 07.09.94: „Streit über die 'Fliegenklatschen'"
Müritz-Zeitung, 14.09.94: „Künstlern bei der Arbeit über die Schulter geschaut", Monika Jacobs
Müritz-Zeitung, 19.09.94: „Künstlern über die Schulter geschaut" u. „Kunst braucht den Dialog", Gerhard Wrase
Müritz-Zeitung, 21.09.94: „Kunstwerke bleiben im Müritz-Nationalpark"
Strelitzer Landeszeitung, 23.09.94: „Künstlerpleinair findet Abschluß"
Strelitzer Landeszeitung, 24.09.94: „Ein Steinhaus in der Kalkhorst"
Müritz-Zeitung, 26.09.94: „Bürgermeister verspricht Hilfe fürs nächste Pleinair" u. „Steine und Bäume bauen Brücken", Peter Ernst
Anzeigenkurier, 28.09.94: „Rund um den Feisneck Kunst zum Anfassen"

Rundfunk- und Fernsehberichte:

29.08.94	NDR 3, Nordmagazin 3 min.
29.08.94	ZDF Länderjournal 5 min.
30.08.94	NDR 5 min (Radio)
30.08.94	Antenne M/V 3 min. (Radio)
02.09.94	Antenne M/V 3 min (Radio)
06.09.94	NDR 6 min (Radio)
09/12.09.94	NDR Nordmagazin 5 min.

Willmersdorf 1994

Veranstaltungsort (landschaftliche Situation): Willmersdorf bei Ilmenau
Bundesland: Thüringen

Zeitraum: 19. bis 25. September 1994

Thema: Viertes Künstlersymposion „Objekte im Wind"

Idee u. Organisation: Veranstalter: Kulturförderverein „Langer Berg" e. V.

Finanzierung u. Unterstützung: Sponsoren: Thüringer Ministerium für Wissenschaft und Kunst; Landratsamt des Ilmkreises; Verbandsgemeinde Langer Berg; Sparkasse Arnstadt-Ilmenau; Verband Bildender Künstler Thüringen e. V.

Katalog/Dokumentation: „Objekte im Wind", Viertes Künstlersymposion in Willmersdorf, Hg.: Elvira & Ekkehard Franz; Fotos: Gustav Franz; Gestaltung und Herstellung: Jan Kny

Katalogtext: Vorwort von Elvira u. Ekkehard Franz; Texte zu den Arbeiten von Herbert Schönemann u. Rüdiger Klein; „Zum Anliegen" von Elvira Franz

Teilnehmer: 4 Künstlerinnen und 2 Künstler: Anne Baisch, Rüdiger Klein, Beate Klockmann, Klaus-Dieter Klotz, Veronika Maier, Dagmar Pachtner

Kurzbewertung: Nach mehreren vorausgegangenen Symposien zum Thema, auf denen hauptsächlich hochaufgerichtete Zeichen aus verschiedenen Materialien sowie Fahnen- und Drachenobjekte geschaffen wurden, erstmals Auseinandersetzung mit natürlichen Materialien und dem Aspekt Umwelt. Fragile Arbeiten aus Zweigen und Stroh (Klotz, Klockmann) bleiben dem Boden verhaftet. Eine Gardine aus Schieferplättchen (Maier) fängt die Windbewegungen ein.

Literatur/Presse: keine Angaben

Pritzen 1995

Veranstaltungsort (landschaftliche Situation): Pritzen (Niederlausitz)
Bundesland: Brandenburg

Zeitraum: 19. Juni bis 9. Juli 1995

Thema: III. Europa-Biennale Niederlausitz 1995

Idee u. Organisation: *Veranstalter:* Förderverein Kulturlandschaft Niederlausitz e. V.; LBV mbH: Lausitzer Bergbau-Verwaltungsgesellschaft mbH; LAUBAG: Lausitzer Braunkohle AG; Bergbausanierung und Landschaftsgestaltung GmbH (BUL) Sachsen; Association Art in Nature Europa, Sitz Paris; Europäische Akademie der Wissenschaften u. Künste, Salzburg; Associazione Arte Natura Sardegna; Hochschule der Künste zu Berlin; Brandenburgische Technische Universität Cottbus; Pädagogische Hochschule Zielona Gora; Staatstheater Cottbus; *Schirmherr:* Dr. Manfred Stolpe, Ministerpräsident des Landes Brandenburg; *Kuratorium:* Prof. Dr. Jacques Leenhardt, Präsident ART IN NATURE, Paris; Volker Kinnius, Generalsekretär ART IN NATURE; Prof. Jörg Kühn; Prodekan der Fakultät Architektur und Bauingenieurwesen der Brandenburgischen Technischen Universität Cottbus; Dr. Olaf Schwencke, Präsident der Hochschule der Künste zu Berlin; Prof. Dr. Elmar Zorn, Kulturrat der Europäischen Akademie der Wissenschaften und Künste Salzburg; Christoph Schroth, Intendant des Staatstheaters Cottbus; Pinuccio Sciola, Direttore Artistico Associazione Arte Nature Sardegna; Prof. Dr. habil. Roman Stryjski, Prorektor der Pädagogischen Hochschule Zielona Gora, Polen; Dipl. Ing. Reiner Dähnert, Technischer Geschäftsführer der LBV mbH; Dipl. Ing. Dietmar Beutler, Leiter Tagebauplanung der LAUBAG; Dipl. phil. Heinrich Schierz, Förderverein Kulturlandschaft NL e. V.; Bettina Winkler, Dipl. Malerin/Grafikerin, Förderverein Kulturlandschaft NL e. V.; *Kuratoren mit beratender Stimme:* Bernd Löber, Amtsdirektor der Amtsgemeinde Altdöbern; Christa Spiller, Bürgermeisterin der Gemeinde Lubochow/Pritzen; *Direktorium:* Direktor: Heinrich Schierz; Co-Direktoren: Dietmar Beutler, Reiner Dähnert, Volker Kinnius; *Künstlerische Leiterin:* Bettina Winkler

Finanzierung u. Unterstützung: Landesregierung Brandenburg, Ministerium für Wissenschaft, Forschung und Kultur, Potsdam; Stiftung Kulturfond, Berlin; Auswärtiges Amt, Bonn; Landkreis Spree-Neiße; Atelier Markgraph, Philips Licht GmbH u. Lausitzer Rundschau

Katalog/Dokumentation: „III. Europa Biennale Niederlausitz 1995", Hg.: Förderverein Kulturlandschaft Niederlausitz e. V., Cottbus; Redaktionelle Mitarbeit: Anita Meisel, Wolfram Köbbel, Volker Kinnius; Layout und grafische Gestaltung: Uwe Knauth, LAUBAG; Fotografien: Thomas Kläber; Druck: Lausitz Druck GmbH Cottbus
Katalogtext: PROLOG in Deutsch, Englisch, Italienisch, Französisch, Bulgarisch, Polnisch, Japanisch; Grusswort Steffen Reiche, Minister für Wissenschaft, Forschung und Kultur, anläßlich der Eröffnung der III. Europa-Biennale Niederlausitz im Knappensaal der Tagesanlagen Greifenhain am 19.06.1995; Ansprache Prof. Peter Canisius, Präsident der Deutschen UNESCO-Kommission zur Auftaktveranstaltung der III. Europa-Biennale am 8. Juli 1995
Videos: „Gelbe Rampe" von Hermann Prigann und „III. Biennale"

Teilnehmer: 3 Künstlerinnen und 14 Künstler: Adam Baginski (PL), Birgit Cauer/Jürgen Engel, Gruppe Driesen (Raimund Driesen, Minako Seki (J), Feridun Zaimoglu (TR)), Kristaps Gulbis (LV), Albert Huber, Klaas Kamphuis (NL), Eberhard Krüger, Marlen Liebau, Mincho Minev (BG), Hermann Prigann, Stefan Schiske, Pinuccio Sciola (I), Hiroshi Teshima (J), Nils-Udo
Preisträger der III. Biennale: Hauptpreise: Klaas Kamphuis, Amsterdam, für seine Arbeit „Feurige Köpfe Land"; Stefan Schiske u. Marlen Liebau, Berlin, für ihre Inszenierung „Direktsturzkombination" zur III. Biennale und die Trilogie „Requiem über eine Landschaft" insgesamt; Sonderpreis der Lausitzer Rundschau: Eberhard Krüger, Komptendorf, Land Brandenburg

Kurzbewertung: Fortsetzung der 1993 begonnenen Gestaltung des Tagebaugebietes Greifenhain bei Pritzen. Zwei groß angelegte Projekte aus 1993 werden 1995 fortgeführt (Prigann, Nils-Udo). Bei den übrigen Arbeiten handelt es sich hauptsächlich um Skulpturen und Installationen aus Holz (Minev, Kamphuis, Huber, Baginski, Teshima) und anderen meist natürlichen Materialien. Einzig die Arbeit „Wandelgrat" der Künstlergruppe Driesen greift durch eine Erdaushebung unmittelbar in die Landschaft ein. Eine Butoh-Tanz-Performance und eine musikalische Großinszenierung mit Baggern und Lightshow vom Team Liebau/Schiske (wie bereits 1991 und 1993) ergänzen das Programm.

Literatur/Presse:
LAUBAG Report 2/95: „Sardische Skulpturen in Tagebaulandschaft", Heinrich Schierz
Lausitzer Rundschau, 01.03.95: „Kunstszene Tagebau"
Lausitzer Rundschau, 28.03.95: „Biennale-Teilnehmer stehen jetzt fest"
Lausitzer Rundschau, 20.06.95: „Kraftvolle Ströme im Sand", Klaus Trende
Lausitzer Rundschau, 24.06.95: „Wandelgrate in der Sandwüste", Renate Marschall
Lausitzer Rundschau, 29.06.95: „Endlich: Unberührte Natur in Pritzen"
Lausitzer Rundschau, 01.07.95: „Achtfüßler verloren je zwei Beine", Jana Hintze
Lausitzer Rundschau, 05.07.95: „Die wahre Zeit am wahren Ort"
Lausitzer Rundschau, 07.07.95: „Japanische Neujahrstradition lieferte die Idee"
Lausitzer Rundschau, 08.07.95: „Europafahne weht über der Sonne"
Märkische Oderzeitung, 08/09.07.95: „Biennale in der Lausitz geht mit Performance zu Ende"
Lausitzer Rundschau, 10.07.95: Bericht von Klaus Trende u. „Hinter der Kulisse", Peter Blochwitz
Lausitzer Rundschau, 11.07.95: „Herrlicher Blick auf den Greifenhainer See", Jana Hintze
Lausitzer Rundschau, 12.07.95: „Zehn Steinskulpturen ..." (Foto)
Dresdner Neuste Nachrichten, 12.07.95: „Requiem für eine Landschaft-Kunst im Tagebau"
Lausitzer Rundschau, 13.07.95: „Hoffnung für trostlose Landschaft"
Bauwelt 1995, Heft 35: „III. Europa-Biennale 1995 Pritzen/Niederlausitz", Gerhard Ullmann

Neustrelitz (Müritz-Nationalpark) und Suwalki (Wigierski-Nationalpark, Polen) 1995

Veranstaltungsort (landschaftliche Situation): Neustrelitz (Müritz-Nationalpark) und Suwalki (Wigierski-Nationalpark, Polen)
Bundesland: Mecklenburg-Vorpommern

Zeitraum: 23. August bis 24. September 1995; Neustrelitz: 23. August bis 17. September 1995; Suwalki: 18. bis 24. September 1995

Thema: Natur und Kunst, Schutz und Zeichen, 4. Internationales Bildhauerpleinair am Müritz-Nationalpark 1995

Idee u. Organisation: Projekt des Fördervereins Müritz-Nationalpark und des Wigry-Nationalparkamtes; Konzept: Sven Domann; Kurator für Polen: Prof. Andrzej Strumillo

Finanzierung u. Unterstützung: Kultusministerium; Ministerium f. Landwirtschaft u. Naturschutz des Landes Mecklenburg-Vorpommern; Auswärtiges Amt Bonn; Stiftung Kulturfonds Berlin; Landkreis Mecklenburg-Strelitz; Müritzkreis; Stadt Waren; Stadt Neustrelitz; Stiftung Europäisches Naturerbe; IPSE Neustrelitz; Mecklenburgische Brauerei Lübz; Müritz-Milch GmbH; Kreissparkasse Neustrelitz; Müritzsparkasse; Müritz-Hotel Klink; Gerüstbau Werdermann Neustrelitz; Wach- und Schließgesellschaft Neubrandenburg; NAW Engineering Neustrelitz; Ties Neelsen & Glöckner GmbH & Co.; Kiestagebau „Erlenkamp" Röbel; BSW Hoch- und Tiefbau GmbH; Deutsche Bahn AG; Deutsche Eisenbahnreclame GmbH; Barmer-Ersatzkasse Neustrelitz u. Waren; Güstrower Schloßquell GmbH
Polen: Stv. Leiter des Wigry-Nationalparkes Dr. Kaminski, technische, personelle und finanzielle Unterstützung

Katalog/Dokumentation: „Der Kunstring am Müritz- und Wigry-Nationalpark – Natur und Kunst, Schutz und Zeichen", Hg.: Förderverein Müritz-Nationalpark e. V., Speck/Wigry-Nationalparkamt, Krzywe; Redaktion: Sven Domann, Waren; Text: Sigrid Wollmeiner, Bonn; Fotografie: Wolfdietrich Gerhardt, Neustrelitz; Satz u. Litho: typografik, Waren; Druck: Druckhaus am Treptower Park, Berlin
Katalogtext: Vorworte: Regine Marquardt, Kultusministerin, Martin Brick, Minister für Landwirtschaft und Naturschutz des Landes Mecklenburg-Vorpommern; „Kunst und Natur", Sigrid Wollmeiner; Vorwort Hubert Getzin, Geschäftsführer der Mecklenburgischen Brauerei Lübz; Einführung Martin Kaiser, Stv. Vorsitzender des Fördervereins Müritz-Nationalpark e. V.; „Ars homo additus naturae (Francis Bacon)", Prof. Andrzej Strumillo; „Kunst ist der in die Natur gefügte Mensch (Francis Bacon)", Maciej Kaminski, Stv. Leiter des Wigry-Nationalparkes, Nachwort Sigrid Wollmeiner

Teilnehmer: Neustrelitz: 2 Künstlerinnen und 7 Künstler: Marek Borsány (CZ), Václav Fiala (CZ), Mikael Hansen (DK), Anna Jacquemard, Marek Ranis (PL), Benoit Tremsal (F), Ivan Tlusty (CZ), Rolf Viva (F), Miro Zahra;
Suwalki (PL): 4 Künstler: Marek Borsány (CZ), Sven Domann, Marek Ranis (PL), Ivan Tlusty (CZ)

Kurzbewertung: Fortführung des jährlich stattfindenden Kunstprojektes zur Bildung eines Kunstringes um den Nationalpark, das sich auf neuartige und einmalige Weise für den Schutz der Natur einsetzt. Im Vergleich mit den Vorjahren entstehen diesmal stark am Ort orientierte (Ranis, Tlusty, Viva) und auf die Wahrnehmung ausgerichtete (Fiala, Hansen, Jacquemard/Zahra) Arbeiten. Aus der deutsch-polnischen Zusammenarbeit im Vorjahr resultiert die Idee zur Gründung eines Partner-Projektes in Polen, die 1995 den Besuch einiger Künstler und die Ausführung mehrerer Kunstobjekte und Installationen im Wigierski-Nationalpark am Wigry-See zur Folge hat.

Literatur/Presse:
Warener Wochenblatt, Nr. 1/95: „4. Internationales Bildhauerpleinair 'Natur und Kunst' im Müritz Nationalpark mit Blick nach Polen"
Strelitzer Zeitung, 18.01.95: „Katalog zeigt Kunst im Müritz-Nationalpark"
Müritz-Zeitung, 19.01.95: „Neustrelitz ist in diesem Jahr Zentrum für Internationales Bildhauerpleinair", Peter Ernst
Anzeigenkurier, 25.01.95: „4. Internationales Bildhauerpleinair 'Natur und Kunst'"
Anzeigenkurier, 01.02.95: „Bildhauerpleinair"
Strelitzer Zeitung, 20.04.95: „Pleinair-Werke öffentlich ausgestellt"
Müritz-Zeitung, 25.04.95: „Mehr als 50 Bewerbungen für Nationalpark-Pleinair", Peter Ernst
Nordkurier, 25.04.95: „Fachjury fürs Bildhauerpleinair trifft heute ihre Entscheidungen", Peter Ernst
Anzeigenkurier, 26.04.95: „Bildhauer an der Müritz"
Nordkurier/Strelitzer Zeitung, 12.05.95: „Teilnehmer des 4. Bildhauer-Pleinairs treffen sich am Wochenende zum Seminar"
Müritz-Zeitung, 15.05.95: „Spurensuche für den Kunstgürtel", Petra Sprick
Nordkurier/Strelitzer Zeitung, 15.05.95: „Standorte für Kunstwerke in Augenschein genommen", Charlotte Linke
Strelitzer Echo, 17.05.95: „4. Internationales Künstlerpleinair 'Natur und Kunst'"
Anzeigenkurier, 31.05.95: „Prozeß oder Wiedergutmachung?", H. Heruth
Müritz-Tips, Sommer 95: „Natur und Kunst vereinen"
Müritz à la Carte, Nr. 3, Juli 95: „Pleinair bringt Kunst und Naturschutz zusammen"
Nordkurier/Strelitzer Zeitung, 12.07.95: „Faltblatt informiert über Skulpturen im Nationalpark"
Strelitzer Zeitung, 21.07.95: „Gespräch mit Bürgern zu Kunstwerken"
Strelitzer Zeitung, 02.08.95: „Neugier auf Kunstwerke hält sich noch in Grenzen", Charlotte Linke
Nordkurier/Strelitzer Zeitung, 03.08.95: „Prozentrechnung", Charlotte Linke
Strelitzer Echo, 23.08.95: „Viertes Bildhauerpleinair 'Natur und Kunst'"
Nordkurier, 24.08.95: „Bildhauer-Pleinair an der Müritz"
Strelitzer Zeitung, 24.08.95: „Schloßberg verwandelt sich in Freiluftatelier"
Nordkurier/Strelitzer Zeitung, 24.08.95: „An Hünengrab und Schienenstrang"
Müritz-Zeitung, 25.08.95: „'Eingezäunter Berg' hinter dem Federower Schloßpark"
Strelitzer Zeitung, 26.08.95: „Zwischen Utopie und Katastrophe", Marlies Steffen
Blitz, 27.08.95: „4. Bildhauerpleinair. Vergängliche Kunst aus Naturmaterialien"
Strelitzer Zeitung, 29.08.95: „Dreiste Diebe klauen tonnenweise Feldsteine für Kunst-Pleinair" u. „Steinig", Marlies Steffen
Nordkurier, 05.09.95: „Labyrinth als Lösungsweg", Martina Krüger
Strelitzer Echo, 06.09.95: „Kunst und Natur verbinden"
Strelitzer Zeitung, 06.09.95: „Die 'Große Mutter' wird später an der Schloßkoppel zu Hause sein", Marlies Steffen
Strelitzer Zeitung, 07.09.95: „'Umzäunung' soll keine Grenze sein", Marlies Steffen
Strelitzer Zeitung, 08.09.95: „Meister Wu-Fao-C' sucht seinen festen Platz", Marlies Steffen
Nordkurier, 09.09.95: „Künstler im Gespräch"
Strelitzer Zeitung, 11.09.95: „Schloßberg-Atelier lädt zu Begegnungen in Natur", Marlies Steffen
Strelitzer Echo, 04.10.95: „Erfolgreicher Nationalparktag in Neustrelitz"
Strelitzer Zeitung, 13.09.95: „'Der Mensch erschafft den Wald'", Marlies Steffen
Strelitzer Zeitung, 14.09.95: „'Spannung' an der Eisenbahnlinie", Marlies Steffen
Nordkurier, 15.09.95: „Entlang der Gleise Spannung fürs Gehirn und die Sinne", Martina Krüger
Nordkurier, 18.09.95: „Skulpturen ergänzen Kunstring"
Strelitzer Zeitung, 18.09.95: „4. Pleinair endet mit Empfang und Konzert"
Anzeigenkurier, 27.09.95: „Ring von 33 Arbeiten durch Pleinair entstanden"
Nordkurier, 28.09.95: „Kunstring nun auch in den Masuren"
Müritz-Zeitung, 27.09.95: „Kunstring als Vorbild für polnisches Vorhaben", Petra Sprick
Junge Kunst, Nr. 26, 1996, S. 12-14: „Gestaltete Landschaft", Sigrid Wollmeiner
Kunst aktuell, Nr. 3, 1996, S. 27: „Kunst rings um den Nationalpark", Sigrid Wollmeiner
natur, August 1996, S. 112-113: „Kunst in der Natur. Werden und Vergehen", Sigrid Wollmeiner

Husum 1995

Veranstaltungsort (landschaftliche Situation): Husum (Nordfriesland)
Bundesland: Schleswig-Holstein

Zeitraum: 26. August bis 17. September 1995

Thema: „Windfang"

Idee u. Organisation: Speicher Husum

Finanzierung u. Unterstützung: Fonds Soziokultur; Ministerium für Wissenschaft und Kultur des Landes Schleswig-Holstein; Ministerium für Finanzen und Energie des Landes Schleswig Holstein; Kulturamt des Kreises Nordfriesland; Stadt Husum; Ingenieurbüro Henning Holst; C. G. Christiansen; Georg C. Hansen; Wibling Gerüstbau; Topf Baubeschläge; Computershop Husum; Quelle Filiale Husum; Pro Helvetia; Rohde Verkehrsbetriebe; Windfang EG; Stadtwerke Husum; Planungsring Mumm + Partner; Husumer Schiffswerft; Vestas Deutschland; Enercon; AN Maschinenbau; Nordtank; Micon; Tacke; Messegesellschaft Husum Wind '95; Lions Club Husum

Katalog/Dokumentation: „Windfang – Ein Wind-Kunst-Symposium", Hg.: Speicher Husum e. V. in Zusammenarbeit mit dem Nordfriesischen Museum Nissenhaus Husum; Redaktion: Urte Andresen, Alexandra Lammers, Johannes Rühl; Fotos: Inge Gehm, Johannes Rühl, Lili Fischer, Jürgen Drygas, Andreas Brenne, Hannes Alfeld, Sabine Klem, Susann Kretschmer; Gestaltung und Konzeption: Alexandra Lammers; Lithos: L & S, Litho- und Scannertechnik, Kiel; Druck: Breklumer Druckerei Manfred Siegel KG, Breklum
Katalogtext: „So fing alles an...", Johannes Rühl/Urte Andresen, Speicher Husum; „Geleitwort des Energieministers", Claus Möller, Minister für Finanzen und Energie des Landes Schleswig Holstein; „Gedanken eines Betroffenen", Klaus Lengsfeld, Nordfriesisches Museum Nissenhaus; „Eine Stadt unter Segeln", Rüdiger Otto, Husumer Nachrichten

Teilnehmer: 5 Künstlerinnen und 9 Künstler: Lili Fischer, Manfred Gillwald, Ponke Grabo, Georg Jappe, Fridhelm Klein, Sabine Klem, Susann Kretschmer, Anke Mellin/Georg Krieger, Melanie Praetz, Branko Smon (SLO), Timm Ulrichs, Thomas Werner/Jochen Wüstenfeld

Kurzbewertung: Weiteres Symposion zum Thema „Wind" (s. a. Herrenberg 1989, Willmersdorf ab 1991), zweites Symposion in Husum nach einem japanischen Gastspiel 1992. Im Ergebnis entstehen die gesamte Bandbreite des künstlerischen Schaffens abdeckende Arbeiten aus den Bereichen Aktion/Performance (Fischer, Werner/Wüstenfeld), Lyrik/Akustik (Jappe), Windplastik (Gillwald), Malerei (Grabo), Fotografie (Klem, Kretschmer) und Installation (Klein, Mellin/Krieger, Praetz, Smon, Ulrichs). Da zwar ein natürliches Phänomen thematisiert, aber kaum eine Arbeit aus natürlichen Materialien gefertigt wird, handelt es sich hier um einen Grenzfall.

Literatur/Presse:
Husumer Nachrichten, 08.02.95: „Auf Windfang im Wattenmeer"
Wind Energie Aktuell, 05/95: „Das sozio-kulturelle Zentrum"
Husumer Nachrichten, 08.06.95: „Performances in Stadt und Watt"
Flensborg Avis, 22.06.95: „Vindkunst pa vestkysten" u. „Wind-Kunst"
Flensborg Avis, 20.07.95: „Performances im Watt ergründen Windkraft"
Husumer Nachrichten, 22.07.95: „Vollständig im Wind", Willy-Peter Ström
Neue Energie, 07/95: „Husum im September: Kunst zur Messe"
Windpower monthly, July 1995: „Husum Wind Art"
WindKraftJournal, Juli/August 95: „Windkunst"
Partout, 08/95:"Performances im Watt"
Kunstforum international, 08/95: „Husum: Windfang-Symposion"
Gegenwind, 08/95: „Kunstereignis: Windfang"
Schleswig-Holsteiner-Landeszeitung, 09.08.95: „Seidene Segel fangen den Husumer Wind ein"
Bild-Zeitung, 10.08.95: „Künstler stehen im Wind"
Husumer Nachrichten, 10.08.95: „Kunst als Teil der Landschaft"
Flensborg Avis, 11.08.95: „Traumgebilde am Strand – wenn Künstler Wind fangen", Helmut Herbst
dpa, 11.08.95: „'Wind-Kunst-Symposium' in Husum"
Husumer Nachrichten, 16.08.95: „Ein Kunstprojekt mit frischem Rückenwind"
Schleswig-Holsteinische Landeszeitung, 23.08.95: „Bunte Spielereien im Wind"
Flensborg Avis, 25.08.95: „Kunst og vind kaedes sammen i Husum"
Die Zeit, 25.08.95, Reise; Ausstellungskalender
Husumer Nachrichten, 25.08.95: „Windbeutel zum Auftakt"
Husumer Nachrichten, 26.08.95: „Die Windfänger kommen", Thomas Graue
Husumer Nachrichten, 28.08.95: „Symposium in Schwung" und „'Felix' sorgt für Frische Luft"
Schleswig-Holsteinische Landeszeitung, 28.08.95: „Luft-Skulpturen über Husum"
Husumer Nachrichten, 29.08.95: „Fotografieren was man nicht sieht"
Husumer Nachrichten, 30.08.95: „Wo sogar jeder Windhauch eine Kratzspur hinterläßt", Rüdiger Otto
Husumer Nachrichten, 01.09.95: „'Wir wollten einfach nur ein gutes Bild'", Rüdiger Otto; „Ansichten zum Thema Wind"; „Ein Künstler braucht dringend Schaukelstühle"
Lübecker Nachrichten, 01.09.95: „Kunst im Wind"
Das Sonntagsblatt, 01.09.95: „Ziemlich windig", Katrin Wienfeld
Frankfurter Rundschau, 01.09.95: „Windenergieschreiber"
Flensborg Avis, 01.09.95: „Storslaet vindskriver"
Schleswig-Holsteinische Landeszeitung, 02.09.95: „Spektakuläre 'Kunst am Baum'", Rüdiger Otto
Husumer Nachrichten, 02.09.95: „In der Heimat der Kugelschreiber", Thomas Graue u. Rüdiger Otto
Kieler Nachrichten, 04.09.95: „Jede Menge Wind aufgewirbelt", Sabine Hassler
Husumer Nachrichten, 06.09.95: „'Tand ist alles Gebilde...'"; „Wechselhaft wie Wind"
Palette, 06.09.95: „Performance auf dem Baum"
Wochenschau, 06.09.95: „'Windfang' setzt Akzente"
Palette, 20.09.95: „Kunst, die uns weniger gefällt"
Husumer Nachrichten, 07.09.95: „Chaos im wahrsten Sinne"
Flensborg Avis, 08.09.95: „Lyd mellen kaos og orden", Thomas Reil
Husumer Nachrichten, 08.09.95: „Anziehender Gegensatz" u. „Musikalisches Chaos", Birgit Hems-Petersen; „Kostenloser Kultur-Trip mit dem Postbus"
Husumer Nachrichten, 09.09.95: „'Zeitgenössische Ikonen'"
Schleswig-Holsteinische-Landeszeitung, 09.09.95: „Großer Wirbel um den Wind", Rüdiger Otto
Husumer Nachrichten, 13.09.95: „Wind mit der Walze gepreßt", Rüdiger Otto; „Ende ohne Boden"
Frankfurter Rundschau, 13.09.95: „Windspiele", Johannes Wendland
Badische Zeitung, 14.09.95: „Den Wind hören, sehen, spüren", Johannes Wendland
Husumer Nachrichten, 15.09.95: „'Sagenhaftes' Nebeneinander", Rüdiger Otto
Husumer Nachrichten, 16.09.95: „Bodenlos im Wind"
Nordfriesland-Palette, 20.09.95: „'Schiefes Bild' im Rathaus"
Schleswig-Holsteinische Landeszeitung, 20.09.95: „Windige und 'übermenschliche' Kunst", Rüdiger Otto
Husumer Nachrichten, 21.09.95: „Die 'Windfänger' von Husum", B. Hems-Petersen
Husumer Nachrichten, 22.09.95: „'Abbauen tut immer weh'"
Messekatalog Husum Wind '95 (13.-17. September 1995)

Willmersdorf 1995

Veranstaltungsort (landschaftliche Situation): Willmersdorf bei Ilmenau
Bundesland: Thüringen

Zeitraum: 14. bis 24. September 1995

Thema: „Objekte im Wind – Ausgesetzt"

Idee u. Organisation: Organisatoren: Elvira und Ekkehard Franz

Finanzierung u. Unterstützung: Land Thüringen, Ilmkreis und private Förderer

Katalog/Dokumentation: „Objekte im Wind", 5. Symposium in Willmersdorf, Redaktion: Elvira Franz; Fotos: Gustav Franz; Gestaltung: Gustav Franz

Teilnehmer: 1 Künstlerin und 7 Künstler: Frank Dobmeier, Karin Heyne, Günther Holder, Patrik Kovacovsky (SK), Markku Malmivaara (SF), Ulrich Polster, Algimantas Slapikas (LT), Hael Yggs

Kurzbewertung: Vorläufig letztes Symposion zum Thema „Wind" in Willmersdorf. Fragile (Yggs), minimalistische (Holder) und auch einfache „bodenständige" Installationen wie z. B. die Vogelscheuchen von Dobmeier und Polster oder die an Holzstecken baumelnden, qualmenden Blecheimer des Finnen Malmivaara zeugen von einer zunehmenden Auseinandersetzung mit der Situation vor Ort und der Landschaft.

Literatur/Presse:
FW, 26.09.95: „Der Wind als Pate gegen die Sprachlosigkeit"
Thüringer Staatsanzeiger, 04.03.96

Brunsbüttel 1996

Veranstaltungsort (landschaftliche Situation): Brunsbüttel
Bundesland: Schleswig-Holstein

Zeitraum: 5. Mai bis 2. Juni 1996

Thema: „LAND : ART"

Idee u. Organisation: Konzeption: Marina von Assel

Finanzierung u. Unterstützung: Kunststiftung Landesbank Schleswig-Holstein

Katalog/Dokumentation: „LAND : ART" 3 Bände: I Die Künstler. II Dokumentation. III Die Objekte. Copyright 1996 Kunststiftung Landesbank Schleswig-Holstein, Stadtgalerie im Elbeforum Brunsbüttel und die Autoren; Gestaltung: Marina von Assel, HD Schrader, Gwendolin Vahle; Fotos: Uwe Greiss; Lithos: Litho- + Scannertechnik Kiel; Druck: Carius Druck, Kiel, Auflage: 700, ISBN 3-931279-04-9
Katalogtext: Bd. I: Grußwort Walter Schäfer; „Land Art, Naturkunst, LAND : ART", Marina von Assel; Bd. II: Grußwort Walter Schäfer; Vorwort Marina von Assel; „Symposium 5. Mai 1996: 'Kunst und Landschaft'", Ruth Falazik; „Zwischen den Deichen", Holger Lichty u. KD Arlt; „Zum Konzept des sanften Tourismus in Dithmarschen", Jörn Peter Cornelius; „Warum Natur – warum Kunst?", Doris Cordes-Vollert; Diskussion; „LAND : ART – die Standorte – eine Dokumentation", Marina von Assel

Teilnehmer: 4 Künstlerinnen und 4 Künstler: Doris Cordes-Vollert, Friedrich Gräsel, Diethelm Koch, Anke Mellin, Fritzi Metzger, HD Schrader, Gudrun Wassermann, Klaus Wiethoff-Hasenlieber

Kurzbewertung: Projekt, das Theorie (Vorträge u. Diskussion) und Praxis einer künstlerischen Arbeit in und mit der Natur verbindet. Die ausgeführten Objekte zeigen die gesamte Bandbreite der möglichen Auseinandersetzung von Kunst und Natur. Sie reichen von „Kunst in der Natur", die den natürlichen Raum als Hintergrund benutzt (Metzger) oder ihn als Raumgefüge thematisiert (Schrader), zu vorsichtigen Annäherungen, die bestimmte Teilaspekte (Horizont) vielschichtig untersuchen (Cordes-Vollert). Außerdem werden mit natürlichen Materialien vergängliche Zeichen gesetzt (Gräsel), die Wahrnehmung thematisiert (Mellin) und in einer multi-medialen Variante Spurensicherung betrieben (Wassermann).

Literatur/Presse:
Dithmarscher Landeszeitung/Brunsbütteler Zeitung, 17.11.95: „Ein Kunstprojekt aus dem Land und auf dem Land", Christiane Sengebusch
Dithmarscher Rundschau, 18.11.95: „Wasser, Himmel und Kunst", Gabriele Knoop
Kieler Nachrichten, 18.11.95: „Künstler zwischen den Deichen"
Brunsbütteler Rundschau, 18.11.95: „Suche nach einem Flecken für Kunst", Gabriele Knoop
Hallo, 21.02.96: „Kunstprogramm im Außenraum"
Brunsbütteler Zeitung, 04.04.96: „Hohe Kunst für das flache Land", Sönke Dwenger
Dithmarscher Rundschau, 04.04.96: „Aufregender Kunstsommer", Gabriele Knoop
Flensburger Tageblatt, 04.05.96: „Mit neuem Blick auf die Natur", Gabriele Knoop
Dithmarscher Landeszeitung, 06.05.96: „Kunst in der Natur – Kunst als Gegenwelt", Sönke Dwenger
Brunsbütteler Rundschau, 06.05.96: „Stroh-Objekt trifft Multimedia", Gabriele Knoop
Südanzeiger, 08.05.96: „Land : Art – Ein Kunstprojekt"
Dithmarscher Landeszeitung, 09.05.96: „LAND : ART: Ein nutzloses Machwerk von Spinnern?", Sönke Dwenger
Dithmarscher Landeszeitung, 10.05.96: „Freiluftkunst: Wichtig für Tourismus-Ausbau", Julia Hett
Brunsbütteler Rundschau, 11.05.96: Kulturbeilage Museumssommer 1996, „Land : Art in Dithmarschen"
Brunsbütteler Rundschau, 22.05.96: „Kunst mit Stroh und Traktoren", Gabriele Knoop u. „Land : Art für Kinder"
Dithmarscher Landeszeitung, 22.05.96: „'Land : Art': Diesmal nur für Kinder"
Marner Zeitung, 31.05.96: „Blick schweift übers platte Land", Gabriele Knoop
Dithmarscher Landeszeitung, 12.06.96: „Künstler und Natur schufen Rasenrelief", Christiane Sengebusch u. „Fritzi Metzgers 'Zugvögel' landeten im Speicherkoog", Gesine Groll
Brunsbütteler Zeitung, 12.06.96: „LAND : ART – 'Die Zugvögel' sind gelandet"
Südanzeiger, 12.06.96: „Kunst Landschaft"
Dithmarscher Rundschau, 13.06.96: „Land : Art-Kunst verteilt sich in Dithmarschen" u. „Tondokumente vor dem Frisierspiegel", Gabriele Knoop
Kieler Nachrichten, 14.06.96: „Kunst in karger Landschaft", Jens Rönnau
Brunsbütteler Zeitung, 14.06.96: „LAND : ART für jedermann: Die Kunstwerke sind fertig", Sönke Dwenger
Brunsbütteler Zeitung, 15.06.96: „Galerie Stücker: Badewanne mit Kunst-Rasen", Sönke Dwenger
Flensburger Tageblatt, 15.06.96: „Hochdonn: Spektakuläre Kunst am Kanal"
Marner Zeitung, 15.06.96: „Marne hat ein neues Kunstwerk", Gwendolin Vahle
Dithmarscher Rundschau, 15.06.96: „Flechtwerk in Stahl und Wolle" u. „Stahlvögel hinter dem Deich", Gabriele Knoop
Dithmarscher Landeszeitung, 15.06.96: „LAND : ART: Der Name der Kugel?"
Brunsbütteler Rundschau, 17.06.96: „Provokation zeigt Perspektiven", Gabriele Knoop
Brunsbütteler Zeitung, 17.06.96: „'LAND : ART' – Dithmarschen als Kulturlandschaft", von Christiane Sengebusch
Kieler Nachrichten, 18.06.96: „Das Land und die Kunst" u. „Die Landschaft spielt mit", Jens Rönnau
Dithmarscher Landeszeitung, 18.06.96: „Ausstellung bis in den Herbst hinein"
Dithmarscher Landeszeitung, 19.06.96: „'LAND : ART'-Projekt auf der Südseite" u. „Wenn die Natur Verletzungen erfährt", Melanie Hentrey
Brunsbütteler Rundschau, 19.06.96: „Giftgrüne Badewanne bei Stücker", Gabriele Knoop
Süd-Anzeiger, 19.06.96: „Kunstgenuß ohne Schwellenangst"
Marner Zeitung, 22.06.96: „'Gärtner' konkurriert mit Kugel"
Brunsbütteler Zeitung, 24.06.96: „LAND : ART für Kinder: Ein Teddybär aus Ytong-Stein"
Brunsbütteler Rundschau, 25.06.96: „Roter Stahl vor dem Holstentor", Jens Rönnau
Brunsbütteler Rundschau, 27.06.96: „Bilderrahmen für die Elbe", Gabriele Knoop
Brunsbütteler Rundschau, 28.06.96: „Literatur-Lesung bei LAND : ART"
Dithmarschen 2/1996 /Heft 2/ Juni 1996: „Kunst in der Dithmarscher Landschaft"
Dithmarscher Landeszeitung, 01.07.96: „ Ein 'Kunstwerk' der ganz besonderen ART"
Dithmarscher Landeszeitung, 04.07.96: „Die Woll-Wasser-Seh-Zeichen beleben den Kanal"
Brunsbütteler Rundschau, 05.07.96 (Foto)
Süd-Anzeiger, 10.07.96
Dithmarscher Landeszeitung, 16.07.96: „Der Wegweiser zum Kunstereignis", Sönke Dwenger
Dithmarscher Landeszeitung, 17.07.96: „Sanierung der Schwimmhalle liegt gut in der Zeit", Henning Voß

Brunsbütteler Rundschau, 19.07.96: „LAND : ART lockt"
Brunsbütteler Zeitung, 20.07.96: „'Galerie für Kinder' macht Ingrid Kross am meisten Spaß", Christiane Sengebusch
Dithmarscher Landeszeitung, 20.07.96: „Tour zur Kunst" u. „Noch freie Plätze"
Dithmarscher Landeszeitung, 26.07.96: „Auf den Spuren von LAND : ART"
Dithmarscher Landeszeitung, 27.07.96: „Noch Plätze frei"
Brunsbütteler Rundschau, 26.07.96: „Erster Taufgottesdienst im Brunsbütteler Deichvorland"
Brunsbütteler Rundschau, 27.07.96: „Kunst auf dem Feld im Bild festgehalten"
Dithmarscher Landeszeitung, 29.07.96: „Neumodische Werbung für Lakritzschnecken"
Brunsbütteler Rundschau, 05.08.96: Kanal-Schnack
Dithmarscher Landeszeitung, 7.08.96: „LAND : ART-Bus" u. „Was wird aus LAND : ART?" u.„LAND : ART für den Müllhaufen der Kunstgeschichte?", Sönke Dwenger u. Ihre Meinung
Brunsbütteler Rundschau, 10.08.96: „LAND : ART für Kids"
Dithmarscher Landeszeitung, 10.08.96: „Was soll mit der LAND : ART geschehen?"
Dithmarscher Landeszeitung, 13.08.96: „Finissage mit Busfahrt und Podiumsdiskussion" u. „Saft und Negerküsse"
Dithmarscher Landeszeitung, 14.08.96: „Was soll mit den LAND : ART Kunstwerken geschehen?" u. „Skateboard-Anlage von 'LAND : ART' umrahmt"
Brunsbütteler Rundschau, 15.08.96: Kanal-Schnack
Dithmarscher Landeszeitung, 15.08.96: „Kinderkunstwerke zu 'LAND : ART'" und „Was soll mit den LAND : ART Kunstwerken geschehen?"
Dithmarscher Landeszeitung, 16.08.96: „Nun die Finissage"
Dithmarscher Landeszeitung, 19.08.96: „Finnisage zu LAND : ART" u. „Kunstgenuß vor der Schlemmerbude", Sönke Dwenger
Dithmarscher Landeszeitung, 20.08.96: „'Kunst ist nicht zum möblieren der Landschaft da'", Christiane Sengebusch
Dithmarscher Landeszeitung, 26.08.96: „LAND : ART-Kugel für Gisela Böhrk 'eine tolle Idee'"
Dithmarscher Landeszeitung, 28.08.96: „Fröhlicher Taufgottesdienst im Kubuskoog", Ute Waller
Dithmarscher Landeszeitung, 03.09.96: „Ganz professionell", Wiebke Reißig
Brunsbütteler Rundschau, 04.09.96: „LAND : ART inside"
Dithmarscher Landeszeitung, 17.09.96: „Die Gemüter erregt ...", Minne Rössler

Bassum 1996

Veranstaltungsort (landschaftliche Situation): Bassum – Nordwohlde
Bundesland: Niedersachsen

Zeitraum: 30. Juni bis 14. Juli 1996

Thema: „kon | trär"

Idee u. Organisation: Künstlerinnenhof Die Höge e. V.

Finanzierung u. Unterstützung: Senator für Bildung, Wissenschaft, Kunst und Sport Bremen; Künstlerinnen-Verband Bremen GEDOK; Firmen Langer, Bramstedt, Warneke, Weyhe u. Ytong Rotenburg

Katalog/Dokumentation: Postkartenedition „kon | trär", Copyright: Künstlerinnenhof DIE HÖGE, Bassum; Auflage 700
Katalogtext: „kon trär", Eva Schmidt GAK, Bremen

Teilnehmer: 7 Künstlerinnen: Frauke Alber, Sabine Albers, Alice Bahra, Dorothea Muszynski, Ulla Nentwig, Isabell Riederer, Ute Safrin

Kurzbewertung: Reaktion auf vorgefundene Situationen mit einfachen Mitteln. Dabei steht, dem Titel folgend, die Konfrontation mit Fremdem oder scheinbar Unsinnigem im Vordergrund: 13 Kissen warten darauf, von Kühen benutzt zu werden (Muszynski), zehn thronartige Sitze aus weissem Ytong (Alber) verfremden den Wald, ein Ziegeldach führt in den Boden hinein (Riederer).

Literatur/Presse:
Weserkurier, 11.07.96: „Brauchen Kühe denn Kissen?", Michael Rabba
Hannoversche Allgemeine: „Kühe und Kissen", Alexandra Glanz
Pinneberger Tageblatt: „Riesenkissen für die Kühe", Sabine Komm
Foyer Nr. 20, Mai 97: „Frauenkunst im Kuhdorf", Sabine Komm

Waren (Müritz-Nationalpark) und Suwalki (Wigierski-Nationalpark, Polen) 1996

Veranstaltungsort (landschaftliche Situation): Waren (Müritz-Nationalpark) und Suwalki (Wigierski-Nationalpark, Polen)
Bundesland: Mecklenburg-Vorpommern

Zeitraum: 21. August bis 2. Oktober 1996; Waren: 21. August bis 14. September 1996; Suwalki: 15. September bis 2. Oktober 1996

Thema: Der Kunstring, 5. Internationales Bildhauerpleinair 1996

Idee u. Organisation: Projekt des Wigry-Nationalparkes und des Fördervereins Müritz-Nationalpark e. V.; Konzept: Sven Domann; Kurator Deutschland: Sven Domann; Kurator Polen: Prof. Andrzej Strumillo

Finanzierung u. Unterstützung: Kultusministerium u. Ministerium f. Landwirtschaft u. Naturschutz des Landes Mecklenburg-Vorpommern; Stiftung für deutsch-polnische Zusammenarbeit aus Mitteln der Bundesrepublik Deutschland; Stiftung Europäisches Naturerbe; Landkreis Mecklenburg-Strelitz; Landkreis Müritz; Stadt Waren; Stadt Neustrelitz; IPSE Neustrelitz; Wirtschaftsförderung Müritz GmbH; Mecklenburgische Brauerei Lübz; Kreissparkasse Neustrelitz; Müritzsparkasse; Kiestagebau „Erlenkamp" Röbel; Europäische Akademie M-V Waren
Polen: Galerie „Arsenal" Bialystok, Unterstützung während der Druckvorbereitung des Kataloges

Katalog/Dokumentation: „Der Kunstring Müritz-Nationalpark Wigierski Park Narodowy – Natur und Kunst, Schutz und Zeichen", Hg.: Wigry-Nationalparkamt, Krzywe/Förderverein Müritz-Nationalpark e. V., Waren; Redaktion: Sven Domann, Waren; Gestaltung und Fotografie: Wolfdietrich Gerhardt, Neustrelitz; Text: Sigrid Wollmeiner, Bonn; Übersetzung: Tomasz Baran, Lublin; Satz u. Litho: Typografik Fischer, Waren; Druck: Orthdruck, Bialystock
Katalogtext: Vorworte: Regine Marquardt, Kultusministerin; Martin Brick, Minister für Landwirtschaft und Naturschutz des Landes Mecklenburg-Vorpommern; Gert Schultz, Landrat des Landkreises Müritz; Michael Kautz, Landrat des Kreises Mecklenburg-Strelitz; Ulrich Meßner, Leiter des Nationalparkamtes Müritz; Interview mit dem Geschäftsführer der Mecklenburgischen Brauerei Lübz, dem Hauptsponsor des Künstlerpleinairs; Maciej Kaminski, Stv. Direktor des Wigry-Nationalparkes; Sigrid Wollmeiner, Kunstwissenschaftlerin; „Natur und Kunst, Schutz und Zei-

chen – Der Kunstring am Nationalpark als Phänomen eines neuen Gruppenbewußtseins", Sven Domann, Bildhauer und Kurator; „Schülerfreilichtgalerie 1996", Anne Eberlein; „Ars est celare artem", Andrzej Strumillo, Maler und Kurator; „Kunstringdefinition", Sven Domann, Bildhauer und Kurator

Teilnehmer: 5 Künstlerinnen und 5 Künstler: Virginija Babusyte-Venckuniene (LT), Thorsten Bisby, Birgit Cauer, Kristaps Gulbis (LV), Gunnar Heilmann, Grazyna Jaskierska (PL), Teresa Klamann (PL), Malgorzata Niedzielko (PL), KM. Twinn, Gennadi Woronow (RUS)

Kurzbewertung: Pleinair, auf dem in Deutschland und Polen am Nationalpark gearbeitet wird (zeitlich nacheinander). Neben Holz- und Steinobjekten und -skulpturen entstehen auch Arbeiten, die die beiden Nationalparke symbolisch miteinander verbinden. Dies geschieht u. a. durch die Ausführung ähnlicher Installationen an beiden Orten (Cauer, Twinn), die z. T. konzeptionell (gedankliche „Achse", Twinn) aufeinander bezogen werden. Zusätzlich wird erstmals im Rahmen des Pleinairs auch von Nicht-Künstlern, den Arbeitern der Landhöfe Kargow, ein eigenes (Laien-) Kunstwerk geschaffen. Parallel zum Pleinair arbeiten an beiden Orten außerdem Schüler und Jugendliche unter Anleitung mit natürlichen Materialien und erstellen eigene kleine Objekte.

Literatur/Presse:
Müritz-Zeitung, 15.01.96: „Künstler bereiten sich auf 5. Bildhauerpleinair vor", Petra Sprick
Strelitzer Zeitung, 16.01.96: „Rundreise durch den Nationalpark dient Vorbereitung des 5. Pleinairs", Mario Tumm
Strelitzer Zeitung, 29.01.96: „Idee des Kunstringes soll in diesem Jahr durch sozialen Gedanken erweitert werden"
Nordkurier, 27.01.96: „Bewohner wirken am Kunstring mit"
Strelitzer Zeitung, 06.02.96: „Europäische Akademie will künftig Partner für Internationales Kunstpleinair sein"
Müritz-Zeitung, 02.03.96: „Junge Umweltschützer versuchen sich mit dem Zeichenpinsel", Petra Sprick
Müritz-Zeitung, 24.04.96: „Nationalparke wollen zusammenarbeiten"
Müritz-Zeitung, 11.04.96: „Bewerber aus neun Nationen für Internationales Künstlerpleinair", Petra Sprick
Anzeigenkurier, 24.04.96: „Künstlerpleinair im Müritz-Nationalpark"
Strelitzer Zeitung, 11.04.96: „Internationales Künstlerpleinair zum fünften Mal vorbereitet"
Nordkurier, 06.04.96: „92 Künstler wollen zum Pleinair"
Müritz-Zeitung, 30.04.96: „Jury entscheidet heute über Teilnehmer des '96er Pleinairs", Petra Sprick
Nordkurier, 03.05.96: „Zehn Künstler für Warener Pleinair qualifiziert"
Strelitzer Zeitung, 17.05.96: „Geflechte aus Weiden sollen Platz finden"
Strelitzer Zeitung, 04.07.96: „Findling wird am Prälanksee aufgestellt"
Strelitzer Zeitung, 11.07.96: „Geflechte aus Schilf, Ästen und Weiden bauen"
Strelitzer Zeitung, 25.07.96: „Grundidee liefert Sozialgefüge der Ameisen"
Müritz-Zeitung (o. D.): „Selbstgeschaffene Kunst soll Jugendliche für Natur sensibilisieren", Petra Sprick
Nord-Kurier (o. D.): „Beim sozialen Kunstwerk gehören Konflikte dazu", Detlef Stapf

Halver 1996

Veranstaltungsort (landschaftliche Situation): Halver (Märkischer Kreis/Sauerland)
Bundesland: Nordrhein-Westfalen

Zeitraum: 21 bis 22. September 1996

Thema: „Zwischen Himmel und Erde"

Idee u. Organisation: Gruppe Seltene Erden

Finanzierung u. Unterstützung: Gruppe Seltene Erden, Initiative „Pro Halver"

Katalog/Dokumentation: „Zwischen Himmel und Erde – Projekt Heesfelder Mühle 1996" Natur – Kunst – Symposion der Gruppe Seltene Erden; Handgefertigte Dokumentationsmappe
Katalogtext: „Konzept"

Teilnehmer: 16 Künstlerinnen und 2 Künstler: Rolf Ahlers, Siegbert Engel, Karin Engels, Silke Haase, Ulli Haller, Lydia Koch, Viola Kramer, Caroline Lauscher-Stupp, Marianne Lenz, Karin Lubberich, Hiroko Nakajima, Ulrike Oeter, Ute Poeppel, Margret Quiring, Maria Schätzmüller-Lukas, Margret Schopka, Inge Steinebach
Performance: Kristin Kunze

Kurzbewertung: Kurze Aktion, auf der stark vergängliche Arbeiten und Installationen aus Naturmaterialien (Zweige, Reisig, Blätter, Gräser, Tannenzapfen, Steine) gefertigt werden. Zeichensetzungen und Akzentuierungen besonderer Orte stehen im Vordergrund, doch erfolgen auch kritisch-ironische Anmerkungen („Lust auf Natur", Oeter).

Literatur/Presse: keine Angaben

Behringen 1997

Veranstaltungsort (landschaftliche Situation): Hütscheroda-Behringen (Naturpark Hainich)
Bundesland: Thüringen

Zeitraum: 8. bis 31. Mai 1997

Thema: „Zusammenwirken von Mensch, Natur und Kunst"

Idee u. Organisation: Initiator: Jürgen Dawo, Geschäftsführer der KULSA Immobilien-Beratungs-GmbH, Behringen; Veranstalter: Europäische Kommunikations-Akademie für Bildung, Beratung u. Projekte e. V., Behringen; Organisation: Ulrike Wilke

Finanzierung u. Unterstützung: Hauptsponsor: Jürgen Dawo, Geschäftsführer der KULSA Immobilien-Beratungs-GmbH, Behringen; Land Thüringen; Wartburgkreis; Gemeinde Behringen und zahlreiche weitere örtliche Handwerksbetriebe u. Unternehmen (s. Katalog, letzte Seite); Schirmherrschaft: Ministerin Christine Liebknecht, Landrat des Wartburgkreises Dr. Martin Kaspari

Katalog/Dokumentation: „Skulpturenwanderweg Hütscheroda-Behringen", Hg. u. Redaktion: Europäische Kommunikations-Akademie für Bildung, Beratung und Projekte e. V., Hütscheroda; Konzept und Gestaltung: Werbeagentur Werthmann, Behringen; Fotos: Foto Jadke, Bad Langensalza

Katalogtext: Vorwort der Ministerin Christine Lieberknecht; Grusswort des Bürgermeisters der Gemeinde Behringen, Kurt Neidel; „Hütscheroda und Behringen sind zur Kunstadresse geworden, Initiator Jürgen Dawo; „Schwebende Schwere – Materialphantasien auf dem Wege", Prof. Dr. Peter Arlt; „Kunst und Natur verbunden", Margot Baum

Teilnehmer: 4 Künstlerinnen und 7 Künstler: Martina Benz, Stanislaw Bizek (PL), Birgit Cauer, Dinu Câmpeanu (RO), Klaudia Kandel, Eberhard Krüger, Jakub Lewinski (PL), Barbara Neuhäuser, Hermann Hugo Oberhäuser, Walter Peter, Harald Stieding

Kurzbewertung: Sehr unterschiedliche Arbeiten rechts und links eines Wanderweges am Hainich (z. T. auf Betonfundamenten). Die Arbeiten erscheinen bis auf wenige Ausnahmen (Benz, Stieding) nicht auf den Ort bezogen, sondern nachträglich entlang des Weges plaziert. Neben Skulpturen und Objekten aus vorwiegend natürlichen Materialien (Holz, Stein) wird u. a. auch eine abstrakte, blau und rot bemalte Metallskulptur (Lewinski) am Waldrand aufgerichtet.

Literatur/Presse:
Thüringer Allgemeine, 05.07.96: „Behringen bekommt Skulpturenwanderweg"
Thüringer Landzeitung, 06.07.96: „Skulpturen am Wegesrand"
Thüringer Allgemeine, 12.07.96: „Skulpturenweg lädt zum Wandern ein"
Thüringer Landzeitung, 06.08.96: „Wandern an Skulpturen entlang", Jensen Zlotowicz
Thüringer Allgemeine, 06.08.96: „Über hundert Künstler wollen sich beteiligen"
Thüringer Allgemeine, 07.08.96: „Über 150 Künstler wollen 15 Skulpturen erschaffen"
Bürger-Echo; Nr. 19: „Weiterentwicklung der Idee 'Kunst auf dem Lande '"
Thüringer Allgemeine; 04.11.96: „Skulpturenwanderweg findet bereits Resonanz"
Thüringer Allgemeine, 08.11.96: „45 Bewerber für Skulpturenweg", M. Zollver
Thüringer Allgemeine, 15.11.96: „Eine Entdeckung mit kalten Füßen"
Thüringer Allgemeine, 26.11.96: „Skulpturen im Schloßpark Hütscheroda"
Bad Langensalzaer Allgemeine, 28.11.96: „Ausgewählte Künstler stellen sich im Hotel Herrenhaus vor"
Bürger-Echo, 02.12.96: „Skulpturenwanderweg Behringen-Hütscheroda", Ulrike Wilke
Bürger-Echo, 10.01.97: „Minister Lieberknecht übernimmt Schirmherrschaft über Skulpturenwanderweg"
Thüringer Allgemeine, 18.01.97: „Einen Wanderweg mit Skulpturen gestalten"
Prima, 06/97: „Kunst im ländlichen Raum"
Thüringer Allgemeine, 05.05.97: „Symposium mit neun Bildhauern"
Thüringer Allgemeine, 07.05.97: „Plastiken aus Stein, Holz und Stahl"
Thüringer Allgemeine, Bad Langensalza, 15.05.97: „Argusstein mit Durchblick", Ursula Hoffmann
Thüringer Landzeitung, 17.05.97: „'Ewige Werte' für den Ort", Alf Göhringer
Thüringer Allgemeine, Eisenach, 22.05.97: „Argusstein mit Durchblick", Ursula Hoffmann
EB, 29.05.97: „Zusammenwirken von Mensch, Natur und Kunst"
Thüringer Allgemeine, 31.05.97: „Im Gespräch mit Dorfbewohnern bekam die Skulptur neuen Namen", Ursula Hoffmann

Troisdorf 1997

Veranstaltungsort (landschaftliche Situation): Troisdorf (Rhein-Sieg-Kreis)
Bundesland: Nordrhein-Westfalen

Zeitraum: 14. Juni bis 5. Juli 1997

Thema: „StadtMensch NaturLandschaft"

Idee u. Organisation: Organisation und Durchführung: Bürgerhaus Troisdorf GmbH

Finanzierung u. Unterstützung: Stadt Troisdorf; Flughafen Köln/Bonn GmbH; AG Drüber und Drunter in Niederkassel; Galerie INCONTRO, Eitorf; gefördert vom Ministerium für Stadtentwicklung, Kultur und Sport des Landes Nordrhein-Westfalen

Katalog/Dokumentation: „StadtMensch NaturLandschaft 5. Troisdorfer Symposium", Hg.: Stadt Troisdorf; Redaktion: Bürgerhaus Troisdorf GmbH; Grafische Gestaltung: Susan Cimera-Busch; Text: Günter Willscheid; Fotos: Klaus Schmitz
Katalogtext: Grußwort Uwe Göllner, MdB, Bürgermeister; „Wenn die Kunst ihr Reservat verlässt", Günter Willscheid

Teilnehmer: 7 Künstler: Victor Bonato, H. R. Fricker (CH), Albert Huber (F), Tor Michael Sönksen, Nils-Udo, Georg Wittwer, Daniel Zimmermann (CH)

Kurzbewertung: Symposion, das den Grenzbereich oder Übergang zwischen Stadt und Landschaft und das komplexe Verhältnis des Menschen zur Natur thematisiert. Die Ergebnisse beleuchten auf sehr unterschiedliche Weise die verschiedenen Aspekte der Thematik. Zwei Arbeiten entstehen in der Innenstadt (Fricker, Zimmermann), von denen eine Arbeit (Zimmermann) ein Pendant in Form einer identischen Installation in der Landschaft erhält. Daneben werden z. T. große Arbeiten am Stadtrand geschaffen, wie eine „Kathedrale" aus Eichen (Huber) oder die Landschaftsgestaltung „Natur-Architektur-Skulptur" von Nils-Udo, die den Übergang von der Architektur in die Natur bildlich umsetzt.

Literatur/Presse:
Rhein-Sieg-Anzeiger, 01./02.03.97: „Stadtmenschen und Naturlandschaften"
Rhein-Sieg-Anzeiger, 25.03.97: „Stadtentwicklung auch mit Kunst und Kultur"
General-Anzeiger, 03.04.97: „Troisdorf richtet ein Kunstsymposium aus"
Rhein-Sieg-Anzeiger, 16.04.97: „Lange Debatte über 'jecke Sachen'", Klaus Schmitz
Rhein-Sieg-Rundschau, 16.04.97: „Poetische Orte der Kunst zwischen Stadt und Land"
Rhein-Sieg-Anzeiger, 17.04.97: „Eine Chance für sechs Künstler"
Rhein-Sieg-Rundschau, 17.04.97: „Symposium verheißt internationales Flair"
Troisdorfer Stadtzeitung, 17.04.97: „5. Troisdorfer Künstler Symposium, Thema: Stadtmensch-Naturlandschaft"
Extra Blatt, 07.05.97: „Künstler lernten ihren Sommerarbeitsplatz kennen"
General-Anzeiger, 29.05.97: „Künstler-Symposium"
Rhein-Sieg-Rundschau, 11.06.97: „Kunst als wichtiges Element der ästhetischen Stadtentwicklung"
General-Anzeiger, 12.06.97: „Künstler suchen ein Zuhause"
Rhein-Sieg-Anzeiger, 12.06.97: „Das Bürgerhaus sucht Zimmer für Künstler" u. „Mensch und Natur"
Rhein-Sieg-Rundschau, 16.06.97: „Pappeln wachsen zur Kathedrale"

Rhein-Sieg-Anzeiger, 16.06.97: „Ein Dinosaurier sorgt für Ruhe", Klaus Schmitz
General-Anzeiger, 21.06.97: „Gratwanderung über Strukturfelder", Heike Hamann
Rhein-Sieg-Rundschau, 21.06.97: „Grüne Welle aus Erde soll durch das Haus schwappen"
Rhein-Sieg-Rundschau, 24.06.97: „Tour zur Kunst in der Natur"
Rhein-Sieg-Anzeiger, 25.06.97: „Plätze frei bei Kultur-Tour"
Rhein-Sieg-Rundschau, 26.06.97: „'Tumbleweed' aus 90 Kubikmeter Reisig"
Extra-Blatt, 26.07.97: „Thema Stadt-Mensch-Natur"
Rhein-Sieg Anzeiger, 27.06.97: „Mikados zwischen Kamille und Mohn", Klaus Schmitz
Rhein-Sieg Anzeiger, 02.07.97: „Kran hilft Kunst auf die Beine", Klaus Schmitz
Rhein-Sieg-Anzeiger, 04.07.97: „Bäume voller Beton bewegt" u. „TIP StadtMensch – NaturLandschaft"
Rhein-Sieg-Anzeiger, 05./06.07.97: „Betonkuchen zum Künstler-Geburtstag"
Rhein-Sieg-Rundschau, 05.07.97: „Die Kunst im Kampf mit Dauerregen und Morast"
Rhein-Sieg Rundschau, 07.07.97: „Ausklang mit Komik und Feuerspektakel"
General-Anzeiger, 07.07.97: „Sieben Kunstwerke auf einen Streich", Heike Hamann, Franz Riener
Rhein-Sieg-Rundschau, 08.07.97: „Spiel mit Wind und Feuer zum Finale des Festivals"
Rhein-Sieg-Anzeiger, 08.07.97: „'Menschen müssen wieder lernen, auf etwas zu warten'", Klaus Schmitz
Rhein-Sieg-Anzeiger, 15.07.97: Leserbrief „Wie ein Kuckucks-Ei", Eva Nussbaum
Rhein-Sieg-Anzeiger, 29.07.97: „Natur und Kunst im Spicher Park sorgt für beträchtlichen Unmut", Klaus Schmitz
Rhein-Sieg-Anzeiger, 19.08.97: Leserbrief „Abfall ante portas", Walter Bächler
Extra-Blatt, 20.08.97: „'Orte' der Kunst"
Rhein-Sieg-Anzeiger, 20.08.97: Leserbrief „Rundherum informiert", Till Friedrich, Geschäftsführer Bürgerhaus Troisdorf
Rhein-Sieg-Anzeiger, 22.08.97: Leserbrief „Plattform für einen Überblick" Hans Götz
General Anzeiger, 04.09.97: Leserbriefe
Rhein-Sieg-Rundschau, 08.09.97: Leserbrief „Eines Volksvertreters unwürdig" Heinrich Dittmar
Rhein-Sieg-Rundschau, 26.09.97: Leserbrief „Läuterung vor dem Hügelwerk" Joseph Pumpa
Rhein-Sieg-Anzeiger, 14.10.97: „Kunst-Applikation oder eine 'große Sauerei'?", Klaus Schmitz
Rhein-Sieg-Rundschau, 17.10.97: „Metapher für Dualismus von Zivilisation und Natur", Günter Willscheid
Rhein-Sieg-Rundschau, 16.10.97: „'Geisterbusch' wie vom Wüstenwind geschaffen", Günter Willscheid
Flughafennachrichten, Oktober 1997: „'Poetische Orte' in Stadt und Natur"
Kölner Skizzen, 19. Jg. Heft 3/1997: „Künstlersymposium in Troisdorf Stadtmensch-Naturlandschaft"
Junge Kunst, Nr. 33, 5/97: „StadtMensch-NaturLandschaft", Sigrid Wollmeiner

Bassum 1997

Veranstaltungsort (landschaftliche Situation): Bassum – Nordwohlde
Bundesland: Niedersachsen

Zeitraum: 17. August bis 23. Oktober 1997

Thema: „ganz nah"

Idee u. Organisation: Künstlerinnenhof Die Höge e. V.

Finanzierung u. Unterstützung: Niedersächsisches Ministerium für Wissenschaft und Kultur; Paul-Reinhart-Stiftung; Winterthur; Kreissparkasse Syke

Katalog/Dokumentation: Postkartenedition „ganz nah – Symposion auf der Höge"; Copyright: Künstlerinnenhof DIE HÖGE, Bassum; Gestaltung: Gunhild Tuschen, Bremen; Auflage 1000; 1997
Katalogtext: „Auszug aus der Einführung anläßlich der Vernissage 'ganz nah' am 17.08.97", Prof. Dr. Silke Wenk

Teilnehmer: 7 Künstlerinnen: Doris Cordes-Vollert, Christine Hoffmann, Traud'l Knoess, Angela Kolter, Henriette Leinfellner, Etta Unland, Susanne Amatosero (Schriftstellerin)

Kurzbewertung: Zweites Symposion im Außenbereich des Künstlerinnenhofes mit stark ortsbezogenen Installationen aus zum größten Teil natürlichen Materialien. Während auf dem ersten Symposion (Bassum – Nordwohlde 1996) der Kontrast zur natürlichen Umgebung im Vordergrund stand, wird diesmal eine vorsichtige Annäherung an die Natur versucht. Kolter lässt das Wort SEIN aus Gerste wachsen, Cordes-Vollert beschriftet eine Reihe von Bäumen mit einzelnen Worten eines Gedichtes. Hofmann schafft aus Holzstämmen eine sechseckige Ur-Architektur, Leinfellner verbindet zehn Buchen mit Sisalschnüren.

Literatur/Presse:
taz. Bremen, 16./17.08.97: „Ein abgelegtes Ohr auf der Wiese", Dora Hartmann
Kreiszeitung, 16.07.97: „Hellblaues Glasauge starrt Betrachter aus einer alten Schrubberbürste an"
Weserkurier: „Aus Borsten blickt ein Auge, dem Boden entwächst ein Ohr", Michael Rabba

Neustrelitz (Müritz-Nationalpark) 1997

Veranstaltungsort (landschaftliche Situation): Neustrelitz (Müritz-Nationalpark)
Bundesland: Mecklenburg-Vorpommern

Zeitraum: 20. August bis 13. September 1997

Thema: Natur und Kunst, Schutz und Mensch, 6. Internationales Künstlerpleinair 1997

Idee u. Organisation: Projekt des Wigry-Nationalparkamtes und des Fördervereins Müritz-Nationalpark e. V.; Kurator Deutschland: Sven Domann; Kurator Polen: Prof. Andrzej Strumillo

Finanzierung u. Unterstützung: Kultusministerium u. Ministerium f. Landwirtschaft u. Naturschutz des Landes Mecklenburg-Vorpommern; Fonds Soziokultur; Robert-Bosch-Stiftung GmbH (Soziale Bürgerinitiative in den neuen Bundesländern); Stiftung Europäisches Naturerbe; Landkreis Mecklenburg-Strelitz; Landkreis Müritz; Stadt Waren; Stadt Neustrelitz; IPSE Neustrelitz; Wigry-Nationalparkamt; Nationalparkamt Müritz sowie Mecklenburgische Brauerei Lübz; Firma Gerüstbau Werdermann, Neustrelitz; Autohaus Schlingmann Waren; Müritz-Hotel, Klink; Müritzsparkasse; Sparkasse Mecklenburg-Strelitz; Hoch-, Tief- und Stahlbetonbau Köthenburger GmbH, Waren; Mecklenburger Metallguß GmbH, Waren; Kiestagebau „Erlenkamp" Röbel; Güstrower Schloßquell GmbH, Güstrow; Statikbüro Roland Schmidt, Waren; Überbetriebliches Ausbildungszentrum (ÜAZ), Waren; Europäische Akademie M-V, Waren

Katalog/Dokumentation: „Der Kunstring am Müritz-Nationalpark. Das soziale Kunstwerk – Natur und Kunst, Schutz und Mensch", Hg.: Förderverein Müritz-Nationalpark e. V.; Redaktion: Sven Domann, Waren; Katrin Nolting, Berlin; Fotografie: Renate Zeun, Berlin; Texte: Sigrid Wollmeiner, Bonn; Satz u. Litho: Typografik Fischer, Waren; Druck: Druckerei Beyer Röbel
Katalogtext: Vorworte Regine Marquardt, Kultusministerin, und Martin Brick, Minister für Landwirtschaft und Naturschutz des Landes Mecklenburg-Vorpommern; „Nature is the art of which we are a part", Sigrid Wollmeiner, Kunsthistorikerin; „Schülerfreilichtgalerie", Sigrid Wollmeiner, Kunsthistorikerin; „Der Kunstring am Wigry-Nationalpark 1997", Prof. Andrzej Strumillo, Kurator

Teilnehmer: 4 Künstlerinnen und 2 Künstler: Kyung Ah Moon (ROK), Arvydas Alisanka (LT), Gabriele Berger (A), Francois Davin (F), Beate Debus, Susanne Ruoff sowie Lehrlinge des ÜAZ Waren und Einwohner der Gemeinden Ankershagen u. Fürstensee. Erweiterung des Kunstringes am Wigry-Nationalpark durch polnische Schüler aus Mackowa Ruda und Stary Folwark

Kurzbewertung: Erweiterung des Pleinairs um einen sozialen Aspekt und infolgedessen Änderung der Thematik von „Natur+Kunst-Schutz+Zeichen" in „Natur+Kunst-Schutz+Mensch": Neben professionellen Künstlern, die z. T. stark ortsbezogen arbeiten (Berger, Davin), erstellen Bürger, Jugendliche und Kinder ihre eigenen Kunstwerke aus Naturmaterialien. Beginn der Kooperation mit einem französischen Natur-Kunst-Projekt („Le Vent des Forêts", Lahaymeix, Initiator: Francois Davin).

Literatur/Presse:
Nordkurier, 22.01.97: „Warener Pleinair-Idee nun auch in Frankreich", Detlef Stapf
Nordkurier, 30.04.97: „Erstes deutsch-polnisches Treffen zwischen Nationalpark-Mitarbeitern" u. „Naturschützer treffen sich an der Müritz"
Strelitzer Zeitung, 09.05.97: „Serrahner Treffen bahnt Kontakte an", Peter Ernst
Anzeigenkurier, 04.06.97: „Neues Natur-Kunst-Projekt im ÜAZ Waren gestartet"
Takt, Juli 97: „Müritz-Nationalpark: Wo Kunst und Natur vereint sind"
Strelitzer Zeitung, 06.08.97: „Idee des Kunstringes in Frankreich aufgegriffen"
Nordkurier, 12.08.97: „Gegengewicht zur Dominanz Pariser Kunst"
Strelitzer Zeitung: „Bürger werden zu neuem Aspekt des Pleinairs", Charlotte Linke
Strelitzer Echo, 20.08.97: „Fürstenseer machen Kunst"
Nordkurier/Strelitzer Zeitung, 21.08.97: „Künstler, Bürger und Jugendliche am Nationalpark tätig", Annett Wieking
Anzeigenkurier, 21.08.97: „Kunst zum Anfassen"
Nordkurier/Strelitzer Zeitung: „Sechstes Müritz-Pleinair in reduzierter Variante", Detlef Stapf
Vier-Tore-Blitz Neubrandenburg, 24.08.97: „Internationales Pleinair eröffnet"
Nordkurier, 24.08.97: „Gefangener Stein markiert natürlichen Kunstschutz", Matthias Wolf
Anzeigenkurier, 27.08.97: „Konzentration und Kreativität auf dem Schloßberg"
Nordkurier, 01.09.97: „Kleine Künstler auf Schloßberg"
Nordkurier/Strelitzer Zeitung, 08.09.97: „Bildhauer-Kunst im Nationalpark" Matthias Wolf
Nordkurier/Strelitzer Zeitung, 08.09.97: „Goldene Wiege und Markt zu Nationalparktagen", Peter Ernst
Nordkurier/Strelitzer Zeitung, 08.09.97: „Tag der offenen Tür bringt Gäste und Künstler ins Gespräch", Peter Ernst
Nordkurier/Müritz Zeitung, 11.09.97: „Kunst am alten Gutshaus in Friedrichsfelde", Monika Jacobs
Nordkurier/Strelitzer Zeitung, 15.09.97: „Für Kunstpfad ist jetzt die 'Halbzeit' geschafft"
Nordkurier/Müritz Zeitung, 15.09.97: „Geschenke für den Nationalpark", Monika Jacobs
Nordkurier, 19.09.97: „Sanftes Naturchaos oder Freilichtmuseum am Weg", Detlef Stapf
Havelquelle, Oktober 97: „6. Internationales Künstlerpleinair am Müritz Nationalpark"
Strelitzer Echo, 01.10.97: „Künstlerisches Klima in Neustrelitz"

Funk- und Fernsehberichte:
zwei kurze Beiträge des NDR im III. Programm
zwei Beiträge im Hörfunk NDR Kultur

Berlin 1997

Veranstaltungsort (landschaftliche Situation): Berlin-Mahlsdorf
Bundesland: Berlin

Zeitraum: September/Oktober 1997, Arbeitsphase 14 Tage; Ausstellung bis 11. Oktober 1997

Thema: „KunstLandschaft 3 – Laedesum"

Idee u. Organisation: Konzept: Bärbel Borchhardt, Hanna Köppel

Finanzierung u. Unterstützung: Bezirksamt Hellersdorf – Kulturamt; Bezirksamt Pankow – Kulturamt; Kulturring e. V.; „Institut francais", Berlin

Katalog/Dokumentation: „KunstLandschaft III", Hg.: Bezirksamt Hellersdorf – Kulturamt; Kunsthaus Flora, Florastraße, Berlin-Mahlsdorf; Kataloggestaltung, Fotos (außer S. 11): Regine Schulz, Berlin; Foto S. 11: Margarete Groschupf; Druck: Movimento network GmbH, Berlin; Auflage: 500 Stück
Katalogtext: Grußwort Kunsthaus „Flora", Bärbel Borchhardt; „Die Kunst im Garten oder grenzenloses Seh-Vergnügen in grünen Freiräumen", Brigitte Hammer

Teilnehmer: im Kunsthaus „Flora": 3 Künstlerinnen und 5 Künstler: Lutz Beckmann, Margarete Groschupf, Johan Jacobs, Mansour Kanakassy (SN), Martine Lafon (F), Adelina Popnedeleva (BG), Bassirou Sarr (SN), Joachim Seinfeld
in der Kunstoase Pankow: 2 Künstlerinnen und 1 Künstler: Stella K. Krehl, B. Friedrich Wilhelm Labowski, Brigitta C. Quast

Kurzbewertung: Wiederaufnahme des „KunstLandschaft"-Projektes mit zusätzlicher Themenstellung (laedesum, lat.: „das Beschädigte" oder auch „ich bin beschädigt", so der Katalogtext). Austragung des Symposium an zwei Orten, neben dem Garten des Kunsthauses Flora setzen sich einige Künstler mit einer urbar gemachten Fläche hinter der Galerie Pankow, der sogenannten „Kunstoase", auseinander.
Insgesamt handelt es sich bei den Ergebnissen um Installationen und Objekte, die zu einem großen Teil die Werkidee der einzelnen Teilnehmer in den Außenraum transportieren (Popnedeleva, Seinfeld). Neben kultisch anmutenden Plätzen und Objekten (Sarr, Labowski), führt dies nur in einem Fall zu einer Auseinandersetzung mit dem Ort und der Natur (Lafon).

Literatur/Presse:
Berliner Zeitung, 01.10.97: „Symbiose der Vergänglichkeiten", Sylvia Schmidt
Lokalanzeiger Hellersdorf, Oktober 97: Installationen bei 'Flora'", Jana Haberzettl
Zitty, Oktober 97: „LandSucht"

Halver 1998

Veranstaltungsort (landschaftliche Situation): Halver (Märkischer Kreis/Sauerland)
Bundesland: Nordrhein-Westfalen

Zeitraum: 1. bis 17. Mai 1998

Thema: „ARTenreichtum – Natur-Kunst-Projekt 'Leyer Sonnenschein'"

Idee u. Organisation: Gruppe Seltene Erden

Finanzierung u. Unterstützung: Gruppe Seltene Erden, Initiative „Pro Halver"; Dokumentation: Alte-Hirsch-Apotheke, Halver; Juwelier/Brillenmode Nockemann, Halver; Sparkassse Halver-Schalksmühle; Werner Turck GmbH & Co. KG, Halver; Volksbank Lüdenscheid-Halver eG

Katalog/Dokumentation: „ARTenreichtum Natur-Kunst-Projekt Halver ‚Leyer Sonnenschein',„ Hg.: Seltene Erden, Initiative Pro Halver; Layout u. Satz: hermann:graphics Bihlmeier & Kramer GbR, Lindlar; Photografien: Stefan Zwickel, Rösrath, Viola Kramer, Lydia Koch, Ulrike Oeter, Uwe Pfannschmidt; Druck: Druckerei Braun, Lindlar
Katalogtext: Grußwort Landrat Klaus Tweer; „Kunst ohne Konventionen", Initiative Pro Halver; „Leyer Sonnenschein", Yvonne Pfannschmidt; „Natur-Kunst-Symposion der Gruppe Seltene Erden", Seltene Erden; „ARTenreichtum – Natur-Kunst-Projekt 'Leyer Sonnenschein'", Sigrid Wollmeiner

Teilnehmer: 16 Künstlerinnen und 4 Künstler: Rolf Ahlers, Christoph Gabriel, Jon Thor Gislason (IS), Andrea Goost, Silke Haase, Ulli Haller, Oliver Hartmann, Lydia Koch, Christina Koester, Viola Kramer, Marianne Lenz, Anja Landen, Karin Lubberich, Ulrike Oeter, Ute Poeppel, Edith Sauerborn, Maria Schätzmüller-Lukas, Margret Schopka, Barbara Skaliks, Ilse Wegmann
Irmgard Kutsch: Natur-Werkstatt für Kinder

Kurzbewertung: Ähnlich wie 1996 beschäftigen sich die Künstlerinnen und Künstler mit einem Waldstück. Entlang eines Wanderweges entstehen unterschiedliche, zumeist die besondere vorgefundene Situation unterstreichende (Goost/Koester, Lubberich) oder meditative Orte schaffende (Haase, Haller, Poeppel) Installationen aus natürlichen Materialien. Einige Arbeiten visualisieren jedoch auch kritisch problematische Zustände, wie z. B. Zerstörungen durch den Borkenkäfer-Fraß (Wegmann) und die auch in diesem, der Erholung dienenden Waldstück vorherrschende Monokultur (Gabriel).

Literatur/Presse:
Meinerzhagener Zeitung, 29.04.98: „Kunst in der Natur"
Meinerzhagener Zeitung, 30.04.98: „Naturmaterial im Sonnenschein"
Westfälische Rundschau, 01.05.98: „Künstler hatten Probleme, ihr Werk in Szene zu setzen"
Allgemeiner Anzeiger (Halver), 02.05.98: „Natürliches Frühstück"
Meinerzhagener Zeitung, 02./03.05.98: „'Seltene Erden' bietet ARTenreichtum"
Allgemeiner Anzeiger (Halver), 04.05.98: „Landrat voll überzeugt: Die Ausstellung lohnt sich"
Westfälische Rundschau, 04.05.98: „Landrat ruft zu sorgsamem Umgang mit Natur-Kunst auf"
Westfälische Rundschau, 05.05.98: „Schüler erwanderten Kunst-Objekte"
Allgemeiner Anzeiger (Halver), 05.05.98
Allgemeiner Anzeiger (Halver), 06.05.98: „Seltener 'ARTenreichtum'", Yvonne Pfannschmidt
Allgemeiner Anzeiger (Halver), 07.05.98
Westfälische Rundschau, 09.05.98: „Natur-Kunst in der Volksbank"
Allgemeiner Anzeiger (Halver), 12.05.98: „Ein Nest für alle Kids und eine Brücke zum Liegen"
Westfälische Rundschau, 13.05.98: „In der Naturwerkstatt sollen Kinder den Wald spüren können"
Allgemeiner Anzeiger (Halver), 15.05.98: „'Seltene Erden' zeigt jetzt Atelier-Arbeiten"
Allgemeiner Anzeiger (Halver), 19.05.98: „Eine Symbiose zwischen Kunst und Natur"
Junge Kunst, Nr. 35, 2/98: „ARTenreichtum", Sigrid Wollmeiner

Berlin 1998

Veranstaltungsort (landschaftliche Situation): Berlin-Mahlsdorf
Bundesland: Berlin

Zeitraum: 2. bis 10. Mai 1998

Thema: „KunstLandschaft 4 – Annäherung"

Idee u. Organisation: Konzept: Bärbel Borchhardt, Hanna Köppel

Finanzierung u. Unterstützung: Bezirksamt Hellersdorf – Kulturamt; Kulturring Berlin e. V.

Katalog/Dokumentation: „KunstLandschaft IV", Hg.: Kunsthaus Flora, Florastraße, Berlin-Mahlsdorf (Einrichtung des Kulturamtes Hellersdorf); Fotos und Kataloggestaltung: Regine Schulz; Scans: Satzfabrik 1035, Berlin; Druck: Druckerei Graetz GmbH, Berlin; Auflage: 300 Stück
Katalogtext: „'FLORA' grüßt uns", Frank Hermann; „Kunstlandschaft IV: Annäherung", Lina Schneider; Texte zu den Arbeiten, Frank Hermann

Teilnehmer: 3 Künstlerinnen und 6 Künstler: Anthony Beilby (AUS), May Carro Cabaleiro (E), Jonas D. Govind, Joachim Griess, Dirk Nickel, Hermann Hugo Oberhäuser, Brigitta C. Quast, Chus López Vidal (E), Sergej Voronzow (RUS)

Kurzbewertung: Fortsetzung des „KunstLandschaft"-Projektes mit zusätzlicher Themenstellung, die sehr unterschiedliche Installationen zur Folge hat. Nur wenige Arbeiten thematisieren die natürliche Situation unmittelbar oder benutzen natürliches Material, obwohl in den Objektbeschreibungen immer wieder ein Bezug zur Natur hergestellt wird. Govind kreiert aus Fundmaterialien (Holz, Blütenblättern) einen magischen Kultplatz. Lopez Vidal macht Vorhandenes durch geringfügige Veränderungen (rote Farbe) zu symbolhaften Zeichen der vier Elemente, indem sie z. B. einen Wetterhahn rot anpinselt (Luft), Goldfische in einen Bachlauf setzt (Wasser) und rote Blumen pflanzt (Erde).

Literatur/Presse: keine Angaben

Darmstadt 1998

Veranstaltungsort (landschaftliche Situation): Darmstadt
Bundesland: Hessen

Zeitraum: Symposium: 25. bis 28. Mai 1998; Ausstellung: 29. Mai bis 27. Juni 1998

Thema: „GrünZeit"

Idee u. Organisation: Christoph Eisele, Monika Herchenröder

Finanzierung u. Unterstützung: Stadt Darmstadt, Kulturamt; Verein „Kultursommer Südhessen e. V."

Katalog/Dokumentation: „GrünZeit" Appel & Art I; Katalogredaktion Monika Herchenröder, Horst Dieter Bürkle; Kataloggestaltung und Satz: Studio Bürkle, Darmstadt; Fotonachweis: Die Fotos wurden von den Künstlern zur Verfügung gestellt; Druck: Helène Druck GmbH, Darmstadt
Katalogtext: Vorwort Christoph Eisele; „Kunst im Dialog mit Pflanzen", Monika Herchenroder; „Von grossen Gesten zu kleinen Gesten", Ulrich Bischoff

Teilnehmer: 11 Künstlerinnen und 10 Künstler: Meta Bacsák, Birgit Cauer, Ilse Deberle, Axel Deus, Rolf Fahrbach, Lili Fischer, Gundula Hädeler, Katja Hergenhahn, Albert Huber, Michael Jäckel, Ingolf Jännsch, Ingrid Jännsch, Brigitte Kottwitz, Heike Krebs Bechtel, Elfriede Pflumm, Allmut Plate, Mario Reis, Roger Rigorth, Christopher Tarnow, Frank Wolf, Kai Wolf

Kurzbewertung: Interessantes Joint Venture einer Baumschule und einer Galeristin. Kombination aus Symposion und Ausstellung. 6 Künstlerinnen und Künstlern wird die Möglichkeit gegeben, mit den Materialien und auf dem Gelände der Baumschule zu arbeiten. So wird gesät und gepflanzt (Cauer, Huber, Jännsch), abgestorbenes Material gebündelt und aufgerichtet (Rigorth) und damit der natürliche Kreislauf von Werden und Vergehen thematisiert. Dabei bedienen die Künstler sich teilweise einer archaisch-elementaren Formensprache (Jännsch, Plate).

Literatur/Presse:
Gartenfachhandel/Saatgutwirtschaft, 2/98: „Baumschule und Kunst"
Landschaftsarchitektur, März 98, 28. Jg.: „Kunst in der Baumschule"
Deutscher Gartenbau, 17, 25.04.98: „GrünZeit in der Baumschule"
Die Stadtillustrierte, Mai 98, 18. Jg.: „Grünzeit"
Vorhang auf, Mai 98, 3. Jg. H. 24: „Grünzeit"
Darmstädter Echo, 18.05.98: „Kunstobjekte aus Pflanzenmaterial"
Darmstädter Echo, 27.05.98: „Manche Kunst wird der Wind verwehen", Annette Wannemacher
Darmstädter Wochenblatt, 28.05.98: „Kunstprojekt"
Darmstädter Echo, 29.05.98: „Kunst aus Lehm"
Darmstädter Echo, 02.06.98: „Kunst in der Baumschule"
Main-Echo, 04.06.98: „Nisthöhlen für Wildbienen zwischen Granitsteinen", Horst Roland
Darmstädter Echo, 24.06.98: „Wo Kunst wächst und welkt", Sabine Schiner
Frankfurter Allgemeine Zeitung, 25.06.98: „Kunst in der Baumschule: Installationen ‚im Dialog mit der Natur'„
Deutscher Gartenbau, 32, 08.08.98: „Kunst in der Baumschule", Edith Strupf

Bedburg 1998

Veranstaltungsort (landschaftliche Situation): Bedburg-Hau (Niederrhein)
Bundesland: Nordrhein-Westfalen

Zeitraum: 1. Juni bis 27. Juni 1998

Thema: „outside"

Idee u. Organisation: Künstlerinnen-Gruppe „Die Quintessenzen"

Finanzierung u. Unterstützung: Ministerium für Stadtentwicklung, Kultur & Sport des Landes NRW; Landschaftsverband Rheinland; Rheinische Landesklinik Bedburg-Hau; Psychiatrie-Verlag Bonn; Druckerei Berghoff

Katalog/Dokumentation: „outside Land-art und Objektkunst", Copyright: Die Künstlerinnen und Autoren; Texte: alle Rechte bei den AutorInnen; Fotographien: Objekte Roswitha Baumeister und A. M. Can: Winfried Kock, Die Künstlerinnen, VG-Bild-Kunst; Satz und Layout: Hildegard Zieger; Lithographie und Bildbearbeitung: Litho Factory, Bonn; Druck: Druckerei Berghoff, Wesseling, Juni 1999, Auflage 1000, ISBN 3-00-003875-2
Katalogtext: „Danke", Die Quintessenzen (Ruth Marienhoff, Lydia Koch, Ute Poeppel, Usch Quednau); „Eine Rede", Fanz Joseph van der Grinten; „Das >outside< Projekt- Künstlerische Sensorien einer psychiatrischen Klinik", Joanna Barck M. A.; „Bemerkungen zum Verhältnis 'Kunst und Psychiatrie'„, Dr. Alexander Eckert; „Foucaults Vorurteil oder: Gibt es einen philosophischen Zugang zum Wahnsinn?", Stephan Schmauke M. A.

Teilnehmer: 14 Künstlerinnen: Roswitha Baumeister, Mary-Noele Dupuis, A. M. Can, Rai Gerth, Christine Kühn, Beate Prantner, Beate Spitzmüller, Rita Willmesmeier-Hermann, Hildegard Zieger, Gudrun Libnau, Gruppe „Die Quintessenzen" (Lydia Koch, Ruth Marienhoff, Ute Poeppel, Usch Quednau)

Kurzbewertung: Bedingt durch die Installation der Arbeiten auf dem Gelände einer psychiatrischen Klinik, starke inhaltliche Auseinandersetzung mit dem Thema Kunst und Psychiatrie bzw. mit dem Ort. Insofern arbeiten nur einige Künstlerinnen mit natürlichem oder vorgefundenem Material. Es entstehen Raummarkierungen aus Kordelsträngen und durch Erdbewegungen (Can), Akzentuierungen (Spitzmüller) mit z. T. intentional-assoziativem Bedeutungshintergrund (Quednau, Willmesmeier-Hermann) und eine begehbare Bodenskulptur mit Bepflanzung (Kühn), die eine einfache Labyrinthform adaptiert.

Literatur/Presse:
Neuro-Psychiatrische Nachrichten, 6/98: „Kunstprojekt in der Landesklinik"
Foyer, 6/98: „outside"
NRZ, 09.06.98: „Kunst und Wahnsinn: ein Projekt", Ruth Schneeberger
Niederrhein Nachrichten, 10.06.98: „Mit dem Kunstpark Mauern einreißen", A. Gellert-Helpenstein
Klever Wochenblatt, 10.06.98: „Kunstpark in der Rheinischen Klinik", Klaus Schürmanns
Rheinische Post, 13.06.98: „Kunstpark für die Klinik", Matthias Grass
Kurier am Sonntag, 14.06.98: „Gesucht werden Geldgeber für schlappe 70.000 Mark", Michael Kerst
Kult, Juni/Juli 1998: „'outside' Kunstpark"

Waren (Müritz-Nationalpark) und Suwalki (Wigierski-Nationalpark, Polen) 1998

Veranstaltungsort (landschaftliche Situation): Waren (Müritz-Nationalpark) und Suwalki (Wigierski Nationalpark, Polen)
Bundesland: Mecklenburg-Vorpommern

Zeitraum: 17. Juli bis 30. August 1998; Waren: 17. Juli bis 9. August 1998; Suwalki: 17. bis 30. August 1998

Thema: Natur und Kunst, Schutz und Mensch, 7. Internationales Künstlerpleinair 1998

Idee u. Organisation: Projekt des Fördervereins Müritz-Nationalpark e. V.; Kurator Deutschland: Sven Domann; Kuratorin Schülerfreilichtgalerie: Anne Eberlein; Kuratorin Bürgerkunstwerk Kratzeburg: Ines Diederich; Organisationsgruppe: Manuela Zell, Anette Urbanski, Jan Hellwig

Finanzierung u. Unterstützung: Kultusministerium u. Ministerium f. Landwirtschaft u. Naturschutz des Landes Mecklenburg-Vorpommern; Auswärtiges Amt; Stiftung Kulturfonds; Fonds Soziokultur; Robert-Bosch-Stiftung; Hoppe-Ritter-Kunstförderung; Landkreis Mecklenburg-Strelitz; Landkreis Müritz; Städte Waren und Neustrelitz; Deutsches Kinderhilfswerk e. V.; Wirtschaftsförderung Müritz; IPSE Neustrelitz; Nationalparkamt Müritz sowie Mecklenburgische Brauerei Lübz; Müritzsparkasse; Sparkasse Mecklenburg-Strelitz; Autohaus Schlingmann; Müritz Hotel Klink; Mecklenburger Metallguß GmbH; Müritz-Nationalparkcamp; Personenverkehr GmbH Müritz; Kieswerk Wildkuhl Nord GmbH; Statikbüro Roland Schmidt; Raiffeisenbank Waren; Europäische Akademie M-V

Katalog/Dokumentation: „Der Kunstring am Müritz-Nationalpark Wigierski Park Narodowy. Das soziale Kunstwerk – Natur und Kunst, Schutz und Mensch", Hg.: Förderverein Müritz-Nationalpark e. V.; Gestaltung: Barbara Lüthi-Herrmann, Neustrelitz; Redaktion: Sven Domann, Waren; Fotografie (Deutschland): Wolf-Dietrich Gerhardt, Neustrelitz; Fotografie (Polen): Susanne Ruoff, Berlin; Digitale Druckvorlagenherstellung: Typografik Fischer, Waren; Druck: Druckerei Beyer Röbel
Katalogtext: Vorworte: Regine Marquardt, Kultusministerin; Martin Brick, Minister für Landwirtschaft und Naturschutz des Landes Mecklenburg-Vorpommern; Angelika Stepken; „Analoge Zusammenhänge zwischen Nationalparkidee und Kunstringidee", Sven Domann; „Bürgerkunstwerke" u. „Schülerfreilichtgalerie 1998", Anne Eberlein; Vorwort Maciej Kaminski, Stv. Direktor des Wigry-Nationalparkamtes

Teilnehmer:
Waren: 3 Künstlerinnen und 4 Künstler: Claus van Bebber, Ute Hoffritz, Albert Huber, Tanya Preminger (IL), Salah Saouli (RL), Piet Trantel, Jeanette Zippel; außerdem Lehrlinge des ÜAZ Waren, Mitarbeiter der Werkstatt für Behinderte der Lebenshilfe Waren, Jugendliche der Gemeinde Kratzeburg
Suwalki (PL): 2 Künstlerinnen und 1 Künstler: Kyung Ah Moon (ROK), Susanne Ruoff, Francois Davin (F)

Kurzbewertung: Nachdem in den vergangenen Jahren die Standorte für die Werke des Kunstrings vorgegeben worden waren, suchen sich in diesem Jahr einige Künstler in intensiver Auseinandersetzung mit der Umgebung ihre geeigneten Standorte selbst. Neben Holzskulpturen und -installationen im weitesten Sinne (Hoffritz, Preminger, Saouli) wird künstlerisch in Naturprozesse eingegriffen (Trantel, Zippel). Das Umpflügen eines Stück brachliegenden Ackers (Trantel) und die Gestaltung eines Pfades für Wildbienen (Zippel) markieren eine Schwellensituation im künstlerischen Umgang mit der Natur.

Literatur/Presse:
Nordkurier, 18.07.98: „Interaktives Pflügen", Detlef Stapf
Nordkurier, 22.07.98: „Mit Meißel und Hammer entsteht Arche"
Nordkurier, 05.08.98: „Wassertor entsteht aus authentischem Grenzgefühl", Detlef Stapf
Nordkurier, 10.08.98: „Eine Drachenfalle lädt zum Verweilen ein", Mario Tumm
Hallo Nachbar, 12.08.98: „Kunstwerke an der Müritz"

Paderborn 1999

Veranstaltungsort (landschaftliche Situation): Altenbeken bei Paderborn (Eggegebirge)
Bundesland: Nordrhein-Westfalen

Zeitraum: 9. bis 11. April 1999

Thema: „Waldzauber 10. Altenbekener Kunsttage"

Idee u. Organisation: Initiative der Künstler

Finanzierung u. Unterstützung: Staatliches Forstamt Paderborn

Katalog/Dokumentation: „Waldzauber", Staatliches Forstamt Paderborn, Fotos: R. Berger, O. Kühnapfel, A. Marten
Katalogtext: „Die mit der Natur flüstern", Leane Schäfer, Direktion Städtisches Museum Gelsenkirchen; „Das Durbeketal – Zauber einer Landschaft", Andreas Marten, Revierleiter des Forstbetriebsbezirkes Bollerborn

Teilnehmer: 3 Künstler: Roland Berger, Olaf Kühnapfel, Volker Ullenboom

Kurzbewertung: Bereits seit 1990 jährlich stattfindendes privat initiiertes Treffen. Die Künstler hinterlassen mit zurückhaltenden Steinsetzungen oder Kombinationen von Fundmaterialien (z. B. Äste, Holzstücke) vergängliche Zeichen in der Landschaft, die den zufällig Vorbeikommenden an kultische oder prähistorische Spuren erinnern.

Literatur/Presse: keine Angaben

Berlin 1999

Veranstaltungsort (landschaftliche Situation): Berlin-Mahlsdorf
Bundesland: Berlin

Zeitraum: 8. bis 15. Mai 1999

Thema: „KunstLandschaft 5 – FLORA"

Idee u. Organisation: Konzept: Bärbel Borchhardt

Finanzierung u. Unterstützung: Kulturamt Hellersdorf

Katalog/Dokumentation: „Kulturlandschaft V", Hg.: Kunsthaus „FLORA", Florastraße, Berlin-Mahlsdorf (Einrichtung des Kulturamtes Hellersdorf); Fotos und Kataloggestaltung: Regine Schulz; Druck: Zimmermann Druckerei GmbH & Co. KG, Berlin; Auflage: 300 Stück

Katalogtext: „Die Flora ist weiblich", Gabriele Muschter; Texte zu den Arbeiten, Guntram Weber

Teilnehmer: 8 Künstlerinnen und 1 Künstler: Michael Dudowitsch, Barbara Ehnold-Danailov, Mercedes Engelhardt, Magdalena Freudl, Kira Hanusch, Berit Molau, Nicola Müller, Anne Ochmann, Birgit Schöne

Kurzbewertung: Angesichts des 10. Jahrestages des Kunsthauses Flora werden verschiedene Installationen auf dem Gartengelände der Einrichtung realisiert, die die Veränderung in der Natur und den Umgang mit der Natur thematisieren. Neben Markierungen von abgestorbenen (Dudowitsch) oder auffälligen Bäumen (Engelhardt) und fragilen Akzentuierungen von natürlichen Situationen (Ochmann) entstehen eine Installation aus Fundobjekten (Freudl) sowie ein Windspiel (Hanusch).

Literatur/Presse: keine Angaben

Andreasberg 1999

Veranstaltungsort (landschaftliche Situation): St. Andreasberg-Sonnenberg (Harz)
Bundesland: Niedersachsen

Zeitraum: 12. bis 31. Juli 1999

Thema: „Mons solis – Begegnung"

Idee u. Organisation: Kuratorin: Bärbel Moré

Finanzierung u. Unterstützung: Land Niedersachsen; Volkswagen AG, Wolfsburg; Reimund Berger, IMU, Bad Harzburg; Wiedemann GmbH, Bad Lauterberg; Ing. Büro Holleschovsky, Wolfenbüttel; Architekturbüro Thamm, Wolfsburg; Ing. Büro Feyerabend und Gunder, Goslar; Fischer Druck+Verlag, Wolfenbüttel; Altenauer Verkehrsbetriebe; Tankstelle Etscheid, Bad Harzburg; Fa. Bahlmann, Seesen; Fa. Pläschke, St. Andreasberg; Brunner GmbH, Rheinau; Fa. Schrader & Tautz, Goslar; Herbert Sippel, Clausthal-Zellerfeld; Sofienapotheke, Braunschweig; Harzer Grauhof-Brunnen, Goslar; Nationalpark Harz; Holztransporte Krieghoff, Walkenried; Seniorenresidenz Haus Sonneck, St. Andreasberg; Lindemann Bau GmbH, Altenau, Fa. Kaupert, Cremlingen

Katalog/Dokumentation: Postkartenedition „Mons solis-Begegnung 12.-31. Juli 1999. Europäisches Naturkunst-Symposion Internationales Haus Sonnenberg, St. Andreasberg/Harz", Internationaler Arbeitskreis Sonnenberg, Bankplatz 8, Braunschweig; Layout: Bärbel Moré; Fotos und Video: Rainer Lutter; Gesamtherstellung: Ruth Printmedien GmbH, Braunschweig
Katalogtext: Adrian Greenwood, Chief Executive, Internationaler Arbeitskreis Sonnenberg; Bärbel Moré, Kuratorin
Video-Dokumentation: Rainer Lutter, Sonnenberg

Teilnehmer: 1 Künstlerin und 3 Künstler: Gerard Cox (IRL), Mikael Hansen (DK), Anke Mellin, Toomas Mikk (EST)

Kurzbewertung: Die Arbeiten auf dem Gelände eines Internationalen Begegnungszentrums zeigen die gesamte Bandbreite einer künstlerischen Auseinandersetzung mit der Natur. Sie reichen von skulpturalen Holzarbeiten (Cox), die sich z. T. auch mit der Architektur der Gebäude auseinandersetzen (Mikk), über eine spurensichernde, museale Archivierung von natürlichen Materialien der Umgebung (Erde, Steine, Zweige), die unter Mitarbeit von Schülern gesammelt wurden (Mellin), hin zu einer Auseinandersetzung mit den räumlichen Gegebenheiten eines nahegelegenen, zum Nationalpark Harz gehörenden Waldstückes (Hansen). Daneben finden sich auch kritische Kommentare zum menschlichen Umgang mit der Natur (Hansen).

Literatur/Presse: keine Angaben

Steinmühle (Müritz-Nationalpark) 1999

Veranstaltungsort (landschaftliche Situation): Steinmühle bei Neustrelitz (Müritz-Nationalpark)
Bundesland: Mecklenburg-Vorpommern

Zeitraum: 14. August bis 5. September 1999

Thema: Natur und Kunst, Schutz und Mensch, 8. Internationales Künstlerpleinair 1999

Idee u. Organisation: Projekt des Fördervereins Müritz-Nationalpark e. V.; Kuratoren: Sven Domann, Claus van Bebber; Kuratorin Bürgerkunstwerk: Gabriela Hellmann

Finanzierung u. Unterstützung: VASA-ENERGY, Hamburg; Ministerium für Bildung, Wissenschaft und Kultur des Landes Mecklenburg-Vorpommern; Umweltministerium des Landes Mecklenburg-Vorpommern; Robert-Bosch-Stiftung; Hoppe-Ritter-Kunstförderung; Landkreis Mecklenburg-Strelitz; Landkreis Müritz; Städte Waren und Neustrelitz; IPSE-Neustrelitz; Nationalparkamt Müritz; Naturpark Feldberger Seenlandschaft; Forstamt Lüttenhagen; Gemeinden Carpin, Bergfeld, Georgenhof, Zinow; Müritz-Sparkasse; Sparkasse Mecklenburg-Strelitz; Autohaus Schlingmann; Wirtschaftsförderung Müritz; Kieswerk Wildkuhl Nord GmbH; Sägewerk Strubelt; Statikbüro Roland Schmidt

Katalog/Dokumentation: „Der Kunstring am Müritz-Nationalpark. Das soziale Kunstwerk – Natur und Kunst, Schutz und Mensch", Hg.: Förderverein Müritz-Nationalpark e. V., Waren, Am Dammfeld 1; Redaktion, Sven Domann, Güstrow; Text: Lars Fischer, Eberswalde; Text Bürgerkunstwerk: Hartmut Nieswandt, Waren; Fotografie und Gestaltung: Wolf-Dietrich Gerhardt, Neustrelitz; Digitale Druckvorlagenherstellung: Typografik Fischer, Waren; Druck: Druckerei Beyer, Röbel
Katalogtext: „Natur + Kunst – Schutz + Mensch", Prof. Dr. Peter Kauffold, Minister für Bildung und Kultur des Landes Mecklenburg-Vorpommern; Vorwort Herr Günther, Bürgermeister der Stadt Neustrelitz; „Analoge Zusammenhänge zwischen Nationalparkidee und Kunstringidee", Sven Domann; „Ein Umweg zum Kunstring mit Ausblick", Lars Fischer; „Kunst in der grünen Oase auf dem Schulhof", Hartmut Nieswandt; Worte zum Abschluß des Pleinairs von Frau Sendel, Bürgermeisterin der Gemeinde Carpin, Prof. Dr. Methling, Umweltminister Mecklenburg-Vorpommern, Herrn Rhein, Bürgermeister der Stadt Waren und Herrn Kautz, Landrat des Kreises Mecklenburg-Strelitz
Akustische Dokumentation/Vertrieb CDR: Helmut Lemke, Gellershagenhof 8, Bielefeld

Teilnehmer: 2 Künstlerinnen und 5 Künstler: Chris Booth (NZ), Michael Freudenberg, Tatsuo Inagaki (J), Helmut Lemke (GB), Ute Poeppel, Ivan Roussev (BG), Veronika Wagner; außerdem Schüler der Fritz-Reuter-Schule, Waren

Kurzbewertung: Fortführung des Kunstringes mit neuen Akzenten. Ein Klangkünstler (Lemke) verlagert den Wahrnehmungsschwerpunkt vom Sehen auf das Hören und weckt die Aufmerksamkeit für die Geräusche der Landschaft. Ein japanischer Künstler (Inagaki) betreibt Feldforschung und sammelt Erinnerungen und Geschichten der Bewohner zu bestimmten Orten in der Landschaft. Neben diesem kommunikativem, sozialen Kunstwerk entsteht mit der „Feuerstelle" (Wagner) auch ein konkret benutzbares Objekt.

Literatur/Presse:
Nordkurier, 17.08.99: „Kunstwerke aus Naturmaterialien bereichern Park", Silke Voß

Strelitzer Zeitung, 17.08.99: „Pleinair beschreitet Kunstpfad“, André Gross
Nordkurier, 28.08.99: „Inspiration aus dem indischen Dschungel“, Silke Voß
Strelitzer Zeitung, 31.08.99: „Künstlerin fassungslos am Mühlenbach“, Annett Wieking

Literaturverzeichnis

Die Dokumentationen der in den Katalog aufgenommenen Symposien wurden unter der Rubrik Symposienkataloge separat aufgenommen. Die in den Abkürzungen angegebenen Jahreszahlen beziehen sich auf das Jahr, in dem die Symposien stattgefunden haben und nicht auf das Erscheinungsjahr des Kataloges.

Monographien und Aufsätze

Adriani/Konertz/Thomas 1981: Adriani, Götz/Konertz, Winfried/Thomas, Karin: Joseph Beuys Leben und Werk, Köln 1981.

Bahrdt 1974: Bahrdt, Hans Paul: Umwelterfahrung, München 1974.

Bätschmann 1989: Bätschmann, Oskar: Entfernung der Natur. Landschaftsmalerei 1750-1920, Köln 1989.

Beardsley 1984: Beardsley, John: Earthworks and Beyond, Contemporary Art in the Landscape, New York 1984.

Benjamin 1963: Benjamin, Walter: Das Kunstwerk im Zeitalter seiner technischen Reproduzierbarkeit (1936), Frankfurt a. M. 1963.

Berger 1989: Berger, Sibylle: Zeichen in der Natur – Umgangsweisen zeitgenössischer Künstler mit gewachsenen Materialien und natürlichen Prozessen. Die Dimension „Landschaft", Diss. Hamburg 1989 (Mikrofiche).

Berger 1991: Berger, Sibylle: „Rauschen – 'was die Welt im Innersten zusammenhält'. Naturprozesse in Werken zeitgenössischer Künstler als Spurensuche und Sinnsatire", in: Kritische Berichte. Zeitschrift für Kunst- und Kulturwissenschaften 19, H. 4, 1991, S. 52-62.

Böhme 1989: Böhme, Gernot: Für eine ökologische Naturästhetik, Frankfurt a. M. 1989.

Böhme 1992: Böhme, Gernot: Natürlich Natur: Über Natur im Zeitalter ihrer technischen Reproduzierbarkeit, Frankfurt a. M. 1992.

Böhme 1993: Böhme, Gernot: „Natur – ein Thema für die Psychologie?", in: Seel, Hans Jürgen/Sichler, Ralph/Fischerlehner, Brigitte (Hg.): Mensch – Natur. Zur Psychologie einer problematischen Beziehung, Opladen 1993, S. 27-39.

Böhme 1995: Böhme, Gernot: Atmosphäre, Frankfurt a. M. 1995.

Brohl 1997: Brohl, Christiane: „Ästhetische Erfahrung in der Landschaft", in: Kunst + Unterricht, H. 215, Sept. 1997, S. 16-21.

Bücher-Vogler 1994: Bücher-Vogler, Christine: Von der Lichtlandschaft zur Stadtverwaldung: Natur- und Landschaftsdarstellungen in der westdeutschen Kunst nach 1945, (Diss. Aachen TH 1991), Europ. Hochschulschriften Reihe 28, Bd. 195, Frankfurt, Berlin, Bern, New York, Paris, Wien 1994.

Buderath/Makowski 1986: Buderath, Bernhard/Makowski, Henry: Die Natur dem Menschen untertan. Ökologie im Spiegel der Landschaftsmalerei, München 1986.

Burke 1980: Burke, Edmund: Philosophische Untersuchung über den Ursprung unserer Ideen vom Erhabenen und Schönen (1757), Hamburg 1980.

Castaneda 1976: Castaneda, Carlos: Die Lehren des Don Juan, Frankfurt a. M. 1976.

Celant 1969: Celant, Germano (Hg.): Ars Povera, Tübingen 1969.

Celant 1989: Celant, Germano: Arte Povera, Basel 1989.

Clarenbach 1983: Clarenbach, Dietrich: Bildwerke in der Landschaft. Von der Vorzeit bis heute, Starnberg 1983.

Cordes-Vollert 1993: Cordes-Vollert, Doris: „Ästhetisches Brachland", in: Kunstzeit 4, Februar 1993, Berufsverband Bildender Künstler Hamburg e. V., S. 3-13.

Davies/Knipe 1984: Davies, Peter (Hg.) u. Knipe, Tony: A sense of Place. Sculpture in Landscape, Sunderland 1984.

De Maria 1960: De Maria, Walter: „On the importance of natural disasters", in: Werkner, Patrick: Land Art USA, München 1992, S. 39.

Dreher 1990: Dreher, Thomas: „Ressource Kunst", in: Das Kunstwerk, H. 1, 1990, S. 58-59.

Enzensberger 1971: Enzensberger, Hans Magnus: „Eine Theorie des Tourismus", in: Einzelheiten I. Bewußtseins-Industrie, Frankfurt 1971.

Fagone 1996: Fagone, Vittorio (Hg.): Art in Nature, Mailand 1996.

Falazik 1981: Falazik, Ruth: „'Kunst-Landschaft' Entstehung und Entwicklung einer Idee", in: Kat. Natur-Skulptur, Württembergischer Kunstverein, Stuttgart 1981, S. 182-193.

Falazik 1988: Falazik, Ruth: „Entstehung und Entwicklung des Projektes 'Kunst – Landschaft' in Neuenkirchen", in: Hartmann, Wolfgang/Pokorny, Werner: Das Bildhauersymposion, Stuttgart 1988, S. 62-66.

Fischerlehner 1993: Fischerlehner, Brigitte: „Die Natur ist für die Tiere ein Lebensraum, und für uns Kinder ist es so eine Art Spielplatz", in: Seel, Hans Jürgen/Sichler, Ralph/Fischerlehner, Brigitte (Hg.): Mensch-Natur. Zur Psychologie einer problematischen Beziehung, Opladen 1993, S. 148 -163.

Fischerlehner/ Gebhard/ Unterbruner 1993: Fischerlehner, Brigitte/Gebhard, Ulrich/Unterbruner, Ulrike: „Sehnsüchte und Ängste – Naturerleben bei Jugendlichen", in: Seel, Hans Jürgen/Sichler, Ralph/Fischerlehner, Brigitte (Hg.): Mensch-Natur. Zur Psychologie einer problematischen Beziehung, Opladen 1993, S. 164-174.

Gebhard 1993: Gebhard, Ulrich: „Erfahrung von Natur und seelische Gesundheit", in: Seel, Hans Jürgen/Sichler, Ralph/Fischerlehner, Brigitte (Hg.): Mensch-Natur. Zur Psychologie einer problematischen Beziehung, Opladen 1993, S. 127-147.

Ginzburg 1988: Ginzburg, Carlo: Spurensicherung, München 1988.

Gloy 1995: Gloy, Karen: Das Verständnis der Natur, Bd. I: Die Geschichte des wissenschaftlichen Denkens, München 1995.

Grasskamp 1989: Grasskamp, Walter (Hg.): Unerwünschte Monumente. Moderne Kunst im Stadtraum, München 1989.

Groener/Kandler 1987: Groener, Fernando / Kandler, Rosemarie (Hg.): 7000 Eichen. Joseph Beuys, Köln 1987.

Großklaus/Oldemeyer 1983: Großklaus, Götz / Oldemeyer, Ernst (Hg.): Natur als Gegenwelt. Beiträge zur Kulturgeschichte der Natur, Karlsruhe 1983.

Hard 1993: Hard, Gerhard: „Viele Naturen. Bemerkungen zu den Essays", in: Schäfer, Robert (Hg.): Was heißt denn schon Natur? Ein Essaywettbewerb, München 1993, S. 169-176.

Hartmann 1988: Hartmann, Wolfgang: „Das Bildhauersymposion", in: Hartmann, Wolfgang / Pokorny, Werner: Das Bildhauersymposion, Stuttgart 1988, S. 8-36.

Hartmann/Pokorny 1988: Hartmann, Wolfgang / Pokorny, Werner: Das Bildhauersymposion, Stuttgart 1988.

Heise 1953: Heise, Carl Georg: Plastik im Freien, München 1953.

Hellwig (1998): Hellwig, Jan: Kunst in der Landschaftsplanung. Wirkung und Perspektiven am Beispiel des Kunstringes am Müritz-Nationalpark, Diplomarbeit Uni-GS Paderborn Abt. Höxter (unveröffentl.), o. J. (1998).

Hirschfeld 1779: Hirschfeld, C. C. L.: Theorie der Gartenkunst, 5 Bde. Leipzig 1779-1785.

Hoffmann 1969: Hoffmann, Klaus: „Die Expansion der Künste", in: Magazin Kunst 9, 1969, S. 1279-1301.

Hoffmann 1972: Hoffmann, Klaus: Kunst im Kopf. Aspekte der Realkunst, Köln 1972.

Hollis/Cameron 1991: Hollis, Jill / Cameron, Ian: Andy Goldsworthy, Frankfurt a. M. 1991.

Hoormann 1991: Hoormann, Anne: „Außerhalb des Ateliers. Landart und Concept-art", in: Funkkolleg Moderne Kunst II. Monika Wagner (Hg.) in Zusammenarbeit m. Franz Verspohl u. Hubertus Gaßner, Hamburg 1991, S. 591-607.

Hoormann 1996: Hoormann, Anne: Land art. Kunstprojekte zwischen Landschaft und öffentlichem Raum, (Diss. Hamburg 1993), Berlin 1996.

Hülbusch/Schulz 1984: Hülbusch, Karl Heinrich / Schulz, Norbert: Joseph Beuys – 7000 Eichen zur documenta 5 in Kassel. Stadtverwaldung statt Stadtverwaltung. Ein Erlebnis- und gärtnerischer Erfahrungsbericht, Kassel 1984.

Jung 1990: Jung, C. G.: Archetypen, München 1990.

Kastner 1992: Kastner, Joachim Peter: „Eine neue Idee von Museum. Erwin Heerichs Bauten auf der Insel Hombroich", in: Neue Bildende Kunst, Zeitschrift für Kunst und Kritik 3, 1992, S. 42-43.

Kellein 1986: Kellein, Thomas: „LAND ART – Ein Vorbericht zur Deutung der Erde", in: Kat. Europa – Amerika. Geschichte einer künstlerischen Faszination seit 1940. Museum Ludwig Köln, Köln 1986, S. 381-400.

Kilitschka 1988: Kilitschka, Werner: „Natur und Kunst gestern – heute – morgen", in: Kunstforum international 93, 1988, S. 59-64.

Kipphoff 1991: Kipphoff, Petra: „Zwischen Himmel und Erde. Der Weg der Landschaftskunst vom Abbild zur Gestaltung der Natur", in: Zeit, Nr. 40 vom 26.0.1991, S. 65-66.

Kleine 1997: Kleine, Helene: „Die IBA Emscherpark – Impulse für eine Kulturlandschaft im Wandel", in: Kat. Kunst – Kultur – Ökologie, Hg. Bea Voigt, Bea Voigt Edition München 1997.

Kneer 1995: Kneer, Silke: Land Art – Dialog mit der Natur. Untersuchungen zu site-spezifischen Qualitäten amerikanischer Land Art, Diss. Frankfurt 1995 (Mikrofiche).

Korte 1988: Korte, Bernhard: Insel Hombroich, Düsseldorf 1988.

Krauss 1977: Krauss, Rosalind E.: Passages in modern sculpture, London 1977.

Kunst + Unterricht 215 1997: Kunst + Unterricht 215, „Ästhetische Erfahrung in der Landschaft", 1997.

Kunstforum 145 1999: Kunstforum international 145, „Künstler als Gärtner", 1999, S. 40-241.

Kunstforum 146 1999: Kunstforum international 146, „Das Gartenarchiv", 1999, S. 48-253.

Kunstforum 93 1988: Kunstforum international 93, „Kunst und Ökologie", 1988, S. 54-183.

Lauber 1995: Lauber, Maria: In search for a place where snow never melts. Die Auseinandersetzung mit natürlichen Materialien in der zeitgenössischen Kunst am Beispiel von Andy Goldsworthy, Wolfgang Laib und Tony Cragg, Diss. Freiburg 1995.

Levi-Strauss 1960: Levi-Strauss, Claude: Traurige Tropen (franz. 1955), Köln, Berlin 1960.

Levi-Strauss 1969: Levi-Strauss, Claude: Das wilde Denken (franz. 1962), Frankfurt a. M. 1969.

Mack 1969: Mack, Heinz: Kunst in der Wüste, Starnberg 1969.

Manske 1980: Kunst im öffentlichen Raum in Bremen. Dokumentation 1977-1980, bearb. v. Hans-Joachim Manske, Bremen 1980.

Manske 1988: Manske, Hans-Joachim: „Symposien im Stadtraum", in: Hartmann, Wolfgang / Pokorny, Werner: Das Bildhauersymposion, Stuttgart 1988, S. 67-77.

Melville 1971: Melville, Robert: Henry Moore. Skulpturen und Zeichnungen 1921-1969, München 1971.

Metken 1977: Metken, Günter: Spurensicherung. Kunst als Anthropologie und Selbsterforschung. Fiktive Wissenschaften in der heutigen Kunst, Köln 1977.

Metken 1996: Metken, Günter: Spurensicherung. Eine Revision Texte 1977-1995, Amsterdam 1996.

Meyer-Abich 1984: Meyer-Abich, Klaus Michael: Wege zum Frieden mit der Natur: praktische Naturphilosophie für die Umweltpolitik, München, Wien 1984.

Mittelstraß 1991: Mittelstraß, Jürgen: „Leben mit der Natur", in: Schwemmer, Oswald (Hg.): Über Natur, (2. Aufl.) Frankfurt a. M. 1991, S. 37-62.

Morschel 1979: Morschel, Jürgen: „Kunst unter neuen Voraussetzungen. Anmerkungen zur zwanzigjährigen Geschichte des Bildhauersymposions", in: Das Kunstwerk 32, H. 5,1979, S. 3-39.

Müller-Karch/Heydemann 1989: Müller-Karch, Jutta / Heydemann, Bernd: Elementare Kunst in der Natur: Form, Farbe, Funktion, Neumünster 1989.

Nemitz 1999: Nemitz, Barbara (Hg.): Transplant Art. Lebende Vegetation in der Zeitgenössischen Kunst, Ostfildern 1999.

Oldemeyer 1983: Oldemeyer, Ernst: „Entwurf einer Typologie des menschlichen Verhältnisses zur Natur", in: Großklaus, Götz/Oldemeyer, Ernst (Hg.): Natur als Gegenwelt. Beiträge zur Kulturgeschichte der Natur, Karlsruhe 1983, S. 15-38.

Peifer 1993: Peifer, Markus: „Was heißt denn schon Natur? Eine kritische Auseinandersetzung mit dem Naturbegriff", in: Schäfer, Robert (Hg.): Was heißt denn schon Natur? Ein Essaywettbewerb, München 1993, S. 147-157.

Petrikat 1988: Petrikat, Wolfhard: Land Art, Landschaftsverpackung, Landschaftsanalyse: neue künstlerische Aspekte der Landschafts- und Umweltaussage zwischen Großkunstprojekten und Landschaftsmalerei, Diss. Kassel Gesamthochschule 1988.

Plagemann 1989: Plagemann, Volker (Hg.): Kunst im öffentlichen Raum. Anstöße der 80er Jahre, Köln 1989.

Preuss 1993: Preuss, Sigrun: „Psychologische Aspekte naturbewußten Verhaltens", in: Seel, Hans-Jürgen/Sichler, Ralph/Fischerlehner, Brigitte (Hg.): Mensch-Natur. Zur Psychologie einer problematischen Beziehung, Opladen 1993, S. 214-224.

Romain/Wedewer 1971: Romain, Lothar/Wedewer, Rolf (Hg.): Kunst als Flucht, Flucht als Kunst. Zur Kritik künstlerischer Ideologien, Opladen 1971.

Rowell 1986: Rowell, Margit (Hg.): Skulptur im 20. Jahrhundert. Figur – Raumkonstruktion – Prozeß, München 1986.

Rüth 1988: Rüth, Uwe: „Die neue Form des Künstlersymposions", in: Hartmann, Wolfgang/Pokorny, Werner: Das Bildhauersymposion, Stuttgart 1988, S. 78-83.

Schäfer 1993: Schäfer, Robert (Hg.): Was heißt denn schon Natur? Ein Essaywettbewerb, München 1993.

Schalles 1989: Schalles, Hans-Joachim: „Symposion: Von der Aufgabe der Selbstkontrolle zum philosophischen Disput", in: Symposion. Griechische Vasen aus dem Antikenmuseum der Ruhr-Universität Bochum, Führer des Regionalmuseums Xanten, Nr. 28, Köln 1989, S. 6-11.

Schirmer 1969: Schirmer, Lutz: „Zur Land Art", in: Interfunktionen 3, Köln 1969, S. 2-18.

Schmidt 1988: Schmidt, Burghardt: „Über die Schwierigkeit der Kunst mit dem Naturengagement", in: Kunstforum international 93, 1988, S. 72-86.

Schneckenburger 1979: Schneckenburger, Manfred: „Plastik als Handlungsform", in: Kunstforum international 34, 1979, S. 20-115.

Schweis 1993: Schweis, Helmut: „Moderner Naturtourismus und die Beziehung zwischen Mensch und Natur", in: Seel, Hans-Jürgen/Sichler, Ralph/Fischerlehner, Brigitte (Hg.): Mensch-Natur. Zur Psychologie einer problematischen Beziehung, Opladen 1993, S. 199-213.

Schwemmer 1991: Schwemmer, Oswald (Hg.): Über Natur, (2. Aufl.) Frankfurt a. M. 1991.

Seel 1991: Seel, Martin: Eine Ästhetik der Natur. Frankfurt a. M. 1991.

Seel/Sichler/Fischerlehner 1993: Seel, Hans-Jürgen/Sichler, Ralph/Fischerlehner, Brigitte (Hg.): Mensch-Natur. Zur Psychologie einer problematischen Beziehung, Opladen 1993.

Smuda 1986: Smuda, Manfred (Hg.): Landschaft, Frankfurt a. M. 1986.

Stachelhaus 1991: Stachelhaus, Heiner: Joseph Beuys, (3. Aufl.) Düsseldorf 1991.

Stegemann 1990: Stegemann, Markus: „Landschaft in der Erfahrung?", in: Das Kunstwerk, H. 1, 1990, S. 86-87.

Stepken 1989: Stepken, Angelika: „Ressource Kunst", in: Kunstforum international 103, 1989, S. 411-412.

Szeemann 1985: Szeemann, Harald: Individuelle Mythologien, Berlin 1985.

Thiel 1982: Thiel, Heinz: „Natur-Kunst", in: Kunstforum international 48, 1982, S. 23-95.

Thomas 1972: Thomas, Karin (Hg.): Kunstpraxis heute, Köln 1972.

Tiberghien 1995: Tiberghien, Gilles A.: Land Art, Paris 1995.

Ulrichs (1972): Ulrichs, Timm: „1. Natur, 2. Natur, 3. Natur. Zur Natur totaler Naturkunst", in: Thomas, Karin (Hg.): Kunstpraxis heute, Köln 1972, S. 149-151.

Ulrichs (1973): Ulrichs, Timm: „Natur, natürlich künstlich – Kunst, künstlich natürlich", in: Kunstforum international 1, 1973 (Beilage).

Unterbruner 1993: Unterbruner, Ulrike: „Sehnsüchte und Ängste – Naturerleben bei Jugendlichen", in: Seel, Hans-Jürgen/Sichler, Ralph/Fischerlehner, Brigitte (Hg.): Mensch-Natur. Zur Psychologie einer problematischen Beziehung, Opladen 1993, S. 164-174.

Varnedoe 1984: Varnedoe, Kirk: „Zeitgenössische Tendenzen", in: Rubin, William (Hg.): Primitivismus in der Kunst des 20. Jahrhunderts, München 1984, S. 676-698.

Weber 1997: Weber, Andreas: „Was ist so schön an der Natur", in: GEO Wissen, September 1997, S. 150-164.

Wedewer 1971: Wedewer, Rolf: „Von der Darstellung zur Realität", in: Romain, Lothar/Wedewer, Rolf (Hg.): Kunst als Flucht, Flucht als Kunst. Zur Kritik künstlerischer Ideologien. Opladen 1971, S. 72-83.

Wedewer 1981: Wedewer, Rolf: „Landart – Vorstoß in andere Dimensionen", in: Kat. Dimensionen des Plastischen. Bildhauertechniken, Neuer Berliner Kunstverein e. V., Kunsthalle Berlin 1981, S. 152-158.

Weichardt 1972: Weichardt, Jürgen: „Neue Landschaft", in: Magazin Kunst 12, H. 45, 1972, S. 2659-2690.

Weilacher 1993: Weilacher, Udo: „Von der Land-Art zur Landschaftsarchitektur", in: Die Gartenkunst 5, H. 1, 1993, S. 1-66.

Weilacher 1996: Weilacher, Udo: Zwischen Landschaftsarchitektur und Landart, Basel 1996.

Weisshaar 1996: Weisshaar, Bertram: Transitorische Gärten (Dipl. Arbeit GH Kassel 1996), in: Werkstatt Archiv, Industrielles Gartenreich, Stiftung Bauhaus Dessau, Werkstatt Heft 1.

Werkner 1992: Werkner, Patrick: Land Art USA, München 1992.

Wormbs 1982: Wormbs, Brigitte: „News from Now-here. Landschaft als konkrete Utopie", in: Zimmermann, Jörg: Das Naturbild des Menschen, München 1982, S. 307-318.

Zimmermann 1982: Zimmermann, Jörg: Das Naturbild des Menschen, München 1982.

Kataloge

Kat. Aktion Heidebild 1972: Aktion Heidebild, Galerie Falazik – Springhornhof Neuenkirchen/Soltau o. O., o. J. (1972).

Kat. Arte Povera 1991: Arte Povera 1971 und 20 Jahre danach, Hg. Zdenek, Felix, Köln 1991.

Kat. Biennale Middelheim 1981: Biennale Middelheim, Thema: Kunst in der Natur, 1981.

Kat. Bundesgartenschau Cottbus 1995: Bundesgartenschau Cottbus 1995, Hg. Bundesgartenschau Cottbus 1995 GmbH, Cottbus 1995.

Kat. Dalla natura 1978: Dalla natura all'arte, dall'arte alla natura. (Catalogo Generale), Venedig 1978.

Kat. Der Baum 1985: Der Baum in Mythologie, Kunstgeschichte und Gegenwartskunst, Heidelberger Kunstverein, Heidelberg 1985.

Kat. Dimensionen des Plastischen 1981: Dimensionen des Plastischen. Bildhauertechniken, Neuer Berliner Kunstverein e. V., Kunsthalle Berlin 1981.

Kat. documenta 5 1972: documenta 5, Kassel 1972.

Kat. documenta 6 1977: documenta 6, 3 Bde., Kassel 1977.

Kat. documenta X Kurzführer 1997: documenta X, Kurzführer, (Kassel 1997).

Kat. Earth Art 1969: Earth Art, Andrew Dickson White Museum of Art, Cornell University, New York 1969.

Kat. Fassadenmalertreffen Troisdorf 1986: Fassadenmalertreffen Troisdorf 1986, Hg. Stadt Troisdorf, o. O., o. J. (1986).

Kat. Fassadenmalertreffen Troisdorf 1992: Fassadenmalertreffen Troisdorf 1992, Hg. Stadt Troisdorf, o. O., o. J. (1992).

Kat. Feldforschung 1978: Feldforschung, Kunstverein Köln, Köln 1978.

Kat. Future Garden 1996: Future Garden Teil 1 Die gefährdeten Wiesen Europas. Helen Mayer Harrison, Newton Harrison u. Harrison Studio, Kunst- und Ausstellungshalle der Bundesrepublik Deutschland, Bonn 1996.

Kat. Garten 1993: Garten, Verband bildender Künstler Württemberg e. V. Stuttgart, Sindelfingen 1993.

Kat. Grenzen erfahren – Grenzen überwinden 1998: Grenzen erfahren – Grenzen überwinden im Rahmen des EU-Programms „Kaleidos-kop", Hg. Verein zur Förderung kultureller Weiterbildung und Pflege des Europa-Gedankens Grevenbroich e. V., Grevenbroich 1998.

Kat. Im TAL 1992: Im TAL, Hg. Kunstverein Hasselbach e. V. 1992.

Kat. Joseph Beuys 1991: Joseph Beuys. Natur – Materie – Form. Kunstsammlung Nordrhein-Westfalen, Düsseldorf, München/Paris/London 1991.

Kat. Karl Prantl 1976: Karl Prantl. Steine 1964-1976, St. Gallen 1976.

Kat. Kunst – Kultur – Ökologie 1997: Kunst – Kultur – Ökologie, Hg. Bea Voigt, Bea Voigt Edition München 1997.

Kat. Kunst macht Natur 1995: Kunst macht Natur, Natur macht Kunst, Landeskunstwochen, Hg. Helmut Herbst, Waiblingen 1995.

Kat. Kunsteintrag 1995: Kunsteintrag, Fachbereich Kunst, Universität Kassel und Niedersächsische Landesforstverwaltung, Kassel 1995.

Kat. Künstler für Ökologie 1991: Künstler für Ökologie, Schloß Oranienburg, Berlin 1991.

Kat. Land Art 1969: Land Art, Fernsehgalerie Gerry Schum, Berlin 1969.

Kat. Landschaft – Gegenpol oder Fluchtraum 1974: Landschaft – Gegenpol oder Fluchtraum? Museum Morsbroich, Leverkusen 1974.

Kat. Landschaft in der Erfahrung 1989: Landschaft in der Erfahrung, Kölner Kunstverein, Köln 1989.

Kat. Le Vent des Fôrets 1997: Le Vent des Fôrets. Sentier d'art en Paysage, Meuse France, Hg. Office National des Fôrets, o. O., o. J. (1997).

Kat. Long live Bremer Lifeforms 1977: Long live Bremer Lifeforms Rieveschl, Bremen 1977.

Kat. Mack, Piene, Uecker 1965: Mack, Piene, Uecker, Kestner-Gesellschaft, Hannover 1965.

Kat. Mack 1998: Mack. Utopie und Wirklichkeit, Hg. Wieland Schmied, Köln 1998.

Kat. Magie der Bäume 1998: Magie der Bäume, Fondation Beyerle Riehen, Ostfildern 1998.

Kat. Mediale 1993: Mediale 1993. Das erste Festival für Medienkunst und Medienzukunft, Deichtorhallen Hamburg 1993.

Kat. Michael Heizer 1977: Michael Heizer, Galerie im Taxispalais, Innsbruck 1977.

Kat. Mit Natur zu tun 1980: Mit Natur zu tun – To do with nature, Kölnischer Kunstverein, Köln 1980.

Kat. Mythos + Ritual in der Kunst der 70er Jahre 1981: Mythos + Ritual in der Kunst der 70er Jahre, Kunsthaus Zürich, Zürich 1981.

Kat. Natur – Landschaft – Kunst 1982: Natur – Landschaft – Kunst, Kunsthalle Bremen, Bremen 1982.

Kat. Natur und Kunst 1977: Natur und Kunst, Westfälischer Kunstverein, Münster 1977.

Kat. Natur-Skulptur 1981: Natur-Skulptur, Württembergischer Kunstverein, Stuttgart 1981.

Kat. Naturbetrachtung 1977: Naturbetrachtung – Naturverfremdung, Trilogie, Württembergischer Kunstverein, Stuttgart 1977.

Kat. Nils-Udo – Bob Verschueren 1992: Nils-Udo – Bob Verschueren, Atelier 340, Brüssel 1992.

Kat. Nils-Udo 1989: Nils-Udo. Arbeiten aus den Jahren 1972 bis 1989, München 1989.

Kat. Peter Könitz 1984: Peter Könitz, Kunsthalle Mannheim 1984.

Kat. Present 1994: Present, LOOC, Lillehammer 1994.

Kat. Projekt KUNST-LANDSCHAFT 2001: Projekt KUNST-LANDSCHAFT 1967-2000, Hg.: Kunstverein & Stiftung Springhornhof, Nürnberg 2001.

Kat. Reale und irreale Räume 1973: Reale und irreale Räume, Galerie Falazik – Springhornhof Neuenkirchen/Soltau o. O., o. J. (1973).

Kat. Ressource Kunst 1989: Ressource Kunst. Die Elemente neu gesehen, Hg. Georg Jappe, Künstlerhaus Bethanien, Berlin, Köln 1989.

Kat. Sculpture – Nature 1980: Sculpture – Nature, Centre d'Arts Plastiques Contemporains de Bordeaux, Hg. Deutsch-Französisches Jugendwerk, Bordeaux 1980.

Kat. Skulptur 1977: Skulptur, Hg. vom Landesverband Westfalen-Lippe, Münster 1977.

Kat. Skulptur im TAL 1989: Skulptur im TAL. Hasselbach-Werkhausen, Westerwald, Kunst-verein Hasselbach e. V. 1989.

Kat. Skulptur.Projekte 1987: Skulptur. Projekte in Münster 1987, Hg. Bußmann, Klaus/König, Kasper, Köln 1987.

Kat. Skulptur.Projekte 1997: Skulptur.Projekte in Münster 1997, Hg. Bußmann, Klaus/König, Kasper/Matzner, Florian, Ostfildern 1997.

Kat. Skulpturen 1992: Skulpturen. Wilhelm-Lehmbruck-Museum Duisburg, Bestandskatalog, Hg. Brockhaus, Christoph u. Heinz, Gottlieb, Duisburg 1992.

Kat. Skulpturenboulevard Kurfürstendamm 1987: Skulpturenboulevard Kurfürstendamm Tauentzien, Projekte des Neuen Berliner Kunstvereins im Auftrag des Senators für Kulturelle Angelegenheiten anläßlich der 750-Jahr-Feier, 2 Bde., Berlin 1987.

Kat. Sonsbeek '49 1949: Sonsbeek '49. Europese Beeldhouwkunst in de open lucht, Arnheim 1949.

Kat. Spurensicherung 1974: Spurensicherung. Archäologie und Erinnerung, Kunstverein Hamburg, Hamburg 1974.

Kat. Symposion Europäischer Bildhauer 1959. Symposion Europäischer Bildhauer 1959, Wien o. J. (1959).

Kat. Symposion Europäischer Bildhauer 1967: Symposion Europäischer Bildhauer Springhornhof Galerie Falazik, Lüneburger Heide, o. O. 1967.

Kat. TE SO LU VE 1995: Peter F. Strauss TE SO LU VE. Installationen – Projekte 1984 bis 1994, Cottbus 1995.

Kat. Timm Ulrichs 1980: Timm Ulrichs: Totalkunst, Städtische Galerie Lüdenscheid, Oer-Erkenschwick, o. J. (1998).

Kat. 2. Troisdorfer Bildhauertreffen 1988: 2. Troisdorfer Bildhauertreffen 1988, Hg. Stadt Troisdorf, o. O., o. J. (1988).

Kat. Umwelt – Naturkunst 1985: Umwelt – Naturkunst. Frauen-Museum Bonn 1985.

Kat. Verhalten in der Natur 1983: Verhalten in der Natur, Kunsthaus Hamburg, Hamburg 1983.

Kat. Von der Natur in der Kunst 1990: Von der Natur in der Kunst: Eine Ausstellung der Wiener Festwochen, Messepalast Wien 1990.

Kat. Waldungen 1987: Waldungen: Die Deutschen und ihr Wald. Hg. Weyergraf, Bernd, Akademie der Künste, Berlin 1987.

Kat. Wasser 1986: Wasser. Dokumentation einer Ausschreibung der Internationalen Gesellschaft der Bildenden Künste, Sektion Bundesrepublik, Bonn 1986.

Kat. Wasser 1986 (2): Wasser. Kunstaktion in Jülich, Kunstverein Jülich 1986.

Kat. Zero 3 1973: Zero (Reprint) Köln 1973.

Kat. Zurück zur Natur, aber wie? 1988: Zurück zur Natur, aber wie?: Kunst der letzten 20 Jahre, Städt. Galerie im Prinz-Max-Palais Karlsruhe, Hg. Stadt Karlsruhe 1988.

Symposienkataloge

Kat. ARTenreichtum 1998: ARTenreichtum – Natur-Kunst-Projekt Halver, „Leyer Sonnenschein", Hg. Seltene Erden, Initiative Pro Halver, Lindlar o. J. (1998).

Kat. Aufkreuzen 1984: Aufkreuzen – Hans Albrecht, Rolf Schneider, Rainer Selg, Kunstverein Springhornhof Neuenkirchen in der Lüneburger Heide e. V., o. O. 1984.

Kat. BeZüge 1985: BeZüge von Odious, Sommerausstellung Kunstverein Springhornhof Neuenkirchen in der Lüneburger Heide e. V., Hamburg o. J. (1985).

Kat. Das Revier: Motiv und Motivation 1983: Das Revier: Motiv und Motivation, Symposium auf dem Gelände der Zeche Carl in Essen-Altenessen mit Bildenden Künstlern, Architekten, Literaten und Musikern, Hg. Die Initiatoren, Essen o. J. (1983).

Kat. Der Kunstring 1 1992: Der Kunstring am Müritz-Nationalpark 1, Hg. Förderverein Müritz-Nationalpark e. V., Neubrandenburg o. J. (1992).

Kat. Der Kunstring 2 1993: Der Kunstring am Müritz-Nationalpark 2, Hg. Förderverein Müritz-Nationalpark e. V., Neubrandenburg o. J. (1993).

Kat. Der Kunstring 3 1994: Der Kunstring am Müritz-Nationalpark, Natur+Kunst, Schutz+Zeichen 3, Hg. Förderverein Müritz-Nationalpark e. V., Kiel o. J. (1994).

Kat. Der Kunstring 4 1995: Der Kunstring am Müritz- und Wigry-Nationalpark, Natur+Kunst, Schutz+Zeichen 4, Hg. Förderverein Müritz-Nationalpark e. V., Speck, Wigry-Nationalparkamt, Krzywe, Berlin o. J. (1995).

Kat. Der Kunstring 5 1996: Der Kunstring Pierscien Sztuki Müritz-Nationalpark – Wigierski Park Narodowy Natur+Kunst, Schutz+Zeichen 5, Hg. Wigry-Nationalparkamt, Krzywe, Förderverein Müritz-Nationalpark, Waren, Bialystok (PL) o. J. (1996).

Kat. Der Kunstring 6 1997: Der Kunstring am Müritz-Nationalpark – Das soziale Kunstwerk, Natur+Kunst, Schutz+Mensch 6, Röbel o. J. (1997).

Kat. Der Kunstring 7 1998: Der Kunstring Pierscien Sztuki am Müritz-Nationalpark – Wigierski Park Narodowy – Das soziale Kunstwerk – Natur+Kunst, Schutz+Mensch 7, Hg. Förderverein Müritz-Nationalpark e. V., Röbel o. J. (1998).

Kat. Der Kunstring 8 1999: Der Kunstring am Müritz-Nationalpark – Das soziale Kunstwerk, Natur + Kunst, Schutz + Mensch 8, Hg. Förderverein Müritz-Nationalpark e.V., Röbel o. J. (1999).

Kat. Dialog 1986: Dialog. Harald Finke + Carl Vetter. Kunstverein Springhornhof Neuenkirchen in der Lüneburger Heide e. V., Neuenkirchen o. J. (1986).

Kat. Dokumentation eines Symposions 1978: Dokumentation eines Symposions 2.-10. September 1978 auf dem Weserdeich in Bremen, Senator f. Wissenschaft und Kunst, Bremen, o. O., o. J. (1978).

Kat. Erde – Zeichen – Erde 1992: Erde – Zeichen – Erde. Bundesrepublik Deutschland, Hg. IGBK Sektion Bundesrepublik Bonn, Kiel o. J. (1993).

Kat. Europa-Biennale Niederlausitz – II. Biennale Pritzen 1993: Europa-Biennale Niederlausitz: Kunst und Landschaftsgestaltung, Art in Nature, Intermediale Aktionen, II. Biennale Pritzen 1993, Hg. Förderverein Kulturlandschaft Niederlausitz e. V. u. Direktorium der Europa-Biennale Niederlausitz, Cottbus 1994.

Kat. Foto-Film-Video 1975: Foto-Film-Video, Deutsch-Französisches Symposion Neuenkirchen, Deutsch-Französisches Jugendwerk, Galerie Falazik – Springhornhof Neuenkirchen, Gemeinde Neuenkirchen, Heidekreis Soltau, o. O., o. J. (1975).

Kat. ganz nah 1997: ganz nah – Symposion auf der Höge, Postkartenedition, Künstlerinnenhof Die Höge, Bassum 1997.

Kat. Gegen-Steine 1982: Gegen-Steine, Nikolaus Gerhart – Hawoli, Kunstverein Springhornhof Neuenkirchen in der Lüneburger Heide e. V., Schneverdingen o. J. (1982).

Kat. Golpa 1992: III/Golpa-1 – Sommerwerkstatt Golpa-Nord, Dresden/Pegnitz 1992.

Kat. GrünZeit 1998: GrünZeit. Appel&Art I, Darmstadt o. J. (1998).

Kat. Hier und Da 1992: Natur und Kunst Symposion – Hier und Da, Süd-Korea, Deutschland, Japan, Kong-Ju Süd-Korea o. J. (1992).

Kat. Hof und Kunst 1977: Hof und Kunst, Oer-Erkenschwick o. J. (1977).

Kat. Holz + Kunst 1979: Holz + Kunst, II. Freiburger Symposion 1979, Freiburg o. J. (1979).

Kat. Holz + Kunst 1983: Holz + Kunst, III. Freiburger Symposion 1983 Schloßberg, Hg. Kunstverein Freiburg e. V., Freiburg o. J. (1983).

Kat. III. Europa Biennale Niederlausitz 1995: III. Europa Biennale Niederlausitz, Hg. Förderverein Kulturlandschaft Niederlausitz e. V., Cottbus 1997.

Kat. Jahreszeiten 1985: Land Art und Performance – Jahreszeiten – Künstler arbeiten in der Landschaft, Kreß, Hans Ulrich/Weichert, Rainer, Moers 1986.

Kat. kon | trär 1996: kon | trär, Postkartenedition, Künstlerinnenhof Die Höge, Bassum o. J. (1996).

Kat. Krimpenbachalm 1990: Krimpenbachalm '90, Hg. Klasse Brodwolf, Staatliche Akademie der Bildenden Künste Stuttgart, Stuttgart 1991.

Kat. Kulturbeutel 1982: Kulturbeutel. Ein Kunst-Sommer in Winnekendonk. Ausstellungen, Aktionen, Lesungen, Konzerte, Theater, Feste, o. O., 1983.

Kat. Kunst – Dorf 1974: Kunst – Dorf, Neuenkirchen, Heidekreis Soltau, Freiplastik in der Gemeinde – Signale+Embleme/Zeichnung in der Galerie Falazik – Springhornhof, Neuenkirchen+Gemeinde Neuenkirchen, o. O., o. J. (1974).

Kat. Kunst Landschaft 1981: Dokumentation eines Kunstfestes auf dem Barkenhoff Worpswede. Kunst Landschaft – Skulpturen Objekte Projekte Aktionen Konzerte Lesungen, Hg. Barkenhoff-Stiftung Worpswede, Oer-Erkenschwick o. J. (1981).

Kat. Kunst-Landschaft 1974-1987: Kunst-Landschaft, Neuenkirchener Symposien 1974-1987, Falazik, Ruth/Romain, Lothar, Springhornhof Neuenkirchen, Bremen 1987.

Kat. Kunst-Landschaft, Landschaft-Kunst 1988: Kunst-Landschaft, Landschaft-Kunst in den Wupperbergen bei Remscheid-Küppelstein, Hg. Fördergemeinschaft Remscheid e. V., Stadt Remscheid, Remscheid o. J. (1988).

Kat. KunstLandschaft I 1993: KunstLandschaft I, Hg. Bezirksamt Hellersdorf, Kunsthaus Flora, Berlin o. J. (1993).

Kat. KunstLandschaft III 1997: KunstLandschaft III Laedesum, Hg. Bezirksamt Hellersdorf, Kunsthaus Flora, Berlin o. J. (1997).

Kat. KunstLandschaft IV 1998: KunstLandschaft IV Annäherung, Hg. Kunsthaus Flora, Berlin o. J. (1998).

Kat. KunstLandschaft V 1999: KunstLandschaft V FLORA, Hg. Kunsthaus Flora (Einrichtung des Kulturamtes Hellersdorf), Berlin o. J. (1999).

Kat. Kunstraum Wasserwerk Witten 1991: Kunstraum Wasserwerk Witten: Dokumentation, Skulpturen, Installationen, Malerei von Z bis A, Gelsenkirchen o. J. (1991).

Kat. Kunstsymposion Saiger Höhe 1986: Kunstsymposion Saiger Höhe 1986, Hg. Ursula Schmidt, Titisee-Neustadt o. J. (1986).

Kat. Kunstsymposion Saiger Höhe 1987: Kunstsymposion Saiger Höhe 1987, Hg. Ursula Schmidt, Stuttgart 1988.

Kat. Kunstszene Tagebau 1992: Kunstszene Tagebau. Dokumentation eines ungewöhnlichen Kunstereignisses, Hg. Förderverein Kulturlandschaft Niederlausitz e. V., Heidelberg 1992.

Kat. LAND : ART 1996: LAND : ART, 3 Bde. I. Die Künstler, II. Dokumentation, III. Die Objekte, Kunststiftung Landesbank Schleswig Holstein, Stadtgalerie im Elbeforum Brunsbüttel, Kiel 1996.

Kat. Land Art 1986: Land Art, Hannover o. J. (1986).

Kat. Landklang 1994: Landklang, Hg. Bezirksamt Hellersdorf, Kunsthaus Flora, Berlin 1995.

Kat. Leise Wege 1992: Leise Wege – Wald-Kunst-Symposion, Hg. Marianne Lenz-Krakau & Viola Kramer, Lindlar o. J. (1992).

Kat. Luft- und Windobjekte 1989: Dokumentation Luft- und Windobjekte, Symposium des Verbandes Bildender Künstler Region Böblingen, Böblingen o. J. (1989).

Kat. Material aus der Landschaft – Kunst in die Landschaft 1977: Material aus der Landschaft – Kunst in die Landschaft, Galerie Falazik – Springhornhof Neuenkirchen, Gemeinde Neuenkirchen – Heidekreis Soltau, Schneverdingen o. J. (1977).

Kat. Mons solis 1999: Mons solis-Begegnung 12.-31. Juli 1999, Postkarten Edition, Internationaler Arbeitskreis Sonnenberg, Braunschweig, o. J. (1999).

Kat. More Moor 1992: More Moor, Hg. Insa Winkler, F. Jörg Haberland, Stadtmuseum Oldenburg, Oldenburg 1993.

Kat. Natur als Kunst – Kunst als Natur 1992: Wunde.R.punkte Symposion Natur als Kunst – Kunst als Natur, Schnackenburg an der Elbe, Hamburg 1992.

Kat. Natur und Kunst 1990: Natur und Kunst, Initiative Natur und Kunst c/o Kunstseminar Metzingen, Metzingen 1991.

Kat. NAturKULtur 1992: NAturKULtur Japanische Künstlerinnen und Künstler in Husum, Breklum o. J. (1992).

Kat. Naturraum – Kunstraum 1991: Naturraum – Kunstraum Dokumentation 1, Bildhauer-Symposium anläßlich der BUGA Dortmund 1991, Hg. Museum am Ostwall Dortmund 1991, Oberhausen 1991.

Kat. Nunatak – Projekt Schüberg 1989: Nunatak – Projekt Schüberg – „Die Natur sprechen lassen", Hg. Kulturstiftung Stormarn, Bad Oldesloe 1989.

Kat. Objekte im Wind 1991/92: Objekte im Wind, zwei Kunstsymposien in Willmersdorf bei Ilmenau, Hg. Elvira & Ekkehard Franz, Halle o. J. (1992).

Kat. Objekte im Wind 1993: Internationales Symposium Objekte im Wind, Hg. Elvira u. Ekkehard Franz, o. O., o. J. (1993).

Kat. Objekte im Wind 1994: Objekte im Wind. IV. Künstlersymposium in Willmersdorf, Hg. Elvira u. Ekkehard Franz, o. O., o. J. (1994).

Kat. Objekte im Wind 1995: Objekte im Wind, 5. Symposium in Willmersdorf, o. O., o. J. (1995).

Kat. Outside 1998: Outside – Land-art und Objektkunst, Copyright: Die Künstlerinnen und Autoren; Wesseling 1999.

Kat. Plätze der Macht – Orte der Kraft 1976: Plätze der Macht – Orte der Kraft, Galerie Falazik – Springhornhof Neuenkirchen, Gemeinde Neuenkirchen – Heidekreis Soltau, o. O., o. J. (1976).

Kat. Schützen, Wappnen, Entrüsten 1991: Internationales Künstlersymposion im Fort Kugelbake, Cuxhaven 1991 – Schützen, Wappnen, Entrüsten, Hg. Ateliergemeinschaft Sylter Str. 5, Cuxhaven, Bremerhaven 1992.

Kat. Skulpturenwanderweg Hütscheroda-Behringen 1997: Skulpturenwanderweg Hütscheroda-Behringen 1997, Hg. Europäische Kommunikations-Akademie für Bildung, Beratung und Projekte e. V., Hütscheroda, o. O., o. J. (1997).

Kat. StadtMensch Natur-Landschaft 1997: StadtMensch NaturLandschaft 5. Troisdorfer Symposium, Hg. Stadt Troisdorf, Troisdorf o. J. (1997).

Kat. Symposion 1985: Symposion – Kunstverein Heilbronn + Galerie Babel in der Landesgartenschau 1985, 8 Bildhauer, Hg. Kunstverein Heilbronn e. V., Galerie Babel Heilbronn, Weinsberg o. J. (1985).

Kat. Symposion am Deichschart 1979: Symposion am Deichschart 1979 in Bremen, Senator für Wissenschaft und Kunst, Bremen, o. O., o. J. (1979).

Kat. Symposion Nordseeküste 1982: Symposion Nordseeküste – Künstler vor dem Deich, Cuxhaven o. J. (1982).

Kat. The House of Psychedelic Thoughts 1990: The House of Psychedelic Thoughts. Ein Symposium mit Architektinnen, bildenden Künstlern und Musikern im und am Pumpwerk, Alter Hafen Bismarck, Rhein-Herne-Kanal, Gelsenkirchen, o. O., o. J. (1990).

Kat. VerDammte 1993: VerDAMMte, Postkarten-Edition, o. O., o. J. (1993).

Kat. Waldzauber 1999: Waldzauber, Staatliches Forstamt Paderborn, o. O., o. J. (1999).

Kat. Wasserlinie 1988: Wasserlinie – Ausstellung zum internationalen Symposion f. Steinbildhauer im Strandbad Wannsee Berlin, o. O., 1988.

Kat. Wattenmeer 1993: Wattenmeer: Workshop im Forschungs- und Technologiezentrum Westküste Büsum, Hg. Der Minister für Finanzen und Energie des Landes Schleswig-Holstein, Kiel o. J. (1993).

Kat. Wege 1980: Wege, Galerie Falazik – Springhornhof Neuenkirchen, Gemeinde Neuenkirchen Heidekreis Soltau Fallingbostel, o. O., o. J. (1980).

Kat. Windfang 1995: Windfang – ein Wind-Kunst-Symposium, Hg. Speicher Husum e. V. in Zusammenarbeit mit dem Nordfriesischen Museum Nissenhaus Husum, Breklum o. J. (1995).

Kat. Zwei Steine sind nie gleich 1978: Zwei Steine sind nie gleich, Galerie Falazik – Springhornhof Neuenkirchen, Gemeinde Neuenkirchen – Heidekreis Soltau-Fallingbostel, Schneverdingen o. J. (1978).

Kat. Zweites Symposion Nordseeküste 1984: Zweites Symposion Nordseeküste – Künstler vor dem Deich, Thema: Wetter, o. O., o. J. (1984).

Kat. Zwischen Himmel und Erde – Projekt Heesfelder Mühle 1996: Zwischen Himmel und Erde – Projekt Heesfelder Mühle, Natur – Kunst – Symposion der Gruppe Seltene Erden, o. O., o. J. (1996).

Auswahl-Bibliographie

Albrecht, Hans Joachim: Skulpturen im 20. Jahrhundert. Raumbewußtsein und künstlerische Gestaltung, Köln 1977.

Aldiss, Brian W.: Earthworks, in: Art in the land. A critical anthology of environmental art (Hg. Alan Sonfist), New York 1983.

Archithese 4/97, „Gestaltete Landschaft", Juli/August 27. Jahrg. 1997.

Bach, Friedrich Teja: Constantin Brancusi. Metamorphosen plastischer Formen, Köln 1987.

Böhme, Gernot/Böhme, Hartmut: Feuer, Wasser, Erde, Luft: eine Kulturgeschichte der Elemente, München 1996.

Böhme, Gernot: „Atmosphäre als Grundbegriff einer neuen Ästhetik", in: Kunstforum international 120, 1992, S. 247-255.

Böhme, Hartmut: Natur und Subjekt, (2. Aufl.) Frankfurt a. M. 1988.

Bourdan, David: Designing the Earth, New York 1995.

Bücher-Vogler, Christine: „Ökologie in der Kunst", in: Jahrbuch für Ökologie 1994, München 1993.

Burckhardt, Lucius: „Ästhetik der Landschaft", in: Passagen, Heft 11, 1991, S. 3-5.

Burckhardt, Lucius:: „Skulpturen im Park", in: Kunstforum international 73/74, H. 5/6, 1984, S. 117-140.

Buttlar, Adrian von: Der Landschaftsgarten. Gartenkunst des Klassizismus und der Romantik, Köln 1989.

Claus, Jürgen: Expansion der Kunst. Beiträge zu Theorie und Praxis öffentlicher Kunst, Reinbek 1970.

Davies, Peter: „Grizedale Forest Sculpture", in: Studio International, Heft 193, 1977, S. 10-13.

Dell'Ava, Suzanne: „Der Wald und der Zweig", in Passage, Nr. 11, 1991, S. 13 ff.

Dickel, Hans: „Kunst und Natur. Ein Essay", in: Neue Bildende Kunst, 1/1996, S. 22-29.

Eco, Umberto: Das offene Kunstwerk, Frankfurt a. M. 1990.

Foote, Nancy: „Monument – Sculpture – Earthwork", in: Artforum 18, Oktober 1979, S. 32-37.

Garraud, Colette: L'idee de Nature dans l'art contemporain, 1994.

Graevenitz, Antje von: „Zur Ausstellung 'Spurensicherung' in Hamburg und München", in: Die Kunst und das schöne Heim 86, 1974, S. 388.

Graulich, Gerhard: Die leibliche Selbsterfahrung des Rezipienten, ein Thema transmodernen Kunstwollens, (Diss. Bochum 1988) Essen 1988.

Gröning, Gert/Herlyn, Ulfert (Hg): Landschaftswahrnehmung und Landschaftserfahrung. München 1990.

Güterich, Marlies: „Wie privat sind die 'individuellen Mythologien', die in der documenta 5 gezeigt wurden?", in: Kunstjahrbuch 3, 1973, S. 16-22.

Harlan, Volker/Rappmann, Rainer/Schlata, Peter: Soziale Plastik, Materialien zu Beuys, (3. Aufl.) Achberg 1984.

Heinrich, Christoph: Strategien des Erinnerns. Der veränderte Denkmalbegriff in der Kunst der achtziger Jahre, München 1993.

Hernand, Jost/Müller, Hubert (Hg.): Öko-Kunst? Zur Ästhetik der Grünen, Berlin/Hamburg 1989.

Hoffmann, Detlef/Ermert, Karl (Hg.): Spurensicherung. Geschichte und Vergangenheit in Kunst und Wissenschaft, Rehburg-Loccum 1985.

Holderied, Wilhelm (Hg.): Eine Insel für die Zeit. Ein Erdzeichen entsteht, München 1995.

Hüllenkremer, Marie: „Natur als Kunst", in: Zeitmagazin, Nr. 9 vom 21.02.1992, S. 38-49.

Jochimsen, Margarethe: „Zeit. Ein Aspekt in der modernen Kunst", in: Magazin Kunst 13, H. 49, 1973, S. 51-70.

Jung, C. G. (Hg.): Der Mensch und seine Symbole, Olten 1968.

Jürgen-Fischer, Klaus: „Fragen an den Archaismus", in: Das Kunstwerk 30, H. 1, Februar 1977, S. 3-34.

Kellein, Thomas: „Sputnick-Schock und Mondlandung", in: Artis Juli/Aug. 1989, 41 Jg. S. 4-9.

Kipphoff, Petra: „Was von der Landschaft bleibt" in: Zeit vom 13.11.1970.

Krauss, Rosalind E.: „Sculpture in the Expanded Field", in: The Originality of The Avantgarde and Other Modernist Myths, Cambridge MA/London 1985, S. 276-290.

Kükelhaus, Hugo/zur Lippe, Rudolf: Entfaltung der Sinne. Ein „Erfahrungsfeld" zur Bewegung und Besinnung, Frankfurt 1982.

Lehmann, Herbert: Formen landschaftlicher Raumerfahrung im Spiegel der bildenden Kunst, Erlangen 1968.

Lichtenstern, Christa: Voraussetzungen und Entwicklungen naturästhetischer Perspektiven in der Skulptur und Plastik nach 1945, Marburger Jahrbuch für Kunstwissenschaft 23, 1993, S. 19-42.

Lippard, Lucy R.: „Art Outdoors, in and out of the Public Domain"; in: Studio International 1977.

Lippard, Lucy R.: Overlay: Contemporary Art and the Art of Prehistory, New York 1983.

Lippard, Lucy R.: Six Years: The Dematerialisation of the Art Objects from 1966 to 1972, New York 1973.

Lovelock, James: Gaia, die Erde ist ein Lebewesen, Anatomie und Physiologie des Organismus Erde, München 1996.

Meyer-Abich, Klaus-M.: „Dreißig Thesen zur praktischen Naturphilosophie", in: Lübbe, Hermann/Ströker, Elisabeth (Hg.): Ökologische Probleme im kulturellen Wandel, München 1986.

Natur ist Kultur. Niedersächsische Landeszentrale für politische Bildung, Hannover 1990.

Neusüss, Floris M. (Hg.): Fotografie als Kunst – Kunst als Fotografie. Das Medium Fotografie in der bildenden Kunst Europas ab 1968, Köln 1979.

Ohff, Heinz: „Wolfgang Hartmann/Werner Pokorny, Das Bildhauersymposion", in: Das Kunstwerk 42, H. 3, 1989, S. 108-109.

Ohff, Karl Heinz: Kunst und Utopie, Berlin, München, Wien 1972.

Piepmeier, Reiner: „Das Ende der ästhetischen Kategorie 'Landschaft'. Zu einem Aspekt neuzeitlichen Naturverhältnisses", in: Westfälische Forschungen. Mitteilungen des Provinzialinstitutes für Westfälische Landes- und Volksforschung des Landesverbandes Westfalen-Lippe 30, Münster/Köln/Wien 1980, S. 8-46.

Puvogel, Renate: „Künstlergärten", in: Das Kunstwerk 32, H. 5, 1979, S. 77-78.

Ritter, Joachim: Landschaft. Zur Funktion des Ästhetischen in der modernen Gesellschaft, (2. Aufl.) Aschendorf/Münster 1978.

Robinette, Margarete A.: Outdoor Sculpture, Object and Environment, New York 1976.

Ronte, Dieter: „Spurensicherung", in: Kat. Zeit die 4. Dimension in der Kunst, Weinheim 1985, S. 241-247.

Roters, Eberhard: „Zwölf Punkte zur gesellschaftlichen Relevanz der Kunst", in: Kunstjahrbuch 1, 1970, S. 63-64.

Ruhrberg, Bettina: Arte Povera, Diss. Bonn 1992.

Salzmann, Siegfried: Das Wilhelm-Lehmbruck-Museum Duisburg, Recklinghausen 1981.

Sauerbier, S. D.: „Soziale Prozesse und Kunst, Kunst als sozialer Prozess, Soziale Prozesse als Kunst", in: Kunstforum international 27, 1978, S. 19-29, S. 62-71.

Schaarschmidt-Richter, Irmtraud: „Zen-Gärten – die Lehrmeister der Land-Art", in: Das Kunstwerk 22, H. 11-12, 1969, S. 3-13.

Schmettler, Rainer: Ausstellungen von Skulpturen im öffentlichen Raum: Konzeption, Vermittlung, Rezeption am Beispiel der Skulptur 1977 in Münster und der Skulptur Projekte in Münster 1987, Diss. Bochum 1990.

Schreurs, Anna: „Joseph Beuys – Mittler zwischen Mensch und Umwelt", in: Mensch, Umwelt, Philosophie, Ingensiep, Hans Werner und Jax, Kurt (Hg.), Bonn 1988, S. 51-66.

Sokolew, Michael: „'Archäologische Utopien' des gegenwärtigen Modernismus", in: Bildende Kunst 1981.

Thiel, Heinz: „Mit Kunst neue Erlebnisräume schaffen", in: Garten und Landschaft, Heft 8, 1985, S. 38-39.

Thomas, Karin: Bis heute. Stilgeschichte der bildenden Kunst im 20. Jahrhundert, (8. Aufl.) Köln 1988.

Trier, Eduard: Bildhauertheorien im 20. Jahrhundert, Berlin 1971.

Ursprung, Philip: „Raus aus dem Museum?", In: Unsere Kunstdenkmäler 44/1993, Nr. 4, Bern (Ges. f. Schweizerische Kunstgeschichte).

Weilacher, Udo: „Der Grizedale Skulpturenpark. Kunst im englischen Forst", in: Stein, Heft 2/1992, S. 24-27.

Weizsäcker, Carl Friedrich: Die Einheit der Natur, München 1971.

Werner, Frank (Hg.): Kunst – Natur – Schauspiel: earthworks beyond the IGA 1993, Essay: Christoph Luz, Hans Luz, Stuttgart 1994.

Werner, Frank R.: „Kunst-Natur-Schauspiele. Gartenschau Stuttgart", in: Garten und Landschaft, Jahrg. 103, Nr. 7, 1993, S. 36-39.

Wormbs, Birgit: Über den Umgang mit Natur. Landschaft zwischen Illusion und Ideal, München/Wien 1976.

Zülch, Martin: „'Wir haben die Erde nur von unseren Kindern geborgt' der globale Aspekt in Ökologie, Ästhetik und Kunst", in: Kunst und Unterricht, Nr. 180, 1994, S. 35-41.

Katalogauswahl

Anke Mellin, Bad Oldesloe 1997.

Art et Nature Symposium – Simposion Kunst und Natur, Editions Intervention, Quebec 1996.

Brodwolf, Museumsarbeitskreis am Städtischen Museum Haus Löwenberg, Gengenbach 1986.

Claus van Bebber, Werkübersicht 1955-1995, Hg. Renn, Wendelin/Becker, Jörg, Villingen-Schwenningen 1996.

Concept Art, Minimal Art, Arte Povera, Land Art. Sammlung Marzona, Kunsthalle Bielefeld, Bielefeld 1990.

Das Sisyphos-Syndrom. Hommage für Joseph Beuys, Ausstellung zum Thema „Kunst & Ökologie", Mecklenburgisches Künstlerhaus Schloß Plüschow/ Kunstverein Schloß Plön, 2 Bde., Verlag der EP Edition Niedenstein 1995.

documenta 4, Kassel 1968.

documenta 7, 2 Bde., Kassel 1982.

documenta 8, 3 Bde., Kassel 1987.

documenta 9, 3 Bde., Stuttgart/Kassel 1992.

Earth, Air, Fire, Water. Elements of Art, Museum of Fine Arts, Boston 1971.

Experiment Straßenkunst, Hg. von der Landeshauptstadt Hannover, Hannover 1970.

Harald Finke Subdialog – Skulptur, Hamburg 1994.

Hawoli. Skulpturen, Städtische Kunsthalle Mannheim, Städtische Galerie im Buntentor Bremen, Ostfildern bei Stuttgart 1993.

Industrielles Gartenreich – Zukunft für die alte Industrieregion Mulde-Mittelelbe, Bauhausbrief 2, Hg. Stadtverwaltung Dessau, Projekt Gesellschaft mbH am Bauhaus Dessau, Alheim 1990.

Jahresbericht 1992 Werkstatt Industrielles Gartenreich, Dessau 1993.

Junge Künstler sehen die Umwelt, Hg. vom Bundesministerium f. Umwelt, Naturschutz u. Reaktorsicherheit, Bonn 1988.

Kunst in der Stadt am Beispiel Rottweil, Edition Galerie Howeg, Hinwil (CH) 1972.
La Nature de l'Art, Parc de la Villette, Paris (Goethe Institut) 1988.

Material und Raum, Uwe Rüth (Hg.)/Galerie Heimeshoff Essen, Essen 1991.

Natur – Kunst, Kunst – Natur, Polsk Norsk Kunstprosjekt 1987, Lillehammer 1989.

Nils-Udo. Bäume, Aspekte Galerie/Offene Akademie der Münchner Volkshochschule, Gasteig München 1991.

Privatgrün, Kunstraum Fuhrwerkswaage, Köln 1994.

Probing the Earth: Contemporary Land-Projects, Hirshhorn Museum and Sculpture Garden, Washington D. C. 1978.

Samukawa Open Air Exhibiton 94' (Japan), Kiel 1995.

Timm Ulrichs, Norddeutsche Landesbank Girozentrale, Hannover 1984.

Vismunda 84/85, Gausdal Trykkeri o. O. (Norwegen), o. J. (1984/85).

Vom Landschaftsbild zur Spurensicherung, Museum Ludwig Köln, Köln 1987.

Wunden – Braunkohlebrachen zwischen Wörlitz und Bitterfeld, Hg. Hinnerk Wehberg, TU Braunschweig, Institut f. Städtebau u. Landschaftsplanung, Rainer Weisbach, Bauhaus Dessau, Experimentelle Werkstatt, Wittenberg o. J. (1991).

Zeichen und Mythen, Kunstverein Bonn, Köln 1982.

Studien zur internationalen Architektur- und Kunstgeschichte

Band 1: Thomas Jäger:
Die Bilderzählung. Narrative Strukturen in Zyklen von Tiepolo und Goya bis Rethel
160 S., 136 Abb., ISBN 3-932526-19-8

Band 2: Günter Kloss:
Georg Wrba (1872-1939)
200 S., 329 Abb., ISBN 3-932526-20-1

Band 3: Rainald Franz:
Vincenzo Scamozzi (1552-1616). Nachfolger und Vollender Palladios
144 S., 112 Abb., ISBN 3-932526-21-X

Band 4: Sonja Ohlenschläger:
Rudolf Steiner (1861-1925). Das architektonische Werk
248 S., 205 Abb., ISBN 3-932526-37-6

Band 5: Hermann Schlimme:
Die Kirchenfassade in Rom
256 S., 432 Abb., ISBN 3-932526-39-2

Bd. 6: Alexandra von dem Knesebeck:
Käthe Kollwitz. Die prägenden Jahre
264 S., 170 Abb., ISBN 3-932526-38-4

Band 7: Anja Gebauer:
Spanien – Reiseland deutscher Maler 1830-1873
224 S., 160 Abb., ISBN 3-932526-51-1

Band 8: Annegret Laabs:
Malerei und Plastik im Zisterzienserorden
256 S., 140 Abb., ISBN 3-932526-55-4

Band 9: León Krempel:
Studien zu den datierten Gemälden des Nicolaes Maes (1634-1693)
400 S., 507 Abb., ISBN 3-932526-54-6

Band 10: Lisa Zeitz:
„Tizian, teurer Freund ..." Tizian und Federico Gonzaga.
Kunstpatronage in Mantua im 16. Jahrhundert
256 S., 141 Abb., ISBN 3-932526-73-2

Band 11: Johanna Scherb:
Ut pictura visio. Naturstudium und Landschaftsbild in Frankreich von 1750 bis 1820
248 S., 210 Abb., ISBN 3-932526-84-8

Band 12: Jens Reiche:
Architektur und Bauplastik in Burgund um 1100.
Die Kirchen von Gourdon und Mont-Saint-Vincent
416 S., 610 Abb., ISBN 3-935590-07-5

Band 13: Ayoko Hosada:
Darstellungen der Parabel vom Barmherzigen Samariter.
176 S., 90 Abb., ISBN 3-935590-22-9

Michael Imhof Verlag

Stettiner Straße 25, D-36100 Petersberg, Tel. 0661/9628286; Fax 0661/63686